OS SANTOS
DE CADA DIA

J. Alves

OS SANTOS DE CADA DIA

12ª edição – 2013
5ª reimpressão – 2021

Dados Internacionais de Catalogação na Publicação (CIP)
(Câmara Brasileira do Livro, SP, Brasil)

Alves, José Benedito
   Os santos de cada dia / J. Alves. – 12. ed. – São Paulo : Paulinas, 2013.

   ISBN: 978-85-356-3442-6

   1. Santos cristãos – Biografia 2. Santos cristãos – Culto I. Título.

13-01416   CDD- 922.22

Índice para catálogo sistemático:

1. Santos : Igreja Católica : Biografia 922.22

DIREÇÃO-GERAL: *Flávia Reginatto*
EDITORA RESPONSÁVEL: *Luzia M. de Oliveira Sena*
ASSISTENTE DE EDIÇÃO: *Andréia Schweitzer*
COPIDESQUE: *Leonilda Menossi*
COORDENAÇÃO DE REVISÃO: *Marina Mendonça*
REVISÃO: *Jaci Dantas e Sandra Sinzato*
DIREÇÃO DE ARTE: *Irma Cipriani*
GERENTE DE PRODUÇÃO: *Felício Calegaro Neto*
CAPA E DIAGRAMAÇÃO: *Telma Custódio*

Nenhuma parte desta obra poderá ser reproduzida ou transmitida por qualquer forma e/ou quaisquer meios (eletrônico ou mecânico, incluindo fotocópia e gravação) ou arquivada em qualquer sistema ou banco de dados sem permissão escrita da Editora. Direitos reservados.

Paulinas
Rua Dona Inácia Uchoa, 62
04110-020 – São Paulo – SP (Brasil)
Tel.: (11) 2125-3500
http://www.paulinas.com.br – editora@paulinas.com.br
Telemarketing e SAC: 0800-7010081

© Pia Sociedade Filhas de São Paulo – São Paulo, 1990

OS SANTOS DE CADA DIA

Este livro reúne as histórias de alguns dos principais santos da Igreja Católica, aqueles cujas vidas nos são exemplos edificantes; pessoas que se posicionaram contra as injustiças, a opressão, os preconceitos, a mentira.

Vários deles tombaram mortos enquanto defendiam a verdade. De seu sangue brotaram modelos que devem ser seguidos para que este mundo se torne mais humano e irmão.

1º Janeiro

MARIA, MÃE DE DEUS

*I*niciamos o ano sob a proteção de Maria, Mãe de Deus e nossa mãe. Neste dia dedicado à Paz, em Nossa Senhora temos a garantia de que o Deus da Paz, Senhor da História, Deus-conosco, há de nos valer na busca do diálogo, da compreensão e da fraternidade entre os povos.

O povo de Deus celebra hoje a festa de Maria Santíssima, a primeira festa mariana que surgiu na Igreja do Ocidente. E proclama que Maria é verdadeiramente a Mãe de Jesus, verdadeiro homem e verdadeiro Deus. Esta verdade de fé foi proclamada solenemente no Concílio de Éfeso, em 431, e mantida até nossos dias.

Com a encarnação de Jesus, imagem perfeita do Pai, o Deus-amor se compromete radical e definitivamente com o homem. E seu amor é tão verdadeiro que ele ofereceu sua vida na cruz para que tivéssemos vida em abundância. E tudo isto se tornou possível porque Maria disse "sim" a Deus, que se fez homem, carne de nossa carne e sangue de nosso sangue, no seu seio bendito.

Deus realiza grandes coisas naqueles que, como Maria, não se apóiam em suas próprias ações, tampouco colocam como base e garantia de sua vida a abundância dos bens materiais, mas abrem o coração a Deus, o aceitam e se comprometem com ele e com os outros.

PRECE

Da paz e reconciliação

Rainha da Paz, Mãe Santíssima do Filho de Deus, Príncipe da Paz, salva as nações e os povos de todo o continente, que tanto confiam em ti, das guerras, do ódio e da subversão (João Paulo II).

Ó Mãe de Deus e nossa Mãe, abre nossos corações ao perdão, ao diálogo. Ensina-nos a reconciliação com os nossos irmãos e com o Deus que é Amor e Perdão, Paz e Justiça, e nos quer como irmãos.

Que em teu Filho, fruto bendito de teu ventre, tenhamos a vida, e vida em abundância.

Ave, Maria…

2 Janeiro

SÃO BASÍLIO MAGNO
(Bispo e Doutor da Igreja)

São Basílio nasceu em Cesaréia, na Capadócia, no ano 330. Morreu com 49 anos. Foi grande escritor e teólogo. É de sua lavra a primeira obra escrita sobre o Espírito Santo. Destacou-se como defensor ardoroso da fé, ameaçada pelo arianismo, heresia que punha em dúvida a divindade de Jesus. Foi pioneiro da vida monástica no Oriente. É conhecido sobretudo pelas Regras que escreveu, as quais ainda hoje são observadas por numerosos monges da Igreja do Oriente: os basilianos.

Em 370 foi feito bispo de Cesaréia da Capadócia, num ambiente minado por desvios doutrinais e por cismas. É chamado Magno em virtude de sua intensa atividade pastoral, de seus sermões e escritos em defesa da religião. Criou na cidade de Cesaréia uma verdadeira cruzada de serviço aos pobres, fundando hospitais, asilos, casas de repouso, escolas de artesanato etc. Escrevia: "A quem fiz justiça conservando o que é meu? Diga-me, sinceramente, o que lhe pertence? De quem o recebeu? Se cada um se contentasse com o necessário e desse aos pobres o supérfluo, não haveria nem ricos nem pobres".

PRECE

Dos frutos da Palavra

Deus, nosso Pai, enriquecestes a Igreja e destes-nos em São Basílio um exemplo de que a vossa Palavra é vida e luz para nossos corações.

Que ela frutifique também em nós obras agradáveis aos vossos olhos: o serviço sincero e gratuito aos necessitados.

Por sua intercessão, sejamos dignos da vocação a que fomos chamados, e tudo façamos para que o vosso Reino de justiça se dilate no meio dos homens. E, assim, os que virem nossas boas obras poderão louvar e confessar o vosso santo Nome.

Permaneçamos sempre abertos ao Espírito para cumprir a vossa vontade agora e sempre. Amém.

3 JANEIRO

SANTA GENOVEVA
(Virgem)

Santa Genoveva é a padroeira da cidade de Paris, França. Nasceu em Nanterre, localidade perto de Paris, pelo ano 422. Adolescente ainda, foi consagrada a Deus por São Germano de Auxerre, por ocasião da ida do santo à Inglaterra, a fim de combater a heresia pelagiana, que afirmava ser possível a salvação do homem apenas pelo seu próprio esforço, sem o concurso da graça divina.

Até os 30 anos, Genoveva vestiu o hábito religioso, próprio das virgens consagradas, e se dedicava às obras de caridade e à penitência. Depois, entregou-se de corpo e alma às questões sociais e políticas do seu tempo. Conclamou os parisienses à luta e à defesa da cidade ameaçada pelos hunos de Átila. Vencidas as discórdias internas e expulsos os invasores, Genoveva lutou incansavelmente para debelar a fome que desolava e afligia os habitantes da cidade. Percorria as regiões do rio Sena em busca de alimentos, que seriam distribuídos aos famintos.

Morreu por volta do ano 502. No lugar do seu túmulo foi construída uma basílica. É invocada nas grandes calamidades e especialmente para obter chuva em tempos de seca.

PRECE

Do serviço aos irmãos

Deus, nosso Pai, por intercessão de Santa Genoveva, afastai de nós a peste, a fome, as guerras.

Saibamos defender nossa dignidade de cidadãos livres e de filhos de Deus, que nos chamou a viver na paz e na justiça, deixando de lado interesses mesquinhos e individualistas.

Dai-nos, Senhor, a coragem e a abnegação de Santa Genoveva, que soube praticar o Evangelho, servindo os irmãos, e que obteve na oração forças para debelar o perigo da opressão e o desespero da fome.

Jamais nos falte a vossa proteção e auxílio nas dificuldades por que passamos.

4 JANEIRO
SANTA ÂNGELA DE FOLIGNO

Nasceu em 1248, no povoado de Foligno, Úmbria, terra de Francisco de Assis (Itália). É considerada uma das primeiras místicas italianas. Era casada e mãe de vários filhos. Aos 37 anos, morrem-lhe os filhos, o marido e os pais. Provada pelo sofrimento e reconsiderando sua vida vazia e acomodada, abandonou tudo e ingressou na Ordem Terceira de São Francisco.

Admiradora de Francisco de Assis, ela procurava imitá-lo na pobreza e no serviço aos irmãos. Viveu uma profunda experiência mística, a ponto de ser incompreendida pelos próprios contemporâneos. Ela conta num livro a sua experiência de Deus. Sua autobiografia é tida como uma das mais preciosas obras místicas católicas produzidas na Idade Média, marcando a vida espiritual de muitos cristãos. Ela está entre os grandes místicos como Santa Teresa, São João da Cruz e outros...

O supremo bem da alma é a paz verdadeira e perfeita... Quem quer, portanto, perfeito repouso procure amar a Deus com todo o coração, pois Deus mora no coração. Ele é o único que dá e que pode dar a paz, confessava ela.

PRECE

Diante do sofrimento

Deus, nosso Pai, quando o sofrimento vier nos visitar, e, na aflição, não quisermos aceitá-lo, dai-nos força para não cairmos no desespero. Conservai viva e inabalável a nossa esperança.

Na hora da dor, fazei-nos compreender, Senhor: sois vós que lavrais nosso campo e trabalhais a nossa terra, até que as sementes germinem, cresçam as searas e produzam em nós abundantes frutos.

5 Janeiro

SÃO GERLACH
(Ermitão e confessor)

Natural de Walkenberg, na Holanda, viveu em meados do século XI.

Na origem de sua conversão está o fato doloroso da morte repentina de sua mulher. Gerlach cai em si e decide mudar de vida. E o faz com radicalidade. Vai a Roma e confessa seus pecados ao papa Eugênio III, o organizador da Segunda Cruzada à Terra Santa. Este lhe impõe, como penitência, passar sete anos cuidando de doentes em um hospital da Terra Santa.

Cumprida a penitência, Gerlach retorna à terra natal. Ali, no oco de um carvalho frondoso, vive como ermitão, sozinho e solitário, sem pertencer a nenhuma ordem religiosa. E vive o resto da vida buscando, no silêncio mais profundo de si, a face de Deus, que passou a ser a razão de sua vida.

Mais importante que determinadas atitudes incompreensíveis para o homem moderno, embora perfeitamente justificável no tempo de São Gerlach, é o "toque de Deus", capaz de mudar radicalmente a vida de um homem.

PRECE

Da renovação da mente e do coração

Deus, nosso Pai, de vós procedem todo bem e toda graça.

Fazei que nossos corações, a exemplo de São Gerlach, sejam tocados e transformados pelo vosso amor, que dura para sempre.

Senhor, queremos vos amar com um amor que renove a nossa mente e o nosso coração; com um amor que contenha o sentido e a razão de toda a nossa existência, que encerre os ardores de nossa juventude e o declínio de nossa velhice, um amor que arranque a cegueira de nossos olhos e torne fortes as nossas mãos, dê segurança aos nossos braços, certeza aos nossos passos e multiplique a ternura e a compaixão em nossos corações.

6 Janeiro
REIS MAGOS

Segundo a tradição, os Reis Magos eram três: Gaspar, cujo nome significa "Aquele que vai inspecionar"; Melquior, que quer dizer: "Meu Rei é luz"; e Baltasar, que se traduz por: "Deus manifesta o Rei".

Tudo indica que os Magos eram astrólogos procedentes da Babilônia, a terra da astrologia por excelência. A referência à visita dos Magos encontra-se assim descrita em Mateus:

"Tendo Jesus nascido em Belém da Judéia, no tempo do rei Herodes, eis que vieram magos do Oriente a Jerusalém, perguntando: 'Onde está o Rei dos judeus recém-nascido? Com efeito, vimos a sua estrela no céu surgir e viemos homageá-lo'" (Mt 2,1-3ss; cf. Lc 2,1-7).

A intenção do evangelista é mostrar que os pagãos, os gentios, os povos que viviam além das fronteiras de Israel, reconhecem Jesus como Rei-Messias. Ao passo que o povo judeu rejeita o Salvador nascido em seu seio.

Ouro, incenso e mirra simbolizam as riquezas e os perfumes da Arábia, oferecidos como tributo ao Rei dos Reis, Jesus. Os Padres da Igreja vêem no *ouro* o símbolo da realeza de Jesus; no *incenso*, a sua divindade; e na *mirra*, a paixão de Cristo.

Na adoração dos Magos cumprem-se as profecias messiânicas:

Eu vejo — mas não agora, eu contemplo — mas não de perto: um astro procedente de Jacó se torna chefe, um cetro se levanta, procedente de Israel (Números 24,17ss; cf. também Isaías 49,23; 60,5s; Salmo 72,10-15).

PRECE

Da esperança messiânica

E tu, menino, serás chamado profeta do Altíssimo, pois irás à frente do Senhor para preparar-lhe os caminhos, anunciando ao seu povo a salvação, o perdão dos pecados.

Graças ao misericordioso coração de nosso Deus, o sol que nasce do alto nos visitará, para iluminar os que vivem em trevas e nas sombras da morte; para guiar nossos passos pelo caminho da paz (cf. Lucas 1,67-79).

7 Janeiro

SÃO LUCIANO
(Presbítero e mártir)

São Luciano sofreu o martírio sob a perseguição de Maximino Daia, no ano 312, depois de 9 anos de prisão. Esse imperador romano, um dos mais fanáticos anticristãos, era o César do Egito e da Síria. Não somente intensificou a luta contra os cristãos, mas moveu contra eles uma campanha difamatória. Mandou falsificar a história das origens cristãs e difundir tais idéias nas escolas e bibliotecas públicas.

Foi nesse o contexto sócio-religioso que São Luciano viveu e testemunhou com a vida o Evangelho de Jesus Cristo. Os seus dias foram dedicados, de modo especial, ao estudo e à meditação da Palavra de Deus. Havia na antigüidade três versões da Sagrada Escritura: a versão do Egito, feita por são Hesíquio; a da Palestina, realizada pelo mártir Panfilo; e a de Antioquia, que é a versão de São Luciano.

PRECE

Renovação da fé em Deus Pai criador

Deus, nosso Pai, com São Luciano confessamos:

"Cremos num só Deus, Pai todo-poderoso, Criador de todas as coisas, e num só Senhor, Jesus Cristo, seu Filho Único, Deus, por quem tudo está feito; que foi gerado pelo Pai, antes de todos os séculos, Deus de Deus; Tudo de Tudo, Único de um Único, Perfeito de Perfeito, Rei de Rei, Senhor de Senhor; Verbo vivo, Sabedoria, Vida, Luz verdadeira, Caminho, Verdade, Ressurreição, Pastor, Porta imutável e inalterável; imagem perfeitamente semelhante da divindade, da essência, do poder, da vontade e da glória do Pai; Primogênito de toda criatura, que estava no começo, em Deus, Verbo-Deus...".

8 Janeiro

SÃO SEVERINO
(Abade)

São Severino provavelmente era de Roma. Nasceu no ano 410 e morreu em 482, já em pleno declínio do Império Romano, esfacelado pelas invasões dos bárbaros. É nesse contexto histórico que surge a grandiosa figura de São Severino, o apóstolo da Nórica.

Severino foi capaz de ler as entranhas dos acontecimentos, vendo nas invasões bárbaras o prenúncio de uma nova era, a surgir do decadente Império. Por isso, ele se sente impelido a levar a Boa-Nova do Evangelho aos jovens povos bárbaros. A sua caridade concreta, sua integridade de vida, sua fé profunda sensibilizam o coração dos bárbaros, a começar pelos chefes.

Conta Eugipo que o próprio rei dos alamanos, Gibuldo, devotava a São Severino "suma reverência e afeto". Flaciteu, rei dos rúgios, consultava-o com freqüência e nada fazia sem o seu conselho.

Foi estimado e respeitado por todos: reis, guerreiros, gente humilde. Vivia na simplicidade, desapegado de tudo.

PRECE

Da fraternidade universal

Deus, nosso Pai, em São Severino nos destes um exemplo admirável de bondade e de amor cristão, que é servir e exercer a solidariedade para com todos os homens, sem levar em conta raça, cor, cultura, religião...

Vós sois um Deus que não fazeis distinção entre as pessoas.

Diante de vós todos são iguais e participam da mesma dignidade de criaturas amadas e queridas por vós.

Todos os povos são chamados a participar da vossa salvação e a constituir uma grande família, a família dos filhos de Deus.

Nós vos pedimos, Senhor, que em Jesus, vosso amado Filho, nosso irmão, e mediante o vosso Espírito Santo, nos concedais o dom do discernimento, para percebermos os sinais de vosso amor e de vossa ação na história humana.

9 Janeiro

SANTO ADRIANO
(Abade)

Santo Adriano era natural da África. Viveu entre o final do século VI e o início de século VII, quando era papa São Vitalino. Foi abade do mosteiro de São Pedro de Canterbury.

Foi um estudioso da Sagrada Escritura, profundo conhecedor de grego e de latim e professor de ciências eclesiásticas e humanas.

Grande amigo de São Teodoro, que foi teólogo, depois monge e, mais tarde, arcebispo da Inglaterra. O próprio Santo Adriano o apresentou ao papa Vitalino, para que fosse nomeado arcebispo em seu lugar. A sugestão foi aceita com uma condição: a de que ele acompanhasse o amigo Gregório à Inglaterra, já que por duas vezes havia estado naquele país.

Santo Adriano viveu na Inglaterra por 39 anos, dedicando sua vida inteiramente ao serviço da Igreja. Nele os ingleses encontraram um guia cheio de sabedoria de Deus. A muitos iluminou com os seus exemplos de vida profundamente evangélica.

Morreu no ano 710.

PRECE

Do anúncio do reino

Deus, nosso Pai, vós conduzistes os passos de Santo Adriano, confiando-lhe a missão de anunciar a Boa-Nova do Evangelho da Libertação.

Nós vos pedimos, Senhor, conduzi nossos passos e dai-nos cumprir fielmente a missão que também a nós confiastes: anunciar aos homens de nosso tempo, com nossas palavras e ações, a esperança de libertação que nos trazeis com a ressurreição de vosso Filho, Jesus Cristo. Iluminai-nos, nós vos pedimos, nos momentos de trevas; fortalecei-nos quando o desânimo quiser nos abater; aumentai a nossa fé, quando vacilarmos, e dai-nos desejar ardentemente os novos céus e a nova terra: um mundo cheio do vosso santo amor, onde não exista nem fome, nem gemidos, nem morte, nem desespero final.

E que possamos em toda parte dar testemunho de que o vosso Reino já está no meio de nós, agindo com força e poder!

10 Janeiro
SÃO GREGÓRIO X
(Papa)

São Gregório X é lembrado como o papa que convocou o II Concílio Geral de Lião (França), em 1274. Esse Concílio visava estabelecer a união da Igreja do Oriente com a Igreja de Roma ou do Ocidente. Visava também à libertação da Terra Santa e à reforma dos costumes do clero e dos leigos.

Tomaram parte nesse Concílio dois grandes teólogos da época: São Boaventura, franciscano, e Santo Tomás de Aquino, dominicano. Participaram ainda 15 cardeais, um rei, os patriarcas latinos de Constantinopla e de Antioquia e cerca de 1.600 eclesiásticos, entre os quais 500 bispos.

São Gregório era profundo conhecedor do Direito Canônico, que regula a vida da Igreja. Era versado também nas ciências eclesiásticas. Foi enviado por Inocêncio IV como missionário à Terra Santa, e ali recebeu a notícia de que havia sido eleito papa. Pontificou apenas por 5 anos (1271-1276) e morreu quando regressava do Concílio a Roma.

PRECE

Da unidade do povo cristão

Deus, nosso Pai, através de São Gregório quisestes chamar à unidade o povo cristão, dividido entre o Oriente e o Ocidente.

Os tempos passaram, mas ainda hoje perdura o escândalo das divisões, debilitando a força do Evangelho perante um mundo cada vez mais descrente.

Dai-nos, Senhor, nós vos pedimos, compreender que não basta professarmo-nos discípulos vossos e continuarmos com o coração trancado e a mente minada por toda sorte de preconceitos e interesses egoístas, ignorando o ardente desejo do Senhor de reunir os povos numa só família, para que haja um só rebanho e um só pastor.

11 Janeiro
SANTO HIGINO
(Papa)

Santo Higino viveu na metade do século II. Sofreu o martírio durante a perseguição do imperador Antonino Pio. O imperador Adriano havia estabelecido que os cristãos deviam "ser objeto de uma denúncia em regra e de um processo regular e não podiam ser condenados sem ter violado uma lei". Ser e confessar-se cristão já não era passível de uma sanção legal. Era preciso que alguma lei fosse violada. Apesar disso, não tinham cessado as perseguições e os martírios. No reinado de Antonino Pio, tais decretos foram ignorados, e de novo recrudesceu a perseguição. Além de Santo Higino, também Pio I sofreu o martírio.

Santo Higino foi ardoroso defensor da fé recebida dos apóstolos contra os gnósticos. Estes procuravam reduzir a revelação a uma simples filosofia. Afirmavam que existia uma fé comum, própria dos incultos, e uma ciência reservada aos doutos.

Além do combate aos gnósticos, Santo Higino reestruturou os serviços da Igreja, instituiu as ordens menores, visando a uma melhor preparação dos sacerdotes. Morreu por volta do ano 104.

PRECE

Da conversão a Deus

Deus, nosso Pai, Santo Higino testemunhou com a vida o seu amor a Jesus, crucificado, morto e ressuscitado pelo poder de Deus.

Dai-nos também a graça de vos confessar como o único Deus. Que a ninguém chamemos "Senhor" sobre a terra, a ninguém chamemos "Pai" neste mundo, porque somente vós sois Senhor e Pai e nós somos vossos filhos e irmãos em Jesus, vosso Filho.

Por intercessão de Santo Higino, nós vos pedimos: não nos deixeis dominar pelos ídolos de nosso século, mas procuremos vos servir fielmente, discernindo os sinais dos tempos, abrindo nossos corações à vossa Palavra, que é alimento de nossa vida e luz para o nosso agir.

12 Janeiro

SÃO BENTO BISCOP
(Abade)

São Bento Biscop foi incumbido de acompanhar à Inglaterra o novo bispo de Cantuária, São Teodósio. Foi abade do Mosteiro de São Pedro de Cantuária, que ele cedeu ao abade Adriano.

São Bento Biscop implantou na Inglaterra o amor às letras, às ciências, às artes... De regresso de suas viagens e peregrinações a Roma, sempre trazia consigo grande número de livros que tratavam dos mais variados assuntos...

Em 674, fundou na embocadura do rio Vire um grande mosteiro, e outro em honra a São Paulo, a duas léguas do primeiro. Trouxe da França toda sorte de artesãos e artífices construtores, pedreiros, vidreiros, a fim de construir igrejas e orná-las com vitrais. Mandou vir da Europa imagens de santos e ornamentos para a Igreja de São Pedro. Introduziu nos mosteiros ingleses os usos e os costumes dos mosteiros romanos.

Morreu no dia 12 de janeiro de 690.

PRECE

Do Evangelho como vida de nossa vida

Deus, nosso Pai, São Bento Biscop procurou assumir a vida do povo inglês, enriquecendo-o com o fermento do Evangelho de Jesus Cristo.

Com sabedoria e zelo pelas coisas de Deus, procurou transformar, pela força do Evangelho, a mentalidade, os interesses, as inspirações e o modo de agir de seu povo, orientando-o para Deus.

Fazei, Senhor, nós vos pedimos, que o Evangelho esteja presente em nossa vida como fonte inspiradora. Que saibamos denunciar o que contraria os direitos fundamentais da pessoa humana. Não nos deixemos manipular pelos que usam o Evangelho e a religião para salvar os próprios interesses, atentando contra os valores mais sagrados e legítimos dos povos que lutam pela preservação de suas tradições e por melhores condições de vida para seus filhos.

13 Janeiro

SANTO HILÁRIO
(Bispo e Doutor da Igreja)

*N*asceu em Poitiers, França, no início do século IV, e foi eleito bispo de Poitiers, no ano 350. Proprietário de terras, era casado e tinha uma filha. Espírito inquieto e sedento de verdade, incursionou por várias filosofias até encontrar na Sagrada Escritura o sentido pleno de sua vida.

Aos trinta anos, tornou-se cristão. Não muito tempo depois, foi aclamado bispo e assumiu, então, o pastoreio da Igreja a ele confiado.

Santo Hilário foi ardoroso defensor da fé recebida da tradição apostólica. Combateu intrepidamente os que negavam que Jesus fosse Deus. Isso lhe valeu o exílio.

Deixou várias obras escritas, entre as quais *A trindade* ou *A fé, Tratado sobre os mistérios, Sobre os Salmos, Contra Macêncio*. Trata-se de estudos profundos e completos que lhe valeram o título de Doutor da Igreja, conferido por Pio IX.

Enganam-se os que acreditam poder impor-nos silêncio. A Palavra de Deus, que ninguém pode vencer, voará livre (apud Cardeal Arns, *Santos e heróis do povo*, Paulus, 1985).

PRECE

Do abandono a Deus

Somos pobres e, por isso, pedimos que auxilieis nossa indigência; pomos nosso esforço tenaz em penetrar as palavras de vossos profetas e apóstolos; chamamos com insistência para que se nos abram as portas da compreensão de vossos mistérios; mas dar-nos o que pedimos, fazer-nos encontradiço quando vos buscamos, isto depende de vós.

Quando se trata de compreender as coisas que a vós se referem vemo-nos freados pela preguiça e inércia inerente à nossa natureza e sentimo-nos limitados pelas nossas ignorâncias e debilidades... Concedei-nos, pois, um modo de expressão adequado e digno, iluminai nossa inteligência, fazei que não nos apartemos da verdade da fé.

(*Santos do atual Calendário Litúrgico*)

14 Janeiro
SANTA VERÔNICA DE MILÃO

Nasceu em Bimasco, nas proximidades de Milão, na Itália. Era de família muito pobre.

Não sabia ler nem escrever, mas mesmo assim ingressou no convento da Irmãs Agostinianas de Santa Marta de Milão. Com esforço, e sacrificando horas de sono, conseguiu aprender a ler e a escrever, sem o auxílio de nenhum mestre. Segundo a tradição, estando ela inquieta por não alcançar os progressos desejados, Nossa Senhora a consolou, dizendo:

Basta que você conheça três letras: a primeira é a pureza de coração, que consiste em amar a Deus acima de tudo, e nele e por ele amar as criaturas.

A segunda letra é nunca murmurar e não se impacientar à vista dos defeitos do próximo, mas suportá-los com compreensão, rezando por ele.

A terceira é ter cada dia um tempo para meditar a paixão de Jesus Cristo.

Após três anos de preparação, foi admitida no Mosteiro de Santa Marta.

Morreu em 1494, com 52 anos.

PRECE

Do amor e despojamento

Deus, nosso Pai, ensinai-nos um amor que saiba compreender a lentidão da semente que em nós demora a nascer, florescer e dar frutos de amor, de justiça, de perdão, de fraternidade...

Ensinai-nos, Senhor Deus, um amor que saiba esperar com paciência até que vossa Palavra aja e renove o nosso interior, produzindo frutos cem por um, pois afirmastes que ela é como a chuva que cai na terra, e para o céu não volta sem ter regado e fecundado a terra.

Ensinai-nos, Senhor Deus, nosso Pai, um amor que saiba despojar-se em favor do próximo, que nos leve a oferecer a parte melhor de nós mesmos, como o fez vosso Filho Jesus, ao se entregar por nós.

15 Janeiro

SÃO FRANCISCO FERNANDES DE CAPILLAS
(Mártir)

Nasceu na Espanha e estudou no convento de Valladolid, onde recebeu as ordens sacras. Em 1642, foi enviado como missionário para evangelizar os chineses.

Em virtude de seu exemplo de vida e pobreza evangélicas, a semente da Palavra de Deus foi semeada e produziu abundantes frutos. Desencadeou-se, então, a perseguição movida pelos poderosos de Fogan. São Francisco Fernandes foi preso e submetido a cruéis torturas, sendo supliciado a seguir.

Era o ano de 1648. Foi beatificado em 1909.

Através dos séculos, jamais a Igreja deixou de cumprir a sua missão de evangelizar, conforme o mandamento de Jesus:

Ide, pois, fazei discípulos meus todos os povos, batizando-os em nome do Pai e do Filho e do Espírito Santo, ensinando-os a observar tudo quanto mandei (Mateus 28,19ss).

Numerosos têm sido seus filhos que selaram com o próprio sangue o amor pelo Reino de Deus, que não conhece fronteiras.

Recitemos, hoje, no dia de São Francisco Fernandes, este belo canto de Isaías:

PRECE

Oração missionária

Como são belos, sobre os montes, os pés do mensageiro que anuncia a paz, do que proclama boas novas e anuncia a salvação, do que diz a Sião: "O teu Deus reina".

Eis a voz das tuas sentinelas; ei-las que levantam a voz, juntas lançam gritos de alegria, porque com os seus próprios olhos vêem o Senhor que volta a Sião.

Regozijai-vos, juntas lançai gritos de alegria, ó ruínas de Jerusalém!

Porque o Senhor consolou o seu povo, ele redimiu Jerusalém.

O Senhor descobriu o seu braço santo aos olhos de todas as nações e todas as extremidades da terra viram a salvação do nosso Deus.

(Canto de Isaías 52,7-10.)

16 Janeiro

SÃO BERARDO E SEUS COMPANHEIROS
(Mártires)

Em 1219, seis franciscanos foram enviados como missionários à Espanha. Tornar-se-ão os primeiros mártires da ordem fundada por São Francisco de Assis. Todos nasceram na Itália. Chamavam-se: Vital, Berardo, Pedro, Acúrsio, Adjuto e Oto. Dois irmãos leigos e três sacerdotes.

Partiram descalços, sem dinheiro e nenhuma provisão. Passaram por Portugal e, enfrentando muitas dificuldades, alcançaram Sevilha, que se encontrava sob o domínio dos mouros.

Levados por santa ousadia, pregaram o Evangelho ao próprio rei dos mouros que, irritado por tão grande atrevimento, mandou-os para a prisão. Foram salvos graças à intervenção do príncipe, que convencera o pai a deportá-los para Marrocos. Ali chegados, logo se puseram a anunciar o Evangelho aos marroquinos e ao próprio Miramolim, rei dos mouros. Este os expulsou de suas terras. Os cinco santos, entretanto, retornaram e retomaram a pregação. Insistiam a tempo e fora de tempo, até que foram presos, açoitados e decapitados pelo rei, que julgava assim prestar um culto a Alá, Deus de Maomé, seu santo profeta.

Contam que ao receber a notícia do martírio, São Francisco de Assis exclamou com júbilo:

Agora posso dizer que verdadeiramente tenho cinco irmãos!

Naquele mesmo ano — 1226 — morria também o Pobrezinho de Assis.

PRECE

Da renovação pela fé

Deus, nosso Pai, São Berardo e seus companheiros não tiveram medo de confessar o vosso Santo Nome e anunciar vossas promessas. Pagaram com o próprio sangue a coragem de pregar o Evangelho.

Também hoje o sangue do justo continua sendo derramado na luta pela justiça, pelos direitos mais sagrados dos povos e pela dignidade da pessoa humana.

Inumeráveis, Senhor, são os vossos mártires, as vossas testemunhas, nessa América sofrida e humilhada, em busca de libertação e de vida.

17 Janeiro

SÃO SULPÍCIO
(Bispo)

São Sulpício, o Bondoso, nasceu em Bourgos, na França. Foi capelão do exército do rei Clotário II e em 624 se tornou bispo de Bourgos.

Sua principal característica foi a vivência profunda, franca e sincera da caridade, do amor a Deus e aos irmãos. Em tempos de calamidades, era o primeiro a se colocar a serviço dos necessitados.

Contam que devolveu a vida a uma criança morta de frio. A criança havia suplicado que a salvasse. São Sulpício confiou-a a seu mordomo e saiu para prestar ajuda aos necessitados. Ao saber da morte da criança, prostrou-se por terra implorando a misericórdia de Deus sobre a criança e sobre ele. E Deus ouviu a sua súplica. Conta-se também o caso de um ladrão que assaltou sua casa. Não conseguindo achar a saída, atirou-se a uma cisterna. São Sulpício mandou retirá-lo dali e lhe dar o que necessitava. Advertiu-o, que, em lugar de ser roubado, preferia dar.

Foi um ardoroso pregador e catequista do seu povo. Morreu em 644.

PRECE

Da esperança cristã

Deus, nosso Pai, dai-nos simplicidade de coração e entendimento para darmos às coisas e aos acontecimentos o justo valor que merecem.

Dai-nos o bom senso, o bom humor dos santos, a virtude de não nos escandalizarmos com nada, pois o maior escândalo foi a vossa morte na cruz. Injusta e inocentemente fostes condenado, quando escribas, sacerdotes e anciãos do povo, chefes políticos, cumpridores da Lei, gente sábia e gente ignorante, todos julgavam prestar, com a vossa morte, um tributo a Deus e a César.

Dai-nos um ânimo altivo, que nada esmoreça a nossa esperança e nada arrefeça a nossa alegria, pois nem a tristeza, nem a dor nem o sofrimento, nada é maior do que o mistério da ressurreição operada em vosso Filho Jesus.

18 Janeiro
SANTA BEATRIZ DE VICÊNCIA

No calendário litúrgico, numerosas são as santas que trazem o nome de Beatriz. Santa Beatriz de Vicência foi a fundadora de um mosteiro de beneditinas, no século XIII. Era casada e de família muito rica. Seus pais eram pessoas influentes na cidade de Ferrara. Ao ficar viúva, Santa Beatriz decidiu, contra a vontade dos pais, abraçar a vida monástica. Fundou então em Ferrara um mosteiro. Viveu os seus dias com simplicidade, na obediência a Deus e no desapego de si mesma.

Morreu no dia 18 de janeiro de 1262 e foi beatificada no dia 23 de julho de 1774, por Clemente XIV.

PRECE

Do encontro com Deus

Deus, nosso Pai, Santa Beatriz vos encontrou em sua vida de mulher casada, viúva e de consagrada ao vosso serviço.

Ensinai-nos também a vos encontrar em todos os momentos de nossa vida: na simplicidade de nossa infância, às vezes feliz, às vezes triste; no ardor de nossa juventude e idade adulta, na luta de acertar na vida e realizar nossa vocação; no realismo de nossa velhice, quando as contrariedades, as desilusões, os fracassos, as miúdas alegrias e conquistas nos ensinarem a ser mais humildes, mais compreensivos e tolerantes com as fraquezas humanas nossas e de nossos irmãos.

Ensinai-nos a vos encontrar com sinceridade de coração e com a mente aberta, para reconhecer o vosso amor em nossa vida passada, cumulando-nos de ternura e de misericórdia, apesar de nossas faltas e infidelidades.

Ensinai-nos a vos buscar no presente, lembrando-nos de que vós nos amais desde o seio materno e tendes cuidado de nós.

19 Janeiro

SANTOS MÁRIO, MARTA, AUDIFAX E ÁBACO
(Mártires)

São Mário, Santa Marta, Santo Audifax e Santo Ábaco vieram em peregrinação da Pérsia até Roma, para venerar os túmulos dos mártires. Há quem afirme que São Mário e Santa Marta eram casados, e Audifax e Ábaco, seus filhos. Nada, entretanto, se pode comprovar historicamente.

Segundo consta, São Mário, ajudado pelos familiares, deu sepultura digna a mais de 260 mártires, cujos corpos jaziam insepultos. Foram surpreendidos enquanto cumpriam esse dever cristão. Presos, recusaram-se a oferecer sacrifícios aos deuses pagãos. São Mário, Audifax e Ábaco foram martirizados na via Cornélia, e os corpos incinerados para que os fiéis não pudessem recolher seus restos mortais e celebrar sua memória. Santa Marta foi condenada à morte por afogamento. Felícita deu-lhe sepultura em sua própria propriedade, na via Cornélia, onde se construiu uma igreja, cujas ruínas existem ainda hoje. Era então papa Cornélio (251), e imperador, Cláudio II (268-270).

PRECE

Da recriação do Espírito

Deus, nosso Pai, recriai-nos, por vosso amor; fazei de nós criaturas novas, libertas de todo medo e fortalecidas pelo vosso amor misericordioso e compassivo.

Desencantai-nos da magia e do fascínio de tudo querer possuir, mesmo à custa da exploração e da injustiça; desencantai-nos de todos os artifícios, de todas as ilusões, dos falsos brilhos e da vaidade de nossos ídolos.

Deus, nosso Pai, recriai-nos por vosso amor; dai-nos um espírito novo, um coração amante da verdade, da justiça, da paz; que acima de tudo coloquemos a ternura e a misericórdia.

A exemplo de São Mário e seus companheiros, fazei que vos amemos com todas as forças, e amemos os outros como vós nos amais.

20 Janeiro

SÃO SEBASTIÃO
(Mártir)

Segundo Santo Ambrósio, São Sebastião nasceu em Milão. Era um valoroso capitão do exército romano. Sofreu o martírio sob o reinado de Diocleciano. Cristão convicto e ativo, tudo fazia para ajudar os irmãos na fé e trazer ao Deus verdadeiro soldados e prisioneiros. O próprio governador de Roma, Cromácio, e seu filho, Tibúrcio, foram por ele convertidos e confessaram a fé mediante o martírio.

Denunciado como cristão, São Sebastião foi levado perante o imperador para se justificar. E confessou publicamente a sua fé. Acusado de traição à pátria, foi condenado à morte. Amarrado a um tronco, foi varado por flechas, na presença da guarda. São Sebastião conseguiu sobreviver, e corajosamente se apresentou ao imperador, censurando-o pelas injustiças cometidas contra os cristãos, acusando-os de inimigos do Estado. Incitou o imperador para que os deixassem em paz. Diocleciano, entretanto, permaneceu surdo a seus apelos, mandou açoitá-lo até a morte e lançou o seu corpo em uma cloaca. Era por volta do ano 284.

PRECE

Da libertação dos ídolos

Deus, nosso Pai, São Sebastião testemunhou corajosamente que vós sois o único Senhor e Deus; somente a vós devemos obediência e temor reverente.

Como no tempo de São Sebastião, são tantos também hoje os "senhores", os ídolos que reclamam nossa obediência incondicional. Para dominar as consciências e os corpos recorrem à força, à tortura, aprisionando-nos no medo e sujeitando-nos à escravidão.

Mas vós, com braço poderoso, tirastes vosso povo cativo no Egito e celebrastes com ele a Páscoa da Libertação.

Por isso, Senhor, por intercessão de São Sebastião, nós vos pedimos, não nos deixeis à mercê dos ídolos, dos falsos deuses que nos esvaziam e roubam de nós a dignidade e a liberdade de filhos de Deus.

21 Janeiro

SANTA INÊS
(Virgem e mártir)

Santa Inês sofreu o martírio em Roma, na segunda metade do século III ou, provavelmente, no começo do século IV. Conta-se que ela foi martirizada aos 12 anos de idade. O papa Dâmaso ornou o seu túmulo com 16 versos sacros, narrando a sua vida e exaltando as suas virtudes. Muitos Padres da Igreja, seguindo o exemplo de Santo Ambrósio, falaram dela com grande admiração.

Santo Ambrósio afirma que, se monstruosa foi a crueldade que não poupou uma criança, muito maior foi o poder da fé que levou uma criatura de tão tenra idade a dar um testemunho tão veemente. E continua dizendo que *em um corpo tão pequeno não havia lugar onde ferir. As meninas de sua idade não resistem ao olhar repreensivo dos pais, e o cutucão de uma agulha as faz chorar. Inês, porém, ofereceu o corpo inteiro ao fio da espada...* Ela nada sabia sobre a morte, mas já estava preparada para enfrentá-la. Embora fosse ainda tão criança para padecer tal punição, já tinha idade suficiente para a vitória. Tão criança para se expor ao combate, mas pronta para receber a coroa da vitória.

PRECE

Do testemunho da fé

"Hoje é natal de Santa Inês, virgem a Cristo dedicada, que hoje ao céu entrega o espírito, no próprio sangue consagrada. Madura já para o martírio, mas não ainda aos esponsais, vai ao suplício tão alegre qual noiva às festas nupciais.

Devendo aos deuses incensar, diz sem nenhuma hesitação: 'Virgens a Cristo consagradas lâmpadas tais não portarão.

Porque tal chama apaga a luz, tal fogo a fé extinguirá. Ferime, e o sangue derramado o seu braseiro apagará'.

Ei-la ferida, e quanta glória do Rei divino recebeu! Com suas vestes se envolvendo, cai sobre a terra e voa para o céu.

Jesus, nascido de uma Virgem, louvor a vós, ó Sumo Bem, com o Pai Santo e o Espírito, hoje e nos séculos. Amém."

(*Liturgia das Horas*)

22 Janeiro

SANTO ANASTÁCIO
(Mártir)

Santo Anastácio era de origem persa e mágico por profissão. Seu nome persa era Magundat. Atraído ao cristianismo, abandonou a magia e foi morar na cidade de Hierápolis, na casa de um ourives cristão, cuja profissão aprendeu. Passado algum tempo, foi encaminhado a Jerusalém e finalmente batizado, recebendo o nome de Anastácio. Sentiu-se, então, atraído à vida monástica e ingressou no mosteiro de Santo Anastácio, perto de Jerusalém. Ali aprendeu o grego e por sete anos levou uma vida humilde como cozinheiro e jardineiro. Um dia, quando visitava os lugares santos na Palestina, foi preso e conduzido a Betsaloé, na Pérsia. Por ser cristão e não abjurar a fé, Anastácio foi condenado a trabalhos forçados, torturado cruelmente e por fim esquartejado. Seu biógrafo narra que ao ser levado diante do governador persa, não se prosternou perante ele. De cabeça erguida confessou:

Sou cristão, persa, da província de Rasec, da aldeia de Rasnuni; fui cavaleiro e mago, mas abandonei as trevas pela luz; chamei-me antes Magundat, e chamo-me agora, como cristão, Anastácio.

Foi martirizado no ano 628.

PRECE

Da santidade de vida

Deus, nosso Pai, dai-nos inteligência para compreender em que consiste a verdadeira santidade de vida.

Santo é todo aquele que não corre atrás de deuses falsos, que não presta culto aos bezerros de ouro.

Santo é quem não se vende por causa do dinheiro, da fama, mas é capaz de dar a vida em favor do irmão...

Santo é a comunidade que não se cala por causa do medo e das ameaças, pois a sua força vem do Senhor ressuscitado.

Santos, enfim, são todos aqueles que celebram na sua vida e com sua vida a "memória subversiva" da paixão, morte e ressurreição do Senhor, dando testemunho da força libertadora do Evangelho da Salvação.

Vós sois, Senhor, o nosso Deus e jubilosos clamamos: Santo, santo, santo, Senhor Deus do Universo. O céu e a terra proclamam o vosso louvor!

23 Janeiro

SÃO JOÃO ESMOLER
(Bispo)

São João Esmoler foi contemporâneo de Santo Anastácio. Natural de Chipre, seu pai, Epifânio, era o governador da ilha. Com a morte dos filhos e da esposa, São João Esmoler dedicou-se inteiramente ao serviço de Deus e ao próximo.

Em 606, foi aclamado bispo de Alexandria. Viveu em tempos de carestia, de fome e de guerra. A guerra dos persas contra os sírios fez de Alexandria um campo de refugiados, doentes e famintos. A situação agravou-se ainda mais pela seca que assolou o Egito.

Por sua vida inteiramente dedicada em aliviar os sofrimentos dos infelizes e necessitados é que lhe adveio o apelido de "esmoler", ou seja, "distribuidor de esmolas". Considerava os necessitados senhores e amos seus.

O trabalho de São João Esmoler não se reduziu a mero assistencialismo. Foi uma ardorosa luta pela justiça e contra a exploração. Tomou medidas radicais, como a fiscalização dos pesos e medidas e o confisco de bens dos exploradores do povo. Procurou restaurar os bons costumes no clero e acabar com os subornos e simonias. Duas vezes por semana dava audiência pública à porta da igreja, ouvindo queixas e reclamações do povo simples e fazendo-lhe justiça em suas reivindicações.

Morreu em 616, em Amatonta, sua cidade natal.

PRECE

Do compromisso com o Reino

Dai-nos, ó Deus, a graça de nos comprometer convosco, que sois o Pai, com Jesus Cristo, que é Senhor e com o Espírito Santo, que recria e renova todas as coisas.

Dai-nos a graça de trabalhar para que aconteça o vosso Reino de fraternidade, de justiça, de igualdade e de liberdade! Ensinai-nos, Senhor, a reconhecer que somente vós sois o Senhor e o dono de tudo o que existe acima e abaixo da terra. E que nós somos os administradores, os rendeiros e meeiros, chamados a construir um mundo onde todos tenham o que precisam, onde todos participem dos frutos do trabalho de suas mãos, onde tudo seja repartido, porque tudo é dom que nos ofereceis.

24 JANEIRO
SÃO FRANCISCO DE SALES
(Bispo e Doutor da Igreja)

São Francisco é o padroeiro dos jornalistas, porque passou a vida inteira escrevendo. Seus escritos, especialmente o *Tratado do amor de Deus* e *Introdução à vida devota* exerceram e continuam a exercer grande influência.

São Francisco de Sales nasceu em 1567, no Castelo de Sales. Aos trinta e dois anos, tornou-se bispo auxiliar, e dois anos mais tarde era o bispo titular de Genebra. Tinha um coração extraordinariamente bondoso e manso, e sua influência moral e religiosa foi marcante no seu tempo, conturbado por perseguições e intrigas entre católicos e protestantes.

Foi o diretor espiritual de São Vicente de Paulo e de Santa Francisca de Chantal.

Afirmou certa vez:

Vocês querem que eu perca num quarto de hora aquele pouco de mansidão que adquiri em vinte anos de luta?

Morreu em Lião em 28 de dezembro de 1622 e foi canonizado em 1655.

PRECE

Da conversão pelo Espírito

Deus, nosso Pai, São Francisco de Sales testemunhou com a sua vida que sois um Deus de ternura e de misericórdia. Realizastes nele coisas maravilhosas, corrigindo as arestas de seu temperamento irascível.

Por sua intercessão, nós vos pedimos: enviai sobre nós o vosso Santo Espírito. Que ele nos ensine a ternura, a misericórdia e nos chame à reconciliação e à comunhão convosco e com nossos irmãos. Que o seu fogo de amor arranque nossas máscaras e faça cair por terra nossos planos egoístas, obrigando-nos a sair de nossas fortalezas interiores, de nossas falsas seguranças. Que as cadeias de nossos egoísmos e indiferenças sejam rompidas; vosso amor impere em nossos corações e nos torne amáveis com todas as pessoas, especialmente aquelas que convivem dia a dia conosco.

25 Janeiro

CONVERSÃO DE SÃO PAULO, APÓSTOLO

São Paulo Apóstolo é conhecido por suas cartas, lidas freqüentemente nas celebrações eucarísticas, na Liturgia da Palavra. Através de suas cartas sabemos muita coisa a respeito de sua vida e das verdades fundamentais de nossa fé.

São Paulo nasceu em Tarso da Cilícia, por volta do ano 10 da era cristã. Além de ser judeu, da tribo de Benjamim, era também cidadão romano. Desde a infância, foi educado conforme a doutrina dos fariseus por um sábio chamado Gamaliel. Destacou-se inicialmente como um implacável perseguidor das primeiras comunidades cristãs. Foi conivente com o assassinato de Santo Estêvão.

Sua conversão ocorreu de modo inesperado a caminho de Damasco, quando liderava uma perseguição contra os cristãos daquela cidade. Jesus Ressuscitado apareceu-lhe e o derrubou do cavalo, transformando-o de cruel perseguidor dos cristãos em ardoroso apóstolo dos gentios. Este fato aconteceu por volta do ano 36, e a partir desse momento Paulo consagrou a sua vida ao serviço de Cristo, viajando por todo o mundo conhecido de então, anunciando o Evangelho de Jesus Cristo e o mistério de sua paixão, morte e ressurreição. É sem dúvida uma das principais colunas do cristianismo.

PRECE

Da força do amor

"Ao peso do mal vergados, São Paulo, por ti clamamos; da graça o penhor eterno, que salva, te suplicamos.

Outrora oprimindo a Igreja, tocou-te o divino amor. E aqueles que perseguias abraças qual defensor.

Daquele primeiro amor conserva a fiel lembrança. Aos tíbios e fracos traze a graça e a esperança.

Floresça por teu socorro o amor que ignora o mal; as rixas não o perturbem, nem erro nenhum fatal.

Ó vítima que agrada aos céus, dos povos amor e luz, fiel defensor da Igreja, protege-a, e a nós conduz.

Louvor à Trindade eterna, hosanas, poder, vitória. O prêmio do bom combate contigo nos dê, na glória."

(Liturgia das Horas)

26 Janeiro

SÃO TIMÓTEO
(Discípulo de São Paulo)

São Timóteo nasceu em Listra e foi um dos primeiros discípulos de São Paulo. Seu pai era grego e sua mãe judia. Foi educado no judaísmo por sua mãe Eunice e por sua avó, Lóide. Fiel colaborador de Paulo, acompanhou-o em suas viagens a Filipos, Tessalônica, Atenas, Corinto, Éfeso e Roma. Foi "epíscopo", isto é, bispo da Igreja de Éfeso, por volta do ano 66. Sofreu o martírio no ano 97.

São Paulo endereçou-lhe duas cartas. A ele, o Apóstolo adverte:

Sabe, porém, o seguinte: nos últimos dias sobrevirão momentos difíceis. Os homens serão egoístas, gananciosos, jactanciosos, soberbos, blasfemos, rebeldes com os pais, ingratos, iníquos, sem afetos, implacáveis, mentirosos, incontinentes, cruéis, inimigos do bem, traidores, atrevidos, enfatuados, mais amigos dos prazeres do que de Deus... (2Timóteo 3,1-4ss).

PRECE

Da conversão da mente e do coração

Deus, nosso Pai, nós vos pedimos perdão e a graça da conversão.

Vós nos chamais a compartilhar, mas nós teimamos em tudo reter; vós nos chamais ao despojamento de toda ganância e soberba, mas nós agimos com avareza e acima de tudo colocamos o nosso amor próprio; vós nos chamais ao respeito, à gratidão, à justiça, à ternura, à compreensão, mas nós blasfemamos contra Deus, desonramos nossos pais, somos injustos e mesquinhos, desafetuosos e implacáveis; vós nos chamais à verdade, e mentimos; vós nos chamais à bondade, e somos cruéis; vós nos chamais à amizade, e traímos nossos amigos e o próprio Deus. Porém, a vossa misericórdia supera nossos pecados e nossas fraquezas. Se vos somos infiéis, vós permaneceis fiel, pois não podeis negar-vos a vós mesmo (cf. 2 Timóteo 2,8-13).

27 Janeiro
SANTA ÂNGELA DE MÉRICI
(Fundadora)

Fundadora das Irmãs Ursulinas. Nasceu na região de Brescia no ano de 1470, aproximadamente. Seus pais eram camponeses. Viveu num período de grande prosperidade econômica e de florescimento das artes e das ciências. Do ponto de vista religioso, foi uma época conturbada, culminando com a Reforma Protestante.

Santa Ângela conheceu bem cedo a orfandade de pai e mãe e foi provada pelo sofrimento e pela miséria. Nada, porém, abateu o seu ânimo. Nem mesmo a morte do tio e da irmã. Reuniu um grupo de jovens de sua idade e começou a visitar prisões, asilos e hospitais, procurando levar aos pobres, aos doentes, aos abandonados um pouco de conforto, de carinho e calor humano. Mais tarde fundou a congregação das Irmãs Ursulinas, cuja finalidade é a instrução da juventude feminina, tremendamente marginalizada e discriminada em seu tempo. Santa Ângela procurou abrir um espaço à participação da mulher, via de regra inferiorizada em relação ao homem.

PRECE

Da confiança em Deus

Deus, nosso Pai, abri o nosso entendimento para compreendermos que a vida é sempre um acreditar mais uma vez; um ato de fé que fazemos a cada passo, a cada instante, a cada dia, até o último momento de nossa vida.

Santa Ângela a vós confiou toda a sua existência, os momentos tristes e felizes, os bons resultados e os fracassos, seus sonhos e pesadelos. De vós recebeu amparo, socorro, proteção até o fim. Quando tudo nos parecer adverso, quando o mundo nos parecer mau e perverso, ajudai-nos, ó Deus de Amor e de Ternura, a continuar acreditando, a ter forças para dar mais um passo. Que saibamos o significado do que é viver plenamente a vida que nos destes: Amar-nos uns aos outros como Jesus nos amou.

28 Janeiro

SANTO TOMÁS DE AQUINO
(Doutor da Igreja)

Santo Tomás de Aquino é o patrono das universidades e escolas católicas. Nasceu no Castelo Roccaseca, de sua nobre família, no ano 1225.

Iniciou seus estudos em Monte Cassino e em Nápoles. Mais tarde, ingressou na Ordem Dominicana em Paris, onde completou os estudos. Passou quatro anos em Colônia, juntamente com Santo Alberto Magno, teólogo de excepcional conhecimento e profundidade. Santo Tomás de Aquino é considerado o maior teólogo da Idade Média, cujo pensamento exerce ainda grande influência no estudo da teologia de nossos tempos.

Escreveu várias obras, sendo a mais conhecida e importante, lida e comentada ainda hoje, a *Suma Teológica*. Escreveu também *Comentários à Sagrada Escritura, Comentários ao Mestre das sentenças, De Trinitate, De veritatem, Suma contra os gentios, Quaestiones disputatae*...

É chamado de Doutor Angélico, quer pelas suas múltiplas atividades pastorais — professor universitário, consultor de sua Ordem junto a Santa Sé, pregador oficial e escritor — quer pelo seu exemplo de vida, cujo lema era "contemplar e transmitir o fruto da contemplação".

Morreu quando regressava do Concílio de Lião, convocado pelo papa Gregório X. Era o dia 7 de março de 1274.

PRECE

Da Palavra que é Luz

Deus, nosso Pai, Santo Tomás de Aquino dedicou toda a sua vida ao estudo e à contemplação do mistério da vossa redenção.

Dai-nos a graça de meditarmos continuamente vossa Palavra e de encontrar nela luz para nossos passos, força para a nossa luta de cada dia por trabalho, alimentação e condição de vida mais humana.

Dai-nos o entendimento e a sabedoria que nos advêm de uma fé consciente, confirmada por palavras e obras, capaz de nos fazer esperar mesmo contra toda esperança.

29 Janeiro
SÃO SULPÍCIO SEVERO

Natural de Agem, França, viveu no século III. Aos 55 anos de idade, abandonou a advocacia e deixou a mulher para se dedicar inteiramente a Deus. Criticado por todos, encontrou apoio em Bássula, sua sogra. Para ajudá-lo no seu novo estado de vida, Bássula ofereceu-lhe uma pequena propriedade. Viveu ali até o fim de sua vida, agrupando em torno de si monges e clérigos. Teve como mestres e amigos São Martinho e Paulino de Nole.

São Sulpício foi também escritor. Em seu livro *Crônicas*, resume a história judaica e cristã desde a criação até o ano 400 depois de Cristo.

Escreveu a vida de São Martinho. A data de sua morte é incerta, situando-se entre os anos 406 e 432.

PRECE

Da vida evangélica

Deus, nosso Pai, dai-nos a graça de buscar, em primeiro lugar, o vosso Reino de justiça, de paz e de fraternidade. Que a nossa vida seja realmente evangélica, buscando seguir a Jesus Mestre, Caminho, Verdade e Vida, na mansidão, na humildade de coração, na caridade não fingida, no respeito incondicional à pessoa humana, na denúncia corajosa dos ídolos que nos procuram seduzir com suas ilusões de salvação e felicidade; no anúncio alegre e esperançoso de que sois vós o Deus de amor, nosso Mestre e Senhor.

Que o vosso Espírito mova nossa mente, coração e forças; transforme nossa vida como transformou a de São Sulpício Severo. Possa a nossa caminhada sobre a terra ser motivo de engrandecimento do vosso Reino e de alegria para nossos irmãos.

30 Janeiro
SANTA BERTILA

Santa Bertila ou Batilde era natural da Inglaterra. Nasceu por volta de 634. Ainda jovem, foi raptada por piratas e vendida a Clodovis II, rei da Nêustria, França. Mulher de grande beleza, foi obrigada a casar com o rei. Logo, porém, ficou viúva, com três filhos do libertino e insano Clodovis, que morreu na mais completa loucura.

Assumiu, então, a regência, tomando sérias medidas, como acabar com o tráfico de escravos, abolir os impostos injustos, lutar contra a simonia (ou comércio com as coisas sagradas). Além disso, fundou vários mosteiros.

Santa Bertila terminou seus dias no mosteiro de Chelles, vivendo na austeridade, ocupando-se dos doentes e dos serviços mais humildes. Morreu por volta do ano 680.

PRECE

Do compromisso de servir

Deus, nosso Pai, o vosso desejo é que nos amemos uns aos outros como Jesus, vosso filho nos amou, entregando-se por nós e nos libertando das cadeias do egoísmo, da mentira e de toda espécie de servidão.

Fazei que a nossa presença no mundo, na sociedade em que vivemos, seja animada pelo amor que levou Jesus a dar a vida para que tivéssemos vida em abundância.

Animados pelo vosso Espírito, nosso Consolador, coloquemos também a nossa vida a serviço do homem de hoje, amando-nos com o mesmo amor com que vós nos amastes e levastes os santos a vos buscar incessantemente. Sejamos misericordiosos e ternos, cheios de mansidão, amantes do perdão. Que em tudo busquemos a reconciliação entre os homens, repudiando o que divide e causa discórdia entre nós.

31 Janeiro
SÃO JOÃO BOSCO

São João Bosco ou Dom Bosco é o fundador dos Padres Salesianos e das Irmãs Filhas de Maria Auxiliadora. Dedicam-se à formação da juventude.

São João Bosco nasceu em Castelnuovo d'Asti, em 16 de agosto de 1815. Órfão de pai aos dois anos, Margarida Occhiena, sua mãe, teve um papel muito importante na sua vida e na sua formação humana e cristã. Teve infância pobre e difícil, trabalhando duramente para se manter nos estudos. Líder nato, desde pequeno exerceu grande influência entre seus colegas e amigos.

Em 1841, foi ordenado sacerdote e começou a exercer o ministério junto com São José Cafasso; era movido por uma grande paixão pela juventude pobre e abandonada.

João Bosco fundou escolas tipográficas, revistas e editoras para difundir a boa imprensa. Fundou também os Oratórios Festivos em que reunia os filhos abandonados de operários, o que deu origem à congregação salesiana. Foi um escritor fecundo, publicando folhas volantes, textos pedagógicos etc. Dom Bosco morreu em Turim, em 31 de janeiro de 1888.

PRECE

Do discernimento

Deus, nosso Pai, por intercessão de São João Bosco, velai sobre os jovens e conduzi-os ao vosso Reino. Que se sintam responsáveis pela justiça, pela paz e pela fraternidade no mundo.

Que encontrem em vós segurança para suas vidas e força necessária para não se deixarem sucumbir ao mundo das drogas, do ódio e da violência.

Dai-lhes, Senhor, discernimento para que não caiam nas mãos dos que apenas visam a explorá-los, inescrupulosamente, tornando-os objetos de consumo desenfreado e mão-de-obra barata para seus lucros.

Que os jovens dos campos e das cidades tenham os seus direitos fundamentais respeitados, encontrem o seu lugar na sociedade, realizando-se plenamente como criaturas humanas e filhos de Deus.

1º Fevereiro

SANTA BRÍGIDA
(Virgem)

Santa Brígida é irlandesa de Ulster. Seus pais foram convertidos por São Patrício. Juntamente com algumas companheiras, consagrou inteiramente sua vida a Deus, formando com elas uma pequena comunidade sob a orientação do bispo Macaleus.

Santa Brígida exerceu grande influência na sua época, tornado-se depois de sua morte a padroeira da Irlanda. Fundou o mosteiro de Kildare, onde veio a falecer, em 523. Seus restos mortais permaneceram em Kildare até o século IX, passando depois para Down, em Ulster, onde vieram a se perder. Segundo a tradição, entretanto, sua cabeça foi confiada aos jesuítas de Lisboa, Portugal.

PRECE

Do discernimento dos sinais dos tempos

Deus, nosso Pai, Santa Brígida procurou viver o Evangelho e permaneceu atenta às necessidades de seu tempo. Ensinai-nos, hoje, a bem viver, a estar alertas para assumir a nossa vida e a tarefa que nos confiais neste mundo.

Concedei-nos o discernimento para darmos a cada coisa o justo valor. Ajudai-nos a procurar a medida certa daquilo que nos rodeia, colocando cada coisa na sua devida posição e no seu merecido lugar.

Compreendamos que não temos neste mundo morada definitiva e que a nossa caminhada é transitória. Nada é definitivo. Somente vós, Deus de Amor, permaneceis para sempre, levando tudo à plenitude dos tempos, ao cumprimento das vossas promessas em nós e em cada coisa que criastes.

2 Fevereiro

APRESENTAÇÃO DO SENHOR

A festa que a Igreja celebra hoje é chamada também de Purificação de Nossa Senhora, ou Nossa Senhora das Candeias, ou ainda Nossa Senhora da Candelária.

É uma das festas mais antigas da Igreja Católica (século IV). É o dia em que Nossa Senhora e São José "apresentam" a Deus o filho Jesus.

O velho Simeão exulta de alegria, porque Deus visitou seu povo, trazendo a salvação que ele, já em idade avançada, pôde contemplar. O próprio Deus, o Deus vivo e verdadeiro, Deus conosco para sempre na pessoa de Jesus, se compromete radicalmente com o homem. E Simeão profetiza sobre o Menino, mostrando o mistério de sua paixão, morte e ressurreição. Ou seja, que sem sangue não haverá redenção nem remissão dos pecados.

É também chamada a festa da Purificação de Nossa Senhora, porque, segundo o costume dos judeus, somente 40 dias (se fosse menina, 80 dias) após o parto é que a mulher podia freqüentar de novo o Templo. Nessa ocasião devia cumprir a oferta prescrita pela Lei. Nossa Senhora estava perfeitamente inserida na sociedade religiosa de seu tempo.

PRECE

Do compromisso com a história humana

Deus, nosso Pai, vós habitais no meio de nós, e por Maria, vossa e nossa Mãe, vos comprometestes radicalmente com a história humana.

Senhor, nós vos pedimos: tornai-nos sensíveis à vossa ação no mundo e na história humana, tão cheios de contradições e de fraquezas, mas também ricos em testemunhos de bondade e de amor sincero.

Abri nossos olhos para que possamos enxergar os sinais da vossa presença em nossa vida e na caminhada dos homens através dos tempos.

Abri nossos corações para que o vosso plano de amor se realize no mundo e a vossa glória resplandeça diante dos homens. Vosso nome seja louvado e bendito por todas as criaturas.

3 Fevereiro

SÃO BRÁS
(Mártir)

São Brás nasceu em Sebaste, cidade da Armênia, no fim do século III. Era médico, mas abandonou tudo para se dedicar inteiramente ao serviço de Deus, numa vida solitária e penitente.

Segundo a tradição, vivia na gruta do Monte Argeu, rodeado de animais selvagens, mas obedientes às suas ordens. A ele recorriam numerosas pessoas, buscando alento para suas aflições, especialmente os males da garganta. Foi aclamado bispo de Sebaste e sofreu o martírio durante a perseguição de Licínio, em 323, pelas mãos de Agrícola, governador da Capadócia.

É o protetor contra as doenças de garganta, por ter salvo a vida de um menino, engasgado com uma espinha de peixe. É também o protetor dos cardadores, por ter sido submetido à tortura em pentes de ferros, quando foi martirizado. Na Rússia é invocado contra as doenças dos animais.

PRECE

Do testemunho cristão

Deus, nosso Pai, a exemplo de São Brás, que confessou o vosso nome com a própria vida, que também nós confessemos vosso amor de Pai, no dia-a-dia de nossa existência e sejamos testemunhas de vossa presença no mundo.

Oração de São Brás contra os males da garganta:
"Ó Senhor Jesus, acolhei favoravelmente a minha prece. Por vosso poder, tirai esta espinha e proporcionai este socorro a todos os que, afligidos do mesmo mal, a vós implorem e pronunciem a oração que vos endereço".

4 Fevereiro

SÃO JOÃO DE BRITO

São João de Brito nasceu em Lisboa, no dia 1º de março de 1647. Seu pai, Dom Salvador de Brito Pereira, foi governador-geral do Brasil, no tempo do Infante Dom João IV. Faleceu em terras brasileiras.

São João de Brito foi educado na corte portuguesa. Era contado entre os pajens do Infante D. Pedro. Aos 17 anos, ingressa na Companhia de Jesus (1662) e em 1673 é ordenado sacerdote.

Missionário em Maduré, Índia, procura adaptar-se à cultura indiana, adotando os trajes, os costumes e o modo de viver dos monges brâmanes saniassis.

Dedica-se inteiramente à pregação do Evangelho entre os "párias", e "pária" era considerado. Percorreu todo o território indiano, suportando toda espécie de dificuldades: fome, sede, frio, perseguições. Foi preso, açoitado e exposto a ultrajes em praça pública, deportado e expulso para a corte portuguesa. De novo, ei-lo pregando e anunciando o Evangelho ao povo indiano, indiferente às ameaças de prisão e de morte.

Condenado à morte, sofreu o martírio no dia 4 de fevereiro de 1693.

PRECE

Do anúncio do Reino

Deus, nosso Pai, a vossa Palavra se espalhou por todos os cantos da terra, semeada na dor, no sofrimento e no sangue de vossos missionários, mensageiros da Boa-Nova do vosso Reino. Que nós também sejamos vossos mensageiros de paz e de amor dentro de nossos próprios lares e nos ambientes que freqüentamos.

Que vos anunciemos mais com nossas atitudes, com nossos exemplos, do que com meras palavras, sem a unção do coração que vos invoca e que de vós tem sede.

E com o salmista possamos clamar:

"Quantas maravilhas realizaste, Senhor, meu Deus, quantos projetos em nosso favor: ninguém se compara a ti. Quero anunciá-los, falar deles, mas ultrapassam qualquer conta".

5 Fevereiro

SANTA ÁGUEDA

Santa Águeda sofreu o martírio em Catânia, na Sicília, provavelmente durante a perseguição de Décio, no ano 251 aproximadamente. É venerada na Igreja desde os primeiros tempos. O seu nome figura no primeiro cânone da missa, e em Roma chegaram a existir mais de doze igrejas a ela dedicadas. É muito popular e venerada na Itália.

Segundo a tradição, Santa Águeda foi entregue a uma mulher de má conduta para desviá-la de Deus. Como mantivesse a firmeza da fé, foi submetida a cruéis torturas: desconjuntamento dos ossos, dilaceramento dos seios. Foi arrastada por sobre cacos de vidros e carvões em brasa.

PRECE

Do testemunho de vida

Hoje brilha o dia de Águeda, ilustre virgem; Cristo une-a consigo e coroa-a com duplo diadema.

De ilustre linhagem, formosa e bela; mais ilustre, porém, pelas obras da fé; reconhece a vaidade da prosperidade terrena e sujeita o coração aos divinos preceitos.

Mil vezes mais forte que os seus cruéis carrascos, expôs os membros aos açoites. A fortaleza do seu coração mostra-a claramente o seu peito torturado.

Ao cárcere, que se converteu em delicioso paraíso, desce o pastor Pedro para confortar a sua ovelhinha. Cobrando novo alento e acesa em novo zelo, alegre corre para os açoites.

A multidão pagã foge amedrontada, diante do fogo do Etna recebe as consolações de Águeda. A todos os que recorrem confiantes em sua proteção, extingue-lhes Águeda os ardores das paixões.

Agora que ela, como esposa, resplandece no céu, interceda perante o Senhor por nós pecadores. E queira, sim, enquanto nós lhe celebramos a festa, ser-nos propícia a todos quantos contamos as suas glórias.

(Hino a Santa Águeda, *Santos de cada dia*, v. I)

6 de Fevereiro

SÃO PAULO MIKI E SEUS COMPANHEIROS
(Mártires)

O cristianismo foi introduzido no Japão por São Francisco Xavier, por volta de 1549. Poucos anos depois, surgia uma verdadeira multidão de cristãos, entre os quais, São Paulo Miki e seus companheiros.

São Paulo Miki nasceu no Japão por volta dos anos 1564 ou 1566. Catequista, ingressou na Companhia de Jesus, ordenando-se sacerdote. Sua pregação foi cumulada de frutos de conversão e de testemunhos maravilhosos.

Ao eclodir a perseguição contra os católicos, São Paulo Miki e seus 26 companheiros foram feitos prisioneiros, submetidos a torturas e, depois, crucificados em Nagasaki, em 1597.

Seis deles eram missionários franciscanos, vindos da Espanha, três eram jesuítas japoneses, e, os outros, leigos. Havia entre eles três adolescentes, de 11 a 15 anos de idade.

Antes de morrer, São Paulo Miki afirmou:

Se aqui cheguei a este grave momento, espero que ninguém tenha dúvidas quanto à minha sinceridade ou pense que eu estou mentindo. Por isso eu lhes digo: Não há outro caminho de salvação a não ser Cristo Jesus.

Perdoou a todos e entregou a sua alma a Deus.

PRECE

Da perseverança na fé

Deus, nosso Pai, pela força dos santos São Paulo Miki e seus companheiros que, em Nagasaki, chamastes à vida da glória pelo martírio, concedei-nos, por sua intercessão, perseverar até o fim na fé que professamos. Que possamos dizer hoje e sempre:

Cantarei para sempre o amor do Senhor, anunciarei tua fidelidade de geração em geração. Pois eu disse: "Teu amor é um edifício eterno, firmaste a tua fidelidade mais que o céu" (Salmo 89,2-3).

7 Fevereiro
SANTA COLETA

Nasceu em Córbia, diocese de Amiens, em 13 de janeiro de 1381. Em honra a São Nicolau, seus pais lhe deram o nome de Nicoleta, por já estarem em idade avançada quando a menina nasceu.

Seu pai era um artista abastado e a mãe muito religiosa. Órfã aos 18 anos, Nicoleta ficou sob os cuidados do abade do convento beneditino de Córbia. Distribuiu tudo o que possuía aos pobres e ingressou na Ordem Terceira de São Francisco, pronunciando o voto de reclusão.

Por três anos viveu numa pequena cela. Dali saiu para empreender a reforma franciscana. Foi nomeada superiora geral de todos os conventos de clarissas que viesse a fundar ou a reformar. Sua ação reformadora logo alcançou a França, Espanha, Flandres e Sabóia.

Juntamente com São Vicente Ferrer, Coleta lutou para acabar com o cisma do Ocidente, que culminou com a eleição simultânea de três papas: um em Roma; outro em Avinhão; e o terceiro em Pisa.

Santa Coleta morreu em Gand, Bélgica, no dia 6 de março de 1447.

PRECE

Do encontro com Deus

Deus, nosso Pai, encontrar-se convosco é sempre um desafio; desafio às nossas idéias preconcebidas, ao egoísmo e à sede de poder, que se aninham em nosso íntimo. Encontrar-se convosco é sempre uma ameaça ao homem velho que mora dentro de nós.

Senhor, vinde até nós, caminhai conosco. Que o nosso coração arda de amor e vos ame acima de todas as coisas. Transformai nossa vida, transformando nosso modo de pensar e de agir.

8 Fevereiro

SANTA JOSEFINA BAKHITA

Irmã Josefina Bakhita nasceu em Darfur (Sudão, África), em 1869, e morreu em Schio (Vicenza, Itália), em 1947. Seu nome Bakhita significa "afortunada". Tinha cerca de 10 anos quando foi seqüestrada por traficantes de escravos. Conheceu as humilhações, os sofrimentos físicos e morais da escravidão até ser comprada pelo cônsul italiano Calixto Legnani, que a leva consigo no seu retorno à Itália.

Na Itália, é entregue a Augusto Michiele e torna-se a babá de sua filha recém-nascida. Pouco tempo depois, por motivo de negócios, Augusto Michiele e sua esposa viajam para o Sudão, confiando a filha e Bakhita às irmãs Canossianas de Veneza. Ao retornar para buscar a filha, sua patroa pensava em obrigar Bakhita a voltar com elas para a África. Bakhita, porém, resiste e reafirma sua decisão em permanecer com as Canossianas.

Após o catecumenato, Bakhita é iniciada na fé, recebendo o Batismo, o Crisma e a Eucaristia. Tinha então 18 anos e passou a chamar-se Josefina. Decidida a aceitar o chamado de Deus, pede para ser acolhida no convento. No dia 8 de dezembro de 1896, emite os votos religiosos e é transferida para Schio. Como religiosa, entregou-se com alegria aos trabalhos mais humildes: foi cozinheira, camareira, bordadeira, sacristã e porteira. Sempre sorridente, conquistou o coração de todos e ficou conhecida de toda a população da cidade como "a Irmã Morena".

No final da vida, padecendo de várias doenças, perdeu os movimentos das pernas, mas não se cansava de agradecer: *Obrigada por tudo que me destes, Senhor. Eu vou indo devagarzinho rumo à eternidade*. Foi canonizada em 1º de outubro de 2000, pelo papa João Paulo II.

PRECE

Ó santa Josefina Bakhita, vós, que desde menina, foste enriquecida por Deus com tantos dons e a ele correspondestes com todo o amor, olhai por nós. Intercedei junto ao Senhor para que cresçamos no seu amor e no amor a todas as criaturas humanas, sem distinção de idade, de raça, de cor, de situação social. Que pratiquemos sempre, como vós, as virtudes da fé, da esperança, da caridade, da humildade, da castidade e da obediência. Pedi, agora, ao Pai do Céu, ó santa Bakhita, as graças que mais preciso, especialmente ... (*indicar o pedido*). Amém.

9 FEVEREIRO

SÃO MIGUEL FEBRES CORDERO
(Irmão Lassalista)

São Miguel Febres Cordero foi canonizado por João Paulo II, no dia 21 de outubro de 1984. Nasceu em Cuenca, no Equador, em 1854. Seu pai era professor universitário e seu avô, general do exército, venerado como herói nacional.

Em 1868, contra a vontade dos pais, ingressou na congregação dos Irmãos de La Salle (Irmãos Lassalistas). Passou a maior parte da vida em Quito, onde estudou e adquiriu sólida formação profissional. Bem cedo entregou-se às tarefas da educação, considerando esse mister a mais nobre e rendosa missão para a humanidade e para a Igreja.

Além de educador, foi um exímio escritor e estudioso de gramática e filosofia. Escreveu livros de gramática, manuais de geografia, história, religião e literatura. Em 1892 tornou-se membro da Academia Equatoriana de Língua. Trabalhou em Paris, na Bélgica e na Espanha.

Morreu no dia 9 de fevereiro de 1910. Em 1930, durante a Revolução Espanhola, seus restos mortais foram trasladados para o Equador. É o primeiro santo equatoriano, ao lado de Santa Maria de Jesus Paredes.

PRECE

Da simplicidade de vida

Deus, nosso Pai, ensinai-nos a viver na simplicidade e na alegria que nasce de uma vida empenhada em servir desinteressadamente. Vós nos dissestes: "Quero bondade, e não sacrifícios". Saibamos cultivar a ternura e a compaixão pelos homens, pois vós sois terno e compassivo.

Educai-nos, Senhor, para o amor, para o perdão, para a justiça, para a paz. Saibamos vos agradecer por todas as maravilhas que operais em nós, para vos oferecer o dom de nossa vida.

Neste mundo que tudo retém, gananciosamente, ensinai-nos que mais vale a dádiva do que a posse, mais vale o perdão e a reconciliação do que o ódio, a ofensa ou a violência.

Dai-nos a força da fé que remove montanhas, e a esperança que nos faz atravessar desertos e sonhar com a Terra da Promessa.

10 Fevereiro

SANTA ESCOLÁSTICA
(Monja)

Santa Escolástica era irmã de São Bento, fundador dos monges beneditinos. Escolástica nasceu na Úmbria por volta do ano 480. Juntamente com São Bento, consagrou sua vida a Deus e acompanhou o irmão ao Monte Cassino, onde foi construído o célebre Mosteiro Monte Cassino, berço do monaquismo do Ocidente.

São Bento costumava visitar anualmente Santa Escolástica, que muitos afirmam ser sua irmã gêmea. Conta-se que, por ocasião de uma dessas visitas, Escolástica queria que o irmão permanecesse com ela, conversando sobre as coisas de Deus. São Bento, entretanto, era rigoroso e intransigente quanto à observância da Regra. Deus, porém, quis mostrar-lhes que mais vale o amor que o legalismo. Uma forte tempestade caiu naquela noite. Bento culpava a irmã por estar transgredindo a Regra, pousando fora do mosteiro. Ela, entretanto, disse: *Pedi a você e você não me ouviu. Pedi ao Senhor e ele me ouviu. Pode ir embora para o seu mosteiro. Vá, se você puder!*

Três dias depois, morria Santa Escolástica e, passados 40 dias, São Bento também entregava sua alma a Deus. Era o ano 547.

Santa Escolástica é invocada contra raios e para obter chuva.

PRECE

Do amor verdadeiro

Deus, nosso Pai, em Jesus, vosso Filho, nos cumulastes da dignidade dos filhos de Deus. Jesus nos mostrou que as leis devem estar a serviço do homem, não o homem a serviço das leis. É amor e misericórdia que pedis, não sacrifício e imolação. Por isso nós vos pedimos, por intercessão de Santa Escolástica: saibamos nos opor às leis injustas e opressoras, feitas para salvar interesses pessoais e de grupos.

Ajudai-nos, Senhor, a compreender o amor verdadeiro, aquele amor que está acima da justiça dos fariseus.

Deus, nosso Pai, vosso Filho Jesus não se deixou escravizar pela lei; fez do amor a Deus e ao próximo o maior mandamento. Libertai-nos dos formalismos, dos medos e legalismos que nos impedem de amar verdadeiramente.

11 de Fevereiro

NOSSA SENHORA DE LOURDES

Hoje toda a Igreja celebra a festa de Nossa Senhora de Lourdes. Por 18 vezes, Nossa Senhora apareceu a Bernadete Soubirous, na gruta de Massabielle, perto de Lourdes, na França. As aparições tiveram início no dia 11 de fevereiro e se repetiram até 16 de julho de 1858.

A Virgem Maria manifestou-se à vidente com o título de Imaculada Conceição. É a Virgem, concebida sem pecado, que nos traz o apelo à conversão, através da penitência e da oração.

Desde 1858, o Santuário de Nossa Senhora de Lourdes é visitado por numerosas romarias. Muitos doentes são curados de seus males físicos e espirituais. Os milagres e as curas são rigorosamente estudados por um comitê de médicos e especialistas. Bernadete Soubirous foi submetida a vários interrogatórios por parte de autoridades civis e eclesiásticas. As pessoas miraculadas foram e são rigorosamente examinadas até hoje. As conclusões a que se chegou revelam a veracidade das aparições de Nossa Senhora a Bernadete Soubirous, na gruta de Massabielle.

PRECE

A Maria, Mãe imaculada

Deus, nosso Pai, a fim de preparar para o vosso Filho mãe que fosse digna dele, preservastes a Virgem Maria da mancha do pecado original, enriquecendo-a com a plenitude da vossa graça. Nela nos destes as primícias da Igreja, esposa de Cristo, sem ruga e sem mancha, resplandescente de beleza. Puríssima, na verdade, devia ser a Virgem, que nos daria o Salvador, o Cordeiro sem mancha que tira os nossos pecados.

Escolhida entre todas as mulheres, modelo de santidade e advogada nossa, ela intervém constantemente em favor do nosso povo.

(*Do Prefácio* da Missa Imaculada Conceição de Nossa Senhora)

12 Fevereiro

SANTA EULÁLIA DE BARCELONA

Santa Eulália nasceu na Espanha, no século II. Foi martirizada aos 14 anos de idade, durante a perseguição movida pelo imperador Maximiano, em 304. Embora seus pais procurassem resguardá-la do perigo, Santa Eulália acabou sendo presa.

Recusando-se a oferecer sacrifícios aos ídolos, foi entregue a terríveis suplícios. Teve seu corpo queimado com ferros em brasa, e depois foi lançada às chamas. No momento de sua morte, exclamava:

Agora, meu Jesus, vejo no meu corpo os traços da vossa sagrada paixão!

O seu corpo foi sepultado na Igreja de Mérida, em cujo adro, segundo São Gregório de Tours, havia três árvores. No dia da festa de Santa Eulália, essas árvores se cobriam de flores aromáticas, com poder de cura.

PRECE

Da conversão dos ídolos

Deus, nosso Pai, Santa Eulália confessou com a própria vida que há um só Senhor e Deus.

Hoje vos pedimos humildemente: libertai-nos dos falsos deuses que construímos, segundo a nossa imagem e semelhança.

Somente vós sois digno de todo louvor, de toda honra no céu e na terra.

Somente vós sois o Senhor da história, Aquele que é, que era e que vem.

Não nos deixeis, Senhor, prostituir aos ídolos do dinheiro, do poder, do ter sempre mais, mesmo à custa dos valores mais caros e mais nobres da pessoa humana.

Que, a exemplo de Santa Eulália, confessemos com a nossa vida de cada dia que não temos outro Deus senão a vós, e que em vós depositamos toda a nossa confiança.

13 Fevereiro

SANTIAGO MILLER

Natural dos Estados Unidos, Santiago Miller era religioso lassalista a serviço da comunidade indígena de Huehuetenango, na Guatemala. Era professor do Colégio de La Salle e do Instituto Indigenista. Alegre, amável e completamente dedicado a sua gente, não tinha tempo para si. Com efeito, Huehuetenango era uma comunidade pobre e necessitada, mas ao mesmo tempo muito comprometida na luta pela justiça.

Em 1981, quando esteve em sua terra natal pela última vez, Miller denunciou as condições desumanas em que vivia sua gente: escolas precárias, crianças sem o que vestir e sem cadeiras onde sentar, pacíficos pais de famílias assassinados enquanto trabalhavam no campo, estudantes indígenas arrastados pelos militares: *Os governos estão em tumultos políticos, e se alguém a eles se opõe, não é mais visto...*, afirmou ele um dia.

No dia 13 de fevereiro de 1982, quatro homens armados invadiram a sua escola e o assassinaram. Tinha 37 anos.

PRECE

Da solidariedade aos pobres

Deus, nosso Pai, que teu nome seja santificado: Em todos os que defendem a vida do pobre acima do dinheiro, do café, do algodão, da cana-de-açúcar, dos partidos políticos, das leis e dos interesses das Companhias transacionais...

Nos pobres e humildes que, entretanto, têm fé e esperança em ti e, por isso, organizam-se e lutam para que se respeite sua dignidade.

Em todos aqueles que trabalham dia e noite a fim de arrancarem seus irmãos e irmãs do analfabetismo, da enfermidade, da exploração e da perseguição.

Na morte de teus santos mártires... e dos milhares de teus filhos que, por amor a seus irmãos e respeito à vida de teus pobres, foram torturados e assassinados, da mesma forma que fizeram com teu Filho e Irmão Nosso, Jesus Cristo.

(*Martírio* – Memória perigosa na América Latina)

14 Fevereiro

SÃO VALENTIM
(Mártir)

São venerados cerca de oito santos com o nome de Valentim. Festejam-se no dia de hoje dois santos com esse nome.

Um era sacerdote e viveu em Roma, no tempo do imperador Cláudio. Levado prisioneiro diante do imperador, professou corajosamente o nome de Jesus e censurou todos os que adoravam deuses falsos, ídolos construídos por mãos humanas. Foi açoitado e a seguir decapitado na Via Flamínia, por volta do ano 270. No século IV o papa Júlio I construiu uma igreja em sua honra.

Outro São Valentim foi bispo de Terni, na Úmbria, por volta do ano 223. Foi responsável pela conversão de Crato, filósofo romano, o que lhe valeu o martírio, a mando do governador romano, Abúndio.

É o padroeiro da cidade de Terni. Seu culto perdura até hoje.

PRECE

Da libertação do egoísmo

Deus, nosso Pai, vós nos criastes para a felicidade já aqui nesta terra.

É desejo vosso que a paz reine nos corações dos homens, que todos se sintam irmãos e filhos do mesmo Pai, cujo amor é eterno e cuja fidelidade dura para sempre.

Somos nós, Senhor, que voltamos as costas ao vosso amor; com nosso egoísmo, transbordamos as medidas de nossos sofrimentos.

Em vez de buscar a vida, caminhamos errantes pelos desertos da discórdia, das ofensas, do ódio, da vingança, das guerras fratricidas.

Muitas vezes por causa do dinheiro, por causa do lucro, da vaidade de querermos ser superiores aos outros, odiamos nossos próprios irmãos, mentimos e perdemos a nossa dignidade.

Por isso, Senhor, não afasteis de nós a vossa face. Vinde libertar-nos de toda opressão, vós que sois misericordioso e compassivo.

15 Fevereiro

SÃO TEOTÔNIO
(Presbítero)

São Teotônio nasceu por volta do ano 1082, no povoado Tardinhade, perto de Valença do Minho, Portugal. Fez os primeiros estudos no mosteiro beneditino de Ganfei. Depois foi para Coimbra, onde concluiu os estudos de humanidades e de teologia. Foi ordenado sacerdote em Viseu, onde mais tarde tornou-se prior. Pouco tempo depois renunciou ao priorado e recusou terminantemente tornar-se bispo. Dedicou-se inteiramente ao ministério da Palavra. Fundou em Coimbra, juntamente com 11 companheiros, o Mosteiro de Santa Cruz. Para isso contou com a ajuda e o apoio de Dom Afonso I, que muito o estimava.

Em 1132 foi eleito prior, cargo a que renunciou aos 70 anos. Passou a viver, então, como simples religioso, entregue à meditação. Faleceu no dia 18 de fevereiro de 1160 ou 1162, com oitenta anos de idade. Seu corpo repousa no Mosteiro de Santa Cruz.

PRECE

Do serviço aos irmãos

Deus, nosso Pai, a cada um de seus filhos reservais uma parte na construção de vosso Reino de Amor.

E todos nós, convocados pelo vosso Espírito, somos sacerdotes, profetas e reis.

Fazei de nossa vida uma oferenda agradável a vós, em que a maior prova de amor é fazer de nossa vida um dom, colocando-nos de corpo e alma a serviço dos irmãos.

Nossas palavras sejam benditas, glorifiquem vosso nome santo e anunciem vossas promessas de esperança e de paz. Que amemos como Jesus amou, entregando sua vida para a libertação dos oprimidos. Assim, praticando a justiça e construindo a paz, reinaremos eternamente convosco.

16 Fevereiro

ALBINO AMARILLA

Natural do Paraguai, Albino Amarilla deu testemunho de sua fé em 1981, sendo assassinado pelo Exército paraguaio por não querer denunciar os seus companheiros de luta e de fé.

Além de líder camponês, era também catequista e mestre na doutrina cristã. Pai de família, deixou nove filhos, quando foi morto aos 41 anos.

Sua morte teve grande repercussão, sendo os seus funerais celebrados pelo próprio bispo.

PRECE

Dos pobres de Deus oprimidos

Deus, nosso Pai, que venha a nós o teu Reino: teu Reino que é Liberdade e Amor, que é Fraternidade e Justiça, que é Direito e Vida, que é Verdade e não mentira.

Teu Reino que dá fim a tudo que destrói a Vida do mundo.

Teu Reino que destrói tudo aquilo que faz com que as pessoas vivam como animais.

Teu Reino que não realiza transações com os interesses daqueles que forçam os pobres a trabalhar como bestas de carga, nem com os que institucionalizam a violência na estrutura jurídica, na estrutura judicial, na estrutura educacional, na estrutura econômica, atualmente aceitas até por gente que se diz cristã.

Sim, Senhor, que venha o teu Reino, porque, quando o teu Reino vem, saímos de nosso egoísmo e buscamos para os outros aquilo que desejamos para nós mesmos; haja terra para todos, haja educação para todos os marginalizados...

(*Martírio* — Memória perigosa na América Latina)

17 Fevereiro

SÃO POLICRÔNIO
(Bispo)

São Policrônio era bispo e sofreu o martírio durante a perseguição de Décio. Segundo a tradição, o próprio imperador Décio confrontou-se com o santo, seus diáconos e sacerdotes. O Imperador ordenou-lhe que fizesse oferenda aos deuses. São Policrônio, entretanto, permaneceu no mais completo silêncio e não proferiu sequer uma palavra. Parmênio, companheiro de São Policrônio, teve a língua cortada por defender o santo bispo. Finalmente, o santo foi condenado ao apedrejamento, tendo a sua boca e dentes quebrados.

Seu martírio ocorreu por volta do ano 250. Com ele, muitos outros cristãos derramaram o seu sangue em nome da fé em um Deus único, Senhor e Criador do céu e da terra.

PRECE

A Deus que é Pai

Deus, nosso Pai, cremos que vós nos amais com amor eterno e cuidais de cada um de nós, vossos filhos, para que tenhamos vida, e vida em abundância.

Cremos que vós sois o nosso Pai. Pela força do vosso Espírito reconhecemos que todos somos irmãos.

Proclamamos que somente vós sois o Deus e Senhor da vida, o princípio e o fim de todas as coisas, o sentido de nossa existência.

Nós vos agradecemos por todas as maravilhas que operais naqueles que vos amam e depositam em vós todas as suas aflições, esperanças e desejos, confiantes do vosso socorro e da vossa proteção amorosa.

18 Fevereiro

SANTA BERNADETE

Santa Bernadete nasceu em Lourdes, na França, em 1844. Chamava-se Maria Bernarda. Filha de gente simples, aos treze anos foi viver na pequena povoação. Analfabeta, acostumada aos trabalhos rudes do campo, Bernadete conhecia apenas as principais orações dos cristãos: o pai-nosso, a ave-maria, o credo etc.

As aparições tiveram início no dia 11 de fevereiro de 1858, em que Nossa Senhora se proclamava:

Eu sou a Imaculada Conceição.

Após as aparições, Bernadete ingressou no convento das Irmãs de Nevers, onde viveu 13 anos, muitas vezes incompreendida e tratada com dureza pelas superioras e co-irmãs.

Acometida de tuberculose, aos poucos consumida por uma cárie óssea, Bernadete morreu no dia 16 de abril de 1879. Morreu pronunciando a oração de súplica a Maria:

Santa Maria, Mãe de Deus, rogai por mim, pobre pecadora.

Em 1925, Pio XI proclamou-a bem-aventurada e, em 1937, foi canonizada.

PRECE

A Maria, peregrina do povo

Santa Mãe de nosso Redentor, Porta do Céu sempre aberta, Estrela do Mar, socorrei o povo que caiu e quer levantar-se.

Vós gerastes, oh, maravilha, Aquele que vos criou, e permanecestes sempre Virgem.

Recebei a saudação do Anjo Gabriel e tende piedade de nós, pecadores.

Ave, Maria, cheia de graça, o Senhor é convosco, bendita sois vós entre as mulheres, e bendito é o fruto do vosso ventre, Jesus.

Santa Maria, Mãe de Deus, rogai por nós pecadores, agora e na hora de nossa morte. Amém.

19 Fevereiro
SÃO BONIFÁCIO

São Bonifácio nasceu em Bruxelas, em 1188. Fez seus estudos na Universidade de Paris. Tornou-se sacerdote e mais tarde bispo de Lausanne.

Ensinou em Colônia, na Suíça. Espírito universalista, homem de ampla visão histórica, educador e ardoroso pregador contra os vícios e corrupção de seu tempo, São Bonifácio jamais deixou de participar ativamente nas lutas de sua época. De fato, tomou partido contra os nobres, contra os príncipes e reis injustos e exploradores do povo simples. Sofreu intensas perseguições e campanhas difamatórias, que não conseguiram atingir o defensor incansável dos pobres, especialmente dos leprosos, cegos e necessitados.

Depois de muita insistência, conseguiu de Inocêncio IV permissão para deixar o episcopado.

Veio a falecer em 1265, sendo sepultado na Igreja de La Cambre.

PRECE

Do discernimento pela fé

Deus, nosso Pai, abri a nossa mente; dai-nos sabedoria e inteligência, realismo e bom senso, para ver, hoje, as coisas como elas são, para descobrir as contradições de nosso tempo, para denunciar os erros que silenciamos, para não tirar partido das fraquezas humanas e dos fracassos de nossos irmãos.

Deus, nosso Pai, dai-nos perspicácia e sensibilidade para descobrir e proclamar a vossa ação amorosa na história humana, redimida e liberta por Jesus, vosso Filho; para descobrir a vossa mão bondosa a nos guiar, vossa Palavra a nos iluminar, vosso amor de Pai a nos sustentar, pois vós sois um Deus fiel e desejais que todos sejamos salvos.

20 Fevereiro

SANTA MARGARIDA DE CORTONA

Santa Margarida de Cortona nasceu em 1247, em Alviano, Toscana, Itália. Morreu no ano 1297. Foi sepultada em Cortona. Órfã de mãe e tratada duramente pelo pai e pela madrasta, fez-se amante de um rico senhor, vivendo no luxo e numa vida fácil. Assim viveu por 9 anos, tornando-se mãe de um filho, que mais tarde entrou para a Ordem Terceira de São Francisco.

Certo dia, seu companheiro foi tragicamente assassinado. Foi encontrado — quando o corpo já se decompunha —, graças a uma cachorrinha de estimação que indicou o lugar do crime.

Margarida ficou vivamente impressionada e tocada pela fragilidade humana. Para espanto de todos, pôs uma corda no pescoço e se penitenciou publicamente. Ingressou depois na Ordem Terceira de São Francisco, tomando o hábito de penitente, levando uma vida de austeridade, de oração e de serviço aos pobres.

PRECE

Do perdão dos pecados

Deus, nosso Pai, vós sois um Deus cheio de misericórdia e de amor. Perdoais os nossos pecados quando vedes sinceridade em nossos corações.

Hoje nós vos suplicamos: a exemplo de Santa Margarida, estejamos abertos à conversão e ao serviço de nossos irmãos.

Não nos deixeis abandonados aos nossos erros e às nossas fraquezas, mas vinde em nosso socorro, vós que enviastes Jesus, o Cordeiro de Deus que tira o pecado do mundo.

Nós vos pedimos humildemente: pela força do vosso Espírito, quebrai as cadeias de nosso interior; libertai-nos de tudo o que nos oprime; que o mal, o pecado, jamais tenha a última palavra sobre nossa vida. Que o amor reine em nossos corações eternamente.

21 Fevereiro

BEM-AVENTURADO NATAL PINOT

Natal Pinot nasceu em Angers, França, em 1747. Sacerdote, exerceu grande parte de seu ministério como capelão do Hospital dos Incuráveis de Angers. Foi perseguido por causa das ingerências do poder civil na Igreja. Acabou sendo expulso de sua própria paróquia, passando a exercer o ministério na clandestinidade. Escondia-se ora num, ora noutro hospital. À noite, dava assistência ao povo, celebrando-lhe a Eucaristia, ouvindo confissões, instruindo as pessoas em lugares afastados.

Surpreendido em uma dessas ocasiões, foi preso pelos revolucionários e condenado à morte, por se recusar ao juramento de fidelidade à Constituição Civil do Clero. Executaram-no na guilhotina, vestido ainda com os paramentos sagrados.

PRECE

Da libertação do medo

Deus, nosso Pai, tornai nossa fé inabalável; que não nos faltem vossa proteção e vossa força em nossas tribulações.

Vós não desamparais os que em vós confiam e de vós esperam a salvação. Afugentai para longe de nós o medo que nos paralisa e atenta contra a dignidade humana; afastai de nós o comodismo que não deixa comprometer-nos com a justiça e com a verdade.

Sejamos sinceros e honestos convosco, conosco mesmos e com os nossos irmãos. Guardemos em nossos corações a esperança dos santos. Que a nossa vida seja um testemunho vivo de amor e de fé naquele que é o nosso Salvador, Jesus Cristo, vosso Filho.

22 FEVEREIRO

SANTA JOANA MARIA

Santa Joana Maria Bononi nasceu em Aciago, na diocese de Vicenza, Itália, em 1606. Em 1621 ingressou no convento das Beneditinas de Bassano. Levou vida penitente e orante, cumprindo com fidelidade seus deveres religiosos.

Foi nomeada mestra de noviças, serviço a que se dedicou com paciência e sabedoria. Eleita abadessa da comunidade, Santa Joana Maria sofreu incompreensões e grandes tribulações de corpo e de espírito. Chamada de louca e de visionária, foi acometida por terríveis doenças, como a lepra, que muito a fez sofrer. Temendo o contágio, suas companheiras a abandonaram, prestando-lhe apenas os serviços estritamente necessários.

Faleceu no dia 22 de fevereiro de 1670, com 65 anos de idade. Foi canonizada pelo papa Pio VI, no dia 2 de junho de 1783.

PRECE

Dos pobres de Deus, doentes e esquecidos

Deus, nosso Pai, por intercessão de Santa Joana, consolai os aflitos, os atribulados e desesperados pela dor moral, pelos sofrimentos físicos e males espirituais. Velai pelos enfermos de corpo e pelos doentes da alma. Velai pelos doentes, parentes e amigos nossos; velai pelos doentes anônimos, abandonados à própria sorte. Velai pelos que jazem num leito de dor, sem esperanças humanas, mas confiantes no vosso amor de Pai.

Senhor, nós vos pedimos por todos aqueles que vivem na solidão dos asilos, das prisões, dos hospícios, sem poder contar com a amizade, com o carinho e com a solidariedade da família e dos amigos. O nosso comodismo, orgulho e indiferença não aumentem ainda mais o sofrimento alheio.

23 Fevereiro

SÃO POLICARPO
(Mártir)

São Policarpo foi bispo de Esmirna. Discípulo de São João Apóstolo, conheceu também muitos daqueles que estiveram com Jesus e viram com os próprios olhos o que o Mestre realizou. Era amicíssimo de Santo Inácio de Antioquia. Sofreu o martírio durante a perseguição de Marco Aurélio, que tinha os cristãos como inimigos do Império. Estava em oração quando os soldados chegaram para prendê-lo. Acolheu-os com amabilidade e cortesia. Pediu-lhes que entrassem e descansassem por algum tempo. Deu-lhes de comer e de beber, pedindo-lhes permissão para terminar as suas preces.

Perante o tribunal, e diante da insistência do procônsul Estácio Quadrato para que renegasse a Cristo, São Policarpo declarou:

Faz 86 anos que sirvo a Deus e nunca ele me fez mal algum. Como poderia blasfemar o meu Redentor?

São Policarpo foi queimado vivo, no meio do anfiteatro de Esmirna, não como uma carne que se assa, mas como um pão que se coze. Antes de morrer fez a seguinte oração, que hoje elevamos a Deus.

PRECE

Da glorificação do Nome de Deus

Senhor, Deus todo-poderoso, Pai de vosso Filho abençoado e amado, Jesus Cristo, de quem recebemos a graça de vos conhecer... Sede para sempre bendito, Senhor; que vosso Nome adorável seja glorificado em todos os séculos, por Jesus Cristo, pontífice eterno e onipotente; que toda honra vos seja dada com ele e o Espírito Santo, por todos os séculos.

Dai-nos, hoje, por intercessão de São Policarpo, a vossa paz, que é o conforto e a segurança de sermos queridos e amados por vós.

24 Fevereiro

SÃO SÉRGIO
(Mártir)

Há vários santos com o nome de Sérgio. Hoje celebra-se o que foi martirizado em Cesaréia da Capadócia, no tempo do imperador Diocleciano (284-305).

Por ocasião das festas em honra a Júpiter, Saprício, governador da Armênia e da Capadócia, mandou reunir os cristãos no templo dedicado a Júpiter. Obrigou-os a prestar culto ao deus pagão. Sérgio, o venerando eremita, reprovou com veemência o culto ao ídolo, proclamando a todos que somente o Deus vivo e verdadeiro, Jesus Cristo, o Deus dos cristãos, era digno de todo louvor e adoração. Foi, então, conduzido perante o governador que o condenou à morte. São Sérgio foi imediatamente decapitado. Os cristãos recolheram o seu corpo e uma piedosa senhora sepultou-o em sua própria casa.

PRECE

Do amor, em espírito e verdade

Deus, nosso Pai, vós criastes o homem para ser feliz, para viver num mundo de união e de fraternidade. Continuamente nos desviamos dos vossos caminhos, criamos ídolos à nossa imagem e semelhança e a eles prestamos culto e adoração.

São Sérgio vos confessou como o Deus vivo e verdadeiro. Somente vós sois digno de todo louvor e adoração. Dai-nos a graça de vos adorar em espírito e em verdade. Não permitais que caiamos no vazio dos ídolos que a ninguém podem salvar.

Senhor, vós sois o caminho, a verdade e a vida. Guiai nossos passos pelo caminho da retidão; livrai-nos da mentira e fazei-nos amar a verdade. Apagai em nosso íntimo, e ao nosso redor, todos os sinais de morte; dai-nos vida, e vida em abundância.

25 Fevereiro

SÃO SEBASTIÃO DE APARÍCIO

Nasceu em Gudina, na Espanha, em 1502. Era filho de lavradores. Depois de uma infância difícil, Sebastião foi enfrentar a vida em Salamanca, sempre se lembrando dos pais, a quem freqüentemente enviava parte do salário. Em 1532, viajou para o México. Ali conseguiu tornar-se um rico proprietário de terras e, mais tarde, rico comerciante também. Considerando o comércio um grande perigo à vida espiritual, passou a dedicar-se apenas à agricultura. Casou-se por duas vezes, dando exemplo de vida espiritual intensa, de amor aos pobres. Aos 70 anos, renunciou aos bens que possuía e tudo distribuiu aos necessitados. Ingressou no convento dos franciscanos, tornando-se irmão leigo.

Morreu com 98 anos, em 1600, sendo canonizado em 1786 pelo papa Pio VI.

PRECE

Da luz da fé

Deus, nosso Pai, vós dissestes que os vossos pensamentos não são os nossos pensamentos; que os nossos caminhos não são os vossos caminhos. Nós vos pedimos: tudo o que nos acontecer contribua para o nosso bem e para que o vosso Nome seja bendito por todo o sempre. Jamais nos falte a luz da fé, para vos buscarmos de coração sincero e de mente desarmada.

Dai-nos sabedoria para descobrir em nossas vidas o vosso plano de amor, muitas vezes incompreensível a nossos olhos humanos e limitados e a nossos corações egoístas. Vosso amor eterno renove continuamente nosso modo de agir e de pensar.

26 Fevereiro
SÃO PORFÍRIO

São Porfírio era natural de Tessalônica, Grécia. Nasceu por volta do ano 353. Aos 25 anos, foi viver no Egito. Ali passou cinco anos de vida austera e penitente. Por cinco anos também viveu em uma gruta perto do rio Jordão, na Palestina, o que lhe custou uma grave enfermidade. Indo a Jerusalém em busca de cura para seus males, encontrou-se com Marcos, que se tornou seu fiel discípulo.

Tempos depois, São Porfírio enviou a Tessalônica o seu discípulo Marcos, encarregado de vender os bens que o santo possuía por lá e trazer o dinheiro para ser distribuído aos pobres em Jerusalém. São Porfírio nada guardou para si. Para ganhar seu sustento trabalhava em um curtume na Cidade Santa. Após 40 anos neste ofício, foi ordenado sacerdote pelo patriarca de Jerusalém. Mais tarde, foi nomeado bispo de Gaza. Exerceu grande influência religiosa e política em seu tempo, conseguindo da imperatriz Eudóxia um memorial decretando a total demolição dos templos pagãos em Gaza e redondezas. Em homenagem à rainha, construiu uma suntuosa basílica. Morreu em 420.

PRECE

Da partilha do que somos e temos

Deus, nosso Pai, nós vos pedimos o dom da partilha daquilo que temos, porque partilhar é o que Jesus, vosso Filho e nosso Irmão, nos pediu; é o exemplo que ele nos deu com a própria vida.

Ensinai-nos, ó Senhor, a não somente partilhar o pão que mata a fome física, a água que mata a sede, a roupa que agasalha os corpos. Ensinai-nos a partilhar o pão da compreensão que aceita o outro como ele é, o pão do perdão, o pão da dignidade que nos faz sentir gente amada e querida.

27 Fevereiro
SÃO GABRIEL DAS DORES

São Gabriel de Nossa Senhora das Dores, cujo nome de batismo era Francisco, nasceu na cidade de Assis, em 1838. Órfão de mãe aos quatro anos, foi para Espoleto. Estudou com os Irmãos das Escolas Cristãs e com os jesuítas. Muito jovem foi eleito presidente da Academia de Literatura. Em 1856 ingressou na congregação da Paixão de Nosso Senhor Jesus Cristo, fundada por São Paulo da Cruz, ou seja, os passionistas.

Sua espiritualidade foi marcada fortemente pelo amor a Jesus Crucificado e a Nossa Senhora das Dores. Alegre, bem-humorado, a todos cativava com a sua simpatia e simplicidade de alma. Morreu aos 24 anos, mal havia chegado à Ilha del Gran Sasso. Era o dia 27 de fevereiro de 1862. Foi beatificado por Pio X em 1908 e canonizado por Bento XV, em 1920.

PRECE

Da vida em plenitude

Deus, nosso Pai, hoje queremos vos agradecer e pedir pela vida. Vós sois o Deus que vive para sempre, que ressuscitastes Jesus Cristo, vosso Filho amado.

Jesus entregou a sua vida por nós e quebrou as cadeias de nosso egoísmo, fazendo-nos, pelo batismo, novas criaturas. Tornai-nos, Senhor, defensores da vida, que é obra vossa, graça que nos concedeis a cada instante. Que a nossa vida seja valorizada, respeitada e amada. Velai, Senhor, pelos enfermos, para que encontrem, através da dor e do sofrimento, o significado íntimo e profundo de sua existência, de cada momento que lhes é dado viver.

Dai, Senhor, aos moribundos a certeza de vosso amor eterno e mostrai-lhes o vosso rosto de Pai que apaga todo temor. Que o vosso Espírito Santo proclame em nosso íntimo esta Palavra santa e libertadora: Pai! Venha a nós o vosso Reino.

28 FEVEREIRO

SÃO DANIEL BROTTIER

Daniel Brottier era natural da França. Nasceu no dia 7 de setembro de 1876. Ingressou na Congregação do Espírito Santo (Padres Espiritanos) e por sete anos foi missionário no Senegal (África).

Na Primeira Guerra Mundial, alistou-se voluntariamente como capelão militar nas linhas de frente. Por quatro anos, assistiu os moribundos, cuidou dos feridos, deu assistência espiritual a seus compatriotas. No fim da Guerra foi condecorado com a Cruz da Guerra e com a Legião de Honra.

Em 1923, tornou-se diretor da Casa dos Órfãos Aprendizes de Auteuil, que chegou a abrigar cerca de mil e quatrocentos jovens abandonados e carentes. Fundou também a União Nacional dos Antigos Combatentes, com cerca de dois milhões de associados. Sua fé, sua oração, sua grande capacidade inventiva e de organização fizeram dele um apóstolo e "homem de empresa" ao mesmo tempo. Firme e bondoso, ousado e humilde, empreendedor e contemplativo, Daniel Brottier foi um homem de nosso tempo.

Morreu no dia 28 de fevereiro de 1936. Foi canonizado pelo Papa João Paulo II, em 1984, em Roma.

PRECE

Dos homens de boa vontade

Deus, nosso Pai, nós vos pedimos por todos aqueles que procuram, conforme o desígnio de vosso amor, criar melhores condições de vida, uma ordem social mais justa e mais humana. Multiplicai, Senhor, os corações sensíveis e capazes de se despojarem em favor do próprio irmão, dedicando a eles o seu tempo, colocando-lhes a serviço suas capacidades, dons de vós recebidos.

Senhor, que a nossa presença no mundo seja atuante, eficaz e combativa. Sejamos o fermento na massa, a luz que clareia, o sal que salga e dá sabor. Livrai-nos da indiferença, das neutralidades culposas, do medo de nos comprometer radicalmente com o vosso Reino de justiça e de paz.

29 Fevereiro
SANTO OSVALDO

Santo Osvaldo foi bispo e confessor. Era irmão de Santo Odom, arcebispo de Cantuária, que o fez cônego de Winchester. Renunciou, entretanto, a este cargo e se fez monge em Fleury-sur-Loire. Foi nomeado bispo de Worcester e, juntamente com o arcebispo de Cantuária e o bispo de Winchester, restabeleceu a disciplina monástica. Diante da recusa do clero local em aceitar suas reformas, Santo Osvaldo mandou construir uma abadia e uma igreja dedicada a Nossa Senhora. Ali colocou os beneditinos, substituindo assim o clero renitente.

Em 972 foi feito arcebispo de York, pelo rei Edgar. Foi um grande incentivador das ciências, tornando os mosteiros, sob sua jurisdição, verdadeiros centros de estudos.

Na Quaresma, costumava lavar diariamente os pés de doze pobres. Segundo consta, Santo Osvaldo morreu quando terminava uma dessas cerimônias de lava-pés. Era o dia 29 de fevereiro de 992.

PRECE

Da Igreja peregrina

Deus, nosso Pai, vós nos chamastes para ser um povo de servidores. Velai, Senhor, nós vos pedimos, pela Igreja, peregrina e sinal do vosso Reino de amor, de paz e de justiça entre os homens. O vosso Espírito Santo ilumine a mente e os corações dos pastores para que conduzam com sabedoria e retidão o vosso povo peregrino.

Ajudai-nos a discernir a vossa presença e os vossos desígnios nos acontecimentos, nas exigências e nas aspirações de nossos tempos...

Tornai-nos solidários com as alegrias e as esperanças, com as tristezas e as angústias dos homens de hoje, sobretudo dos pobres e de todos os que sofrem.

1º Março

SANTO ALBINO

Santo Albino nasceu em 469, em Vannes, na Bretanha. Tornou-se monge, sendo mais tarde escolhido para abade do mosteiro de Tintillant. Por 35 anos, dirigiu a abadia, quando foi nomeado bispo de Angers. Foi sagrado por Melânio, bispo de Rennes. Fez-se o pai e irmão dos pobres, dos humildes, dos injustiçados. Trabalhou incansavelmente pela moralização dos costumes, opondo-se às ligações incestuosas dos ricos senhores que tomavam como esposas as próprias irmãs ou filhas. A piedade popular atribui-lhe fatos miraculosos, como o desmoronamento das portas da prisão, a libertação dos encarcerados e a morte de um soldado com um único sopro de sua boca. Foi, sem dúvida, um dos santos mais populares da Idade Média.

PRECE

Do anúncio da vida

Deus, nosso Pai, o mundo que desejais é um mundo de paz e de justiça, de solidariedade e de comunhão, onde não haja divisões, nem dor ou sofrimento. Santo Albino fez-se pai e irmão dos pobres, dos humildes e dos injustiçados. Fazei que também nós, como ele, imitemos e façamos nossas as palavras proféticas de Jesus:

O Espírito do Senhor está sobre mim, porque ele me ungiu; e enviou-me para anunciar a Boa-Nova aos pobres, para sarar os contritos de coração, para anunciar aos cativos a redenção, aos cegos a restauração da vista, para pôr em liberdade os cativos, para publicar o ano da graça do Senhor (Lucas 4,18-19).

Senhor, que se cumpra em nós, vosso povo santo e pecador, aquilo que Jesus realizou com palavras e obras poderosas durante sua vida terrena.

2 Março

SANTA INÊS DE PRAGA

Santa Inês de Praga nasceu em 1208. Pertencia à família real. Otocaro I, seu pai, era rei da Boêmia. Foi educada por monges. Recusou-se a casar com Frederico II, imperador da Alemanha, para isso contando com o apoio do papa Gregório IX. Foi uma mulher ativa e preocupada com os problemas de seu tempo. Dedicou-se de corpo e alma ao serviço dos pobres, fundando para eles um hospital. Estabeleceu ali a pobreza absoluta, renunciando às rendas e vivendo de esmolas e doações. Incentivou e apoiou os Franciscanos e as Clarissas. Para eles fundou dois mosteiros. Santa Clara, a quem devotava grande amizade, chamava-a de "metade de minha alma". Ingressou, mais tarde, no convento das Clarissas, por ela própria fundado, onde foi nomeada abadessa.

Morreu no dia 2 de março de 1282, em Praga, onde nasceu.

PRECE

Da alegria de crer em Jesus Ressuscitado

Deus, nosso Pai, em vosso Filho Jesus nos revelastes vossa face cheia de misericórdia, de ternura e de amor. Nós vos agradecemos e vos louvamos por nos ter dado Jesus como irmão nosso, Deus-conosco para sempre. Exultamos de alegria, porque as vossas promessas se cumpriram; já experimentamos aqui as alegrias do vosso Reino de justiça e de paz. Por isso, repetimos as palavras do Apóstolo: *Vede que prova de amor nos deu o Pai: que sejamos chamados filhos de Deus. E nós o somos* (1João 3,1).

Santa Inês, que se consagrou inteiramente a vós e ao serviço dos necessitados, interceda para que a fraternidade se estabeleça na terra.

3 Março

SÃO MARINO

São Marino era um nobre oficial do exército romano em Cesaréia da Palestina. Promovido a centurião, aguardava os cerimoniais da entrega do ramo de videira, símbolo do novo cargo que ocuparia no exército imperial. Foi, então, acusado de ser cristão e, por essa acusação, usurparam-lhe o cargo que lhe era devido por seus merecimentos.

São Marino confessou sua fé em Jesus Cristo. Foi-lhe dado, conta Eusébio, um prazo de três horas para que se decidisse: sacrificar aos ídolos ou morrer por sua fé.

Teotecno, bispo de Cesaréia, animou-o na fé e lhe apresentou os evangelhos e uma espada para que ele escolhesse. São Marino preferiu confessar a fé em Jesus Cristo a se prostituir aos deuses. Foi decapitado por volta do ano 260. Na sua execução estava presente Astério, um velho senador, que envolveu o corpo do mártir em um manto e deu-lhe sepultura digna. Este gesto valeu-lhe também o martírio.

PRECE

Da presença de Deus

Deus, nosso Pai, pela fé São Marino testemunhou com a própria vida que vós sois Deus. Dai-me que, pela fé, eu sinta a vossa presença amiga e misericordiosa.

Quero vos sentir nos momentos mais adversos de minha vida, quando eu estiver chorando pelas amarguras, pela angústia, pela tristeza, pelos fracassos, pela doença que aos poucos me for roubando as forças, pela dor que afligir o meu corpo e minha alma, pela morte que me levar um ente querido, pelas chagas que pervadem nossa humanidade.

4 Março

SÃO LÚCIO
(Papa)

São Lúcio acompanhou São Cornélio no desterro de Cività Vécchia. Em 253, sucedeu-lhe no trono de Pedro. Sofreu o martírio durante a perseguição instigada por Valeriano, imperador romano. São Cipriano afirma em uma de suas cartas que São Lúcio foi um homem cheio do Espírito Santo e testemunha gloriosa do Senhor.

Pontificou por breve tempo (de 25 de junho de 253 a 4 de março de 254). Entretanto, no curto espaço em que foi papa, São Lúcio promoveu a unidade da Igreja e combateu ardorosamente pela preservação da genuína e autêntica fé, recebida dos apóstolos.

Foi decapitado e sepultado no cemitério de São Calisto. É venerado na Dinamarca, para onde suas relíquias foram levadas. O povo dinamarquês dedicou a ele numerosas igrejas.

PRECE

Das maravilhas de Deus

Deus, nosso Pai, somos o vosso povo. Nós vos louvamos pelas maravilhas que operastes naqueles que testemunharam com a vida que vós sois o Deus consolador dos aflitos e libertador dos oprimidos.

Fazei, Senhor, que jamais nos esqueçamos de recordar e narrar as vossas obras maravilhosas. Toda a criação, as coisas visíveis e invisíveis, proclamam o vosso amor por nós. A nossa própria vida é um dom que continuamente preservais, apesar de nossos egoísmos e limitações. Nós vos agradecemos porque nos recriais a cada instante. Por vosso amor eterno e fiel temos a certeza de que até mesmo as adversidades contribuem para o bem daqueles que vos amam de coração sincero.

5 Março

SÃO JOSÉ DA CRUZ
(Religioso)

Nasceu na cidade de Ísquia, nas proximidades de Nápoles, em 1625. Seu nome de batismo era Caitano. Ingressou na Ordem dos franciscanos. Foi um homem sagaz, austero, sábio nos julgamentos, intransigente consigo mesmo e admirador de São Francisco, procurando encarnar em si o exemplo de vida evangélica do Pobrezinho de Assis.

Em 1671 foi enviado ao Piemonte, para fundar o primeiro convento da Ordem. Tornou-se mestre de noviços e mais tarde provincial e geral da Ordem Franciscana. Levou vida austera, despojada de tudo. A mobília de seu quarto consistia em um crucifixo, uma imagem de Nossa Senhora, um breviário e um leito duríssimo, composto de dois pedaços de couro e uma coberta de lã. Possuía apenas um hábito de pano grosseiro, que usou por 65 anos, até sua morte. Devotou aos pobres ternura e amor, socorrendo-os em suas necessidades.

Morreu em 1737, com 84 anos de idade. Foi canonizado por Gregório XVI.

PRECE

Da radicalidade evangélica

Deus, nosso Pai, São José da Cruz viveu a radicalidade evangélica, despojando-se de tudo em favor do Reino de Deus. Dai-nos, Senhor, um espírito desprendido, que saiba dar o justo valor a cada coisa. Livrai-nos da tentação de tudo acumular, de tudo querer para si. Livrai-nos dos deuses e ídolos da sociedade de consumo e dos "salvadores" que nos prometem libertação, prostituindo-nos com suas falsas promessas de riquezas fáceis, de lucro sem esforço, de gozo e felicidade sem espírito de sacrifício.

Fazei, Senhor, que comamos o pão com o suor de nosso rosto e tenhamos uma vida digna, humana, feliz, fruto do esforço e do trabalho de nossas mãos. E a quem bater à nossa porta tenhamos ao menos um copo d'água a oferecer.

6 Março

SANTA ROSA DE VITERBO

Nasceu no ano de 1234, em Viterbo. Por volta de 1244, ingressou na Ordem Terceira de São Francisco. O seu tempo foi marcado por lutas encaniçadas entre Igreja e Estado, entre o poder temporal, representado pelo imperador Frederico II, e o poder espiritual, simbolizado pelos papas Gregório IX (1227-1241), Celestino IV (1241) e Inocêncio IV (1243-1254).

Frederico II recebeu a coroa do Império das mãos de Honório II. Havia feito ao papa várias promessas, entre elas a de organizar uma Cruzada e devolver à Igreja os bens usurpados. Não cumpriu a palavra. A luta continuou não somente com Gregório IX que, por cinco vezes, o excomungou, mas também durante o pontificado de Inocêncio IV.

Na noite em que Frederico II morria (13/12/1250), Santa Rosa de Viterbo ingressava na Ordem Terceira de São Francisco. Apesar de sua pouca idade (14 anos), exerceu enorme influência no seu tempo. Sua mensagem continua atual, plenamente válida e urgente: conversão, mudança de vida, fidelidade ao Evangelho e à Igreja, amor à paz.

PRECE

Ao Deus da História

Deus, nosso Pai, à medida que transcorrem os séculos, vemos com mais clareza a vossa ação no mundo. Na verdade, vós sois um Deus fiel e agis com força e poder dentro da história dos homens, abalados por tantas contradições. Mas vós conduzis vosso povo através dos tempos. Moveis os corações dos homens para que encontrem a paz. E suscitais, segundo as necessidades de cada época, pessoas capazes de ler as entranhas dos tempos, pessoas fortalecidas com as vossas promessas antigas, mas sempre novas.

Por isso, Senhor, hoje nós vos suplicamos humildemente: a exemplo de Santa Rosa, façamos de nossa vida um tempo de conversão, de fidelidade a Deus e de amor à paz.

7 Março

SANTA FELICIDADE
(Mártir)

Como Santa Perpétua, Santa Felicidade sofreu o martírio no dia 7 de março do ano 203, na perseguição do imperador Severo.

Era escrava e estava grávida de 8 meses. Deu à luz uma menina três dias antes do cruel espetáculo. Num parto difícil, Santa Felicidade gritava de dor.

Um dos carcereiros disse-lhe:

Se hoje você já grita desta maneira, quero ver amanhã, quando for lançada às feras!

Ela respondeu:

Hoje sou eu que sofro! Amanhã, quando eu for lançada às feras, sofrerá por mim Aquele por quem eu sofro.

E encheu-se de júbilo por poder sofrer o martírio juntamente com seus companheiros.

Como Santa Perpétua, arrancaram suas roupas e a expuseram também a uma vaca furiosa. Ao ver a jovem mãe atirada de um lugar para outro, e o leite gotejando de seus seios, o povo horrorizou-se, pedindo o fim do espetáculo. Juntamente com Perpétua e os outros companheiros, foi decapitada no meio do anfiteatro.

PRECE

A Deus, fonte de todo bem

Deus, nosso Pai, pela fé participamos da glória dos santos. Pelo testemunho de fé de Santa Felicidade, rendemos graças a vós, Senhor Deus, Pai todo-poderoso. É de vós que procedem toda força e poder; é de vós que esperamos a libertação do egoísmo que nos escraviza e do mal que nos oprime; é de vós que procedem a nossa esperança e a certeza da reconciliação entre os homens, irmanados numa só família, de que vós, Senhor, sois nosso Deus e Pai.

8 Março

SÃO JOÃO DE DEUS
(Religioso)

Nasceu no dia 8 de março de 1495, em Montemor-o-Novo, Portugal.

Sua vida foi marcada por constante busca de aventuras. Aos 8 anos, fugiu de casa. Foi pastor, camponês, soldado, vaqueiro, pedreiro, mascate, enfermeiro, livreiro e santeiro. Viajou por toda a Europa e andou pela África. Por várias vezes, correu perigo de vida. Conta-se que sua mãe morreu de tristeza e de saudade do filho desaparecido, e que o pai se fez monge.

Ao retornar de Gibraltar, montou uma pequena livraria em Granada, Espanha. Assistindo a um sermão de São João d'Ávila sobre o mártir São Sebastião, João de Deus foi tocado pela graça. Pôs-se a bater no peito e a gritar dentro da Igreja, pedindo misericórdia a Deus e que perdoasse seus pecados. Botou fogo nos livros e, maltrapilho, vagava pelas ruas, batendo no peito e confessando seus pecados. Colocaram-no em um hospício, julgando-o louco.

Experimentou na própria carne o tratamento desumano a que eram submetidos os doentes mentais.

Aconselhado por São João d'Ávila, dedicou totalmente sua vida aos desvalidos. Fundou numerosos hospitais, onde os doentes eram tratados como seres humanos e como filhos de Deus. A ele juntaram-se colaboradores que deram origem aos irmãos dos Enfermos. Morreu em Granada, no dia 8 de março de 1550. Leão XIII o declarou "Patrono dos Hospitais".

PRECE

Dos pobres de Deus oprimidos

Deus, nosso Pai, São João de Deus entregou a vida em favor de paralíticos, mancos, leprosos, mudos, inválidos, tinhosos, loucos, decrépitos, peregrinos e errantes. Por sua intercessão, vos pedimos, Senhor: não fechemos nossos corações aos desvalidos de nossos tempos, os que nossa sociedade de consumo, sempre "limpa" e bem-cheirosa, mal consegue suportar, e que, como lixo humano, são confinados nos bolsões de miséria, nos asilos, hospícios e hospitais psiquiátricos.

Senhor, dai-nos a vossa compaixão, para que busquemos, todos juntos, aliviar dores e sofrimentos.

9 Março
SÃO DOMINGOS SÁVIO

São Domingos Sávio nasceu em Riva de Chieri, Itália, no dia 2 de abril de 1842. Filho de um ferreiro e de uma costureira, foi aluno de São João Bosco e um dos primeiros colaboradores na obra salesiana. Morreu aos quinze anos, já amadurecido na fé e no amor que devotava a Deus, a Nossa Senhora e à Eucaristia.

Sua morte se deu em Mondônio, no dia 9 de março de 1857. Dom Bosco escreveu sua vida mostrando como Domingos Sávio colaborou com a graça de Deus: cumpriu seus deveres e se dedicou ao serviço do próximo com zelo e despojamento de si, desejando ardentemente a santidade de vida.

Dom Bosco conta a morte de Domingos Sávio comparando-o a um pássaro que voa para o céu. Estava ele doente na casa do pai, quando disse: "*Querido pai, chegou a hora. Pegue no Jovem cristão* (livro de orações) *e leia a ladainha da boa morte...*". Domingos repetia com voz clara e distinta todas as palavras... Pareceu conciliar o sono. Pouco depois despertou e, com voz clara e alegre, disse:

— *Adeus, pai, adeus! Oh! que coisas tão lindas estou vendo!*

Sorriu com rosto celestial e expirou com as mãos cruzadas sobre o peito e sem fazer o menor movimento (apud José Leite, S. J., op. cit., v. I, p. 217).

PRECE

Do abandono a Deus

Deus, nosso Pai, eu me abandono a ti. Faze de mim o que quiseres. Por tudo o que fizeres de mim, eu te agradeço. Estou disposto a tudo, aceito tudo, contanto que tua vontade seja feita em mim e em todas as tuas criaturas! Não desejo nada mais, meu Deus. Ponho minha alma em tuas mãos, entrego-a a ti, meu Deus, com todo o ardor do meu coração, porque te amo, e é para mim uma necessidade de amor dar-me, entregar-me em tuas mãos, sem medida, com infinita confiança, porque tu és meu Pai.

(*Abra a porta*, São Paulo, Paulus, n. 103)

10 Março
SANTOS MÁRTIRES DE SEBASTE

Eram de Sebaste, na Armênia, e sofreram o martírio por volta do ano 320, durante a perseguição de Licínio. Eram soldados e oficiais expulsos do exército por confessarem o nome de Jesus. Chamavam-se: Viviano, Cândido, Leôncio, Cláudio, Nicolau, Lisiníaco, Teófilo, Quirão, Donulo, Dominicano, Eunóico, Sisínio, Heráclito, Alexandre, João, Atanásio, Valente, Heliano, Ecdício, Acácio, Hélio, Teódulo, Cirilo, Flávio, Severiano, Valério, Cuidão, Sacerdão, Prisco, Eutíquio, Êutiques, Esmaragdo, Filotíman, Aécio, Xantete, Angias, Hesíquio, Caio e Gorgônio.

Escreveram na cadeia uma carta coletiva, que ainda hoje se conserva.

Santo Efrém nos conta que, antes de serem queimados vivos, foram colocados nus num tanque de água gelada. A noite e o vento frio roxeavam e faziam rachar sua peles. Dos 40, apenas um vacilou, lançando-se quase sem vida nos tanques de águas mornas, onde morreu.

Ao amanhecer, todos já estavam mortos. Seus corpos foram queimados e suas cinzas atiradas nas águas de um rio.

PRECE

Do testemunho de vida

Deus, nosso Pai, pedimos por todos os que são condenados injustamente, por suas profecias terem ferido interesses de quem já envelheceu no egoísmo e em falsas garantias.

Nós vos pedimos por aqueles que não têm liberdade de expressão e são censurados, intimidados, porque pensam e dizem a verdade. Pedimos pelos que não têm voz nem vez em nossa sociedade. Pelos que denunciam, por todos os meios, a mentira, a injustiça e, por isso, são postos à margem, quando não assassinados.

Jamais nos faltem a coragem, a ousadia que procedem da fé. Libertai-nos, Senhor, pela vossa verdade.

11 Março
SANTO EULÓGIO

*S*anto Eulógio nasceu na cidade de Córdoba. Era um sacerdote de vasta cultura científica e teológica. Resgatou muitas obras importantes como: *A cidade de Deus*, de Santo Agostinho; *A Eneida*, de Virgílio; as *Sátiras*, de Juvenal; e os *Poemas Sagrados*, de Prudêncio.

Viveu por volta do século VIII, quando a Espanha estava sob o domínio mouro. O príncipe muçulmano, Abderramão, perseguiu cruelmente os cristãos, levando muitos a padecer o martírio. Entre eles, encontramos Santo Eulógio. Tornou-se o principal líder da Igreja em Córdoba, exortando os fiéis a se manterem firmes na fé. Deixou escrito o *Memorial dos Santos* e *Apologética*, em que narra o heroísmo dos mártires. Um dia coube-lhe também confessar a fé, mediante o sacrifício de sua vida.

Na prisão escreveu a *Exortação ao martírio*, cujo objetivo era encorajar duas jovens cristãs, por ele encontradas na prisão. Entre outras coisas, dizia-lhes: *Eles as ameaçam vendê-las em leilão e prostituí-las. Nenhuma infâmia será capaz de atingir a integridade de vocês*.

Morreu decapitado no dia 11 de março de 859.

PRECE

Da perseverança na fé

Deus, nosso Pai, vós sois o Senhor da vida. De vossas mãos a recebemos como dom gratuito, generoso. A vós devemos retornar, levando em nossas mãos vida multiplicada e repartida. Nós vos pedimos: preservai em nós, hoje e sempre, o dom da fé com que enriquecestes ainda mais a nossa vida, semeando em nosso coração as sementes da ressurreição. Porque cremos, tudo em nós se engrandece, tudo em nós recobra sentido. Até mesmo a dor e o sofrimento. Porque sois o Senhor da vida e ressuscitastes Jesus, vosso Filho, desejamos ardorosamente a vida e viveremos eternamente em vós!

12 Março

SÃO LUÍS ORIONE

Dom Orione nasceu em 1872, em Pontecurone, Itália. É o fundador da Congregação dos Padres Orionitas, das Irmãzinhas Missionárias da Caridade, das Irmãs Sacramentinas Cegas e dos Eremitas de Santo Alberto. Hoje, a obra da Divina Providência encontra-se espalhada em numerosos países do mundo. Dom Orione foi um testemunho vivo do poder do amor que salva e faz maravilhas. São milhares e milhares as crianças e jovens deficientes físicos e mentais que recebem gratuitamente completa assistência nas obras da Divina Providência, espalhadas pelo mundo inteiro, inclusive no Brasil (Pequeno Cotolengo, São Paulo). A obra da Divina Providência foi e continua sendo mantida por esmolas e doações. E jamais a Divina Providência faltou com sua ajuda e proteção.

Dom Orione morreu em Sanremo, Itália, no dia 12 de março de 1940. Foi canonizado em 16 de maio de 2004, pelo papa João Paulo II.

PRECE

Abandono à Providência

Deus, nosso Pai, vós dissestes: *Não vos preocupeis com a vossa vida quanto ao que haveis de comer, nem com o vosso corpo quanto ao que haveis de vestir. Não é a vida mais do que o alimento e o corpo mais do que a roupa? Olhai as aves do céu: não semeiam, nem colhem, nem ajuntam em celeiros. E, no entanto, vosso Pai celeste as alimenta. Ora, não valeis vós mais do que elas? Buscai, em primeiro lugar, o Reino de Deus e a sua justiça, e todas as coisas vos serão acrescentadas* (Mateus 6,25ss).

Confiantes nestas palavras, queremos hoje abandonar-nos à vossa Providência e tudo fazer para que o vosso Reino chegue até nós e nos liberte da ânsia de acumular, de reter, de ter mais, de garantir os nossos interesses egoístas e individualistas.

13 Março

MARIANELA GARCÍA VILLAS

Marianela García Villas foi a fundadora e presidente da Comissão de Direitos Humanos de El Salvador, vice-presidente da Federação Internacional de Direitos do Homem e membro da Pax Christi Internacional.

Foi assassinada pelo exército, em 1983, aos 34 anos. Na ocasião de sua morte, ela se encontrava junto a 90 camponeses, lutando para libertá-los.

Marianela foi uma mulher salvadorenha reconhecida e premiada internacionalmente por sua luta em favor do povo oprimido de El Salvador, luta compartilhada por tantos outros que também deram testemunho com a própria vida, vivificando com seu sangue a Igreja em El Salvador. Entre tantos, enumeramos: Oscar Romero, Silvia Maribel Arriola, Octavio Ortiz Luna, Roberto Antonio Orellana, Jorge Alberto Gomez, David Alberto Caballero, Angel Morales, Rutilo Grande, Manuel Solorzano, Nelson Rutilio Lemos, Afonso Navarro Oviedo, Luisito Torres, Rafael Palacios, José Othmaro, Manuel Reyes Monico, Ernesto Abregó…

PRECE

Dos pobres de Deus perseguidos

Deus, nosso Pai, dá-nos hoje o pão nosso de cada dia: o pão nosso de uma verdadeira liberdade de imprensa, o pão da liberdade de associação e organização, o pão de poder estar em casa e fora de casa sem sermos seqüestrados; o pão de não ter que procurar lugar para nos esconder; o pão de sair à rua sem ver metralhadoras e pelotões; o pão da igualdade, o pão da alegria, o pão da dignidade humana... O pão dos títulos de terra para todos os camponeses, o pão da moradia para todos os ajuntamentos humanos da capital; o pão do leite para todas as crianças de dois anos que padecem de desnutrição e fome, o pão da assistência médica para todos os que vivem no campo.

(*Martírio* — Memória perigosa na América Latina)

14 Março

SANTA MATILDE

Nasceu em 895. Casou-se com Henrique, rei da Germânia (919-936), com o qual conviveu vinte anos em grande harmonia. Foi uma das primeiras mulheres da nobreza a sentar-se num banco escolar e aprender a ler e a escrever.

Com a morte do marido em 936, Santa Matilde teve seus bens confiscados e foi obrigada a retirar-se a um convento de Vestefália. Foi acusada por suas prodigalidades em relação aos pobres, mas o real motivo de seu exílio foi político. Santa Matilde não queria que Oton, seu filho mais velho, fosse rei. Sua preferência era pelo filho Henrique, seu protegido. Mais tarde, Oton, na qualidade de primeiro soberano do Sacro Império Romano-Germânico, e Henrique, duque da Baviera, de comum acordo anistiaram a mãe, restituindo-lhe a liberdade e os bens.

Santa Matilde empregou então seu rico patrimônio a serviço dos necessitados: construiu hospitais, mosteiros, igrejas. Por isso é representada com uma igreja e uma carteira na mão; da carteira sai rios de moedas, simbolizando sua caridade para com os necessitados.

Morreu no convento de Quedlinburg, no dia 14 de março de 968. Foi sepultada ao lado do marido.

PRECE

Da humildade e simplicidade de vida

Deus, nosso Pai, reinar convosco é servir. No Reino do vosso Filho é maior aquele que serve.

Dai-nos, pois, um espírito sábio, inteligente, penetrante, amigo do bem, firme, seguro, sereno e amigo dos homens. Como Salomão, e a exemplo de Santa Matilde que passou a vida fazendo o bem, possamos dizer: *Também eu sou um homem mortal, igual a todos, filho do primeiro que a terra modelou, feito de carne, no seio de uma mãe, onde, por dez meses, no sangue me solidifiquei, de viril semente e do prazer, companheiro do sono. Ao nascer, também eu respirei o ar comum.*

E, ao cair na terra que a todos recebe igualmente, estreei minha voz chorando, igual a todos. Criaram-me com carinho, entre cueiros.

Nenhum rei começou de outra maneira; idêntica é a entrada de todos na vida, e a saída (Sabedoria 7,1-6).

Dai-nos Senhor, nós vos suplicamos, a vossa sabedoria.

15 Março

SANTA LUÍSA DE MARILLAC
(Religiosa)

Santa Luísa de Marillac e São Vicente de Paulo são os fundadores das Filhas de Caridade (1633). Às Irmãs de Caridade, São Vicente dizia: "Vocês têm por mosteiro a casa dos enfermos; por cela, um quarto alugado; por capela, a Igreja paroquial; por claustro, as ruas da cidade; por clausura, a obediência; por grade, o temor de Deus; por véu, a santa modéstia".

Aos 14 anos, Santa Luísa de Marillac ficou órfã de pai. Logo cedo teve de enfrentar a vida. Desejava ingressar na vida religiosa, mas acabou casando e tendo um filho. São Francisco de Sales acompanhou-a por muito tempo em suas dificuldades matrimoniais.

Tinha 34 anos quando ficou viúva.

São Vicente de Paulo orientou-a em suas crises de fé e a curou de seus escrúpulos, tornando-a sua principal colaboradora. Por 35 anos, Santa Luísa de Marillac esteve ao lado dos idosos abandonados, dos doentes anormais, dos desequilibrados e marginalizados pela sociedade. Morreu no dia 15 de março de 1660.

PRECE

Da confiança dos esquecidos

Deus, nosso Pai, Jesus, vosso Filho, continua ainda hoje sendo rejeitado na pessoa dos mais pobres entre os pobres deste mundo: os idosos abandonados pelas famílias em asilos, quando não esquecidos dentro de casa e pelas ruas; os doentes mentais entregues à própria sorte; os condenados a uma morte sempre adiada, padecendo nessa espera lenta toda sorte de dores e de sofrimentos. Como Jesus, são levados à morte fora dos muros da Cidade Santa, para não manchar a majestade de nossos templos, ruas e avenidas e não sujar nossos negócios e nossa vidinha nem sempre decentes. Tende misericórdia de nós, Senhor, porque em Jesus julgastes o mundo segundo suas obras de misericórdia: *Tive fome e me destes de comer. Tive sede e me destes de beber. Era forasteiro e me recolhestes. Estive nu e me vestistes, doente e me visitastes, preso e viestes ver-me* (Mateus 25,31ss).

16 Março

SÃO JOÃO DE BRÉBEUF E COMPANHEIROS
(Mártires)

São João nasceu em 1593, natural de Conde-Sur-Vire, Bayeux, França. Em 1617, entrou para a Companhia de Jesus e foi ordenado sacerdote aos 29 anos. Três anos depois, partiu para o Canadá, a fim de evangelizar os índios algonquinos (1625). Era profundo conhecedor da língua e dos costumes dos algonquinos, chegando a compor para os indígenas uma gramática e livros catequéticos. O mesmo fez junto aos urones. Vivia em extrema pobreza, dividindo comida e casa com os índios. Apesar disso, dava testemunho de alegria, de esperança e de paciência cristã, a ponto de os índios dizerem a seu respeito: "Jesus voltou"!

Sofreu o martírio durante o conflito entre iroqueses e urones. Invadiram a missão, amarraram o missionário num pau, torturando-o de todos os modos, inclusive arrancando suas unhas. Por fim, para comungar de sua coragem e grandeza de alma, comeram o seu coração. Com ele foram martirizados também outros sete missionários: Antônio Daniel, Carlos Garnier, Gabriel Lalemant, João de la Lande, Isac Jogues, Natal Chabanel e Renato Goupil.

PRECE

Do bom pastor

Senhor, vós dissestes: Eu sou o bom pastor, o bom pastor dá a sua vida pelas suas ovelhas. *Eu sou a porta, se alguém entrar por mim, será salvo; entrará e sairá e encontrará pastagem. O ladrão vem só para roubar, matar e destruir. Eu vim para que todos tenham vida e a tenham em abundância...*

Eu sou o bom pastor; conheço as minhas ovelhas e as minhas ovelhas me conhecem, como o Pai me conhece e eu conheço o Pai. Eu dou a minha vida pelas minhas ovelhas.

Senhor, nós vos pedimos: também nós sejamos capazes de servir e nos doarmos desinteressadamente, amando em primeiro lugar aqueles que estão perto de nós: nossa família, parentes e amigos. Mas sejamos capazes também de amar nossos inimigos e de perdoar àqueles que nos ofendem.

17 Março

SÃO PATRÍCIO
(Bispo)

São Patrício é chamado o apóstolo da Irlanda. Nasceu provavelmente na Escócia, em 385. Aos 16 anos, foi levado prisioneiro à Irlanda e vendido como escravo. Ali aprendeu a língua e os costumes. Após seis anos de tentativas, conseguiu fugir da Irlanda, para onde voltaria como pregador do Evangelho.

São Patrício andou pela França, onde viveu uma temporada com São Martinho, no mosteiro de Marmontier; passou também por Lerins (sul da França). Finalmente, sob a direção de São Germano, fez os estudos de teologia e foi ordenado sacerdote. Foi a Roma e recebeu a sagração das mãos do papa São Celestino, sendo enviado para a Irlanda em 432. Tinha cerca de cinqüenta anos. Sua evangelização alcançou resultados inesperados e surpreendentes. Ao morrer, 30 anos mais tarde, toda a Irlanda já havia se convertido. Isso ocorreu graças ao método que ele adotou, fundando mosteiros e tornando-os verdadeiros centros de evangelização. Incentivou e formou um clero local. Criou pequenas comunidades. Organizou um tipo de pastoral que se adaptasse aos costumes e tradições populares, sem violência e sem confissão sangrenta da fé, conclamando líderes políticos, líderes populares e o povo inteiro à conversão...

São Patrício morreu por volta do ano 461, em Ulster. Continua sendo um dos santos mais populares e venerados na Irlanda.

PRECE

Da Palavra que é Luz

Deus, nosso Pai, Jesus vosso Filho é a Luz do mundo. Quem o segue não caminha nas trevas, mas tem a luz da vida!

Fazei-nos, Senhor, caminhar na claridade da vossa luz e vos buscar na alegria, na esperança que nos concedeis pela fé. São Patrício confiou na força e no poder do Evangelho que move e converte os corações. Que a Palavra semeada em nossos corações produza abundantes frutos e transforme a nossa vida. Transforme-a num hino de louvor a vós, que nos chamais a participar de vossa glória já aqui neste mundo. E a vossa glória é que o homem viva.

18 Março

SÃO CIRILO DE JERUSALÉM
(Bispo e Doutor da Igreja)

São Cirilo nasceu em 315 e foi educado em Jerusalém. Em 345 foi ordenado sacerdote e, em 348, bispo de Jerusalém. Foi um ardoroso defensor da fé contra os ataques do arianismo. Por três vezes foi exilado pelos imperadores Constâncio e Valente. Participou do III Concílio Ecumênico de Constantinopla. Seu último exílio foi o mais duro e cruel, obrigando-o, por onze anos, a vagar pelas cidades da Ásia e outras regiões do Oriente. Dos 27 anos em que esteve à frente da Igreja de Jerusalém, 16 anos ele os passou no exílio. Deixou escrito as *Catequeses*, em que expõe a verdadeira doutrina da fé e os ensinamentos da Sagrada Escritura. Sobre a Eucaristia, ele afirmava:

Sob a forma de pão é o corpo que te é dado e, sob a forma de vinho, o sangue; de tal maneira que, ao receberes o corpo e sangue de Cristo, te transformas, com ele, num só corpo e num só sangue (apud José Leite, S. J., op. cit., v. I, p. 243).

PRECE

Da vida partilhada

Deus, nosso Pai, vosso desejo é que todos os homens se reúnam em torno de uma única mesa e partilhem os bens recebidos. Hoje, Senhor, nós vos agradecemos pelo dom que nos destes em Jesus Cristo, vosso Filho. É nele e por ele que recebemos graças sobre graças, dons sobre dons. Vós nos amais tanto que em Jesus armastes a vossa tenda no meio dos homens. Sois vós que dissestes:

Eu sou o pão da vida. Quem vem a mim, nunca mais terá fome, e o que crê em mim, nunca mais terá sede.

Senhor, nós vos suplicamos: tornai-nos, também, Eucaristia viva, pão repartido, sangue derramado.

19 Março
SÃO JOSÉ

São José é o padroeiro da Igreja Universal, o advogado dos lares cristãos e o modelo dos operários. Assim como Abraão e os patriarcas, José aguardava ansiosamente o cumprimento das promessas de Deus. Deus, entretanto, realiza suas promessas provando-o na fé. Com efeito, São José está comprometido com Maria, que fica grávida de um filho que não é dele. Não entende o que se passa. Vacila. Fica confuso e agoniado, mas acolhe a Palavra que lhe ordena tomar Maria como esposa e acolher o Menino que vai nascer.

O próprio nascimento de Jesus não pôde ser programado. O Menino nasce em um estábulo, em meio a animais, à margem da sociedade. Os que vêm prestar-lhe culto é gente estranha, moradores fora das fronteiras de seu país. Não bastasse isso, Jesus é ameaçado de morte. José é obrigado a deixar a terra natal e fugir para o Egito.

No Egito, luta arduamente para sobreviver numa terra estrangeira, na clandestinidade. Aguarda o momento do regresso sem ameaças. Todavia, a vida do Messias estará sempre ameaçada durante todos os seus dias, até sua morte, e continua ameaçada ainda hoje, nas pessoas daqueles que lutam pela implantação do Reino na face da terra.

PRECE

Do Homem Justo

"Hoje um grande triunfo cantamos, celebrando fiéis este dia. São José mereceu hoje a vida, e entrou na eterna alegria.

É feliz por demais este homem que, na hora da extrema agonia, recebeu o supremo conforto pela voz de Jesus e Maria.

Homem justo, na paz adormece, libertado dos laços mortais, e recebe brilhante coroa no esplendor das mansões eternais.

Ao que reina, fiéis imploremos, fique perto de nós, os mortais; nos liberte da culpa e nos dê o presente supremo da paz.

A vós glória, poder, majestade, trino Deus, que no alto reinais, com áurea coroa para sempre, vosso servo fiel premiais".

(Hino — *Liturgia das Horas*)

20 Março

SANTO AMBRÓSIO DE SENA
(Bispo)

*N*asceu em Sena, Toscana, em 1220. Conta-se que nasceu deficiente, com os braços colados ao corpo, as pernas coladas às coxas e o rosto desproporcional. Certo dia um peregrino disse à ama de leite que o trazia nos braços: "Mulher, não escondas o rosto desta criança, porque será a luz e a glória desta cidade".

Não passou muito tempo foi curado milagrosamente. Ingressou na Ordem dos Pregadores, fez os estudos de filosofia e teologia em Paris, tendo por mestres Santo Alberto Magno e Santo Tomás de Aquino. Foi enviado à Alemanha como mediador da paz entre várias famílias em conflito. Regressou a Sena e alcançou de Gregório X a supressão de um interdito que havia recaído sobre a cidade. Gregório X confiou-lhe ainda outras missões de paz pela Itália. Acusado de impostor e de ambicioso por um poderoso senhor, respondeu-lhe: *Deus se chama rei da paz. É por isso que cada um deve desejar a paz com o próximo. Deus não a concede senão aos que a concedem de bom coração aos outros. O que eu faço não é por mim mesmo, mas pela von-*

tade daquele que tem poder sobre mim. Agora, pois, se é por minha causa, se é que vos perturbo, peço-vos perdão...

PRECE

Do perdão às ofensas

(Oração de Santo Ambrósio de Sena para obter o perdão das injúrias)

Senhor Jesus Cristo, por vossa grande providência e solicitude que continuamente tendes para conosco, eu vos peço:

Interponhais vosso poder nesta vingança planejada. Que ela seja reservada a vós, a fim de que todos conheçam que a punição das ofensas não pertence a ninguém, senão a vós somente, e a fim de que as paixões não impeçam o conhecimento da vossa justiça.

21 Março
SANTO AMADEU DE SABÓIA

Nasceu em Tonon, no dia 1º de fevereiro de 1435. Era filho de Luís II e de Ana, filha do rei de Chipre. Aos 17 anos, casou-se com Iolanda da França, filha de Carlos VII. Santo Amadeu moralizou a corte, destituiu os pérfidos, os velhacos e corruptos. Implantou um conselho que ouvia as reivindicações dos pobres, órfãos e viúvas injustiçadas. Seus ministros o censuraram, dizendo que as esmolas estavam arruinando as finanças e que era mais útil fortificar as praças de guerra e formar novas tropas que alimentar tantos vagabundos (pobres). Ele, então, respondeu: "... a caridade que um príncipe faz aos pobres são as mais seguras fortificações de um Estado, e os pobres são as melhores tropas...".

Sabóia foi chamada de o "Paraíso dos Pobres". Ao morrer, disse a seus principais colaboradores:

"Recomendo-vos os pobres e os infelizes, ajudai-os em suas necessidades. O Senhor derramará sobre vós as suas bênçãos. Fazei justiça sem distinção de pessoas..."

PRECE

Do Deus salvador dos fracos

Deus, nosso Pai, vós sois a salvação dos fracos e estais "junto ao abatido e ao humilde, a fim de animar o espírito dos simples e os corações debilitados".

A exemplo de Santo Amadeu, cumpramos a vossa ordem:

"Aterrai, aterrai, abri um caminho, removei os tropeços do caminho do meu povo".

Sabemos, Senhor, que a resposta e a solução para a fome e a miséria do mundo passa mais pelo interior do homem, pelo seu coração, do que pelos projetos "bem-articulados" e demagógicos que nunca são cumpridos.

É no milagre da partilha que todo pranto será enxugado e toda orfandade redimida.

22 Março

SANTA CATARINA DE GÊNOVA

Nasceu em Gênova, em 1447. Seu pai era vice-rei da cidade. Aos 13 anos ingressou num mosteiro, dedicando a vida a Deus. Seus pais, entretanto, tinham motivos suficientes para tirá-la do mosteiro: a reconciliação, por meio do casamento, com a rica família de Juliano Adorno, até então adversários.

Santa Catarina viveu 13 anos casada com um homem dado ao prazer e à ambição e que, aos poucos, dilapidou todos os seus bens. Graças, entretanto, às suas orações, converte-se e ingressa na Ordem Terceira de São Francisco.

Santa Catarina entregou-se à oração e ao serviço dos doentes num hospital de Nápoles. Durante os anos 1497 e 1501, percorria as ruas da cidade ajudando as vítimas da peste.

Deixou alguns escritos, nos quais descreve seu itinerário espiritual. Nos últimos nove anos de vida, foi visitada por cruéis sofrimentos. No leito de dor ela dizia:

Que esta paixão seja bem-vinda, como bem-vindo seja o sofrimento que Deus me enviar. Pois há 36 anos que me iluminais, ó meu amor; vou para vós com acabrunhante dor interna e externa, oprimida da cabeça aos pés, a tal ponto que não creio que um corpo humano, por robusto que seja, possa suportar este terrível tormento...

Morreu no dia 15 de setembro de 1510.

PRECE

Do sofrimento e confiança em Deus

Deus, nosso Pai, nós vos pedimos por aqueles que estão enfermos, especialmente nossos parentes, amigos e conhecidos. Por aqueles que no sofrimento sentem-se abandonados e carregam a cruz sozinhos em meio à dor e ao desespero. Sejamos misericordiosos e compassivos para juntos sofrermos e suplicarmos a vós força e aceitação do mistério da dor.

Neste momento de paixão e morte, nos console a esperança da ressurreição já aqui e agora. Ressurreição que é acreditar que em vós vivemos, somos e nos movemos; que a morte não tem poder sobre os que em vós esperam!

23 Março
SÃO TURÍBIO

São Turíbio é chamado de "Apóstolo do Peru" e de "Novo Ambrósio". Nasceu em Mayorga, Espanha, em 1538, e morreu no dia 23 de março de 1606, numa quinta-feira santa. Era descendente de nobres de Leão. Estudou em Valladolid, Salamanca e Santiago de Compostela. Foi bacharel em Direito e membro da Inquisição (1573). Em 1581, tornou-se arcebispo de Lima, Peru. Sua jurisdição estendia-se por Cuzco, Cartagena, Popayán, Assunção, Caracas, Bogotá, Santiago, Concepción, Córdoba, Trujillo e Arequipa. Por três vezes visitou sua diocese, anunciando o Evangelho, administrando os sacramentos e lutando ao lado dos índios em defesa de sua dignidade. Obrigou o clero a se instruir, restaurou a disciplina, construiu escolas, igrejas, e fundou em Lima o primeiro seminário da América Espanhola. Ao morrer, fez questão de receber o viático numa capelinha indígena. Nos últimos instantes de sua vida, pediu que fossem cantados os Salmos 116 e 31.

PRECE

Do Deus justo e clemente

... O Senhor é clemente, nosso Deus é compassivo; o Senhor protege os simples: eu fraquejava e ele me salvou. Volta ao repouso, ó minha alma, pois o Senhor foi bondoso contigo; libertou minha alma da morte, meus olhos das lágrimas e meus pés de uma queda.

Caminharei na presença do Senhor, na terra dos vivos. Eu tinha fé, mesmo ao dizer: "Estou por demais arrasado!". Em meu apuro eu dizia: "Os homens são todos mentirosos!".

Como retribuirei ao Senhor todo o bem que me fez?

Erguerei o cálice da salvação, invocando o nome do Senhor.

Cumprirei meus votos ao Senhor, na presença de todo o seu povo! É valiosa aos olhos do Senhor a morte dos seus fiéis.

Senhor, porque sou teu servo, filho de tua serva, rompeste os meus grilhões. Vou oferecer-te um sacrifício de louvor, invocando o teu nome, Senhor (cf. Salmo 116).

24 Março

OSCAR ROMERO

*O*scar Arnulfo Romero y Gadamez nasceu em 15 de agosto de 1917, em Barrios, a uns 200 quilômetros de San Salvador. Era o arcebispo de El Salvador. Foi assassinado no dia 24 de março de 1980, enquanto oficiava uma missa na capela do Hospital da Divina Providência.

Sua ação pastoral visava ao entendimento mútuo entre os salvadorenhos. Para ele, era preciso mudar a realidade injusta e opressiva e evitar uma guerra civil. Denunciava, através de escritos e homilias, os detentores do poder, cujos mecanismos de repressão semeava o pânico, a violência e a morte entre a população mais carente. Criticava duramente tanto a inércia do governo, as interferências estrangeiras, como as injustiças praticadas pelos grupos "revolucionários". Certo dia, ao ver o exército cercando a catedral para intimidá-lo, afirmou:

Como deve ser mau este sistema que é capaz de lançar o pobre contra o pobre, o camponês com uniforme do exército contra o camponês trabalhador. (Apud Pe. Ferrari M. P. e equipe. *O martírio na América Latina*, São Paulo, Loyola, p. 34.)

PRECE

Da fé no Deus da libertação

Cremos em Deus, nosso Pai. Ele nos criou livres e caminha junto com o povo na sua luta de libertação.

Cremos em Cristo crucificado novamente na dor dos pobres, dor capaz de golpear e esclarecer a consciência dos homens e dos povos, dor que leva necessariamente à ressurreição.

Cremos no poder do Espírito Santo, capaz de suscitar a generosidade que levou ao martírio nossos melhores irmãos.

Cremos na Igreja porque é convocada por Jesus e pelo Espírito Santo; porque, ao reunir-nos, Jesus está conosco; ao nosso lado está nossa mãe Maria, signo de fidelidade ao Senhor.

Cremos na comunidade eclesial como lugar onde realizamos o ideal cristão e a partir de onde o proclamamos com força e com verdade...

(Profissão de fé das CEBs de El Salvador, in *Martírio* — Memória perigosa na América Latina)

25 Março
SANTA LÚCIA FILIPPINI

Lúcia Filippini nasceu no dia 13 de janeiro de 1672, em Corneto Tarquínia (Itália), numa família abastada. Órfã, foi entregue às Irmãs Beneditinas para ser educada.

Cedo o seu talento de catequista começou a se despontar. O cardeal Marcantonio Barbarigo reconheceu sua vocação e levou-a para acabar os estudos com as Irmãs Clarissas. Preparada, foi colocada na liderança da missão de fundar escolas católicas em todas as cidades.

Lúcia aceitou o desafio e dedicou-se a este apostolado. Em quatro décadas, preparou professoras, catequistas, fundou escolas e organizou-as em muitas cidades e dioceses. Com o falecimento do cardeal Barbarigo, Lúcia uniu-se a outras professoras e catequistas e fundou o Instituto das Professoras Pias em 1692. A fama do seu trabalho chegou ao Vaticano e, em 1707, o papa Clemente XI pediu para que Lúcia criasse uma de suas escolas em Roma.

Lúcia Filippini faleceu no dia 25 de março de 1732, e foi canonizada em 22 de junho de 1930, pelo Papa

Pio XI. Seu corpo descansa na catedral de Montefiascone, onde começaram as escolas católicas do Instituto das Professoras Pias Filippinas, como são chamadas atualmente. As Mestras Pias continuaram sua obra de formação e evangelização, expandindo-se para diversos países.

PRECE

Santa Lúcia Filippini, em sua experiência carismática com Jesus, sentiu-se chamada a ir ao encontro da juventude, especialmente os mais pobres, para ajudá-los a sair da ignorância, descobrir valores, promover a cidadania e para que possam dar ao mundo um testemunho da vivência cristã.

"Portanto, eu lhes digo: peçam, e lhes será dado! Procurem, e encontrarão! Batam, e abrirão a porta para vocês! Pois, todo aquele que pede, recebe; quem procura acha; e a quem bate, a porta será aberta. Será que alguém de vocês que é pai, se o filho lhe pede um peixe, em lugar do peixe lhe dá uma cobra? Ou ainda: se pede um ovo, será que vai lhe dar um escorpião? Se vocês, que são maus, sabem dar coisas boas aos filhos, quanto mais o Pai do céu! Ele dará o Espírito Santo àqueles que o pedirem" (Lucas 11,9-13).

Santa Lúcia Filippini, rogai por nós!

26 Março
SÃO BRÁULIO

São Bráulio nasceu provavelmente em 585. Várias cidades espanholas, como Gerona, Sevilha, Toledo e Saragoça disputam a honra de ser berço desse santo. Um de seus irmãos era bispo de Saragoça, e uma das irmãs, abadessa. Estudou em Sevilha e teve como mestre Santo Isidoro, um dos homens mais sábios da cristandade de então. Mantiveram entre si fecunda correspondência, parte da qual ainda se conserva. Não menos digna de nota foi a amizade que uniu os dois santos. Santo Isidoro dirigia-se ao amigo chamando-o de "amadíssimo senhor meu e caríssimo filho".

Em 631, São Bráulio foi nomeado bispo de Saragoça em lugar de seu falecido irmão. Assistiu ao quarto, quinto e sexto concílios de Toledo. Em 633 viu pela última vez o amigo Santo Isidoro.

São Bráulio foi um incansável batalhador da cultura e do desenvolvimento, incentivando os estudos e formando bibliotecas.

Morreu por volta do ano 651.

PRECE

Do seguimento de Jesus

Deus, nosso Pai, Jesus nos disse um dia: Não há maior amor do que dar a vida por seus amigos. Nós vos pedimos humildemente participar da vossa amizade e nos fazer amigos uns dos outros.

Senhor, que bom ficar convosco: mais que vosso servo, ser vosso amigo; ter mãos limpas de toda injustiça e iniqüidade, e o coração isento de qualquer ódio, vingança ou egoísmos vãos. Que o nosso abraço seja fraterno e solidário.

Senhor, que não afastemos o rosto, mas tenhamos a coragem de ver vosso corpo caindo, as feridas de vossa carne aberta, a vossa cruz banhada com vossa paixão, no corpo caído, nas veias abertas e na cruz da paixão e morte de tantos irmãos nossos.

Queremos estar convosco na vossa solidão: "Meu Pai, por que me abandonaste?". Que os povos oprimidos tenham fé para esperar os três dias e ver o vosso corpo transfigurado, a vitória da vossa e nossa ressurreição.

27 Março

SÃO JOÃO DO EGITO
(Ermitão e confessor)

Nasceu por volta do ano 305. De família pobre, logo teve de enfrentar a vida como carpinteiro. Aos 25 anos, deixou tudo e abraçou a vida solitária. Contam-se coisas extraordinárias a respeito de sua obediência. Tinha como guia espiritual um santo e velho eremita. Um dia, para pôr à prova sua obediência, mandou que regasse um galho seco fincado no chão. E isso ele fez por mais de um ano. Como se tal não bastasse, pediu-lhe também que movesse um enorme rochedo. São João do Egito tudo cumpriu com solicitude e humildade. Depois da morte do velho ermitão, São João refugiou-se numa montanha na região de Licópolis. Ali construiu três celas que se comunicavam entre si: uma para dormir, outra para as refeições e o trabalho e a última para as orações. Viveu ali 40 anos, abençoando o povo que ia à sua procura.

São João morreu por volta do ano 374, com 89 anos de idade. É chamado o "Profeta do Egito".

PRECE

Da páscoa da nossa libertação

Deus, nosso Pai, São João do Egito vos buscou na solidão. O nosso coração também anseia por vós. Na obediência ao Evangelho queremos celebrar, mediante nossa vida, a páscoa da nossa libertação. Em Jesus nos mostrastes o caminho que devemos seguir: amar-nos uns aos outros, perdoar e rezar pelos que nos ofendem, lavar os pés uns dos outros, servir desinteressadamente, buscar a união, a paz e a fraternidade, repudiando tudo aquilo que nos possa dividir e separar. Que hoje a nossa vida seja o testemunho vivo de tudo aquilo que em vosso nome professamos.

Pois não são aqueles que dizem "Senhor", "Senhor", que entrarão no Reino dos Céus, mas os que cumprem a vossa vontade.

28 Março

SANTA GISELA
(Rainha e abadessa)

*E*ra filha do duque bávaro Henrique, o Briguento. Santa Gisela nasceu por volta de 985. Apesar de sentir-se inclinada à vida religiosa, casou-se com Estêvão, filho de Geiza, rei da Hungria, sendo coroada a primeira rainha cristã dos húngaros. Exerceu grande influência espiritual em seu esposo, que veio a se converter à fé cristã. Houve grande incremento do cristianismo, que ganhou numerosos templos artisticamente ornados.

Santa Gisela conheceu sofrimento e dor, seja pela morte de seu primeiro filho, aquele que ia ser o sucessor no trono, seja pela morte de seu marido. Após a morte deste, foi perseguida, teve seus bens confiscados, foi presa e maltratada. Em 1042, foi libertada da prisão por Henrique III. Voltou para sua terra natal e fez-se beneditina no mosteiro de Niedernburg. Foi eleita a terceira abadessa-princesa, governando a abadia até 1065, data de sua morte.

PRECE

Da comunhão e participação

Deus, nosso Pai, vós sois o mistério de comunhão e de participação. Vós existis para o Filho e o Filho existe para vós. O Espírito Santo é o vosso próprio amor, amor que nos envolve no mistério de comunhão e participação. Nós cremos, ó Deus, nosso Pai, e pela força do vosso Espírito, cremos que Jesus Cristo é a manifestação do vosso amor no meio de nós. É o Deus-conosco. É nele que vós nos revelais o sentido de nossa vida: romper — não com as nossas, mas com as vossas forças — as cadeias do egoísmo, e abrir nossos corações para acolher os nossos irmãos!

29 Março

SANTO EUSTÁQUIO
(Príncipe)

Viveu pelo fim do século VI. Ingressou no mosteiro de Luxeuil, fundado e dirigido por São Columbano, monge irlandês. Mais tarde, deixou Luxeuil e, juntamente com São Gal e São Columbano, fundou o mosteiro de Bregentz, Suíça.

Retorna como abade ao mosteiro de Luxeuil, a fim de defender os monges e o mosteiro, ameaçados de expulsão por usurpadores. Conseguiu a posse do mosteiro, restaurou a disciplina monástica, conseguiu também defender a Regra de São Columbano das acusações de Agrestino, monge dissidente que queria a extinção do mosteiro de Luxeuil. Estabeleceu no mosteiro o coro perpétuo, dia e noite, com mais de 600 monges que cantavam sem cessar louvores ao Senhor. No fim de sua vida foi acometido por cruéis sofrimentos. Morreu em Luxeuil, em 629, com aproximadamente 60 anos.

PRECE

Do serviço e gratuidade de vida

Deus, nosso Pai, vosso Filho Jesus disse: *Sabeis que aqueles que vemos governar as nações as dominam, e os seus grandes as tiranizam. Entre vós não deverá ser assim: ao contrário, aquele que dentre vós quiser ser grande, seja o vosso servidor, e aquele que quiser ser o primeiro dentre vós, seja o servo de todos. Pois o Filho do Homem não veio para ser servido, mas para servir e dar a vida em resgate por muitos* (Marcos 10,41-45). Fazei-nos, Senhor, mansos e humildes de coração e não nos arroguemos aquilo que cabe somente a vós: o poder, a glória e o domínio sobre tudo o que existe. Livrai-nos da hipocrisia, que torna nossos corações duros e perversos com os outros e cheios de concessões e de tolerância para conosco mesmos.

30 Março

SÃO ZÓZIMO
(Bispo e confessor)

São Zózimo nasceu na Silícia. Aos sete anos, os pais o levaram para o mosteiro de Santa Lúcia, em Siracusa. Foi encarregado da guarda do túmulo da mártir Santa Lúcia. Um dia, entretanto, com saudade de casa, fugiu do mosteiro. Reprovando tal atitude, seus pais o levaram de volta ao abade Fausto, que o recebeu carinhosamente. Permaneceu na mesma função: guardar o túmulo da santa. Mais tarde tornou-se abade do convento de Santa Lúcia de Siracusa. Em 647, foi sagrado bispo de Siracusa e por treze anos ficou à frente de seu povo. Morreu no dia 30 de março de 662. É invocado contra a peste.

PRECE

Do perdão de nossos pecados

Deus, nosso Pai, São Zózimo vos serviu na simplicidade de vida, no total abandono de si em favor dos semelhantes. Por isso vos pedimos perdão por sermos o chão que se recusa a acolher em si a simplicidade e a gratuidade da semente, que se nega à fecundidade, ao poder e à força de seu húmus bom.

Perdão, Senhor, por sermos a terra que em si se fecha e se nega aos frutos, quando tão simples e gratificante é conceber por amor.

Perdão, Senhor, por sermos a chuva que se nega a cair, que nega à terra o riso das folhas, flores e frutos, e esconde nas mãos o crescimento das sementes e a maturação dos grãos, chuva que se nega a se perder na terra, quando tão simples e gratificante é servir por amor.

31 Março

SÃO BENEDITO
(Confessor)

É, certamente, um dos santos mais populares do Brasil, cuja devoção nos foi trazida pelos portugueses. Nasceu por volta do ano 1526, em São Filadelfo, nas proximidades de Messina, na Silícia. Filho de escravos, foi alforriado por Manasseri, um professor siciliano. São Benedito, chamado Santo Mouro, era negro. Trabalhou como pastor de rebanhos e, com o fruto de seu trabalho, provia o próprio sustento e ajudava os pobres. Aos 21 anos, a convite de Jerônimo Lanza, tornou-se eremita. Após a morte de Jerônimo, foi escolhido para superior do eremitério. Com a extinção do eremitério por Pio IV, o Santo Mouro passou a viver como irmão leigo no convento de Santa Maria de Jesus, dos frades Capuchinhos. Ali exerceu por muito tempo o ofício de cozinheiro.

Em 1578 foi nomeado guardião ou superior do convento, cargo que aceitou com muita resistência, por ser analfabeto. Foi admirado por todos, a todos dedicando profundo respeito, amor desinteressado, condescendência pelas faltas e fraquezas alheias, zeloso e carinhoso com os doentes e necessitados, terno e sábio. Possuía o dom de penetrar as mentes e os corações.

A tradição popular enriqueceu sua vida com numerosos milagres. Terminou os seus dias como cozinheiro. Morreu no dia 4 de abril de 1589.

PRECE

Do discernimento do Espírito

Deus, nosso Pai, São Benedito deu-nos exemplos de respeito para com o próximo, amando-o desinteressadamente, aceitando-o e tolerando as suas fraquezas humanas. Amparou os necessitados e a todos enriqueceu com a sabedoria. Nós vos pedimos: dai-nos a simplicidade de vida, o discernimento do Espírito, a coerência entre o que somos e fazemos. Assim, possamos participar e comungar do vosso Reino, pois aos simples revelais o vosso Evangelho de amor.

1º Abril

SÃO VALÉRIO
(Abade e confessor)

São Valério nasceu na Alvérnia e morreu em Leuconay, no dia 1º de abril de 619. De família simples, foi pastor de rebanhos. Ingressou muito jovem no mosteiro beneditino de Issoire. Mais tarde viveu no mosteiro de São Germano, em Auxerre. Em 594 procurou São Columbano, ingressando no mosteiro de Luxeuil. Em 613, São Columbano foi expulso de Luxeuil pelo rei Thierry. São Valério partiu, então, e fundou um mosteiro em Leuconay.

Dizem que durante sua caminhada para Leuconay devolveu a vida a um camponês condenado por um rico proprietário de terras chamado Sigobardo. Como este quisesse enforcar o pobre homem, São Valério lhe disse: *Se este homem está vivo é por obra e graça de Deus. Não o terás sob teu poder. Podes tirar-me a vida. Saibas, entretanto, que Deus é justo e não abandona aqueles que o invocam.*

Guiada por São Valério, a abadia de Leuconay floresceu com numerosos monges. Seis anos após a fundação, São Valério morreu.

PRECE

Da transformação das estruturas injustas

Deus, nosso Pai, vós colocastes à nossa frente o bem e o mal, o caminho da vida e o caminho da morte.

São Valério foi amante da paz e da justiça.

Se quiséssemos de verdade, mudaríamos o ritmo de nossas marchas de guerra e reuniríamos nossos gritos de dores em canção alegre. Repicaríamos um a um os sinos todos, fazendo da vida uma grande festa. Traríamos risos em nossos lábios e canções em nossas bocas. Braço a braço, ombro a ombro, pulso a pulso nos sentiríamos todos irmãos. Deporíamos as armas, rasgaríamos os planos de conquistas, desarmaríamos cada mina, cada perigo oculto. Apagaríamos a chama da guerra, e faríamos da terra um imenso trigal.

2 Abril

SÃO FRANCISCO DE PAULA
(Eremita)

É fundador da ordem dos Mínimos. Nasceu em 1416, na Calábria, numa povoação chamada Paula. É o padroeiro dos marinheiros. Contam que um dia, querendo atravessar o estreito de Messina, os barqueiros se recusaram a atravessá-lo. Estendendo, então, o seu manto sobre as águas, atravessou o canal. Era filho de simples lavradores. Aos treze anos, ingressou no convento dos franciscanos. Deixou-os e, juntamente com alguns discípulos, deu início, em 1435, à ordem dos Eremitas de São Francisco, ou os Mínimos. Em 1454 foi construído o mosteiro da ordem em Cosenza, do qual foi nomeado superior por Sisto IV. A pedido do Papa foi à França e assistiu Luís XI em seus últimos momentos, fazendo-o aceitar a morte e reconciliar-se com Deus. São Francisco de Paula morreu aos 91 anos, em Plessis. Era o dia 2 de abril de 1508. Foi canonizado pelo papa Leão X, doze anos após sua morte.

PRECE

Da bondade e misericórdia de Deus

Deus, nosso Pai, São Francisco de Paula viveu a simplicidade e a pobreza evangélica. Também hoje nos chamais a dar testemunho da vossa bondade e da vossa misericórdia no meio dos homens. Libertai os nossos corações da insensatez e da lentidão para crer no que vosso filho Jesus revelou: o mistério da sua paixão, morte e ressurreição.

Permanecei conosco, Senhor, conduzi-nos à fraternidade, à reconciliação. Possamos exclamar jubilosos como os primeiros discípulos:

É verdade! O Senhor ressuscitou e apareceu a Simão. E nós o reconhecemos na fração do pão! (Lc 24,13-33).

3 Abril

SANTAS ÁGAPE, QUILÔNIA E IRENE
(Mártires)

Sofreram o martírio por volta do ano 304, durante a perseguição de Diocleciano. Eram todas irmãs. Santa Irene havia escondido grande parte dos livros cristãos em sua casa. Depois, fugiu para as montanhas juntamente com Ágape e Quilônia. Denunciadas, foram presas e levadas diante do governador da Macedônia, Dulcério. Submetidas a intenso interrogatório, confessaram sua fé e obediência a Deus. Ágape e Quilônia foram condenadas a ser queimadas vivas. Santa Irene foi submetida a novo interrogatório. Como se mantivesse firme na sua profissão de fé, nua, foi exposta à vergonha pública. Depois, sofreu a mesma sorte das irmãs.

PRECE

Do testemunho do Espírito

Deus, nosso Pai, é o vosso Espírito que dentro de nós dá testemunho de que somos vossos Filhos e que Jesus ressuscitado é o mesmo ontem, hoje e através dos séculos. Por isso rezamos:

Espírito Santo, que reinais nos céus, sois nossa força! Espírito de verdade, presente em toda parte, plenificando o universo, tesouro de todos os bens e fonte de vida, vinde habitar em nossos corações! Libertai-nos de toda culpa e conduzi-nos, por vossa bondade, à salvação. Na força de vosso amor, uni todos os que crêem em Cristo! Santificai-os com o fogo de vosso amor. Deus santo, Deus forte, Deus imortal, tende piedade de nós! Curai nossas feridas, por amor de vosso nome, e recebei-nos, enfim, no vosso Reino. Amém.

4 Abril

SANTO ISIDORO

Nasceu em Sevilha, em 560. Santo Isidoro era irmão de São Leandro, de São Fulgêncio e de Santa Florentina. Foi educado por seu irmão São Leandro, bispo de Sevilha. Em 600, sucedeu-o no governo da diocese. Em 619, reuniu e presidiu o II Sínodo Sevilhano, e em 633 presidiu o IV Concílio de Toledo. Bispo influente e popular, foi considerado um dos homens mais ativos e empenhados com os problemas de seu tempo. Organizou a vida na Igreja; criou seminários e zelou pela formação dos futuros sacerdotes. Unificou a liturgia, regulamentou a vida monástica. Seu grande mérito consistiu em salvar a cultura antiga. *Era chamado de doutor insigne do nosso século, novíssimo ornamento da Igreja Católica, o último no tempo, mas não na doutrina, o homem mais sábio dos últimos séculos, cujo nome deve ser pronunciado com reverência.* É chamado também o *último Padre da Igreja do Ocidente*. A sua obra *Etimologias*, composta de 20 volumes, é uma síntese de todo o saber antigo e de seu tempo. Escreveu também *Diferenças e propriedades das palavras*, uma espécie de dicionário; *A natureza das coisas*, versando sobre astrologia e cosmografia; a *Crônica*, versão sobre história universal; *História dos reis godos, vândalos e suevos; Catálogo dos escritores eclesiásticos* e *A vida e a morte dos santos*. Acrescentem-se a essas obras diversos tratados de moral, comentários exegéticos etc.

PRECE

Do acolhimento

Deus, nosso Pai, a exemplo de Santo Isidoro dai-nos largueza de coração e abertura de mente; tornai-nos acolhedores e hospitaleiros, gentis e amáveis; dai-nos serenidade de espírito, ungi nossas palavras com a verdade e tornai-nos autênticos e sinceros em nossos atos; sejamos justos em nossos juízos, afáveis e generosos em servir, simples como as pombas, e prudentes como as serpentes; dai-nos sabedoria no viver, modéstia no vestir, sobriedade no comer.

Dai-nos, enfim, humildade para chorar nossos pecados e continuamente nos voltar para o novo e nos converter.

5 Abril

SÃO VICENTE FERRER
(Presbítero)

Era natural de Valência, Espanha. Nasceu em 1357. Em 1374 ingressou na Ordem Dominicana. Aos 17 anos, concluídos os estudos de filosofia e teologia, tornou-se professor. Em 1378, foi ordenado sacerdote, ano que coincide com o grande cisma do Ocidente, o qual perdurará até 1417. Os cristãos ficaram divididos entre o papa de Roma e o de Avignon, sem saber a quem obedecer. São Vicente lutou para que a Igreja voltasse à sua primeira unidade. Percorreu toda a Europa, procurando estabelecer a paz numa sociedade dividida e em crise. De cunho apocalíptico, a sua pregação tocava o íntimo dos corações, operando em muitos a conversão. No começo, andava a pé de uma região a outra. Depois que adoeceu de uma perna, montava um burrinho. Morreu em Vannes, França, no dia 5 de abril de 1419.

PRECE

Do amor evangélico

Deus, nosso Pai, São Vicente proclamou o Evangelho, chamando os homens à mudança de vida. Abri nossos corações para que possamos ouvir hoje a vossa Palavra, colocada na boca de São João: "Caríssimos, amemo-nos uns aos outros, pois o amor é de Deus e todo aquele que ama nasceu de Deus e conhece a Deus. Aquele que não ama não conhece a Deus, porque Deus é amor. Nisto se manifestou o amor de Deus por nós: Deus enviou o seu Filho único ao mundo para que vivamos por ele. Nisto consiste o amor: não fomos nós que amamos a Deus, mas foi ele que nos amou e enviou-nos o seu Filho como vítima de expiação pelos nossos pecados" (1Jo 4,7ss).

6 Abril

SÃO NOTKER
(Confessor)

São Notker era deficiente físico. Nasceu em Eik, Suíça, em 840. Formado nas artes liberais, passou a vida inteira na abadia de São Gall. Os Anais do mosteiro assim se referem a ele:

Notker era pobre de corpo, mas não de espírito. A boca gaguejava, mas não a alma, porque, voltado sem cessar para as coisas do alto, mostrava nos aborrecimentos a paciência e a doçura de todas as coisas. Era rigoroso em tudo aquilo que dizia respeito às obrigações da vida comum. Um pouco tímido e desajeitado, quando solicitado de repente; sabia fazer frente ao demônio. Na oração, na leitura, no ensino, era infatigável. Era, para tudo dizer, a morada mais perfeita de que se tem exemplo, nestes tempos, dos dons do Espírito Santo.

Honrado em São Gall desde o momento de sua morte, que ocorreu em 912, Notker foi beatificado em 1513, por Leão X.

PRECE

Da conversão da mente e do coração

Deus, nosso Pai, quantas vezes hei de nascer, morrer e renascer até que a vida faça de mim semente, terra fecunda, planta eterna; e o amor, que gratuitamente se dá, faça granar a minha própria maneira de ser? Senhor, quantas vezes hei de partir, seguindo o meu próprio dever, até que a vida una todos os contrários, torne o fogo e a água solidários; e o amor que encanta e apavora faça de mim, entre o dia que vem e a noite que vai, uma eterna aurora? Eu mesmo na transmutação de cada hora, buscando a ressurreição de mim.

7 Abril

SÃO JOÃO BATISTA DE LA SALLE

Nasceu em 1651, em Reims, França. Estudou em Sorbona, Paris. Em 1678 foi ordenado sacerdote e tornou-se cônego. Renunciou, entretanto, aos ricos emolumentos do canonicato e, juntamente com doze companheiros, fundou, em 1684, a congregação dos Irmãos das Escolas Cristãs.

É o primeiro instituto de base leiga, que inspirará, mais tarde, o surgimento dos diversos institutos seculares de leigos consagrados.

João Batista de La Salle dedicou a vida à educação. Não apenas se preocupou com a instrução primária, mas também com a formação humana e profissional da juventude. Para isso fundou institutos técnicos, com cursos profissionalizantes. Com grande intuição, aboliu o uso do latim e adotou a língua pátria para o ensino de todas as matérias. Foi sem dúvida um inovador da educação, revolucionando os métodos pedagógicos e elaborando uma filosofia da educação, cujas influências benéficas ainda se fazem sentir. Sua obra perdura até hoje, na presença de seus filhos, os irmãos lassalistas, em vários países do mundo, inclusive no Brasil. Morreu em Rouen, no dia 7 de abril de 1719.

PRECE

Das virtudes do educador

Deus, nosso Pai, fizestes de São João Batista de La Salle um insigne educador. Por sua intercessão, concedei-nos aquelas virtudes que tão bem ele soube encarnar em si.

Dai-nos responsabilidade no cumprimento de nossas obrigações; silêncio, para meditar e descobrir a vossa bondade em todas as coisas, especialmente no homem; discrição, para não profanarmos o mistério da pessoa humana; prudência, para agirmos sensatamente; sabedoria, para não agravarmos no mundo o sofrimento, fruto da ignorância e da perda do bom senso; paciência, para não apressarmos a gestação de cada semente; bondade, para não termos medo do veredicto do tempo; zelo, para não perdermos, entre os percalços, o rumo da travessia; piedade, para não sermos dominados pelos falsos senhores; generosidade, que é o segredo de todo aquele que ama e é amado.

8 ABRIL

SÃO PERPÉTUO
(Bispo e confessor)

Era de família muito rica. Em 461 foi eleito bispo de Tours. Governou o povo de Deus por 30 anos. Colocou a fortuna que possuía à disposição dos pobres e desvalidos. Quinze anos antes de morrer, preparou um testamento arrolando todos os bens que ainda possuía. Tal testamento é considerado um monumento da Antigüidade. Em certo lugar do testamento, ele diz: *A vós, que fazeis parte de mim mesmo, meus bem-amados irmãos, minha coroa, minha alegria, meus senhores, meus filhos, pobres de Jesus Cristo, indigentes, mendigos, doentes, órfãos, viúvas, todos, todos vós, digo-o eu, faço-vos e constituo meus herdeiros. Quero que me sucedais em todos os bens que possuo, seja em campos, pastagens, prados, matas, vinhas, casas, jardins, água e moinhos, seja o que for em ouro, prata, vestimentas. Quero que, imediatamente depois da minha morte se faça a conversão desses bens, que, uma vez vendidos e convertidos em dinheiro, diligentemente se estabeleçam três partes. Duas delas serão distribuídas aos pobres pela mediação do padre Agrário, e a do conde de Agilon, e a terceira será repartida entre as viúvas e as pobres mulheres, ao Alvedrio e cuidados da Viagem Dadolênia. Tal é a minha vontade, meu rogo e meu desejo.*

Eu, Perpétuo, reli e assinei este testamento escrito de próprio punho, no ano do pós-consulado de Leão, o Jovem, Augusto (1º de maio de 475). (Apud Pe. Rohrbacher, op. cit., v. VI, p. 195.)

PRECE

Da comunhão com Deus

Deus, nosso Pai, ouvi a prece de vossos filhos. Somos um pouco de angústia a pairar no humano; nossa existência aos poucos se esvai no tempo e no espaço, gota a gota a fluir até que tudo seja consumido. Mas não estamos sós; Vós sois o sol da manhã, luz que clareia a escuridão. Por vosso amor e por vossa bondade, encerramos em nós claridade. E, como as estrelas luminosas, fazemos travessia no tempo e no espaço, sonhando com a pátria celeste. Ficai conosco em nossa Páscoa, nesta parição de nós que já é ressurreição!

9 Abril

SANTA CACILDA

Filha de Almancrin, rei Mouro de Toledo, o mais poderoso e rico entre todos. Santa Cacilda viveu no final do século IX, quando Fernando I era rei de Castela. A respeito desta princesa moura, convertida ao cristianismo, foi dito: "Peregrinou do erro para a verdade, da opulência para a pobreza, das margens do Tejo para as montanhas de Burgos".

Dizem que Santa Cacilda foi curada de uma doença incurável, ao banhar-se nas águas do poço de São Vicente, em Burgos. Fez-se batizar e mandou erguer uma ermida, onde passou o resto de sua vida. Os fiéis de Burgos honraram-na com um majestoso templo, onde se acham seus restos mortais.

Morreu por volta do ano 1007.

PRECE

Do encontro e presença de Deus

Deus, nosso Pai, vós sois a voz que sacode o nosso deserto; a voz que nos agita; o grito que nos acorda no meio da noite; a areia que nos atormenta o rosto; o cisco caído em nossos olhos; a luz que nos ofusca e nos mantém despertos.

Vós sois, Senhor, o espaço em que caminhamos; a respiração de todo o nosso ser; o ponto de encontro; a hora marcada; a palavra bendita; a promessa de novos céus e nova terra, em nós já realizada, em nós já cumprida.

10 Abril

SÃO MACÁRIO
(Bispo de Antioquia)

São Macário nasceu na Armênia, no século XI. Foi educado pelo seu padrinho de batismo, arcebispo de Antioquia. Bem cedo foi iniciado nos estudos de filosofia e teologia. Jovem ainda, foi ordenado sacerdote e, logo depois, foi aclamado bispo de Antioquia no lugar de seu tio. Destacou-se pela bondade e pela caridade com que governou seu rebanho. Pregava a Palavra, visitava os doentes e cuidava dos necessitados. Era por todos venerado. Não quis, porém, permanecer bispo, renunciando ao cargo em favor de Eleutério. Acompanhado de quatro sacerdotes, empreendeu uma peregrinação à Terra Santa. Na Palestina, foi perseguido, preso e torturado pelos mouros. Libertado milagrosamente, São Macário retornou ao Ocidente, passando pela Holanda e Bélgica, países em que até hoje sua memória é venerada. Morreu socorrendo as vítimas da peste, quando regressava à Antioquia, sua terra natal.

PRECE

Do serviço e dedicação

Deus, nosso Pai, São Macário cumpriu o mandamento do amor: Amai-vos uns aos outros como eu vos amei. Pois nisso se resume toda a lei e os profetas.

Em um mundo saturado de idéias, teorias, projetos e denúncias palavrescas, que o nosso amor seja concreto e objetivo.

À luz de vossa Palavra, façamos o que deve ser feito, e não pequemos por omissão.

A nossa fé se traduza em atos, e nossos atos mostrem que a vossa Palavra se fez carne e sangue em nossas entranhas. Sirvam-nos de advertência as palavras de São Tiago: *Meus irmãos, se alguém disser que tem fé, mas não tem obras, que lhe aproveitará isso? Acaso a fé poderá salvá-lo? Se um irmão ou uma irmã não tiverem o que vestir e lhes faltar o necessário para a subsistência de cada dia, e alguém dentre vós lhes disser: "Ide em paz, aquecei-vos e saciai-vos", e não lhes der o necessário para a sua manutenção, que proveito haverá nisso? Assim também a fé, se não tiver obras, está morta em seu isolamento* (Tiago 2,14-17ss).

11 Abril

SANTO ESTANISLAU
(Bispo e mártir)

Santo Estanislau nasceu em 1030, em Szczepanowa, diocese de Cracóvia, Polônia. De família pobre, estudou com os beneditinos de Cracóvia, depois em Liège, Bélgica. De regresso à pátria, exerceu o ministério sacerdotal com zelo e inteligência, fazendo várias reformas pastorais. Aos 42 anos, foi nomeado bispo de Cracóvia por Alexandre II. Sua nomeação agradou a todos, até mesmo ao rei Boleslau (1058-1079), que a princípio apoiou suas iniciativas pastorais. Essa harmonia haveria de se romper, em conseqüência do desmando e corrupção dos costumes da corte. O próprio rei tinha conduta leviana, reprovável e escandalosa. Santo Estanislau denunciou-o publicamente e lançou sobre ele a excomunhão. Foi morto, então, quando celebrava a Eucaristia na igreja de São Miguel e, segundo consta, pelas próprias mãos de Boleslau. Era o dia 8 de maio de 1097. Santo Estanislau não somente é venerado na Polônia, mas também na Europa e nas Américas.

PRECE

Nos momentos de perseguição

Deus, nosso Pai, por intercessão de Santo Estanislau, dai-nos a retidão de espírito e fortificai nossos corações contra toda vingança contratada, contra o ódio e contra todo mal. Pela vossa palavra, iluminai nossos passos e guiai-nos em direção de vosso Reino. Aumentai a nossa fé, para que reconheçamos, entre as vozes enganosas, a vossa voz que nos chama pelo nome e afugenta de nós todo engano e falsidades. Possamos ver com nossos olhos interiores que estais conosco. Nada então poderá abater nossa certeza de vitória. Por todo o sempre a nossa língua proclame: Glória ao Pai e ao Filho e ao Espírito Santo, como era no princípio, agora e sempre. Amém.

12 Abril

SANTA IDA

Santa Ida nasceu em 1040. Descendente de Carlos Magno e filha de Godofredo, duque de Lorraine, Santa Ida casou aos 17 anos. Seu esposo, Eustáquio II, conde da Bolonha, era um homem sensato e respeitoso do sentimento religioso de sua mulher. Teve por diretor espiritual Santo Anselmo. Tiveram três filhos: Eustáquio III, conde da Bolonha; Godofredo de Bulhão e Balduíno, reis de Jerusalém. Uma de suas filhas casou-se com Henrique IV, ferrenho adversário do papa Gregório VII, na luta pelas investiduras ou títulos aos vassalos.

Apesar da ilustre linhagem e da alta posição que ocupava, Santa Ida empenhou-se em viver a humildade, o desapego e a caridade evangélica. Indigentes, estrangeiros, doentes, viúvas e órfãos a ela recorriam como única valia. Restaurou igrejas e santuários, e fundou mosteiros.

PRECE

Da liberdade do espírito

Deus, nosso Pai, Santa Ida "teve a seu favor o testemunho de suas boas obras". Não colocou sua esperança na segurança enganosa das riquezas. Em vós ela depositou toda a sua confiança. Fazei que também nós, segundo o nosso estado de vida, não coloquemos empecilhos à ação do vosso Espírito que age em nós. Libertai-nos do amor ao dinheiro, raiz de todos os males e aflição de espírito. Busquemos antes de tudo "a justiça, a piedade, a fé, o amor, a perseverança e a mansidão". E sejamos pródigos e capazes de partilhar (cf. 1Timóteo 6,11ss).

13 Abril

SÃO VÍTOR DE BRAGA
(Mártir)

São Vítor nasceu em Paços, perto de Braga, e sofreu o martírio por volta do ano 306. O arcebispo de Braga, Dom Rodrigo da Cunha (1627-1635), escreveu a vida de São Vítor. Afirma que um dia o santo se encontrou com um grupo de idólatras que celebrava a "Ambaruelia", ou "Suilia", a grande festa em honra à deusa Ceres. Essa festa consistia em dar várias voltas pelos campos e sacrificar, em determinados lugares, porcos em honra à deusa. São Vítor recusou-se a tomar parte na festa. Tampouco se deixou enfeitar com as coroas de flores. Denunciado ao governador Sérgio, foi preso e confessou perante o tribunal que era cristão. Foi, então, amarrado ao tronco de uma árvore e açoitado cruelmente. Depois, seu corpo foi queimado com lâminas ardentes até que suas entranhas fossem vazadas. Enfim, foi decapitado.

PRECE

Da luta contra as crises

Deus, nosso Pai, São Vítor sentiu a poderosa força da vossa presença, não se deixando abater pelo medo e pelas torturas sofridas. Ao contrário, rendeu graças pelo vosso amor.

Senhor, dai-nos a graça da vossa presença nesta nossa caminhada sinuosa. Vossa mão nos indique o caminho para que não passemos a vida inteira errante de sentido e direção. Sigamos vossos passos rumo à ressurreição. Senhor, que nos deixemos curar e sejamos curados de nossas chagas; que demos ao mundo testemunho de nossa alegria. O nosso ofício seja servir e semear a esperança nos corações aflitos e desesperançados. Toda lágrima seja enxugada, toda aflição e gemido sejam ouvidos, toda promessa cumprida. Todo o gênero humano vos renda graças por vossas maravilhas.

14 Abril
SANTA LIDUÍNA

Nasceu em Schiedam, nos Países Baixos, e viveu entre os séculos XIV e XV. Desde a infância foi marcada pelo sofrimento. Aos 15 anos, no dia 2 de fevereiro de 1395, sofreu um acidente com graves conseqüências para os órgãos vitais de seu corpo: pulmões, rins, estômago e fígado foram seriamente afetados.

Sozinha no seu sofrimento, não lhe foi fácil conformar-se à vontade de Deus. Encontrou, todavia, na meditação da paixão de Jesus consolo e alento para aceitar o sofrimento e abandonar-se à vontade de Deus, Senhor da vida. Por 23 anos ela completou na sua carne o que faltava à Paixão de Cristo (Cl 1,24). Morreu no dia 14 de abril de 1433.

PRECE

Para manter a fidelidade

Deus, nosso Pai, sabemos que não é fácil conformar-se ao sofrimento. Revoltamo-nos diante do absurdo que é a dor, e no desespero tudo nos apavora. Senhor, Deus da Vida, vos pedimos: quando cada coisa pesar sobre nossos ombros, tudo se fazendo cruzes e coroa de espinhos, e nos sentirmos como que abandonados pelo caminho; quando soprarem os ventos nos segredando coisas ruins, e em nosso íntimo sentirmos que nossa hora já se avizinha; quando buscarmos conforto, e pelo aguilhão da dor e da desolação mais uma vez formos feridos; quando, náufragos, sentirmos a vida presa por tênues fios; nesse momento de treva, de tropeços e de surdos gritos, dai-nos força para erguer nossa fronte e volver nosso olhar para vós, que dissestes: *Não vos abandonarei. Eu sou a Vida de vossa vida. Estarei convosco até o final de vossos dias. Sou eu que mantenho acesa a chama e guardo os segredos das cantigas dos viventes.*

15 Abril

SÃO BENTO JOSÉ LABRE

São Bento José Labre nasceu em Amettes, França, em 25 de maio de 1748. De família camponesa, era o primeiro de 15 irmãos. Foi chamado de "Vagabundo de Deus" ou ainda "o Cigano de Cristo". Aos 18 anos, tentou ingressar na Trapa de Santa Aldegonda. Não conseguiu. Caminhou, então, 60 léguas a pé, tentando em vão a sorte com os monges cistercienses de Montagne, na Normandia.

Passou algumas semanas na Cartuxa de Neuville, outras tantas na abadia cisterciense de Sept-Fons. Aos 22 anos, decidiu fazer-se peregrino e mendigo. Seu mosteiro seria o mundo inteiro. Levava consigo o Novo Testamento, a *Imitação de Cristo* e o *Breviário*. No peito, um crucifixo; no pescoço, um terço; e nas mãos, um rosário. Alimentava-se apenas de um pedaço de pão e de algumas ervas, passando a noite ao relento, rezando e meditando.

Em 1770 chegou a Roma, misturou-se aos mendigos. Visitou as principais basílicas, especialmente o santuário de Loreto, ao qual fez onze peregrinações. Morreu em conseqüência dos maus-tratos e da absoluta falta de higiene. Um açougueiro recolheu-o já agonizante, caído na rua e o levou para a sua casa. Ali o "Mendigo de Deus" morreu. Foi canonizado por Leão XIII em 1883.

PRECE

Do reconhecimento da grandeza de Deus

Deus, nosso Pai, São Bento José escolheu o último lugar entre os vossos servidores. Despojou-se até mesmo dos bens mais necessários à existência, como um quarto para dormir, uma mesa para comer... Misturou-se aos mendigos e peregrinos, experimentou na própria carne a solidão, o abandono, a marginalização.

Que São Bento nos inspire uma atitude de vida despojada e inquieta!

Faça-nos questionar nossas posições adquiridas, nosso modo de vida gasto, envelhecido, nossas partes escuras.

Por anos e anos a fio, São Bento peregrinou pelas estradas do mundo, como quem "procurasse o invisível".

Que vos busquemos através de cada acontecimento, alegre ou triste, desta nossa peregrinação.

16 Abril
SANTA ENGRÁCIA

*P*rudêncio, poeta cristão dos séculos IV e V, antes de apresentar a lista dos 18 mártires de Saragoça, assim afirma a respeito dessa virgem e mártir: "... Todos os mártires disseram adeus à vida; mas tu, sobrevivendo à tua própria morte, vives ainda na terra, a nossa pátria conserva-te ainda. Os teus membros, pelas suas cicatrizes, testemunham a série dos suplícios que suportastes; mostram em que profundidade foram cravados os sulcos das unhas de ferro. (...) o teu peito perdeu um seio, cortado pelo ferro perto do coração. Os outros mártires chegaram até à morte, mas mereceram menos; porque a morte põe termo à dor das torturas, vem trazer o repouso aos membros rasgados, e faz suceder um doce sono aos mais vivos sofrimentos. Muito tempo ficaram abertas as feridas, muito tempo uma febre ardente circulou nas tuas veias, ao mesmo tempo que das tuas chagas gloriosas se derramava uma água desgastante. Se pois a espada do perseguidor te recusou a glória suprema da morte, os teus sofrimentos não deixaram por isso de merecer-te a coroa devida aos que sucumbiram...". (Apud José Leite, S. J. *Santos de cada dia*, v. I, p. 329.)

PRECE

Da certeza do renascer contínuo

Deus, nosso Pai, nos santos vós nos consolais com a certeza da ressurreição, com a certeza de, pela fé em vosso Filho Jesus, renascermos para vós.

Sem esta certeza que nos vem da fé, o que seria de nós, Senhor?

Cada minuto, cada hora tem para nós a força e o júbilo de um novo nascimento.

Sempre vivos e de espírito renovado, emergimos das cinzas do que passou, dos fracassos e das contradições que sobre nós se abateram, mas não nos venceram, porque estamos plantados no chão do vosso Amor, que a cada instante nos recria, nos renova e nos devolve a dignidade de filhos vossos.

17 Abril

SANTO ANICETO
(Papa)

Santo Aniceto nasceu provavelmente na Síria e exerceu o seu pontificado no século II. Foi contemporâneo de São Justino, Taciano, Heségipo, São Policarpo, todos ilustres pelo combate em favor da pureza da doutrina apostólica, no Oriente. Foram até Roma para demonstrar sua comunhão com o sucessor de Pedro. Dentre eles, destacou-se São Policarpo, bispo de Esmirna, que foi tratar com Santo Aniceto questões relacionadas à fé e à celebração da Páscoa. Sofreu o martírio um mês após a morte do imperador Romano Antonino Pio.

PRECE

Para a constante mudança de vida

Deus, nosso Pai, através da Igreja chegou até nós a vossa mensagem de salvação. É esta a razão de nossa alegria: fundados na fé recebida dos apóstolos e animados pelo testemunho de vossos santos, queremos tornar vivas em nós as palavras do Apóstolo: *Revesti-vos de sentimentos de compaixão, de bondade, de humildade, mansidão, longanimidade, suportando-vos uns aos outros, e perdoando-vos mutuamente, se alguém tem motivo de queixa contra o outro; como o Senhor vos perdoou, assim também fazei vós. Mas, sobretudo, revesti-vos da caridade, que é o vínculo da perfeição. E reine nos vossos corações a paz de Cristo, à qual fostes chamados em um só corpo. E sede agradecidos* (Colossenses, 3,12-15).

18 Abril

SANTA MARIA DA ENCARNAÇÃO

Santa Maria da Encarnação nasceu em Paris, no dia 1º de janeiro de 1565. Seu nome de batismo era Bárbara. Casou-se aos 16 anos com um rico senhor, chamado Pedro Acário, e foi mãe de seis filhos. Passou por várias atribulações e aflições de espírito. Seu marido foi exilado, seus bens confiscados. Tomou a defesa do marido, não se detendo até provar a inocência dele. Educou os filhos no amor à verdade, no respeito e no serviço aos mais pobres e desvalidos. Ensinou-os a viver de maneira simples, sóbria, modesta e temente a Deus. Ensinou-lhes também o espírito de sacrifício e a força de vontade perante as dificuldades. E o fez mais com seu exemplo do que com palavras: os infelizes, os aflitos, os doentes, os encarcerados encontraram nela amparo e proteção. Assentou na França as Carmelitas e apoiou a obra das vocações. Morto seu esposo em 1613, ingressou na Ordem das Carmelitas, jurando obediência à própria filha, eleita abadessa do convento de Amiens. Terminou os seus dias num leito de dor no convento carmelita de Pontoise. E ao morrer, no dia 7 de fevereiro de 1618, recitou várias vezes os Salmos 21 e 101. Era quinta-feira santa do ano 1618.

PRECE

Do Abandono a Deus

Ouve, Senhor, a minha prece, que o meu grito chegue a ti! Não escondas tua face de mim no dia da minha angústia. Inclina teu ouvido para mim; no dia em que te invoco, responde-me depressa!

Pois meus dias se consomem em fumaça, meus ossos queimam como um braseiro; pisado como relva, meu coração está secando, até mesmo de comer meu pão eu esqueço; por causa da violência do meu grito os ossos já se me apegam à pele. Estou como o pelicano do deserto, como o mocho das ruínas; fico desperto, gemendo, como ave solitária no telhado.

Meus inimigos me ultrajam todo o dia, maldizem-me. Eu como cinza em vez de pão, com minha bebida misturo lágrimas, por causa da tua cólera e do teu furor, pois me elevaste e me lançaste ao chão; meus dias são uma sombra que se expande, e eu vou secando como a relva. Porém, tu, Senhor, permaneces para sempre, e tua lembrança passa de geração em geração.

(Cf. Sl 102 – *Salmos e Cânticos* – Oração do povo de Deus)

19 Abril

JOANA TUM DE MENCHU

Joana Tum de Menchu, bem como Vicente, seu marido, eram catequistas e líderes da comunidade indígena no Quiche. Ela é a própria encarnação da paixão de sua gente. Dois de seus filhos morreram à míngua, de fome. Seu marido, várias vezes preso, foi levado pelo exército, torturado no quartel e assassinado. Presenciou o assassinato de seu filho de 14 anos, catequista, queimado vivo juntamente com outros companheiros, depois de ter as unhas arrancadas, a língua decepada e as solas dos pés dilaceradas. Pouco antes de ser assassinada, afirmou: "Como mulher, tenho o dever de fazer conhecido o meu testemunho para que outras mães não sofram como eu…".

Assim Rigoberta narra o assassinato de sua mãe: "… os chefes militares a violaram, torturaram-na como a meu irmão. Fizeram-na sofrer por muito tempo, para obrigá-la a falar sobre os guerrilheiros… Minha mãe estava quase agonizante. O comandante ordenou que lhe dessem soro e alimento. Quando recobrou as forças, tornaram a torturá-la… A agonia de minha mãe começou de novo. Puseram-na debaixo de uma árvore e seu corpo se encheu de vermes, porque há uma mosca que pousa sobre feridas e imediatamente depõe ovos de vermes. Os soldados vigiavam dia e noite para que ninguém de nós a libertasse. Ela resistiu por muito tempo e depois morreu ao sol e ao relento. Não nos permitiram resgatar seu cadáver. A tropa ficou até que os urubus e os cães a comeram".

PRECE

Da solidariedade à vida

Deus, nosso Pai, "... livra-nos do mal, vestido de civil; livra-nos do mal que viaja com passaportes diplomáticos.

Senhor, livra-nos do mal que no fundo de nós mesmos nos chama a viver nossa vida preservando-a para nós mesmos, quando nos convidam a oferecê-la por nossos amigos.

Porque teu é o Reino e de ninguém mais que pretenda arrebatá-lo.

Teu é o poder e de nenhuma estrutura nem organização, e tua é a glória, porque tu és o único Deus e Pai para sempre. Amém."

(Julia Esquivel, apud José Marins et alii)

20 Abril

SÃO TEODORO
(Bispo)

São Teodoro nasceu em Sicea, na Galácia (França), na segunda metade do século VI. Teodoro significa "dom de Deus". Tinha como protetor São Jorge, que lhe valeu na hora do nascimento, ajudando o difícil parto da mãe. Jovem ainda, refugiou-se numa gruta que ele próprio cavara sob uma capela dedicada a seu santo protetor. O bispo de Anastasiópolis ordenou-o sacerdote. Foi em peregrinação à Terra Santa e esteve com os monges cenobitas e anacoretas. Com alguns companheiros, fundou uma comunidade e a colocou sob a proteção de São Jorge. Mais tarde, foi eleito bispo de Anastasiópolis. Depois de 10 anos, deixou o bispado e retornou à vida solitária, sendo sempre procurado por uma multidão de devotos a pedir orações e bênçãos. São Teodoro morreu em 1613.

PRECE

Do amor fraterno a todos

Deus, nosso Pai, São Teodoro ensinou-nos a amar uns aos outros, mesmo os nossos inimigos. Que as palavras de São Paulo orientem nossa vida: *Abençoai os que vos perseguem; abençoai e não amaldiçoeis. Alegrai-vos com os que se alegram, chorai com os que choram. Tende a mesma estima uns pelos outros, sem pretensões de grandeza, mas sentindo-vos solidários com os mais humildes; não vos deis ares de sábios. A ninguém pagueis o mal com o mal; seja vossa preocupação fazer o que é bom para todos os homens, procurando, se possível, viver em paz com todos, porquanto de vós depende. Não façais justiça por vossa conta, caríssimos, mas dai lugar à ira de Deus, pois está escrito: 'A mim pertence a vingança, eu é que retribuirei', diz o Senhor. Antes, se o teu inimigo tiver fome, dá-lhe de comer, se tiver sede, dá-lhe de beber. Agindo dessa forma estarás acumulando brasas sobre a cabeça dele. Não te deixes vencer pelo mal, mas vence o mal com o bem* (Romanos 12,14-21).

21 Abril

SANTO ANSELMO
(Bispo e Doutor da Igreja)

Santo Anselmo nasceu em Aosta, no Piemonte, em 1033. Educado pelos beneditinos, quis abraçar a vida monástica. Diante da oposição do pai, desistiu momentaneamente da idéia. Aos 20 anos, perante a impertinência do pai, pegou um burro e um criado e fugiu da casa paterna. Aventurou-se pela Borgonha, França e Normandia. Sempre sedento de conhecimentos, aos 27 anos ingressou no mosteiro de Bec, com a firme decisão de tornar-se monge e levar uma vida austera e despojada. Era o ano 1060. Foi nomeado abade de Bec e mais tarde arcebispo de Cantuária. Era o ano 1090. Santo Anselmo exerceu grande influência intelectual no seu tempo, dando à teologia foros de ciência, válida por si mesma. É considerado, pois, o fundador da ciência teológica no Ocidente. (Apud Pe. Luís Palacín, *Santos do atual Calendário Litúrgico*, p. 52.) Morreu no dia 21 de abril de 1109.

PRECE

Do conhecimento da grandeza de Deus

"Verdadeiramente, Senhor, é inacessível a luz em que habitas; verdadeiramente ninguém pode penetrar nessa luz e ver-te de modo perfeito... Peço-te, meu Deus, que te conheça, que te ame, para que encontre em ti meu gozo... Que minha alma sinta fome dessa felicidade, que meu corpo sinta sede dela, que a deseje todo o meu ser, até que chegue a penetrar no gozo do Senhor, ó Deus trino e uno, que é bendito pelos séculos. Amém."

(Santo Anselmo – *Santos do atual Calendário Litúrgico*)

22 Abril

SÃO SOTERO E SÃO CAIO

Segundo consta, São Sotero nasceu em Nápoles, entre o primeiro e o segundo séculos. Pontificou de 166 a 175, quando Marco Aurélio era imperador romano (161-180). Dele escreveu são Dionísio: *Derramaste a tua beneficência sobre os irmãos, enviando a muitas igrejas esmolas e socorrendo todos os pobres, especialmente os que trabalhavam nas minas. Em todas as partes renovas a generosa caridade dos teus antecessores, socorrendo os que padecem por Cristo.* (Apud José Leite, S. J., op. cit., v. I, p. 343.)

São Caio foi aclamado papa em 283 e governou a Igreja até 296. Era natural da Dalmácia (Iugoslávia). Conduziu o povo de Deus nos inícios da perseguição de Diocleciano. Foi sepultado nas catacumbas de São Calisto.

PRECE

Da doação para a libertação

Deus, nosso Pai, todos nós, homens, debatemo-nos entre o homem velho e o homem novo.

Porfiamos entre o egoísmo que é reter e o amor que é doar-se na busca de libertação, sempre dolorosa.

Desejamos o bem, mas acabamos fazendo o mal que não queremos.

Estes são, Senhor, os caminhos por onde cada um de nós e todos os homens temos passado: uma história "já" e "ainda" por ser redimida, uma seara em que crescem juntos o trigo e o joio.

Mas temos certeza de que vós estais presente e vivo na Igreja, sacramento de vosso amor na história dos homens.

Que São Sotero e São Caio nos façam amar vossa Igreja, povo santo e pecador, no seio da qual recebemos o dom da fé e a esperança na ressurreição.

23 Abril

SÃO JORGE
(c. 280 – mártir)

São Jorge era da Capadócia, Itália. Segundo a tradição, ele foi um valoroso soldado romano, respeitado e admirado pelo imperador Diocleciano, que via nele um exemplo de coragem, bravura e dedicação ao império. Diocleciano perseguia intensamente os cristãos, forçando-os a renegar sua fé em Cristo e condenando-os à morte sob o pretexto de serem cristãos e atentarem contra a ordem. Jorge, como homem justo e cristão, não podia concordar com a injustiça e a crueldade praticadas contra seus irmãos, e apresentou-se ao imperador como cristão, censurando-o severamente por suas ações. Apesar de sua coragem, Diocleciano destituiu-o de suas honras militares e entregou-o à tortura e à morte. São Jorge foi martirizado em Lida, na Palestina, por volta de 303 d.C.

Na arte, é representado empunhando uma lança, que, como consta da tradição, usou para libertar uma linda jovem das garras de um dragão, simbolizando a luta vitoriosa daquele que busca o bem, a verdade, a justiça. A devoção a São Jorge foi e continua sendo uma das mais difundidas em todo o mundo. A partir do século IV, passou a ser reverenciado no Oriente e Ocidente. Os cavaleiros medievais tinham nele verdadeiro exemplo de soldado cristão. É o patrono da Inglaterra e da Catalunha, e no Brasil é venerado com grande comoção popular, pois a couraça, a espada e o escudo que carrega representam a fé, a esperança e a caridade.

PRECE

Deus, nosso Pai, por intercessão de São Jorge, vosso glorioso mártir, reacendei em nós hoje mais intensamente a luz de nossa fé. Que possamos sentir a vossa presença misericordiosa que tudo dispõe para o nosso bem. Senhor, guardai nossa vida de todo o mal e aliviai nossas aflições no tempo oportuno. Dai-nos também, a exemplo de São Jorge, a fidelidade a Cristo e a caridade para com os irmãos, e que possamos ser revestidos do amor verdadeiro. Que a couraça, a espada e o escudo de São Jorge nos protejam de todos os perigos e nos levem até vós, Senhor de nossa vida e inspirador de todo bem. Amém.

24 Abril

SÃO FIDÉLIS DE SIGMARINGEN
(Mártir)

São Fidélis nasceu em 1577, em Sigmaringen, na Alemanha. Estudou na Universidade de Friburgo, na Suíça. Formou-se em Direito e por vários anos exerceu o seu ofício em Colmar, na Alsácia. Ali era chamado de "o advogado dos pobres", porque prestava seus serviços gratuitamente a quem não podia pagar. Aos 34 anos, ingressou no convento dos Capuchinhos de Friburgo, e em 1612 tornou-se frade. A pedido de Gregório XV, foi enviado à Récia (Suíça), a fim de combater a heresia calvinista. Acusado de espionagem a serviço do imperador austríaco, os calvinistas tramaram a sua morte, que ocorreu em Grusch. Dizem que, ferido por um golpe de espada, pôs-se de joelhos e perdoou aos seus assassinos, rezando por eles esta oração:

Senhor, perdoai meus inimigos.
Cegos pela paixão, não sabem o que fazem.
Senhor Jesus, tende piedade de mim.
Santa Maria, Mãe de Jesus, assisti-me. Amém.

PRECE

Do perdão das injustiças

Deus, nosso Pai, ensinai-nos a rezar pelos que nos maldizem, nos caluniam, afrontam o nosso bom nome, nos agridem e cometem injustiças contra nós. A exemplo de São Fidélis, ensinai-nos a perdoar em vosso nome todas as ofensas. Diante de vós ninguém é santo, ninguém é justo, ninguém é inocente. Todos nós já aumentamos alguma vez o sofrimento de nosso próximo e por nossa causa muitas lágrimas já foram vertidas.

Dai-nos, pois, a graça de perdoar, porque seremos perdoados na medida em que perdoarmos os que nos ofendem. Que em nosso coração jamais permaneçam a vingança, a indiferença e o ódio.

25 Abril

SÃO MARCOS EVANGELISTA

São Marcos ou João Marcos vivia em Jerusalém: *Dando-se conta da situação, dirigiu-se à casa de Maria, a mãe de João Marcos* (Atos dos Apóstolos 12,12ss). Era primo de Barnabé (Colossenses 4,10). Discípulo de São Paulo, esteve ao seu lado quando ficou preso em Roma: *Saúdam-vos Aristarco, meu companheiro de prisão, e Marcos, primo de Barnabé, a respeito de quem já vos dei instruções: se ele aparecer por aí, recebei-o* (Colossenses 4,10s). Foi também discípulo de São Pedro: *A que (Igreja) está em Babilônia, eleita como vós, vos saúda, como também Marcos, o meu filho* (1 Pedro 5,13s).

Santo Irineu, Tertuliano, Clemente de Alexandria atribuem decididamente a Marcos, discípulo e intérprete de São Pedro, o segundo Evangelho. E segundo os críticos modernos, o evangelho de Marcos foi escrito por volta dos anos 60/70, e dirigido aos cristãos de Roma.

PRECE

Da força na proclamação do Evangelho

Deus, nosso Pai, por meio de São Marcos quisestes que o anúncio do Evangelho chegasse até nós, para que, movidos pelo vosso Espírito, proclamássemos pela fé que Jesus é o Filho de Deus, o Ungido do Pai, nosso Redentor, nosso Libertador e nosso Irmão. Por ele temos a remissão dos nossos pecados, e na sua humanidade o homem foi elevado.

Libertai, Senhor, o nosso coração para que o nosso pensar e agir nos aproximem daquele que disse: *O que sai do homem, é isso que o torna impuro. Com efeito, é de dentro do coração dos homens que saem as intenções desmedidas, maldades, malícia, devassidão, inveja, difamação, arrogância, insensatez. Todas essas coisas más saem de dentro do homem e o tornam impuro* (Marcos 7,20-23).

26 Abril

SÃO PASCÁSIO RADBERTO

São Pascásio (ou Pascoal) viveu no século IX, na França. Fora abandonado quando criança na porta da Igreja de Nossa Senhora de Soissons. A abadessa Teodarda o recolheu e cuidou dele como a um filho. Aos 22 anos, ingressou no convento de Corbie. Em 844 foi eleito abade; e, sete anos mais tarde, deposto por uma rebelião dos monges, teve de fugir para a abadia de São Riquier. São Pascásio exerceu grande influência nas discussões teológicas de seu tempo. Por volta de 830, escreveu a *Vida de Santo Adalardo*, seu abade; no ano seguinte, escreveu o *Tratado do Corpo e Sangue do Senhor* sobre a Eucaristia. Neste estudo, ele reporta a São Cipriano, Santo Ambrósio, Santo Hilário, Santo Agostinho, São João Crisóstomo, São Gregório, Santo Isidoro, Hesíquio e ao venerável Beda. Tomou parte na discussão sobre a virgindade de Maria e sobre o parto de Nossa Senhora. Daí surgiu a sua obra *O parto da Virgem*. Morreu no dia 26 de abril de 863.

PRECE

Para a compreensão da fé

Deus, nosso Pai, São Pascásio dedicou sua vida ao estudo e à meditação dos vossos mistérios. Dai-nos também, Senhor, um entendimento profundo das verdades e das exigências da nossa fé. Possamos transformar em atitudes concretas e gestos reais de serviços e de amor aquilo que professamos em vosso nome. E que não seja imputada a nós esta maldição de Jesus, vosso Filho:

Ai de vós, escribas e fariseus hipócritas, porque bloqueais o Reino dos Céus diante dos homens! Pois vós mesmos não entrais, nem deixais entrar os que querem fazê-lo. (...) Ai de vós, escribas e fariseus hipócritas! Sois semelhantes a sepulcros caiados, que por fora parecem bonitos, mas por dentro estão cheios de ossos de mortos e de toda podridão. Assim também vós: por fora pareceis justos aos homens, mas por dentro estais cheios de hipocrisia e de iniqüidade... (Mateus 23,13.27ss).

27 Abril

SANTA ZITA

Santa Zita nasceu em 1218, em Monsagrati, nos arredores da cidade de Lucca. Filha de camponeses, aos 12 anos foi trabalhar como empregada doméstica na casa de uma rica família. Perguntava-se sempre a si mesma: "Isto agrada ao Senhor?". Ou: "Isto desagrada a Jesus?". Foi-lhe confiado o encargo de distribuir as esmolas a cada sexta-feira. E dava do seu pouco, da sua comida, das suas roupas, daquilo que possuía, das suas parcas economias. Dizem que um dia foi surpreendida enquanto socorria os necessitados. Mas no seu avental o que era alimento se converteu em flores. Por 60 anos foi doméstica. Na hora da morte tinha ajoelhada a seus pés toda a família Fatinelli, a quem servira toda a vida. Morreu no dia 27 de abril de 1278. Pio XII proclamou-a padroeira das empregadas domésticas do mundo inteiro.

PRECE

Para superar toda indiferença

Deus, nosso Pai, em Santa Zita quisestes nos mostrar que as diferenças sociais, os preconceitos e as discriminações, sejam de que tipo forem, devem ser superados. Quisestes nos mostrar, que no vosso Reino de Amor, de Justiça, é maior aquele que serve, pois o próprio Jesus, vosso Filho, despojou-se de si mesmo em favor dos homens e fez de seu povo um povo de servidores.

Senhor, por intermédio de Santa Zita, sede o Advogado das justas reivindicações das empregadas domésticas, das faxineiras, das lavadeiras, passadeiras, arrumadeiras; sede o Defensor de suas causas, o Conselheiro em seus momentos difíceis, a razão de sua alegria e esperança. Saibam lutar pelos seus direitos e pelo respeito de sua dignidade como mulher e como criatura feita à imagem e à semelhança de Deus.

28 Abril

SÃO PEDRO MARIA CHANEL
(Mártir)

São Pedro Maria Chanel é o padroeiro da Oceania. Nasceu em Cuet, França, no ano de 1803. Em 1824, ingressou no seminário de Bourg e em 1827 foi ordenado sacerdote. Foi vigário de Amberieu e de Gex. Entrou, depois, para a Sociedade de Maria, sob a guia do pe. Colin. Em 1837, partiu em companhia de um confrade leigo para Futuna, uma pequena ilha no Oceano Pacífico, no arquipélago de Tonga. Sua pregação logo produziu frutos abundantes entre a geração jovem da ilha. Mas logo vieram a reação e a oposição dos líderes mais antigos, ciosos de suas tradições e costumes, ameaçados pelo "sacerdote branco". Avisado pelos amigos do risco que corria e para que deixasse a ilha, São Pedro ignorou o aviso e decidiu permanecer e continuar a pregação. Foi morto a golpes de tacape, no dia 28 de abril de 1841. Seu sacrifício não foi em vão. A semente de sua pregação germinou, e todos os habitantes acolheram o cristianismo.

PRECE

Na transformação e opção da vida

Deus, nosso Pai, São Pedro Maria Chanel encontrou a razão de sua existência no anúncio do vosso Reino. Mediante a sua pregação, a vossa Palavra penetrou os corações e transformou a vida daqueles que ainda não vos conheciam.

Senhor, o vosso Evangelho é a força viva e poderosa que faz renascer uma humanidade nova com homens novos, chamados a uma nova maneira de ser, julgar, viver e conviver (Documento de Puebla 350).

Nós vos louvamos e agradecemos, porque em Jesus Cristo, vosso Filho, feito homem, "morto e ressuscitado", todos somos chamados à salvação, que é dom da vossa graça e da vossa misericórdia. Sejamos, para nossos irmãos, portadores da vossa Boa-Nova, da alegria e da esperança que nos confere a fé.

29 Abril

SANTA CATARINA DE SENA
(Doutora da Igreja)

Santa Catarina nasceu em Sena, no dia 25 de março de 1347. Na Europa, a peste negra e as guerras semeavam o pânico e a morte. A Igreja sofria por suas divisões internas e antipapas (chegaram a existir três papas simultaneamente). Desejando seguir o caminho da perfeição, aos 15 anos Catarina ingressou na Ordem Terceira de São Domingos. Viveu um amor apaixonado e apaixonante por Deus e pelo próximo. Lutou ardorosamente pela restauração da paz política e da harmonia entre seus concidadãos. Contribuiu para a solução da crise religiosa provocada pelos antipapas, fazendo Gregório XI voltar a Roma. Embora analfabeta, ditava suas cartas endereçadas aos papas, aos reis e líderes, como também ao povo humilde. Foi, enfim, uma mulher empenhada social e politicamente e exerceu grande influência religiosa na Igreja de seu tempo. Suas atitudes não deixaram de causar perplexidade em seus contemporâneos. Adiantou-se séculos aos padrões de sua época, quando a participação da mulher na Igreja era quase nula ou inexistente. Deixou-nos o *Diálogo so-*

bre a Divina Providência, uma exposição clara de suas idéias teológicas e de sua mística, o que coloca Santa Catarina de Sena entre os Doutores da Igreja. Morreu aos 33 anos de idade, no dia 29 de abril de 1380.

PRECE

Da luz de Deus

"Trindade eterna, vós sois um mar profundo, no qual, quanto mais procuro, mais encontro. E quanto mais encontro, mais vos procuro. Vós nos saciais de maneira completa, pois, no vosso abismo, saciais a alma de tal sorte que ela fica para sempre com fome de vós. Que poderíeis dar-me mais do que vós mesmo? Sois o Fogo que queima sempre e nunca se consome. Sois o Fogo que consome no vosso ardor todo amor-próprio da alma; sois o Fogo que tira todo frio, que ilumina todas as inteligências e, pela vossa luz, me fizestes conhecer a verdade. Dais ao olho humano luz sobrenatural em grande abundância e perfeição, e iluminais a própria luz da fé. É nessa fé que minha alma tem vida. Na luz da fé adquiro a sabedoria, na sabedoria do vosso Filho único; na luz da fé, torno-me forte e constante persevero. Na luz da fé, espero que não me deixareis sucumbir no caminho…"

(Santa Catarina de Sena, in *Vida dos Santos*, v. 7)

30 Abril
SÃO JOSÉ BENTO COTTOLENGO

São José Cottolengo nasceu em Brá, no Piemonte, Itália, no dia 3 de maio de 1786. Aos 17 anos ingressou no Seminário de Turim e aos 25 anos foi ordenado sacerdote. Fundou a Pequena Casa da Divina Providência e as Damas da Caridade ou Cottolenguinas (vicentinas), cuja finalidade é o serviço aos pequeninos, aos deficientes, aos doentes. Dizia a respeito da "Pequena Casa da Divina Providência": *Chama-se "Pequena Casa" porque, em comparação com o mundo inteiro, que é igualmente Casa da Divina Providência, é, com toda certeza, pequena.* (Apud José Leite, S. J., op. cit., v. I, p. 368.) Sua confiança no Deus providente era tão grande que jamais ele lhe faltou nas horas difíceis e de necessidade. Certa vez, afirmou: *Quando chegar a hora do almoço, a Providência não se esquecerá de que os pobres têm que almoçar.* São José Cottolengo tinha como lema "caridade e confiança": fazer todo o bem possível e confiar sempre em Deus. Morreu no dia 13 de abril de 1842, aos 56 anos de idade. Foi canonizado por Pio XI, em 1934.

PRECE

Da confiança na Providência

Deus, nosso Pai, São José Bento Cottolengo fez-se pobre entre os pobres. E, confiante na Divina Providência, não se apoiava na sua suficiência pessoal ou na segurança material. Com fé inabalável entregou-se de corpo e alma à tarefa de mudar a situação dos desvalidos, dos enfermos e necessitados. Pela fé, operastes mediante São José Cottolengo coisas maravilhosas, e a sua obra permanece até hoje espalhada em todo o mundo, como sinal e testemunho vivo de que vós, Senhor, sois um Deus fiel.

Senhor, também nós, segundo a missão que a nós confiastes nesta terra, partilhemos a sorte de nossos irmãos necessitados e jamais lhes neguemos a nossa ajuda. É por meio de nós, vossos filhos, que agis no mundo e manifestais o vosso amor no meio dos homens.

1º Maio

SÃO JOSÉ OPERÁRIO

O 1º de maio é o Dia do Trabalhador e festa de São José Operário. O Dia do Trabalhador tem uma história triste, pois está ligado ao massacre dos operários de Chicago. Diante da situação desumana a que eram submetidos, os trabalhadores, em número de uns 340 mil, se revoltaram, cruzaram os braços e exigiram mudanças radicais. Durante o confronto, seis deles foram assassinados e cinqüenta ficaram gravemente feridos.

São José, esposo de Maria, era carpinteiro. Ao propô-lo como modelo e protetor dos operários, a Igreja quer que todos reconheçam a dignidade do trabalho e que o trabalhador seja respeitado enquanto pessoa humana e colaborador de Deus na obra da criação: *Por Cristo, único Mediador, participa a humanidade da vida trinitária. Cristo hoje, sobretudo por sua atividade pascal, nos leva a participar do mistério de Deus. Por sua solidariedade conosco, nos torna capazes de vivificar pelo amor nossa atividade e transformar o nosso trabalho e nossa história em gesto litúrgico, isto é, de sermos protagonistas com ele da construção da convivência e das dinâmicas humanas que refletem o mistério de Deus e constituem sua glória que vive* (DP 213).

PRECE

Pelo trabalhador

Ó glorioso São José, que velaste a tua incomparável e real dignidade de guarda de Jesus e da Virgem Maria, sob a humilde aparência de artífice, e com o teu trabalho sustentaste as suas vidas, protege com amável poder os teus filhos que estão a ti confiados. Tu conheces as angústias e sofrimentos deles, porque tu mesmo experimentaste isto ao lado de Jesus e de sua Mãe. Não permitas que, oprimidos por tantas preocupações, esqueçam o fim para que foram criados por Deus; não deixes que os germes da desconfiança lhes dominem as almas imortais. Recorda a todos os trabalhadores que — nos campos, nas fábricas, nas minas e nos laboratórios da ciência — não estão sós para trabalhar, gozar e servir, mas que junto a eles está Jesus com Maria, Mãe sua e nossa, para os suster, para lhes enxugar o suor e mitigar as fadigas. Ensina-lhes a fazer do trabalho, como fizeste tu, instrumento altíssimo de santificação (João XXIII).

2 Maio

SANTO ATANÁSIO
(Bispo e Doutor da Igreja)

Santo Atanásio nasceu em Alexandria, Egito, no ano 295. Em 325, como diácono, participou com o bispo Alexandre do Concílio de Nicéia. Mais tarde, sucedeu a Alexandre no bispado de Alexandria. Lutou ardorosamente contra a heresia de Ário, que afirmava não ser Cristo o Filho de Deus, esvaziando assim o mistério da redenção. Por esse motivo, foi perseguido e por cinco vezes exilado, refugiando-se nos desertos. Em uma dessas ocasiões, esteve com Santo Antão, cuja vida ele escreveu mais tarde.

Santo Atanásio é uma figura de proa na luta contra as heresias que se abateram sobre a Igreja a partir do Edito de Milão (313). A Igreja viu-se obrigada a refletir de modo sistemático a fé recebida dos apóstolos, a formular com mais precisão os dogmas a respeito da divindade de Cristo. Atanásio foi o pivô de toda a discussão, preservando intacta na Igreja esta verdade teológica: Cristo é verdadeiramente homem e verdadeiramente Deus.

Morreu no ano 373.

PRECE

Da fidelidade ao Deus da Libertação

Deus, nosso Pai, cremos com toda a mente e com todo o coração que Jesus, vosso Filho, é verdadeiramente homem e verdadeiramente Deus. É o "Verbo de Deus que se fez carne e habitou entre nós...". É a Ternura e a Misericórdia do Pai manifestada aos homens, aos homens de boa vontade, amantes da justiça e da verdade. É o Ressuscitado que caminha junto com o povo na sua luta de libertação, continuamente nos convocando à comunhão e à fraternidade. Pelo seu Espírito confessamos: Jesus é o Senhor.

3 Maio

SÃO TIAGO, IRMÃO DO SENHOR

São Tiago Menor foi o líder da primeira comunidade de Jerusalém (Atos dos Apóstolos 12,17). Era primo de Jesus e irmão de José, Simão e Judas, de Nazaré. Assim Mateus refere-se a ele: "Não é ele (Jesus) o filho do carpinteiro? Não se chama a mãe dele Maria e os seus irmãos Tiago, José, Simão e Judas?" (Mateus 13,55).

No Concílio de Jerusalém, Tiago propôs que os gentios não fossem sobrecarregados com os rigores da Lei judaica (Atos dos Apóstolos 15,13-23). A sua proposta foi aceita. O próprio Paulo o denominou, juntamente com Céfas (Pedro) e João, "colunas da Igreja" (Gálatas 2,9).

Tiago foi o primeiro apóstolo a dar a vida pelo Reino de Deus. Foi martirizado no ano 62 depois de Cristo. A ele é atribuída uma das sete epístolas denominadas católicas.

PRECE

Do testemunho da verdade

Deus, nosso Pai, São Tiago nos advertiu contra a intemperança em nosso modo de falar, pois é através da linguagem que construímos ou destruímos nossas relações com o próximo, criando inimizades, rixas e sofrimentos. Nossas palavras sejam respeitosas, prudentes, verazes e edificantes.

Saibamos discernir entre a verdade e a mentira; não enganemos a ninguém, tampouco nos deixemos enganar por demagogos que se servem da palavra para defender seus interesses. Não nos calemos diante das injustiças; expulsai de nós "os demônios do medo disfarçados em silêncio, ortodoxia, disciplina, prudência, prestígio, segurança". Enfim, Senhor, saibamos ouvir a Palavra do Evangelho e colocá-la em prática, deixando que ela nos converta e nos faça instrumentos do Reino.

4 Maio

SÃO GREGÓRIO, O ILUMINADOR

São Gregório, o Iluminador, era primo de Tiridates III, rei da Armênia. Nasceu em Valarxabad, por volta do ano 257, e morreu em 332, aproximadamente. É chamado de "o Iluminador" por ter levado o povo armênio ao cristianismo. Foi colaborador e conselheiro do rei. Ao ser descoberto como cristão, o rei lançou-o em uma prisão, onde ficou 14 anos no esquecimento. Foi libertado quando curou milagrosamente o rei de uma doença contagiosa. Tiridates III fez-se batizar e, juntamente com ele, toda a sua corte. O cristianismo tornou-se a religião oficial. Por volta de 302, São Gregório tornou-se o metropolita da Capadócia e líder da jovem Igreja armênia. Seu filho Aristaques sucedeu-o, então, como chefe supremo dos cristãos. São Gregório retirou-se para a solidão, preparando-se desse modo para a morte.

É venerado não somente como o apóstolo e padroeiro da Armênia, mas também como evangelizador das Igrejas síria e greco-ortodoxa.

PRECE

Da luz de Deus na história humana

Deus, nosso Pai, mediante São Gregório, o Iluminador, a vossa luz chegou ao povo armênio. É o vosso Espírito, Senhor, que age na história humana, levando os homens à conversão, ao cumprimento do vosso mandamento de amor. É por vosso Espírito de amor que todos os povos, segundo as diversas épocas e circunstâncias históricas, conhecem a vossa voz e se sentem atraídos por vós, pois é de amor, de ternura, de justiça, de paz e de reconciliação que falais. Mais uma vez a vossa luz nos ilumine e nos mostre o caminho da vida, mil vezes mais poderosa do que a morte.

5 Maio

SANTO ÂNGELO
(Mártir)

Santo Ângelo nasceu em Jerusalém, em 1185. Morreu em Licata, na Sicília, no dia 5 de maio de 1220. Aos 18 anos, entrou na Ordem do Carmo (Palestina). Em 1213 foi ordenado sacerdote. Em 1219 foi enviado a Roma para defender os interesses de sua Ordem. Dali partiu para a Sicília, a fim de converter os hereges cátaros. Ali convertera a cúmplice de um rico senhor que levava vida incestuosa. Por vingança, este mandou assassiná-lo. Santo Ângelo foi morto enquanto pregava na igreja de São Tiago de Licata.

PRECE

Na disponibilidade pelo Reino

Deus, nosso Pai, fazei que o nosso viver tenha como fundamento e inspiração a vossa Palavra. Que por ela nos deixemos questionar, contestar e desacomodar.

Que nos coloquemos numa contínua atitude de conversão interior, pessoal e comunitariamente.

Pela luz da fé, prossigamos com ânimo forte, procurando discernir, em meio às contradições, a vossa vontade e a vossa verdade sobre cada um de nós.

Santo Ângelo pregou a conversão, a mudança de mente e de coração. Pagou com a própria vida o anúncio da verdade.

Por sua intercessão, nós vos pedimos, Senhor: dai-nos um coração humilde para que reconheçamos nossos erros e, iluminados pela vossa Palavra, busquemos a verdade inscrita dentro de nossos corações.

Senhor Deus, nosso Pai, nós cremos na força libertadora da vossa Palavra de amor; cremos que o vosso Espírito Santo age em nossos corações e que o seu fogo nos purifica de nossos pecados e iniquidades.

6 Maio

SANTO ANDRÉ KIM E COMPANHEIROS
(Mártires)

*F*oram canonizados por João Paulo II, durante sua viagem à Coréia, no dia 6 de maio de 1984. Nessa ocasião, os coreanos, e com eles toda a Igreja, celebraram o segundo centenário da implantação do cristianismo na Coréia. No transcurso desses 200 anos, a Igreja Católica na Coréia foi regada pelo sangue de seus mártires, cristãos de todas as idades e classes sociais: crianças, adultos, homens, mulheres, sacerdotes, leigos, ricos e pobres.

Assim falou João Paulo II, na ocasião: *Observai: mediante esta liturgia de canonização, os bem-aventurados mártires coreanos são inscritos no catálogo dos santos da Igreja Católica. Estes são verdadeiros filhos e filhas da vossa Nação, juntamente com numerosos missionários vindos doutras terras. São os vossos antepassados, pela descendência, língua e cultura. Ao mesmo tempo, são os vossos pais e as vossas mães na fé que eles testemunharam derramando o próprio sangue.* (Apud José Leite, S. J., op. cit., v. II, p. 22.)

PRECE

Do compromisso com a justiça

Deus, nosso Pai, hoje queremos invocar o vosso Nome Santo. A terra inteira está cheia das vossas maravilhas. Em Jesus Cristo todo homem pode proclamar o vosso louvor. Senhor, nós somos a vossa vinha e vós, o Agricultor (Isaías 5,1-2). Fazei, pois, que estejamos sempre unidos a Jesus, para que possamos produzir dignos frutos de justiça e de santidade. O meu amado tinha uma vinha em uma encosta fértil... No meio dela construiu uma torre e cavou um lagar. Com isto, esperava que ela produzisse uvas boas, mas só produziu uvas azedas... Pois bem, a vinha do Senhor dos Exércitos é a casa de Israel... Deles esperava o direito, mas o que produziram foi a transgressão; esperava a justiça, mas o que apareceu foram gritos de desespero (Isaías 5,1-2.7).

7 Maio

SANTA FLÁVIA DOMITILA
(Mártir)

*E*usébio de Cesaréia, em sua *História Eclesiástica*, afirma: *Referem que no ano quinze de Domiciano (95 d.C.), (Flávia Domitila), sobrinha por parte da irmã de Flávio Clemente, que era então um dos cônsules de Roma, juntamente com numerosas pessoas, foi deportada para a ilha de Ponza, por ter confessado a Cristo.* (Apud Mario Sgarbossa, op. cit., p. 143.)

No martírio de Santa Flávia Domitila, nobre dama romana, vemos a força penetrante do Evangelho na sociedade romana, conquistando adeptos até mesmo entre a família imperial.

PRECE

Pelos que defendem a vida

Deus, nosso Pai, Santa Flávia foi reduzida ao silêncio, porque confessou publicamente o vosso Nome.

Velai, Senhor, por aqueles que, lutando pela justiça, foram reduzidos ao silêncio, exilados ou assassinados. Olhai por todos os *silenciados* da América Latina, por todos os que tiveram cassado o direito à expressão.

Tende piedade também daqueles que criminosamente se calaram e por medo silenciaram a verdade, as corrupções, as mentiras, os crimes.

Por causa desse *silêncio homicida,* inocentes foram condenados e morreram, a justiça foi abafada e a vida protelada.

Com a força da vossa Palavra, pronunciada no silêncio das eras e dos tempos, criastes os céus e a terra e tudo o que neles existe. Com a força da vossa Palavra, vosso Filho Jesus fez os cegos verem, os surdos ouvirem, os cochos andarem, e os pequeninos viram a vossa glória.

Em nosso interior seja feito silêncio!

Que no silêncio passemos pela nossa interioridade em busca de nós mesmos, e, ao nos encontrar, nós vos achemos; e ao vos achar encontremos o nosso próximo, vossa imagem e semelhança.

8 Maio

SÃO VÍTOR
(Mártir)

São Vítor era soldado africano, proveniente da Mauritânia, e encontrava-se em Milão juntamente com Nabor e Félix quando foi preso e levado perante o tribunal. Declarando-se cristão, foi metido em uma prisão, onde passou seus dias sem comer e beber. Como ainda persistisse em se confessar cristão, foi flagelado e lançado outra vez na prisão. Ali foi torturado atrozmente com chumbo derretido derramado sobre as suas chagas. Mesmo assim conseguiu fugir, mas foi descoberto e decapitado (303). Seu corpo ficou insepulto durante uma semana, quando São Materno o encontrou e lhe deu digna sepultura. São Vítor é um dos santos mais populares de Milão. Ele é o patrono dos prisioneiros e dos exilados.

PRECE

Do anseio pela libertação

Deus, nosso Pai, ouvi esta prece que a vós elevam todos os aflitos, prisioneiros e exilados: *Eu sou o homem que conheceu a miséria sob a vara de seu furor.*

Ele me guiou e me fez andar na treva e não na luz; só contra mim está ele volvendo e revolvendo sua mão todo dia.

Consumiu minha carne e minha pele, despedaçou os meus ossos.

Edificou contra mim e envolveu minha cabeça de tormento.

Fez-me habitar nas trevas como os que estão mortos para sempre.

Cercou-me com um muro, não posso sair; tornou pesadas minhas cadeias.

Por mais que eu grite por socorro ele abafa minha oração.

Murou meus caminhos com pedras lavradas, obstruiu minhas veredas...

Os favores do Senhor não terminaram, suas compaixões não se esgotam; elas se renovam todas as manhãs; grande é a sua fidelidade! (Lamentações 3,1ss.)

9 Maio

SANTA CATARINA DE BOLONHA

Santa Catarina de Bolonha viveu no século XV. Nasceu em Ferrara em 1413, Itália. Foi abadessa de um mosteiro em Bolonha. A sua vida chegou até nós envolta de fatos extraordinários. Assim, contam que no Natal de 1456 recebeu, das mãos de Nossa Senhora, o Menino Jesus. Sua maior preocupação era cumprir a vontade de Deus e servir os irmãos, especialmente os mais necessitados. É considerada uma das grandes místicas da Idade Média. Morreu em 1463, plenamente reconciliada com Deus.

PRECE

Da vida nova e abundante

Deus, nosso Pai, vós nos cativais mais do que ninguém; vós nos seduzis com o vosso amor.

Senhor, nosso Deus e Pai, em Jesus vós nos resgatastes para nos mostrar a vossa morada santa: a vida será preservada e mantida, pois vós estais conosco, e para sempre é o vosso amor.

Vinde, pois, Senhor, no murmúrio de vida que persiste em cada coração.

Vinde, Senhor, no anseio de liberdade e de libertação que permeia a consciência dos povos oprimidos; no senso de justiça e de solidariedade que se oculta nas entranhas das nações ricas e opulentas, mas carentes de ideais e de promessas benditas e venturosas.

Vós, Senhor, cativastes o homem, atraindo-o para vós, mostrando-lhe que é amando-vos que se descobre como pessoa, e o sentido da vida é revelado.

10 Maio

SANTO ISIDORO

Santo Isidoro nasceu em Madri, por volta do ano 1081. Filho de camponeses, casou e foi pai de um filho. Ganhava o sustento da família como rendeiro, no árduo trabalho do campo. Dizem que, acusado de "perder" suas manhãs rezando nas igrejas, ao invés de trabalhar, seu patrão quis surpreendê-lo, certa manhã. Mas apenas perguntou-lhe: *Diga toda a verdade, Isidoro. De onde eram as duas juntas de bois que trabalhavam a seu lado e desapareceram à minha chegada?* Ele respondeu: *Eu não sei!* E acrescentou: *Não tenho outro socorro senão Deus. Invoco-o no começo do meu trabalho, e nunca o perco de vista durante o resto do dia.* Imensa também era a caridade que ele tinha pelos pobres; a eles tudo oferecia, nada reservando para si mesmo. Depois de uma vida mergulhada no anonimato, morreu e foi sepultado sem nenhuma distinção no cemitério de Santo André de Madri. Era o dia quinze de maio de 1170. Quarenta anos depois, o seu corpo foi transladado para a igreja e somente foi canonizado no dia 22 de março de 1622, juntamente com Santo Inácio de Loyola, São Francisco Xavier, Santa Teresa D'Ávila e São Filipe Neri.

PRECE

Da renovação da vida

Deus, nosso Pai, vossa é a terra e tudo o que nela existe. Que a terra, Senhor, não seja motivo de luta, de guerra fratricida; mas seja ela a habitação, a morada em que todos os homens se sintam irmãos: "Amarás o teu Deus de todo o teu coração, de toda a tua alma, com todas as forças de tua vida. Só a ele amarás e servirás. Não adorarás o gado, nem o dinheiro, nem a fazenda, nem nada.

Não te dobrarás diante do teu patrão, nem chefe de tua cidade, porque só existe um Senhor a quem deverás honrar e servir. Ama o teu próximo, como amas a ti mesmo".

11 Maio

AFONSO NAVARRO OVIEDO

Sacerdote diocesano, foi assassinado no dia 11 de maio de 1977. Quatro homens armados invadiram sorrateiramente a casa paroquial e o crivaram de balas. Com ele foi assassinado Luisito Torres, um jovem de 14 anos, testemunha do crime.

Antes de expirar, pediu para ser sepultado em sua capela. Afirmou ainda que sabia quem o matou, mas que os perdoava.

Na verdade, seu assassinato foi uma conseqüência da vida comprometida com o Reino, com os pobres de Deus explorados, injustiçados e crucificados pelo poder constituído em El Salvador.

No dia 13 de janeiro, já havia sofrido um atentado. Uma bomba explodira na garagem, destruindo completamente seu carro. A partir daí recrudesce a repressão, culminando com o assassinato de pe. Rutilo Grande, no dia 12 de março. Apesar de tudo isso, Afonso Navarro continua a denunciar. No dia de seu assassinato, havia sido intimado a depor. Tratava-se do caso da gravação de uma aula feita por uma de suas alunas, filha de militar graduado. Nada foi comprovado, a não ser a sua luta sincera e evangélica pela justiça em favor do povo oprimido.

PRECE

Do compromisso com os pobres de Deus

Deus, nosso Pai, pedimos pelos cristãos do silêncio; que tuas palavras lhes queimem as entranhas, e os façam superar a coação. Que não se calem como se não tivessem nada a dizer. Tu sabes o que convém à tua Igreja, se um fervor de catacumbas ou a rotina de uma "proteção" oficial. Dá-lhe o que seja melhor, mesmo que seja o cárcere e a pobreza. Livra-nos do silêncio diante da injustiça social; livra-nos do silêncio "prudente" para não nos comprometer. Tememos fazer limitado teu Evangelho; agora já não tem arestas, nem sobressalta a ninguém; quisemos convencer-nos de que se pode servir a ti e ao dinheiro.

Senhor, livra tua Igreja de todo ressaibo mundano; que ela não pareça uma sociedade a mais, com seus caciques, seus acionistas, seus privilégios, seus funcionários e sua burocracia...

(Luis Espinal, in *Martírio* – Memória perigosa na América Latina)

12 Maio

SANTA JOANA

Santa Joana nasceu no dia 6 de fevereiro de 1452. Era filha de Dom Afonso V, rei de Portugal. Órfã de mãe aos 15 anos, tomou os encargos do governo da casa real. Levava vida penitente, usando cilício sob as vestes reais e passando as noites em oração. Jejuava freqüentemente e como divisa ou insígnia real usava uma coroa de espinhos. Os pobres, os enfermos, os presos, os religiosos viam nela a sua protetora e amparo. Conservava um livro onde ela anotava os nomes de todos os necessitados, o grau de pobreza de cada um e o dia em que deveria ser dada a esmola. Por ocasião da Semana Santa, lavava os pés de doze mulheres pobres e as presenteava com roupas, alimentos e dinheiro. Embora pretendida por muitos príncipes, entre eles o filho de Luís XI da França, e para espanto de todos, em 1471 recolheu-se temporariamente no mosteiro de Odívelos. Dali foi para o mosteiro de Aveiro, onde viveu despojada de tudo até a morte, no dia 12 de maio de 1490.

PRECE

Do amor incondicional

Deus, nosso Pai, Santa Joana tudo fez para aliviar as dores, os sofrimentos dos aflitos e dos necessitados. Seu coração foi terno e misericordioso; seu espírito, despojado; sua vida, fundada na simplicidade e na busca do Reino de Deus. Queremos também nós, apoiados pela vossa graça redentora, redobrar a nossa confiança em vós e tudo fazer para que o otimismo, a coragem, a fé e a esperança na vida sejam nossas armas contra aquilo que nos contraria, nos entristece, arrefecendo nossa vontade de viver e superar as dificuldades que se abatem contra nós.

Senhor Deus, nosso Pai, nós cremos nas promessas que a nós reservais já aqui nesta terra: viver em comunhão convosco e com nossos irmãos, pois somente assim somos fortes, somente assim guardamos a esperança na vida.

13 Maio

NOSSA SENHORA DE FÁTIMA

No dia 13 de maio de 1917, na cova de Iria, a Virgem Maria apareceu a três pastorinhos – Lúcia, Francisco e Jacinta – que apascentavam suas ovelhas nos arredores de Leiria, povoado de Fátima, Portugal. Sobre uma azinheira, as crianças viram uma Senhora vestida de branco e resplandecente de luz, pedindo-lhes que rezassem o terço todos os dias pela paz do mundo (época da Primeira Guerra Mundial) e pela conversão dos pecadores. Por seis meses seguidos, no dia 13, na mesma hora e lugar, como prometera, a Virgem Maria se manifestou aos videntes. Na última aparição, em 13 de outubro de 1917, uma multidão acorreu à cova de Iria para ver a Virgem. Ela se revelou a Lúcia como Nossa Senhora do Rosário, pedindo que se construísse ali uma capela, para que se rezasse o rosário todos os dias. E ali todos os presentes testemunharam o prodígio da dança do sol, que se pôs a girar sobre si mesmo. Em 1942, foi instituída a Festa do Imaculado Coração de Maria, a quem Pio XII consagrou no mundo inteiro, gesto que João Paulo II repetiu em 13 de maio de 1982, durante sua viagem a Fátima. Em 13 de maio de 2000, Jacinta e

Francisco, que faleceram alguns anos após às aparições, foram beatificados por João Paulo II. Lúcia tornou-se irmã carmelita e faleceu em 13 de fevereiro de 2005.

PRECE

Ó Virgem de Fátima, vós que desejais a paz verdadeira, trazida por vosso Filho Jesus, e que não vos cansais de velar por vossos filhos e filhas, suplicai a Deus por nós, para que nos restitua a esperança de um convívio familiar pacífico e harmonioso. Vós, ó Senhora da esperança, que aparecestes aos três pastorinhos em Fátima, confiando-lhes vossas preocupações com a paz em um mundo que ardia em ódio e descrença, fazei que nós também, seguindo o exemplo de vossos leais mensageiros, nos tornemos solícitos orantes da paz e do perdão. Eliminai, ó Senhora, todo ódio e sentimento de vingança que envenenam as relações de pessoas, grupos e sociedades. Nossa Senhora de Fátima, dai-nos a paz! Amém.

14 Maio

SÃO MATIAS
(Apóstolo)

São Matias foi escolhido para ocupar o lugar de Judas Iscariotes, o traidor, no Colégio Apostólico. Era um dos numerosos discípulos que seguiram Jesus, desde o começo de sua vida pública. Foi testemunha de Jesus e viveu todo o drama da paixão, morte e ressurreição. Assim os Atos dos Apóstolos descrevem a sua eleição: *"É necessário, pois, que, dentre estes homens que nos acompanharam todo o tempo em que o Senhor Jesus viveu em nosso meio, a começar do batismo de João até o dia em que dentre nós foi arrebatado, um destes se torne conosco testemunha da sua ressurreição." Apresentaram então dois: José, chamado Barsabás e cognominado Justo, e Matias. E fizeram esta oração: "Tu, Senhor, que conheces o coração de todos, mostra-nos qual destes dois escolheste para ocupar o lugar que Judas abandonou, no ministério do apostolado, para dirigir-se ao lugar que era o seu". Lançaram sortes sobre eles, e a sorte veio a cair em Matias, que foi então contado entre os doze apóstolos* (Atos dos Apóstolos 1,21-26).

PRECE

Da fidelidade de Deus

"São Matias, és agora testemunha do Senhor, como apóstolo chamado em lugar do traidor.

Do perdão de Deus descrendo, Judas veio a se enforcar; como o salmo anunciara, passe a outro o seu lugar.

Por proposta de São Pedro, que preside à reunião, lançam sorte, e eis teu nome! Quão sublime vocação!

E a tal ponto te consagras em levar ao mundo a luz, que proclamas com teu sangue o Evangelho de Jesus.

Dá que todos nesta vida percorramos com amor o caminho revelado pela graça do Senhor.

Uno e Trino, Deus derrame sobre nós a sua luz; conquistemos a coroa, abraçando a nossa cruz!"

(Hino — *Liturgia das Horas*)

15 Maio

SANTA DIONÍSIA, SÃO PEDRO, SANTO ANDRÉ E SÃO PAULO
(Mártires)

*E*sses santos sofreram o martírio em Lampsaco, na Turquia, quando Décio era imperador (249-251). Santa Dionísia era uma jovem de 16 anos e foi morta à espada. Paulo e André foram lapidados. Contam que juntamente com Paulo e André fora preso Nicômaco. André e Paulo resistiram à tortura até o fim, mas Nicômaco fraquejou e renegou a fé. Ainda com o *libellum* (certificado de apostasia) na mão, Nicômaco morreu subitamente. Santa Dionísia então exclamou: *Infeliz, se tivesse continuado firme mais alguns minutos não teria perdido a vida eterna*. Perante o tribunal, ela declarou-se cristã. Entregue aos soldados para que fosse seviciada e humilhada publicamente, Deus enviou seu anjo para que a protegesse de toda humilhação.

PRECE

Da transformação da vida

Deus, nosso Pai, queremos hoje rezar e vos pedir: não aparteis de nós o vosso olhar e não nos deixeis sucumbir ao desespero e à falta de sentido de uma vida sem transcendência, apegada e limitada ao que se vê, ao que se toca, ao que se pode medir, ao que dá lucro, ao que traz prazer, honra e glória.

Senhor, nosso Deus e Pai, Ternura e Misericórdia, não nos apartemos de vós. Não cessaremos de vos invocar, mesmo apesar de nossas contradições e de nossos pecados.

Vinde, Senhor Deus dos vivos e dos mortos, Deus de nossos antepassados, que caminhais à frente de todas as gerações do passado, do presente e do futuro. Vinde, apressai-vos em nos socorrer!

Transformai e recriai em nós um novo ser. Criai em nós o homem novo à semelhança de Jesus, nosso libertador e salvador. Libertai-nos de todos os nossos medos e temores vãos. Pelo vosso amor e pela força do vosso Espírito, ajudai-nos a insurgir contra tudo aquilo que nos leva à morte.

16 Maio

SÃO JOÃO NEPOMUCENO
(Mártir)

João Nepomuceno nasceu por volta de 1330, em Pomuk, vilarejo nas proximidades de Praga, na Boêmia. De família pobre, nasceu quando seus pais já estavam em idade avançada. Daí ser "João" o seu nome, numa alusão ao nascimento de João Batista que também nascera quando Santa Isabel já era bastante idosa. Estudou na universidade de Praga, onde se formou em Direito Canônico e doutorou-se em teologia. Ordenado sacerdote, sua grande eloqüência levou-o à corte, e ali tornou-se capelão e confessor. A própria rainha e imperatriz Joana tomou-o para diretor espiritual. Pouco se sabe da realidade dos fatos que culminaram no seu cruel martírio. Alguns afirmaram que São João tornou-se um obstáculo às pretensões do rei, desejoso de controlar a Igreja. A opinião mais comum, entretanto, é que na impossibilidade de arrancar-lhe o segredo da confissão concernente à vida de sua esposa, o rei mandou torturá-lo. Primeiramente queimaram em fogo lento suas partes íntimas. Como continuasse firme na decisão de manter o segredo da confissão, sem que ninguém percebesse foi lançado nas águas do rio Moldava. Seu corpo foi, entretanto, descoberto e recebeu digna sepultura na igreja de Santa Cruz. Em seu túmulo foi gravado este epitáfio: *Aqui jaz o venerabilíssimo João Nepomuceno, doutor, cônego desta igreja e confessor da rainha, ilustre pelos seus milagres, o qual por ter guardado o sigilo sacramental foi cruelmente torturado, e lançado de cima da ponte de Praga, no rio Moldava, por ordem de Venceslau IV, no ano de 1383.* (Apud José Leite, S. J., op. cit., v. II, p. 57.)

PRECE

Da fidelidade na provação

Senhor, nós vos louvamos hoje dizendo com o Salmista: Aleluia!

Feliz o homem que teme ao Senhor e se compraz com seus mandamentos! Sua descendência será poderosa na terra, a descendência dos retos será abençoada. Na sua casa há abundância e riqueza, sua justiça permanece para sempre. Ele brilha na treva como luz, ele é piedade, compaixão e justiça.

(Salmo 112 – *Salmos e Cânticos*)

17 MAIO

SÃO PASCOAL BAYLON

São Pascoal nasceu no dia 16 de maio de 1540, em Torre Hermosa, na Espanha. Aos 24 anos, ingressou no convento dos franciscanos descalços, em Valença. Como irmão leigo, foi porteiro, cozinheiro, responsável pelos bens da comunidade e pela distribuição de esmolas. Foi enviado à França para tratar dos interesses da Ordem, na Espanha. Fez a viagem descalço e com o hábito franciscano e sob a ameaça dos calvinistas. Embora iletrado, é considerado um dos primeiros teólogos da Eucaristia. Isto não somente em virtude das disputas com os calvinistas, mas também pelos tratados que escreveu sobre o assunto. A sua espiritualidade tinha um cunho essencialmente eucarístico. Leão XIII proclamou-o patrono dos congressos eucarísticos internacionais. Morreu em Villareal, no dia 17 de maio de 1592, com 52 anos.

PRECE

Da partilha do que é nosso

Deus, nosso Pai, Jesus, vosso Filho veio a este mundo para dar a vida definitiva aos homens. Seu desejo é que tenhamos vida em plenitude, por isso ofereceu a própria vida numa eucaristia viva em favor de todos os que buscam a salvação. Ensinai-nos, ó Deus de Amor e de Ternura, a encarnar em nossa vida as palavras, os gestos, as ações de Jesus. E como os discípulos de Emaús saibamos reconhecer o Senhor onde o pão, fruto do trabalho, é repartido; onde a dignidade humana é defendida e preservada, as tiranias vencidas, os egoísmos e ódios esquecidos. Na Eucaristia, a nossa fé e esperança sejam robustecidas, renove-se nosso espírito, e a nossa vida se torne um ato de contínua entrega e doação.

18 Maio
SÃO FÉLIX DE CANTALICE

Nasceu em Cantalice, em 1513. Filho de humildes camponeses, passou a infância no trabalho árduo do campo. Voltado à mística, à oração, aos 27 anos foi acolhido em um convento de capuchinhos, na qualidade de irmão converso. Enviado a Roma, passou o resto da vida pedindo esmolas. À noite visitava os pobres, os doentes, confortando-os em suas adversidades. Amigo de São Filipe Neri, de São Carlos Borromeu, São Félix foi admirado por sua simplicidade de vida.

Morreu no dia 18 de maio de 1587, sendo canonizado em 1709.

PRECE

Da simplicidade da vida

Deus, nosso Pai, São Félix despojou-se de si mesmo e procurou a simplicidade de vida por amor ao Reino dos Céus. Ensinai-nos a simplicidade, a gratuidade, o amor e o respeito à natureza, o poder de admiração e de encantamento, o poder de partilha e de comunhão. Ensinai-nos o canto, a reza, o silêncio fecundo, a contemplação e o agir transformador. Sejamos testemunhas da alegria cristã que exorciza o nosso mau humor e nos faz rir da nossa ganância sem razão, da nossa pressa que a nada conduz, das tribulações e avarezas de nossos corações.

Senhor, fazei-nos rir de nossas próprias contradições, de nosso coração ansioso e descontente, do ridículo em que passamos nossos dias, do vazio que somos e do que construímos fora do vosso plano de amor. Enfim, nos alegremos não por sermos provados, mas porque através das provações descobrimos o significado da nossa fé, que é luz para o nosso ser e agir.

19 Maio
SANTO IVO

Nasceu em 1253, nas proximidades de Treguier, na Baixa Bretanha. Aos 14 anos, foi a Paris, onde cursou filosofia e teologia, direito civil e direito canônico. Ordenado sacerdote, por quatro anos foi juiz eclesiástico na diocese de Rennes. Era chamado o Advogado dos Pobres.

Um dia livrou uma pobre mulher da prisão, quando lhe faltava apenas o veredito final. Dois farsantes haviam entregue a ela uma mala com ouro e dinheiro, para que a guardasse e somente a entregasse na presença dos dois. Passados alguns dias, os ladrões levaram adiante o seu plano: o primeiro conseguiu que a mulher lhe entregasse a mala e o segundo a levou ao tribunal, acusando-a de roubo. Compadecido dela, Santo Ivo foi ao tribunal e disse: *Esta mulher sabe onde se encontra a mala e está disposta a exibi-la.* Pediram então que ela a mostrasse. Santo Ivo acrescentou, então: *Uma vez que a acusada somente pôde devolver a mala na presença dos dois interessados, fica o demandante obrigado a apresentar o seu companheiro neste tribunal...*

Santo Ivo granjeou a estima de todos pela integridade de vida e pela imparcialidade de seus juízos. Ele próprio ia buscar nos castelos o cavalo ou o carneiro roubado dos pobres, sob o pretexto de impostos não pagos. É o padroeiro dos advogados.

PRECE

Do testemunho da verdade

Deus, nosso Pai, Santo Ivo assumiu a causa dos humildes, dos pobres e dos pequeninos, defendendo-os contra a ganância e a exploração dos inescrupulosos.

Iluminai, Senhor, a mente e os corações de quantos têm a difícil tarefa de desmascarar a mentira, defender o inocente, condenar os criminosos, os corruptos e dilapidadores dos bens públicos, promovendo assim a justiça e o cumprimento da lei. Não lhes pesem a condenação do inocente que clama aos céus vingança e justiça contra os crimes a eles injustamente imputados.

Senhor, dai-nos, enfim, coragem e ousadia de exigir que se faça justiça e cessem as impunidades e as parcialidades com que os culpados são postos em liberdade e os inocentes condenados.

20 Maio

SÃO BERNARDINO DE SENA

São Bernardino de Sena nasceu em Massa, perto de Sena, em 1380. Órfão de mãe aos três anos e de pai aos sete, foi criado por duas tias. Freqüentou a universidade de Sena e aos 22 anos ingressou na Ordem Franciscana. Ordenado sacerdote, São Bernardino percorreu toda a Itália, pregando o evangelho e propagando a devoção ao nome de Jesus, simbolizada pelas três letras iniciais do nome de Jesus: JHS (Jesus Salvador dos Homens), hoje conhecidas pelos católicos do mundo inteiro.

São Bernardino foi sem dúvida o pregador mais famoso na Itália do século XV, ao lado de São Vicente Ferrer e São João de Capistrano. O seu tempo foi marcado por calamidades que assolaram toda a Europa, causando morte e destruição. Em 1400, o próprio São Bernardino, que nessa ocasião tinha 20 anos, percorria com seus companheiros as ruas de Sena, cuidando das vítimas. Ao lado da peste, a guerra e a fome imprimiam um tom apocalíptico à situação, o que favorecia o misticismo e a meditação da paixão de Cristo. Dentro desse quadro, a contribuição de São Bernardino para uma espiritualidade cristã, centrada no amor pessoal a Cristo, foi enorme: Cristo é o centro de toda a vida cristã.

São Bernardino morreu em 1444, em Áquila, onde foi sepultado.

PRECE

Da sabedoria dos pequenos

Deus, nosso Pai, dai-nos a exemplo de São Bernardino, um espírito de sabedoria e de revelação para que realmente possamos conhecer e amar a Jesus, nosso Salvador.

Iluminai-nos para que vos confessemos com nossa vida e, em virtude do Santo Nome de Jesus, vosso Filho, exorcizemos os males que atentam contra a saúde de nosso corpo e de nosso espírito. Pelo poder do nome de Jesus, afastai de nós o egoísmo, o ódio, a vingança, a indiferença. Livrai-nos de toda mentira e de toda malícia; voltai nosso coração para acolher e servir nossos semelhantes.

21 Maio

PEDRO AGUILAR SANTOS

*P*edro Aguilar Santos era sacerdote e foi assassinado na Guatemala, em 1981, por causa de sua luta pelo respeito à vida e pela transformação das estruturas injustas.

De fato, toda a riqueza da Guatemala concentra-se nas mãos de umas 300 famílias e de multinacionais. Isso significa que apenas 2% da população é dona de 80% da terra. E o pouco que resta nas mãos dos indígenas e dos camponeses é tirado a ferro e fogo pelos latifundiários e militares. Os que resistem são ameaçados, intimidados, quando não torturados e mortos. Quem se propõe a denunciar e a mudar essa situação acaba assassinado, seja ele índio, camponês, operário, estudante, religioso ou intelectual. Esses fatos foram relatados num depoimento dos monges de Weston (apud José Marins, op. cit., p. 73).

PRECE

Pai nosso da vida

Pai nosso.

Pai dos 119 camponeses assassinados em Panzós, de suas viúvas, de seus órfãos.

Pai daqueles 35 camponeses seqüestrados pelos pára-quedistas, em Ixcán, a 7 de julho de 1975, de suas viúvas e de seus órfãos.

Pai dos 25 camponeses de Olopa, em Chuquimula, que foram metralhados pelos guardiões da "ordem", cujos cadáveres foram devorados pelos cães e pelos urubus; de suas viúvas e de seus órfãos.

Pai das crianças inocentes do Rode Amatillo, Agua Blanca e outras comunidades, martirizadas para forçar suas famílias a fugirem e, assim, expulsá-las de sua terra, a fim de criarem gado e poderem exportar carne para o mundo "desenvolvido".

Pai da Rosa C..., que ficou sozinha com seis filhos depois que o Exército seqüestrou seu marido, seu filho de 21 anos e depois o de 19, porque procuravam saber onde estava seu papai...

Pai de todos os torturados, de todos os angustiados, dos que andam escondidos pelas cavernas, pelos montes, pela selva e que não podem mais voltar para ver suas esposas, nem seus filhos por causa da repressão e do terror militar...

(Trecho do Pai Nosso da Guatemala, de Júlia Esquivel,
in *Martírio* – Memória perigosa na América Latina)

22 Maio
SANTA RITA DE CÁSSIA

Santa Rita de Cássia nasceu em 1381, em Rocca-porena, na Úmbria, Itália. De seu nome de batismo Margherita originou o nome Rita, pelo qual é conhecida em todo o mundo católico. Um tanto contrariada, acabou fazendo o gosto dos pais: casou-se com um jovem temperamental e violento e tiveram filhos. Durante os 18 anos em que esteve casada, tudo fez para que a paz e a harmonia fossem mantidas. E à custa de muita oração conseguiu abrandar o temperamento do marido. Um dia, entretanto, Paulo Ferdinando foi assassinado e jogado à beira de uma estrada. Os dois filhos juraram vingar o pai. Impotente ante o ódio dos filhos, pediu a Deus que os levasse antes que se manchassem de sangue. Seja lá por que desígnios de Deus, suas preces foram ouvidas. Abalada pela morte do marido e dos filhos, quis recolher-se ao convento das agostinianas de Cássia, mas não foi aceita. Rezou, então, fervorosamente aos santos de sua devoção: São João Batista, Santo Agostinho e São Nicolau de Tolentino. Contam os biógrafos que esses santos arrombaram as portas do convento e a fizeram entrar. Por 14 anos, até sua morte, trouxe na testa um estigma, associando-se assim à paixão de Cristo. Morreu no Mosteiro de Cássia em 1457 e foi canonizada em 1900.

PRECE

Do fortalecimento da fé

Deus, nosso Pai, diante da falta de fé de seus discípulos, Jesus, vosso Filho, disse um dia: *Tende fé em Deus. Em verdade vos digo, se alguém disser a esta montanha: ergue-te e lança-te ao mar, e não duvidar no coração, mas crer que o que diz se realiza, assim lhe acontecerá. Por isso vos digo: tudo quanto suplicardes e pedirdes, crede que recebestes, e assim será para vós. E quando estiverdes orando, se tiverdes alguma coisa contra alguém, perdoai-lhe, para que também vosso Pai que está nos céus vos perdoe as vossas ofensas* (Marcos 11,22ss.).

Por intercessão de Santa Rita, advogada das causas perdidas e a santa das coisas impossíveis, aumentai e fortalecei em nós o dom da fé. E quando estivermos confusos, temerosos, aflitos e desesperados, quando julgarmos tudo perdido, acendei em nossos corações a chama da confiança, pois Deus é fiel, sua Palavra é eficaz e jamais decepciona.

23 Maio

SÃO JOÃO BATISTA DE ROSSI

Nasceu em Voltaggio, província de Gênova, em 1698, e morreu em 1764. Aos 13 anos foi para Roma, onde se estabeleceu definitivamente. Em 1721, foi ordenado sacerdote. Criou a Pia União de Sacerdotes Seculares, a Casa de São Luiz Gonzaga (para moças carentes), Casa de Santa Galla (para rapazes). São João Batista de Rossi foi um mestre de espiritualidade. Sua ação apostólica fez-se notar sobretudo junto ao povo simples. Sua gente eram os pobres, os presos, os marginalizados, os desvalidos...

Morreu tão pobre que seu enterro foi custeado pela caridade alheia.

PRECE

Da sensatez produz vida

Fazei, Senhor, que sejamos verdadeiros discípulos de Jesus que disse: *Muitos me dirão naquele dia: "Senhor, Senhor, não foi em teu nome que profetizamos e em teu nome que expulsamos demônios e em teu nome que fizemos muitos milagres?" Então eu lhes declararei: "Nunca vos conheci. Apartai-vos de mim, vós que praticais a iniqüidade".*

Assim, todo aquele que ouve essas minhas palavras e as põe em prática será comparado a um homem sensato que construiu a sua casa sobre a rocha. Caiu a chuva, vieram as enxurradas, sopraram os ventos e deram contra aquela casa, mas ela não caiu, porque estava alicerçada na rocha. Por outro lado, todo aquele que ouve essas minhas palavras, mas não as pratica, será comparado a um homem insensato que construiu a sua casa sobre a areia. Caiu a chuva, vieram as enxurradas, sopraram os ventos e deram contra aquela casa, e ela caiu. E foi grande a sua ruína! (Mateus 7,21ss).

Tornai-nos, Senhor, praticantes da vossa Palavra e, mediante uma vida honesta, sincera, solidária, sejamos instrumentos do vosso Reino de justiça e de paz no mundo.

24 Maio
SÃO VICENTE DE LERINS

Era provavelmente originário de Toul, França Setentrional. Ingressou no mosteiro de Lerins e foi ordenado sacerdote. Em 434 escreveu a sua *Advertência contra os hereges*, com pseudônimo estrangeiro. São Vicente estabeleceu alguns critérios para viver integralmente a mensagem evangélica. A princípio *Devemos nos ater ao que sempre foi crido por todos e em toda parte*, acrescentou: *É necessário que cresçam e que vigorosamente progridam a compreensão, a ciência e a sabedoria da parte de cada um e de todos, seja de um só homem como de toda a Igreja, à medida que passam as eras e os séculos.* (Apud Padre Rohrbacher, op. cit., v. IX, p. 158.) E ajuntava ainda: *Na Igreja de Cristo, a religião não fará algum progresso? Ela pode fazê-lo e imenso; mas é necessário que seja um progresso verdadeiro e não uma modificação. É pelo progresso que uma coisa se desenvolve: pela mudança se transforma em outra* (id., p. 158).

PRECE

Da promoção da vida

Deus, nosso Pai, dai-nos a graça de vos conhecer mais profundamente e fazei-nos viver os apelos do Espírito Santo, como os apóstolos, os santos, os mártires de todos os tempos viveram.

Ajudai-nos a fazer a experiência de uma vida inspirada na fé, no amor e na esperança, na luta pela justiça, na promoção da paz, no serviço aos semelhantes, na defesa dos fracos, dos pobres e oprimidos de corpo e de alma.

Senhor, que ouvis os pobres e os pequeninos, que o vosso Reino aconteça no meio de nós, e nós, vosso povo santo e pecador, sejamos testemunhas e sinal da vossa presença amorosa no mundo.

25 Maio
SÃO GREGÓRIO VII

São Gregório VII era de família humilde. Nasceu na Toscana em 1028. Chamava-se Hildebrando. Ao ser eleito papa, tomou o nome de Gregório VII. Seu pontificado foi marcado pela luta contra a simonia e contra a intromissão do poder civil na nomeação dos bispos, abades e dos próprios pontífices. Lutou incansavelmente pela restauração da disciplina eclesiástica. Em 1075 escrevia ele ao amigo São Hugo, abade de Cluny: *Estou cercado de uma grande dor e de uma tristeza universal, porque a Igreja Oriental deserta da fé; e se olho das partes do Ocidente, ou meridional, ou setentrional, com muito custo encontro bispos legítimos pela eleição e pela vida, que dirijam o povo cristão por amor de Cristo, e não por ambição secular.* (Apud Mário Sgarbossa, op. cit., p. 164.) Esta decadência era conseqüência direta das investiduras, que consistiam no ato jurídico pelo qual o rei ou nobre confiava a uma autoridade eclesiástica um cargo da Igreja com jurisdição sobre um território. Em virtude do sistema feudal, os eclesiásticos eram obrigados a prestar juramento de fidelidade ao rei ou aos nobres. (Cf. Pe. Luís Palacin, op. cit., p. 69.) O símbolo desta luta foi a humilhação a que se obrigou Henrique IV, imperador da Alemanha. E para que o Papa lhe retirasse a pena da excomunhão, apresentou-se ao Pontífice vestido de saco, descalço, com uma corda no pescoço e ajoelhou-se diante dele. A luta não terminou ali. Henrique IV vingou-se. Fez-se coroar por um antipapa e marchou contra Roma. Abandonado por todos, até pelos cardeais, São Gregório morreu no exílio, pronunciando as célebres palavras: *Amei a justiça e odiei a iniqüidade, por isso morro no exílio.*

PRECE

Da renovação do espírito

Deus, nosso Pai, concedei-nos o espírito de fortaleza e a sede de justiça que animaram o papa São Gregório VII, para que vossa Igreja rejeite o mal, pratique a justiça e viva em perfeita caridade.

A exemplo de São Gregório VII, coloquemo-nos inteiramente ao vosso serviço, mediante uma vida irrepreensível, modesta, sóbria e fundamentada na fé, no respeito pelo outro, na justiça e na verdade.

(Liturgia das Horas)

26 Maio
SANTA MARIANA DE PAREDES

Santa Mariana de Paredes nasceu em Quito, Equador, no dia 31 de outubro de 1618. Órfã de pai aos quatro anos e de mãe aos seis, foi educada pela tia mais velha. Jovem ainda, foi iniciada nos Exercícios de Santo Inácio de Loyola. Por várias vezes tentou abraçar a vida religiosa, seja como missionária em meio aos índios, seja como reclusa em algum convento. Por fim, foi apoiada pelos tios, que lhe deram alguns aposentos da casa, que Santa Mariana transformou em clausura. Passou ali a vida inteira recolhida, dedicando-se à penitência e à oração, saindo apenas para assistir à missa e para ajudar os pobres, os necessitados e consolar os infelizes. Em 1645, ofereceu a sua vida pelas vítimas da epidemia que assolava a cidade de Quito. Caindo gravemente enferma, morreu nesse mesmo ano. Foi canonizada por Pio XII, em 1950. É a primeira santa do Equador. Foi proclamada também heroína nacional.

PRECE

Das promessas de vida

Deus, nosso Pai, Santa Mariana vos serviu mediante uma vida de completo despojamento. Encontrou em vós a única razão de sua vida. Senhor, fazei-nos transcender as estreitezas do nosso dia-a-dia.

Pois é bom de ver que existe mesmo UM-SÓ-ISTO-BASTA, um interno profundo das águas, o lugar mais profundo, o poço mais extenso que recolhe todas as águas dos mares, uma mão para arquejo das ondas à superfície.

É bom de ver que existe UM-QUASE-NADA-QUE-É-TUDO: cortina oculta atrás da qual se veste a manhã de nossos bons sonhos e de nossas esperanças e promessas benditas.

Os povos humilhados se insurgirão e ressuscitarão pela força daquele que impera sobre os ventos e mares e sobre todo homem, sobre os mundos criados e inventados, sobre a morte e sobre a vida.

27 Maio

SANTO AGOSTINHO DE CANTUÁRIA

Santo Agostinho de Cantuária viveu no século VI. Juntamente com 40 monges, em 597, São Gregório Magno enviou-os como missionários à Inglaterra. Chegados a Lerins, ficaram de tal modo intimidados com o que se dizia dos saxões que pediram ao Papa que mudasse os planos. São Gregório, para incentivar Santo Agostinho, nomeou-o abade e deu-lhe cartas de recomendação. Pouco tempo depois, nomeou-o bispo. Ao contrário do que imaginavam, foram bem recebidos pelo rei Etelberto. Receberam como residência a cidade de Cantuária ou Canterbury, de onde surgiria a célebre abadia de São Pedro e São Paulo que será, mais tarde, de Santo Agostinho. Etelberto fez-se batizar e com ele muitas outras pessoas se converteram ao cristianismo. Santo Agostinho foi nomeado então arcebispo primaz da Inglaterra, consolidando assim o cristianismo nessa nação. Morreu no ano de 1605.

PRECE

Da conversão pelo espírito

Deus, nosso Pai, olhando para Jesus, vosso Filho ressuscitado, vemos, sabemos e seguimos o que devemos ser e o que podemos ser.

Mediante nossos defeitos, traumas, neuroses, mágoas, frustrações, como também mediante nossas qualidades, virtudes, coerência no pensar e no agir, nossa dedicação em servir, mediante tudo isto, vós, Senhor, nos dais um tempo propício para descobrirmos quem somos e o que devemos ser.

Fazei que cada acontecimento de nossa vida, acontecimento alegre ou triste, seja uma ocasião para conhecer e corrigir nossos erros.

Olhemos para Jesus Ressuscitado e aprendamos a ser mansos e humildes de coração; aprendamos a ter paciência conosco, pois é pela paciência que nos tornaremos mais humanos, mais gente, mais nós mesmos, mais santos.

E como Santo Agostinho, deixemos que o Espírito dirija nossos passos.

28 Maio
SÃO GERMANO DE PARIS

São Germano viveu no século VI. Morreu em Paris no dia 28 de maio de 576. O início de sua vida foi atribulada. Sua mãe tentou abortá-lo. Uma tia quis envenená-lo, mas os planos frustraram-se. Isto graças à criada que se equivocou. Em vez de dar a Germano o copo de vinho envenenado, deu-o a Estratídio, seu primo e filho da mandante. Em 531, foi ordenado sacerdote e, mais tarde, tornou-se abade do mosteiro de São Sinforiano de Autun. Em conseqüência de sua austeridade, os monges destituíram-no do cargo. Em 555 foi eleito bispo de Paris. Fortunato, bispo de Poitiers, contemporâneo seu, descreve o seu amor incondicional pelos pobres: *A voz de todo o povo, reunindo-se numa só, nem assim exprimiria quão pródigo era ele em esmolas: freqüentemente, contentando-se com uma túnica, cobria com o restante das vestes um pobre nu, assim que, enquanto o pobre se sentia quente, o bem-aventurado padecia frio. Ninguém pode dizer em quantos lugares e em que quantidade libertou cativos... Quando nada*

lhe restava, permanecia sentado, triste e inquieto, com fisionomia mais grave e conversação mais severa...
(Apud Padre Rohrbacher, op. cit., v. IX, p. 268.)

PRECE

Do comportamento da vida cristã

Deus, nosso Pai, a exemplo de São Germano, inspirai-nos a verdadeira e autêntica caridade para com nossos irmãos.

Que as palavras de São Paulo sirvam de guia e inspirem nossas ações: "Que o vosso amor seja sem hipocrisia, detestando o mal e apegados ao bem; com amor fraterno, tendo carinho uns para com os outros, cada um considerando o outro como mais digno de estima.

Sede diligentes, sem preguiça, fervorosos de espírito, servindo ao Senhor, alegrando-vos na esperança, esperando na tribulação, assíduos na oração, tomando parte nas necessidades dos santos, buscando proporcionar a hospitalidade" (Romanos 12,9ss).

29 Maio
INDÍGENAS DE PANZÓS

Os índios foram assassinados no dia 29 de maio de 1978, quando se dirigiam pacificamente a Panzós, para saber das autoridades o paradeiro de companheiros seus, seqüestrados pelo Exército. Iam exigir o direito de cultivar a terra; terra que era de seus antepassados.

Na manifestação, havia gente de várias aldeias: de Cohaboncito, de Chipate, de Soledad. Eram homens, mulheres, crianças, anciãos. Ao chegarem à localidade, o Exército já os aguardava. A repressão foi violenta, cruel e sangrenta: todos, inclusive as crianças, os velhos, as mulheres, foram fuzilados, metralhados e despedaçados por granadas.

Apesar da repressão e da exibição truculenta de poder e força contra os pequeninos deste mundo, a luta continuou; muitos outros haveriam de tombar nos anos que sucederam. Somente em 1980, 59 advogados foram assassinados.

PRECE

Pelos profetas da verdade

Deus, nosso Pai, os mártires de Panzós morreram porque queriam a paz, o direito de cultivar a terra e de viver do trabalho de suas mãos.

Como eles, milhares de pessoas já morreram banhando com sangue este chão latino-americano.

Buscavam ressurreição para os povos humilhados, explorados e expulsos de suas aldeias, massacrados por causa do gado, das riquezas minerais, das grandes plantações, que geram divisas para o Estado, e que, no entanto, geram fome, analfabetismo, doenças, tortura, morte para os indígenas e camponeses, que desejam a terra como fonte de vida e não de especulação.

Senhor, que o testemunho de todos esses mártires vivifique a sua Igreja e resgate a força do Evangelho, que é compromisso com o vosso Reino de justiça e de fraternidade.

30 Maio

SANTA JOANA D'ARC
(Mártir)

Santa Joana D'Arc nasceu em Domrémy, em Lorena, França, em 1412. Filha de camponeses, tinha 13 anos quando "ouviu" o misterioso convite para que fosse libertar a França, já quase toda dominada pelos ingleses. Somente quatro anos depois, aos 17 anos, é que, em obediência às vozes, deixou a casa paterna e partiu para Chinon. Com trajes masculinos e cabelos cortados apresentou-se a Carlos VIII. Após muita hesitação, o rei confiou-lhe um pequeno exército. Joana D'Arc partiu então para Orléans, sitiada pelos ingleses. Obteve ali a primeira de uma série de vitórias, culminando com a coroação de Carlos VII em Reims. Sentindo-se ameaçado pela popularidade da santa, Carlos VII retirou-lhe o apoio e celebrou um armistício com os ingleses. Indignada, Joana D'Arc recomeçou a luta, mas foi vítima de uma emboscada. Prisioneira do conde de Luxemburgo, foi vendida para os ingleses. Num processo iníquo, conduzido por cerca de cem prelados e teólogos, foi condenada a ser queimada viva. A acusação: ... mentirosa, exploradora do povo, blasfemadora de Deus, idólatra, cruel, dissoluta, invocadora de diabos, herege e cismática. Impedida de recorrer ao Papa, Joana D'Arc foi condenada às chamas em Rouen. Era o dia 30 de maio de 1431. Entre 1450 e 1456, o seu processo foi revisto e declarada sua inocência. Foi canonizada em 1920, por Bento XV.

PRECE

Do discernimento da justiça

Deus, nosso Pai, Santa Joana D'Arc foi condenada à morte, vítima de um processo iníquo.

Velai, Senhor, por todos aqueles que, vítimas da parcialidade e de interesses escusos, são condenados injustamente.

Fazei-lhes, Senhor, justiça e tomai a sua causa.

Abri nossos olhos, nossa mente e nossos corações para que a ninguém julguemos injustamente; ou, movidos por interesses mesquinhos, escondamos a verdade dos fatos e prejudiquemos nossos semelhantes.

Senhor Deus, vós sois justo e santo.

Ensinai-nos a prática da justiça para que tenhamos parte no vosso reino.

31 Maio

VISITAÇÃO DE NOSSA SENHORA

A Igreja celebra a festa da Visitação de Nossa Senhora à sua prima Santa Isabel em Ain-Karin, na Judéia. Isabel estava grávida de São João Batista, o precursor de Jesus. É o encontro de duas mulheres que celebram jubilosas a vinda de Jesus Salvador: o Reino de Deus, a Boa Notícia, as promessas de Deus já estão cumpridas e continuam a se cumprir em meio aos homens de boa vontade. Em seu evangelho, São Lucas afirma: *Naqueles dias, Maria pôs-se a caminho para a região montanhosa, dirigindo-se apressadamente a uma cidade de Judá. Entrou na casa de Zacarias e saudou Isabel. Ora, quando Isabel ouviu a saudação de Maria, a criança lhe estremeceu no ventre e Isabel ficou repleta do Espírito Santo. Com um grande grito, exclamou: "Bendita és tu entre as mulheres e bendito é o fruto de teu ventre!"* (Lucas 1,39ss). É o milagre da vida que brota com força e poder e vence o mundo. É a força e o poder da Palavra de Deus que faz a virgem conceber e aquela que era estéril dar à luz (Lucas 1,30ss). É por isso que Maria, trazendo Jesus em seu seio, prorrompe nesse sublime canto de alegria e júbilo que é o "Magnificat" (Lucas 1,46-55).

PRECE

De Maria, fruto da salvação

Deus, nosso Pai, ao terminar o mês de maio, consagrado a Nossa Senhora, vossa e nossa Mãe, inspirai em nós uma confiança e um amor filial àquela que nos trouxe Jesus. E possamos com ela cantar: Minha alma engrandece o Senhor, e meu espírito exulta em Deus, meu Salvador, porque olhou para a humilhação de sua serva. Sim! Doravante as gerações todas me chamarão de bem-aventurada, pois o Todo-poderoso fez grandes coisas em meu favor. Seu nome é santo e sua misericórdia perdura de geração em geração para aqueles que o temem. Agiu com a força de seu braço, dispersou os homens de coração orgulhoso. Depôs poderosos de seus tronos, e a humildes exaltou. Cumulou de bens a famintos e despediu os ricos de mãos vazias. Socorreu Israel, seu servo, lembrando de sua misericórdia — conforme prometera a nossos pais — em favor de Abraão e de sua descendência, para sempre! (Lucas 1,46ss).

1º Junho
SÃO JUSTINO

Nasceu em 103, na cidade de Siquém, na Palestina. Espírito inquieto, São Justino incursionou pelas escolas estóica, pitagórica, aristotélica... No platonismo julgou ter encontrado a resposta para suas inquietações intelectuais e espirituais. Segundo ele próprio relata, logo percebeu que o platonismo não satisfazia inteiramente sua busca metafísica e transcendental. Um velho sábio de Cesaréia convenceu-o de que residia no cristianismo a verdade absoluta; a verdade capaz de satisfazer o espírito humano mais exigente. Este encontro marcou sua conversão, aos 30 anos de idade. A partir daí, tornou-se um dos mais famosos apologistas do século II. Escreveu três apologias. Justificando a fé cristã e contra as calúnias dos adversários oferecem-nos uma síntese doutrinal. De suas numerosas obras, a mais célebre é o *Diálogo com Trifão*. Seus escritos nos oferecem ricas informações sobre ritos e administração dos sacramentos na Igreja primitiva.

Descontentes pelo seu bom desempenho apologético, Crescêncio e Trifão denunciaram-no como cristão. Condenado à morte, foi decapitado juntamente com outros companheiros, durante a perseguição de Marco Aurélio, imperador romano.

PRECE

Do conhecimento do espírito

Deus, nosso Pai, São Justino vos buscou na inquietude de seu espírito e, pela fé, vos encontrou.

Que vos invoquemos todos os dias até o último instante de nossa vida aqui na terra e vos contemplemos eternamente no céu, na comunhão plena convosco.

... Que lugar haverá em mim, onde o meu Deus possa vir? Onde virá Deus em mim, o Deus que fez o céu e a terra? Há, então, Senhor meu Deus, algo em mim que te possa conter? E o céu e a terra, que fizeste e nos quais me fizeste, são eles capazes de te conter? Onde então, visto que sem ti nada existe daquilo que existe, será que tudo que existe te contém? Portanto, já que eu de fato existo, por que tenho de pedir tua vinda a mim, a mim que não existiria se não existisses em mim?

Eu ainda não estive nas profundezas da terra e, no entanto, tu aí também estás. Mesmo que eu desça às profundezas da terra, aí estás. Pois eu não existiria, se não estivesses em mim.

(*Confissões*, São Paulo, Paulus, p. 16)

2 Junho

SÃO MARCELINO E SÃO PEDRO
(Mártires)

São Marcelino e São Pedro deram o seu testemunho de fé durante a perseguição de Diocleciano, por volta do ano 304. Marcelino era sacerdote e Pedro cumpria o ministério de exorcista. São Dâmaso afirma que, quando menino, ouviu do próprio carrasco dos santos o relato da morte deles: *Marcelino e Pedro, escutai a história do vosso triunfo. Quando eu era menino, o próprio carrasco contou-me, a mim, Dâmaso, que o perseguidor furioso ordenara que vos fossem cortadas as cabeças no meio dum bosque, para ninguém saber onde estavam os vossos corpos. Mas vós, triunfantes, com as vossas próprias mãos vos preparastes esta sepultura, onde agora descansais. Depois de terdes descansado por breve tempo numa Selva Branca, revelastes a Lucila que teríeis gosto em descansar aqui.* (Apud José Leite S. J., op. cit., v. II, p. 127.)

PRECE

Da confiança em Deus

Deus, nosso Pai, libertai-nos hoje de toda tristeza, de toda angústia e de qualquer espécie de pessimismo.

Fazei transfigurar em nossos semblantes a fé que temos em vós e no vosso amor de Pai.

Que a nossa face seja iluminada pela ternura e compaixão que nos dispensais a cada instante de nossa vida, envolvendo-nos na sombra de vossas asas.

Por isso, cada um de nós pode dizer: O que nos faz caminhar é a certeza de que vós caminhais junto de vosso povo.

Vós sois o Sol fulgente que expulsa as trevas em nosso peregrinar. Sois vós, Senhor, que nos dais força para superar nossos limites e contradições.

Deus, que comandais os ritmos dos tempos e o desfilar das eras, ressuscitastes a Jesus, Deus-conosco para sempre, Senhor da história e Prescrutador dos corações, Libertador dos Pobres e Consolador dos aflitos e atribulados, Salvação nossa, Rochedo que sustenta os mundos criados, as coisas visíveis e invisíveis.

Nele temos a salvação e o perdão de nossos pecados.

3 Junho
SÃO CARLOS LWANGA E COMPANHEIROS
(Mártires)

São Carlos Lwanga e seus 21 companheiros são ugandenses. Sofreram o martírio durante o reinado de Muanga, de cuja corte faziam parte. Isso aconteceu por volta do ano 1885. Carlos Lwanga, chefe dos pajens, foi o primeiro a ser assassinado. Foi queimado lentamente a começar pelos pés. Kalemba Murumba foi abandonado numa colina com as mãos e os pés amputados, morrendo de hemorragia. André Kagua foi decapitado e o último, João Maria, foi lançado em um pântano. Foram canonizados no dia 18 de outubro de 1964, pelo papa Paulo VI. Deles disse Paulo VI: *Quem são? Africanos, autênticos. Africanos pela cor, pela raça e pela cultura, representantes qualificativos das populações bantos e milóticas... Seria história demasiado longa para ouvir-se: as torturas corporais, as decisões arbitrárias e despóticas dos chefes são, nela, coisa gratuita e dão testemunho de tanta crueldade, que a nossa sensibilidade ficou profundamente perturbada. Esta narração quase pareceria inverossímil: não é fácil imaginarmos as condições desumanas — tanto elas nos parecem incompreensíveis e intoleráveis — no meio das quais subsiste, e se mantém, quase até nossos dias, a vida de muitas comunidades tribais da África. Esta história precisaria ser meditada com vagar...* (Apud José Leite, S. J., op. cit., v. II, p. 130.)

PRECE

Da presença de Deus

Deus, nosso Pai, que o vosso Reino se estabeleça no coração da história humana, no seio de cada povo, e faça nascer um novo céu e uma nova terra.

Não permitais, Senhor, que as segregações raciais, os preconceitos culturais, a ganância dos poderosos, as guerras fratricidas, as discórdias individuais e coletivas retardem o advento do vosso Reino no mundo.

Inspirai cada um de nós para que comece a mudar o mundo, mudando sua própria mentalidade e libertando-se de preconceitos ideológicos e de tabus culturais que nada engrandecem a causa humana.

Fazei-nos compreender que todos somos irmãos e filhos de um mesmo Pai, que sois vós.

4 Junho
SANTO OPTATO DE MILEVA

Santo Optato de Mileva foi contemporâneo de Santo Ambrósio, de São Valeriano de Aquiléia, de São Filastro de Bréscia e de São Paciano de Barcelona. Viveu no século IV. Ardoroso pregador da catolicidade da Igreja, afirmava: *Cristão é meu nome, e católico o meu sobrenome; um me distingue, o outro me designa. É por esse sobrenome que nosso povo é distinguido dos que são chamados heréticos...* (Apud Padre Rohrbacher, op. cit., v. X, p. 15.) Combateu corajosamente, seja como bispo e pastor, seja como escritor, as heresias que ameaçavam reduzir a Igreja a uma mera seita e limitando-a a circunscrições geográficas: *Para que a Igreja não se reduza a vós e se limite ao canto da África onde estais, é preciso que não esteja somente na outra parte da África onde estamos nós, mas esteja na Espanha, na Gália, na Itália, nas três Panônias... Por que estabeleceis limites ao império do Filho, depois que seu Pai lhe prometeu toda a terra, sem excetuar parte alguma?* (Cf. id., p. 17.) Morreu por volta do ano 370.

PRECE

Do testemunho na liberdade

Deus, nosso Pai, conservai na diversidade a unidade do vosso povo, espalhado pelo mundo inteiro.

Coloquemos as exigências evangélicas acima de nossos interesses, sempre limitados e comprometidos pelo egoísmo que reside nos corações. Dai-nos um espírito aberto; tornai-nos cidadãos do mundo.

Que ao verem nosso testemunho de vida, todos possam dizer: "Vede como eles se amam!".

Que o amor, a paz, a solidariedade, o perdão, a defesa da dignidade humana e de seus valores mais sagrados sejam os vínculos que nos unam, não obstante as diversidades das raças, das culturas e modos de vida.

E como Santo Optato, possamos afirmar: "Cristão é meu nome, e católico meu sobrenome".

5 Junho

SÃO BONIFÁCIO
(Bispo e mártir)

São Bonifácio é chamado o Apóstolo da Alemanha. Nasceu no Wessex, no Kirton, na Inglaterra, por volta do ano 673. Seu nome de batismo era Winfrid. Reunia em si a doçura e a firmeza, a timidez e a coragem, a inquietude e a paciência, o idealismo e o realismo. Fez-se monge no mosteiro de Exeter. Aos 20 anos, já era mestre de ensino religioso e profano. A sua atividade missionária foi intensa. Em 719, partiu para a Alemanha a fim de pregar o Evangelho. Alcançou pleno êxito em sua missão apostólica, sendo então nomeado bispo de Mainz. Restaurou e organizou a Igreja na Alemanha. É o fundador da célebre abadia de Fulda, centro propulsor da espiritualidade e cultura religiosa alemã. Presidiu a vários concílios, promulgou numerosas leis e tinha em Mogúncia a sua sede episcopal. Sofreu o martírio no dia de Pentecostes. Encontrava-se em Dokkun, na Frísia, acompanhado de 50 monges, quando um grupo de frisões os assaltou. Morreu durante uma celebração, e seu corpo foi sepultado na abadia de Fulda. Era o dia 5 de junho de 754.

PRECE

Da fidelidade à vida

Deus, nosso Pai, velai por todos aqueles que têm a missão de guiar o vosso povo santo e pecador, através das contradições de nosso tempo.

Iluminai a mente e os corações de nossos pastores: papa, bispos, sacerdotes, religiosos e religiosas, evangelizadores leigos, consagrados, todos os batizados indistintamente chamados a dar testemunho do Evangelho no meio em que vivem.

E que sirvam para a nossa edificação as palavras de São Bonifácio: *Não sejamos cães mudos, não sejamos sentinelas silenciosas, não sejamos mercenários que fogem do lobo, senão pastores solícitos que vigiam sobre o rebanho de Cristo, anunciando o desígnio de Deus aos grandes e pequenos, aos ricos e aos pobres, aos homens de toda condição e de toda idade, na medida em que Deus nos dê forças, a tempo e a destempo, tal como o escreveu São Gregório no seu livro aos pastores da Igreja.*

(*Santos do atual Calendário Litúrgico*)

6 Junho
SÃO MARCELINO CHAMPAGNAT

São Marcelino nasceu em Marlhes, França, em 1789. É o fundador dos Irmãos Maristas. De família humilde e habituado ao trabalho do campo, aos 15 anos ingressou no seminário. Em 1816 foi ordenado sacerdote. Viveu em um tempo conturbado pelas intrigas políticas e pelas guerras napoleônicas. Sensibilizado pelas necessidades pastorais de seu tempo, concebeu a idéia de fundar um Instituto de Irmãos que se dedicasse ao ensino e à educação cristã da infância e da juventude. Em 1817, juntamente com dois jovens paroquianos, deu início à obra dos Irmãos Maristas, dedicada à educação e à formação religiosa e profissional da juventude. Ao morrer, em 1840, havia cerca de 40 casas e 200 Irmãos Maristas.

PRECE

Do serviço aos jovens

Deus, nosso Pai, inspirai e iluminai os que trabalham com a juventude. Ajudai-nos a construir um mundo onde os jovens possam ter, em qualquer circunstância, oportunidades iguais.

Dai-nos humildade para reconhecer nossas omissões individuais e coletivas na busca de soluções concretas e objetivas para nossas crianças abandonadas.

Favorecei aos jovens uma consciência crítica e sensibilidade para que não se deixem prostituir aos ídolos que lhes roubam a dignidade e os fazem escravos.

O bem-aventurado Marcelino inspire os jovens na busca de soluções, a fim de que um sangue novo possa fluir e correr pelas veias da sociedade, renovando a vida e rejuvenescendo as estruturas envelhecidas e caducas.

Dai aos adultos a humildade de reconhecerem seus erros e omissões. Dai aos jovens abertura de mente e de coração, para que, aproveitando a experiência das gerações passadas, descubram sua própria caminhada histórica.

7 Junho

BEM-AVENTURADA ANA DE SÃO BARTOLOMEU
(Virgem)

Ana de São Bartolomeu nasceu em Almendral, na província de Toledo, em 1549. Filha de agricultores, ficou órfã aos 10 anos. Fez-se, então, pastora de rebanhos, a fim de ganhar a vida. Em 1570, ingressou no convento das Carmelitas Descalças, que Santa Teresa havia fundado em Ávila. Secretária de Teresa de Ávila, Ana de São Bartolomeu acompanhou-a em suas viagens: *Às vezes, ela viajava dias inteiros sob chuva e neve, não encontrando aldeia alguma por muitas léguas, não fazendo outra coisa senão tremer até os ossos. À noite, nas hospedagens não havia fogo, nem meios de o entreter, nem coisa alguma para comer. Os alojamentos eram tais que, das camas, podia-se enxergar o céu, e a chuva caía cômodo adentro...* (Apud Padre Rohrbacher, op. cit., v. X, p. 139.) Em 1582, Santa Teresa falecia em seus braços. Tornou-se, então, a herdeira da espiritualidade da santa fundadora. Foi priora em Paris, fundadora do mosteiro de Tours e Priora em Anvers, Bélgica, onde exerceu grande influência espiritual. Morreu em 1626 e foi sepultada no convento de Anvers.

PRECE

Da generosidade pela vida

Deus, nosso Pai, ensinai-nos a trabalhar em prol da paz, da concórdia e fazei que jamais nos cansemos de estender as mãos em gestos de perfeita doação.

Enchei-nos da alegria daqueles que se sentem contentes em cavar a terra e têm esperança na semente e fé na colheita e nos frutos que hão de vir para encher os celeiros.

Tornai-nos generosos para em tudo doar, sem nada reter, pródigos em plantar, mesmo sabendo que outros irão colher os frutos de nossas mãos.

Saibamos acolher a beleza que ornam as rosas, a pureza que rorejam das estrelas, o doce palpitar da solidão, os raios do sol que saltitam no horizonte, o trinar das andorinhas que semeiam sonhos no céu azul...

8 JUNHO

BEM-AVENTURADA MARIA DO DIVINO CORAÇÃO

A bem-aventurada Maria do Divino Coração pertencia à Congregação de Nossa Senhora da Caridade do Bom Pastor. Natural de Münster, Alemanha, Maria do Divino Coração nasceu em 1863. Em 1888 ingressou no Convento das Irmãs do Bom Pastor, cujo apostolado específico se realiza junto à juventude feminina marginalizada. Em 1894, aos 31 anos, partiu para Portugal. Foi superiora das Irmãs de sua congregação, na cidade do Porto, conseguindo reerguer e consolidar ali a congregação que passava por dificuldades. Em 1896, caiu doente, afetada por uma osteomielite. Morreu no ano de 1899, às vésperas da realização de seu ardente desejo: a consagração do mundo inteiro ao Sagrado Coração de Jesus, por Leão XIII. Irmã Maria ofereceu a Deus o seu sofrimento, unindo-se ao Servo Sofredor que continuamente oferece a sua vida pela salvação do mundo.

PRECE

Do amor oblativo

Deus, nosso Pai, juntamente com a bem-aventurada Maria do Divino Coração invocamos o vosso Sagrado Coração para que interceda por nós pecadores: Jesus, divino Mestre, eu louvo e agradeço ao vosso Coração porque entregastes vossa vida por mim. O vosso sangue, as vossas chagas, os flagelos, os espinhos, a cruz e a cabeça inclinada me dizem ao coração: "Ninguém tem maior amor do que aquele que dá a vida por seu amigo".

O Pastor morreu para dar a vida às suas ovelhas. Eu também quero dar minha vida por vós! Que sempre e em tudo possais dispor de mim, para vossa maior glória.

E que eu possa dizer sempre: "Seja feita a vossa vontade". Que em meu coração cresça, cada vez mais, o amor por vós e pelo próximo

(Tiago Alberione, *A Família Paulina em oração*)

9 Junho

BEM-AVENTURADO JOSÉ DE ANCHIETA

O bem-aventurado José de Anchieta nasceu em São Cristóvão da Laguna, na Ilha de Tenerife, Canárias. Em 1551, ingressou na Companhia de Jesus e em 1553 fez sua profissão perpétua. No mesmo ano, partiu para o Brasil. Estabeleceu-se no Colégio de São Paulo, no planalto de Piratininga, contribuindo para a fundação daquela que se tornaria a grande metrópole de São Paulo. Isto ocorreu no dia 25 de janeiro de 1554.

Sua atividade apostólica foi intensa: professor de latim, catequista, dramaturgo, escritor, poeta, gramático, estudioso da fauna e da flora, adiantou-se no conhecimento de medicina, da música... Esteve sempre ao lado dos índios, defendendo seus interesses e mediando a paz entre as tribos. Em 1565, participou da expedição de Estácio de Sá contra os franceses que invadiram o Rio de Janeiro. Viajou pela Bahia e em Salvador, finalmente, foi ordenado sacerdote. Retornando ao Rio de Janeiro, fundou a Santa Casa de Misericórdia, o primeiro e único hospital por muito tempo no Brasil. Foi eleito superior dos jesuítas de São Vicente e de São Paulo. Mais tarde, dirigiu a Província da Companhia de Jesus no Brasil (1577-1587). Embora escrito em latim, legou-nos o Poema à Virgem, o primeiro texto literário produzido em terras brasileiras. Morreu no dia 9 de junho de 1597.

PRECE

Da presença fraterna

"Bem-aventurado José de Anchieta, missionário incansável e apóstolo do Brasil, abençoai nossa Pátria e cada um de nós.

Inflamado pelo zelo da glória de Deus, consumistes a vida na promoção dos indígenas, catequizando, instruindo, fazendo o bem. Que o legado do vosso exemplo frutifique novos apóstolos e missionários em nossa terra.

Professor e mestre, abençoai nossos jovens, crianças e educadores. Poeta e literato, inspirai os escritores, artistas e comunicadores. Consolador dos doentes e aflitos, protetor dos pobres e abandonados, velai por todos aqueles que mais necessitam e sofrem em nossa sociedade, nem sempre justa, fraterna e cristã.

Santificai as famílias e comunidades, orientando os que regem os destinos do Brasil e do mundo.

Através de Maria Santíssima, que tanto venerastes na terra, iluminai os nossos caminhos, hoje e sempre. Amém."

10 JUNHO
SANTA OLÍVIA

Santa Olívia nasceu em Palermo, na Sicília, no século IX. Contava 13 anos quando Genserico, rei dos vândalos, invadiu a Sicília. Feita prisioneira dos sarracenos, foi levada a Tunes e colocada à disposição de Amira, governador da cidade. Por não se entregar a seus caprichos e paixões, Amira mandou açoitá-la e abandoná-la em meio a densa floresta. Desejava que ela fosse devorada pelos animais selvagens. Santa Olívia conseguiu sobreviver e construiu um refúgio contra as intempéries. Passou a viver ali, entregue à oração, à penitência e à meditação. Certo dia, entretanto, foi descoberta por alguns caçadores. Estes, impressionados com sua força espiritual, converteram-se ao cristianismo. Sentindo-se ameaçado pelas numerosas conversões operadas por Santa Olívia, Amira mandou prendê-la e lançá-la na prisão. Padeceu várias crueldades e tortura. Todavia, seu sofrimento e sua morte por decapitação contribuíram ainda mais para mover os corações à conversão. Foi canonizada em 1664, por Alexandre VII.

PRECE

Da experiência da grandeza de Deus

Deus, nosso Pai, Santa Olívia vos buscou na solidão de si mesma e encontrou em vós a razão de seu viver. Ela fez a experiência da vossa presença no íntimo de seu coração e descobriu que é vosso desejo que sirvamos uns aos outros como Cristo Jesus o fez.

Dai-nos a graça de jamais cessar de vos buscar a face, conforme o vosso Espírito nos inspirar.

Pois é pelo vosso Espírito que clamamos "Pai".

É pelo mesmo Espírito que temos o entendimento de vossas maravilhas.

Nossos corações se abram para o Espírito que sopra onde e quando quer, e não se deixem aprisionar por vãos artifícios.

Senhor, ao clamarmos Pai, sintamos em nosso íntimo que somos todos irmãos e que nossa tarefa no mundo é construir a fraternidade universal.

11 Junho
SÃO BARNABÉ

São Barnabé era natural da ilha de Chipre. Como São Paulo Apóstolo, foi discípulo de Gamaliel: "José, a quem os apóstolos haviam dado o cognome de Barnabé, que quer dizer 'filho da consolação', era um levita originário de Chipre. Sendo proprietário de um campo, vendeu-o e trouxe o dinheiro, depositando-o aos pés dos apóstolos" (Atos dos Apóstolos 4,36-37).

Foi São Barnabé quem convenceu a comunidade de Jerusalém a receber o temível perseguidor dos cristãos, Paulo de Tarso, como discípulo, levando-o como colaborador seu à Antioquia. Barnabé e Paulo foram escolhidos pelos profetas e doutores de Antioquia para anunciar o Evangelho aos gentios ainda não convertidos à fé cristã. Paulo, Barnabé e João Marcos, seu primo, partiram, então, para Chipre, Perge, Antioquia da Pisídia e cidades da Licaônia. Barnabé participou do Concílio de Jerusalém. Desentendeu-se com Paulo e dele se separou, tomando rumo diferente.

PRECE

Do testemunho por Jesus

"Do Apóstolo companheiro, grande auxílio em seu labor, sobe a ti, do mundo inteiro, nossa súplica e louvor.

Boa-Nova anunciaram os arautos do Senhor: pela terra ressoaram a verdade, a paz, o amor.

Pelo céu foste escolhido, Deus te deu igual missão: eis-te aos Doze reunido, tendo Lucas por irmão.

Que as palavras esparzidas, dando seus frutos de luz, sejam todas recolhidas, nos celeiros de Jesus.

Com os Apóstolos sentado, julgarás todo mortal; cubra então nosso pecado teu clarão celestial.

À Trindade celebremos, e peçamos que nos céus com os Apóstolos cantemos o louvor do único Deus."

(*Liturgia das Horas*)

12 Junho
SANTA ALICE

Santa Alice é chamada também de Adelaide, Aleida ou Alida. Nasceu em Bruxelas, na Bélgica, e viveu no século XIII. A jovem monja cisterciense, logo após a profissão religiosa, contraiu a terrível doença da época: a lepra. Foi segregada e rigorosamente isolada do convívio normal da comunidade. Viveu o resto de sua vida enclausurada num sótão, sofrendo a dilaceração de seu corpo pela doença e a dilaceração de sua alma pela provação divina. Encontrou forças na sua fé inabalável em Deus e, por um ano, agonizou trespassada por dores e sofrimentos. Sua espiritualidade fundava-se numa profunda devoção ao Sagrado Coração de Jesus, encontrando ali refúgio e consolo. Morreu no dia 11 de junho de 1250.

PRECE

Ao Deus dos sofridos e esquecidos

Deus, nosso Pai, por intercessão de Santa Alice, velai pelos hansenianos do Brasil e do mundo inteiro, freqüente e preconceituosamente segregados, sem os recursos mais elementares para o tratamento de sua doença.

A exemplo de Santa Alice, não se deixem abater pelo sofrimento físico, que se agrava ainda mais pelo sentimento de abandono e pela indiferença da sociedade.

Unidos pelo mesmo sofrimento e pela mesma fé, façam prevalecer sua dignidade de seres humanos e filhos de Deus, perante a sociedade! E com Santa Alice possam exclamar: Coração de Jesus, Filho do Pai eterno, tende piedade de nós!

Coração de Jesus, formado pelo Espírito Santo no seio da Virgem Mãe, tende piedade de nós!

Coração de Jesus, unido substancialmente ao Verbo de Deus, tende piedade de nós!

13 Junho
SANTO ANTÔNIO DE PÁDUA

Santo Antônio é doutor da Igreja. Nasceu na cidade de Lisboa, Portugal, em 1195. Seu nome de batismo era Fernando de Bulhões y Taveira de Azevedo. Frade franciscano, foi contemporâneo de São Francisco de Assis, que o chamava de "o meu bispo". Foi certamente um dos pregadores itinerantes mais afamados do século XIII. Sua popularidade chegou até o Brasil via Portugal, através dos franciscanos. Em 1550 foi construída em Olinda a primeira capela a ele dedicada, dando origem ao Convento de Santo Antônio do Carmo.

Santo Antônio foi ordenado sacerdote em 1220, no convento de Santa Cruz de Coimbra, dos Cônegos Regulares de Santo Agostinho. Nesse mesmo ano ingressou na Ordem Franciscana, partindo logo depois para Marrocos. Acometido por uma enfermidade durante a viagem, viu frustrados os seus planos de missionário no meio dos não-crentes.

Antes de se dedicar à pregação, foi cozinheiro e levou vida completamente obscura. Percorreu a Europa inteira, combatendo ardorosamente os erros doutrinais de sua época. Em 1229 partiu para Pádua, para o convento de Arcella. Sua pregação alcançará seu ponto mais alto no ano de 1231. Este será também o ano de sua morte.

É o padroeiro de Portugal. Sua popularidade advém também do fato de ele ser considerado pela tradição como santo casamenteiro.

PRECE

Bênção de Santo Antônio

Eis aqui a Cruz do Senhor! Fugi, partes contrárias, venceu o Leão da tribo de Judá e a Raiz de Davi. Aleluia, aleluia. Cristo vence, Cristo reina, Cristo manda com império, Cristo nos defende de todo mal. Cristo Rei veio em paz, o Verbo se encarnou e Deus se fez homem.

Rogai por nós, Santo Antônio.

Para que sejamos dignos das promessas de Jesus.

Oremos: Ó Deus, nós vos suplicamos que a festa de Santo Antônio, vosso confessor e doutor, alegre a vossa Igreja para que, fortalecida sempre com os auxílios espirituais, mereça gozar as alegrias eternas. Por Jesus Cristo. Amém.

14 JUNHO
SANTO ELISEU

Santo Eliseu foi discípulo e sucessor do profeta Elias e viveu no século IX antes de Cristo. Sua profecia se fez ouvir em Israel, durante os reinados de Ocozias, Jorão, Jeú, Joás e Joacaz. Estava arando o campo quando o profeta Elias o chamou. Acompanhou Elias até o final de sua vida, recebendo dele seu espírito profético, simbolizado por um manto.

Exerceu um papel importante na história de seu povo, tomando parte ativa nos acontecimentos de seu tempo. Foi sem dúvida um grande taumaturgo, uma personalidade forte, influente e de grande habilidade política. Dele diz o Eclesiástico: *Tal foi Elias, que foi envolvido num turbilhão. Eliseu ficou repleto do seu espírito; durante sua vida nenhum chefe o pôde abalar, ninguém o pôde subjugar. Nada era muito difícil para ele: até morto profetizou. Em vida fez prodígios; morto, ações maravilhosas* (Eclesiástico 48,12ss).

PRECE

Do testemunho do amor

Deus, nosso Pai, dai-nos o dom da profecia e tornai-nos anunciadores das vossas promessas. Fazei de nós testemunhas do vosso desígnio de amor neste mundo, cultuador da violência e do ódio.

Os vossos profetas foram homens comprometidos com o seu povo e envolvidos nos acontecimentos de seu tempo.

Foram os guardiães da consciência do povo, os vigias das relações sociais e os grandes críticos da ação política dos reis.

Possamos nós também, batizados em nome de Jesus, sacerdote, profeta e rei, ser um povo de profetas, denunciando tudo aquilo que atente contra a dignidade da nossa gente. À luz da vossa Palavra, possamos desmascarar os projetos iníquos e desumanos dos poderosos, fazendo respeitar a justiça e restaurar todas as coisas em Cristo, único Deus e Senhor, a quem devemos obediência e louvor.

15 Junho
SÃO VITO

Segundo consta nos Anais, São Vito nasceu na Sicília e sofreu o martírio por volta do ano 300. A sua vida está envolta em lendas e fatos extraordinários. Conforme as Atas do seu martírio, São Vito foi instruído secretamente na doutrina cristã por Modesto, seu preceptor. Ao descobrir, Hilas, seu pai, tentou persuadir o filho a abandonar a fé, temendo que o fato viesse a público. De fato, o que o pai temia acabou acontecendo: o garoto foi preso e levado perante o tribunal. Como persistisse em se declarar cristão, foi açoitado e posto em liberdade. São Vito, Modesto e Crescência, sua ama-seca, fugiram de Sicília e alcançaram as costas de Nápoles, em Lucânia. Vagaram errantes às margens do rio Siluro, até que um dia chegaram a Roma. Não tardou para serem presos, novamente açoitados e condenados às feras. Uma forte tempestade desabou sobre os espectadores, possibilitando a fuga dos prisioneiros para Lucânia. Somente mais tarde sofreram o martírio sob o imperador romano Diocleciano. São Vito é invocado contra a doença nervosa chamada coréia ou "dança de São Vito", ou ainda "dança de São Guido".

PRECE

Do reconhecimento das limitações

Deus, nosso Pai, vós sois o Senhor da vida. Pela paixão e ressurreição do vosso Filho, subjugastes a morte. Por vossa misericórdia, nos chamastes a participar da vida divina.

Dai-nos humildade para reconhecer a nossa fragilidade e a transitoriedade de nossa existência: desde o que está sentado no trono, na glória, até o miserável sentado na terra e na cinza... não é senão furor, inveja, perturbação, agitação, medo da morte, ressentimento, lutas.

E na hora do repouso, no leito, o sono da noite apenas muda as preocupações: apenas iniciado o repouso, imediatamente, ao dormir, como em pleno dia, ele é agitado por pesadelos, como o que fugiu da linha de batalha.

No momento de salvar-se acorda, admira-se de que nada havia para temer.

Assim sucede com toda criatura, do homem ao animal, mas para o pecador é sete vezes pior, a morte, o sangue, a luta e a espada, a miséria, a fome, a tribulação, a calamidade!... (Eclesiástico 40,1ss).

16 Junho
SÃO FRANCISCO RÉGIS

São Francisco Régis nasceu no dia 31 de janeiro de 1597, na vila de Francouverte, nas proximidades de Narbonne, França. Ingressou na Companhia de Jesus em 1616. Em 1630 foi ordenado sacerdote e partiu para Vivarais, Velay e Cevennes. Empenhou-se ardorosamente na catequese das crianças e na pregação do Evangelho ao povo. Sempre esteve ao lado das pessoas simples, mostrando para com elas uma predileção especial. Não conseguia viver sem elas. Visitava sistematicamente as prisões e os hospitais, dando assistência aos necessitados. Em 1633, foi para Viviers, conturbado centro calvinista. Pelo exemplo de vida e pela oração, levou muitos a abraçarem a fé. Em 1635 foi para Velay, onde procurou organizar um certo tipo de pastoral de assistência aos necessitados e aos prisioneiros. A sua última missão foi em Louvesc, onde morreu aos 43 anos, vítima de uma pleurisia.

PRECE

Do serviço ao Reino

Deus, nosso Pai, destes a São Francisco a graça de servir o próximo com um zelo ardente e uma fé inabalável.

Sofreu cansaço, incompreensões, fome e sede; foi caluniado, perseguido e ameaçado de morte por seus adversários, mas encontrou em vós alento para ser fiel à sua missão.

Por sua intercessão, dai-nos um zelo ardente pela defesa de nossos valores culturais, morais e religiosos. Tornai-nos uma nação unida e fraterna.

Os interesses mesquinhos de grupos ideológicos e econômicos não nos venham dividir para assim nos dominar. A nossa alma não seja aviltada e nossa identidade de povo que busca sua liberdade e soberania não seja destruída. Dai-nos, Senhor, dignidade, destemor e ânimo forte para construirmos nós mesmos o destino de um povo livre e unido pelos vínculos dos mais altos ideais: justiça, paz e fraternidade...

17 JUNHO
SÃO BESSÁRIO

São Bessário era egípcio e viveu no século IV. Segundo a tradição, foi discípulo de Santo Antônio e de São Macário de Sceta. Nada possuía de seu, a não ser um "evangeliário", o livro dos evangelhos. Conta-se que, um dia, São Bessário encontrou o cadáver de um homem completamente nu. Desfez-se de seu manto e cobriu-o. Mais adiante encontrou um mendigo completamente nu e tremendo de frio. São Bessário tomou, então, a sua túnica e lhe deu para vestir. Isto porque não queria ser homicida de seu irmão. Ao ver o Santo despojado de suas vestes, perguntaram-lhe a razão de tal atitude. Ele, mostrando o "evangeliário", respondeu: *Tudo por causa disso!* Deram-lhe, então, um casaco para que cobrisse sua nudez. Não tardou, porém, a encontrar outro pobre. Que fazer? São Bessário vendeu então o "evangeliário" e deu o dinheiro ao pobre. Seu discípulo perguntou-lhe: *Que fizeste de teu livro?* Ele respondeu: *Vendi-o! Sim, vendi o livro em que se lê: "Vende tudo o que tens e dá-o aos pobres!"*.

PRECE

Do amor aos sofridos

Deus, nosso Pai, São Bessário amou o próximo mais do que a si mesmo, e tudo fez para aliviar seus sofrimentos.

Assim sua justiça superou a dos "fariseus", que subjuga o homem a leis interesseiras e injustas.

Pois perder dignamente o pudor pela nudez é algo que assombra as sociedades humanas. Andar nu pela rua é algo inimaginável...

Mas, por trás das roupas, pode-se cometer os maiores amoralismos.

(*Reflexões em pó*)

18 Junho
SÃO GREGÓRIO BARBARIGO

São Gregório Barbarigo nasceu em Veneza, Itália, em 1625. Em 1648, acompanhou o embaixador de Veneza, Contarini, às negociações realizadas em vista do Tratado de Vestefália. Em Münster travou conhecimento com Fábio Chigi, núncio apostólico. Eleito papa com o nome de Alexandre VII, Fábio Chigi nomeou Gregório Barbarigo cônego de Pádua e prelado da Casa Pontifícia (1655). Em 1657 foi nomeado bispo de Bérgamo e, em 1660, cardeal. As suas atividades apostólicas marcaram profundamente sua época. Dotou o seminário de Pádua com professores notáveis, provenientes não somente da Itália mas também de outros países da Europa. Fundou uma das melhores tipografias de que a Itália teve conhecimento na época. Fundou instituições para o ensino da religião, para orientação de pais e educadores; criou escolas populares e cuidou da assistência à saúde, com mais de treze mil assistidos. Foi canonizado por seu conterrâneo, o papa João XXIII.

PRECE

Da solidariedade aos perseguidos

Deus, nosso Pai, ajudai-nos com a vossa graça a "nos tornar próximos de qualquer homem, indistintamente". Possamos servir ativamente a todos os que sofrem no corpo e na alma, individual e coletivamente, quer estejam em necessidades passageiras ou crônicas.

Coloquemo-nos contra tudo aquilo que atenta contra a própria vida: homicídios, genocídios, abortos, eutanásia, suicídios...

E com ardor lutemos contra as violações da integridade da pessoa humana: mutilações, torturas físicas e psicológicas, lavagens celebrais e culturais; contra as condições infra-humanas de vida, as arbitrariedades, os abusos da força e do poder, as escravidões miúdas e clamorosas; contra a prostituição e o mercado de mulheres e jovens e contra as condições degradantes do trabalho... pois tudo isto contradiz o vosso plano de amor! (cf. Gs 284).

19 Junho
SÃO ROMUALDO

São Romualdo nasceu na Toscana e viveu no final do século X e início do século XI. Reformador da vida monástica, chegou à vida religiosa marcado por um triste acontecimento: seu pai matara em duelo um parente.

Primeiramente foi monge beneditino, na abadia de Ravena. Fundou depois o mosteiro de Campo Maldoli, dando origem assim à Ordem Camaldulense, procurando conciliar vida de solidão absoluta e vida comunitária. Apesar de monge, foi um homem comprometido com o seu tempo, preocupado com a evangelização dos povos e com a reforma do clero. Ao pressentir a morte, despediu-se de cada um dos monges e quis morrer sozinho, sem ninguém por companhia.

PRECE

Da renovação do espírito

Deus, nosso Pai, dai-nos a humildade, abatei de nossos corações o orgulho e nossas pretensões e manias de grandeza. Não permitais, Senhor, sejamos servidores de nossos egoísmos e auto-suficiências. Dai-nos a consciência de que somos feitos de sangue, de carne, de nervos, de músculos, de desejos e sonhos, de angústias, de fé, de coração, de misericórdia e compaixão...

E em meio às contradições, busquemos o sentido de nossa contínua parição.

Dai-nos, Senhor, conhecer a verdade sobre nós: por vosso amor e por vossa bondade, somos vossos filhos amados e queridos. Em Jesus, vosso Filho, o Ressuscitado, invadistes a nossa transitoriedade, enriquecestes superabundantemente o homem carente de espírito e de transcendência.

20 Junho
RAFAEL PALÁCIOS

*N*asceu em San Luis Talpa, em 16 de outubro de 1938. Foi ordenado sacerdote no dia 26 de maio de 1963. Foi morto em plena rua, no dia 20 de junho de 1979, em El Salvador, quando retornava de uma reunião de CEB. Tinha 41 anos.

Sua principal obra foi a formação de comunidades eclesiais de base. Certa vez afirmou:

O essencial da mensagem de Jesus foi convidar a humanidade dividida a lutar contra o que mantém as pessoas dispersas e desorientadas, isto é, o pecado. Jesus nos propõe seu plano e nos convida a segui-lo, não de qualquer modo, senão que Jesus o situa dentro de limites mais definidos de uma comunidade que é a sua Igreja, pois é aí que todos poderão participar mais eficazmente na consecução deste ideal, onde poderão efetivá-lo com a ajuda de todos. (Apud José Marins et alii; op. cit., p. 165.)

PRECE

Do convite à comunhão

Deus, nosso Pai, pe. Rafael colocou a sua vocação sacerdotal, a sua inteligência, as suas forças a serviço do povo necessitado, convidando todos para entrar em comunhão e formar comunidades, lugar por excelência da presença do Ressuscitado.

A seu exemplo, esforcemo-nos para superar o individualismo que nos divide e nos destrói a consciência de pertencermos a um povo, a uma comunidade; individualismo que nos torna periféricos, sem raízes, medrosos, assustadiços e vulneráveis como caniços ao vento.

Acreditemos mais na força do amor do que na violência, mais na comunhão e na participação do que no isolamento e no individualismo.

21 Junho
SÃO LUÍS GONZAGA

São Luís Gonzaga nasceu em Mântua, Itália, em 1568 e morreu com 23 anos de idade, em 1591. É o patrono da juventude, e o seu corpo repousa na igreja de Santo Inácio, em Roma.

Recebeu educação esmerada e freqüentou os ambientes mais sofisticados da alta nobreza italiana: Corte dos Médici, em Florença; Corte de Mântua; Corte de Habsburgos, em Madri. Foi pajem do príncipe Diego, filho de Filipe II.

Para surpresa de todos, optou pela vida religiosa, deitando por terra os interesses nele depositados pelo pai. Finalmente conseguiu realizar o seu ideal: entrar para a Companhia de Jesus. Entretanto, viveu ali apenas quatro anos. Esgotado pelo trabalho e pela penitência levados ao extremo, morreu servindo às vítimas da peste que assolava Roma.

PRECE

Para a abertura do coração

Deus, nosso Pai, celebramos hoje a memória de São Luís Gonzaga.

Ele viveu buscando a vossa face, encontrou-vos servindo os irmãos necessitados e vítimas da peste.

Olhai, Senhor, para cada um de nós, perscrutai os nossos corações e as nossas mentes.

Despertai em nosso íntimo o desejo de também vos buscar com sinceridade e abertura de espírito.

Em vós reside o sentido de nossa existência, a superação de nós mesmos e a alegria de vos servir.

Enchei os nossos corações da vossa alegria, da vossa esperança e da vossa paz.

Dai-nos o dom do discernimento, para que, a exemplo de São Luís Gonzaga, possamos colocar em vós toda a nossa confiança.

22 Junho
SÃO THOMAS MORE

Nasceu em Londres, em 1477. Estudou na Universidade de Oxford. Era de caráter extremamente simpático. Pai de família, teve um filho e três filhas. Era jurista e amigo de Erasmo, que lhe dedicou sua obra-prima, *Elogio da loucura*. Foi nomeado chanceler do Reino.

Deixou várias obras escritas, versando sobre negócios civis e liberdade religiosa. Sua obra mais conhecida intitula-se *Utopia*.

Opôs-se duramente ao divórcio de Henrique VIII, que desejava anular seu primeiro casamento a fim de casar-se com Ana Bolena. Recusou-se a comparecer aos cerimoniais de coroação da nova rainha. Por ordem do rei, foi preso e lançado na Torre de Londres. Na prisão escreveu *Diálogo do conforto nas tribulações*.

Mesmo condenado à forca, não perdeu seu peculiar bom humor cristão, sua naturalidade e simplicidade. No dia da execução, pediu ajuda para subir ao cadafalso. E disse ao povo:

Morro leal a Deus e ao Rei, mas a Deus antes de tudo.

E abraçando o carrasco, disse: Coragem, amigo, não tenhas medo! Mas como tenho o pescoço muito curto, atenção. Está nisso a tua honra!

E pediu para que não lhe estragasse a barba, *porque ela, ela, ao menos, não cometera nenhuma traição*. (Apud José Leite, S. J., op. cit., v. II, p. 227.) Morreu no dia 6 de junho de 1535.

PRECE

Do discernimento da fé

Deus, nosso Pai, pela fé em Jesus Cristo, somos vossos filhos e irmãos uns dos outros.

Todos estamos revestidos de Cristo e somos herdeiros das promessas divinas.

Nós vos agradecemos porque enviastes aos nossos corações o Espírito de Jesus que clama: "Abba, Pai!"

Obrigado Senhor, pois em Jesus vos conhecemos e somos por vós conhecidos.

Confessemos a verdadeira fé e confirmemos com o testemunho alegre, bem-humorado, simples e firme de nossa vida, aquilo que professamos com nossas palavras.

23 Junho
SÃO BENTO MENNI

É o fundador da Congregação das Irmãs Hospitaleiras do Sagrado Coração de Jesus. Nasceu em Milão, Itália, em 1841, mas passou a sua vida na Espanha. Aos 19 anos, Bento Menni ingressou na Ordem de São José de Deus. Ordenado sacerdote em 1866, partiu para a Espanha.

Dedicou-se de corpo e alma em favor dos mais desprotegidos da sociedade. Fez-se enfermeiro da Cruz Vermelha, fundou hospitais e reorganizou assistência psiquiátrica, dando um tratamento mais humano aos doentes mentais. Com a colaboração de Maria José Récio e de Maria das Angústias, fundou em 1881 a Congregação das Irmãs Hospitaleiras, cujo apostolado se desenvolve junto aos hospitais. Hoje as Irmãs Hospitaleiras encontram-se espalhadas por todos os continentes, inclusive no Brasil. Bento Menni morreu no dia 24 de abril de 1914 e foi canonizado em 21 de novembro de 1999, pelo papa João Paulo II.

PRECE

Do compromisso pela vida

Deus, nosso Pai, não nos deixeis indiferentes diante do sofrimento humano, tantas vezes profanado por um tecnicismo que apenas vê, toca, mede, mapeia, testa e apura novos métodos de pesquisa, experimenta novas químicas, esquecido do mistério da dor que envolve o homem, desde o nascimento até a morte.

Mas vós, Senhor, Deus de Misericórdia e de Ternura, perscrutais nossas entranhas, enxugais nossas lágrimas e dais alívio às nossas chagas.

Fazei que, a exemplo do Bento Menni, vejamos nos enfermos, nos doentes mentais, nos desamparados, nos abortados da sociedade de consumo, a imagem do Servo Sofredor.

24 Junho

NASCIMENTO DE SÃO JOÃO BATISTA

São João Batista era filho de Zacarias e de Santa Isabel. Chamava-se "Batista" pelo fato de ser um "batizador" (cf. Lucas 3,3). João, cujo nome significa "Deus é propício", veio à luz em idade avançada de seus pais (cf. Lucas 1,36).

Parente de Jesus, foi o precursor do Messias. É João Batista que aponta a Jesus, dizendo: *Eis o Cordeiro de Deus, que tira o pecado do mundo. Dele é que eu disse: Depois de mim, vem um homem que passou adiante de mim, porque existia antes de mim* (João 1,29ss). De si mesmo deu este testemunho: *Eu sou a voz do que clama no deserto: "Endireitai o caminho do Senhor..."* (João 1,22ss).

São Lucas, no primeiro capítulo de seu Evangelho, narra a concepção, o nascimento e a pregação de João Batista, marcando assim o advento do Reino de Deus no meio dos homens.

A Igreja o celebra desde os primeiros séculos do cristianismo. É o único santo cujo nascimento (24/6) e martírio são evocados em duas solenidades pelo povo cristão. O seu nascimento é celebrado pelo povo com grande júbilo: cantos e danças folclóricas, fogueiras, quermesses que fazem de sua festa uma das mais populares e queridas de nossa gente.

PRECE

Do testemunho da verdade

Deus, nosso Pai, celebramos hoje o nascimento de São João Batista.

Pela força da vossa Palavra, convertei os nossos corações: "Doce, sonoro, ressoe o canto, minha garganta faça o pregão. Solta-me a língua, lava a culpa, ó São João!

Anjo no templo, do céu descendo, teu nascimento ao pai comunica, de tua vida preclara fala, teu nome explica.

Súbito mudo teu pai se torna, pois da promessa, incréu, duvida: apenas nasces, renascer fazes a voz perdida.

Da mãe no seio, calado ainda, o Rei pressentes num outro vulto. E à mãe revelas o alto mistério do Deus oculto.

Louvor ao Pai, ao Filho unigênito, e a vos, Espírito, honra também: dos dois provindes, com eles sois um Deus. Amém".

(*Liturgia das Horas*)

25 DE JUNHO
SÃO PRÓSPERO DA AQUITÂNIA

São Próspero nasceu na Aquitânia, França, no século IV. Filósofo e poeta, foi contemporâneo de Santo Agostinho. Pelo poema *De um esposo à esposa*, julga-se que fosse casado, pois dirige-se à mulher nestes termos:

Se o orgulho me elevar, corrija-me! Seja a minha consolação nos sofrimentos. Demos ambos exemplos de uma vida santa e verdadeiramente cristã. Cumpra comigo os deveres que estou obrigado a cumprir com você. Levante-me, se porventura eu cair. Esforce-se por se levantar, quando eu corrigi-la... Não nos contentemos com ser um só corpo, sejamos também uma só alma (apud José Leite, S. J., op. cit., v. II, p. 237).

Em 426 tomou parte ativa na luta contra os erros doutrinais divulgados por Pelágio, que negava a necessidade da graça divina e o pecado original. Daí a origem de sua obra *Carmen de ingratis*. Por sua vez, Santo Agostinho, instado por ele, escreveu *Da predestinação dos santos* e *Dom da perseverança*. Por volta de 435, São Próspero transferiu-se para Roma e escreveu *Enarrationes*, um comentário sobre os Salmos; escreveu também sobre Santo Agostinho, seu mestre, apresentando o seu pensamento e corrigindo certos exageros do bispo de Hipona. Faleceu por volta do ano 455.

PRECE

Da entrega a Deus

Deus, nosso Pai, quem poderá nos separar de Jesus, vosso Filho?

Não nos destes, Senhor, um espírito de escravos, mas recebemos um espírito de filhos adotivos, pelo qual clamamos: *Abba!* Pai!

Por isso, Senhor, nós vos pedimos: por meio do vosso Espírito socorrei-nos em nossa fraqueza, "pois não sabemos o que pedir como convém; mas o próprio Espírito intercede por nós com gemidos inefáveis, e aquele que perscruta os corações sabe qual o desejo do Espírito" (Romanos 8,26ss).

26 Junho
SÃO JOÃO E SÃO PAULO

São João e São Paulo eram irmãos. Deram testemunho de sua fé durante a perseguição de Juliano, o Apóstata, em junho de 362. Eram ricos, e tudo indica que haviam sido oficiais da guarda imperial. Renunciaram aos cargos e se recolheram em sua propriedade no Monte Célio, dedicando-se à oração e ao serviço dos necessitados.

Juliano, o Apóstata, entretanto, exigiu que retornassem às suas funções anteriores. São João e São Paulo recusaram-se a obedecer ao tirano e a compartilhar de suas crueldades.

Assim diz a inscrição de São Dâmaso: *Paulo e João de ilustre linhagem... deram juntos a vida, unidos pelo casto vínculo da fé. Foram vassalos fiéis do Rei da eterna mansão. Os dois irmãos tiveram na vida a mesma casa e a mesma fé; agora no céu cingem a mesma coroa imortal. Ficai sabendo que Dâmaso teceu o panegírico dos dois irmãos, para que o povo cristão aprenda a celebrar os novos protetores.* (Apud José Leite, S. J., op. cit., p. 241.)

PRECE

Da participação na ressurreição

Deus, nosso Pai, nossos olhos já andam cansados de tanto ver, nossas mãos acumularam o musgo do tempo e das águas da vida, nada, nem uma gota retiveram; nossos pés conhecem todos os caminhos: as pedras e os espinhos, a areia quente e a lama, os excrementos e a terra fria; nossos pés foram e voltaram e a nenhum lugar chegaram.

Os nossos corpos latejam como pássaros-filhotes nas conchas de um destino cruel e esperançoso.

A semente granada ainda resta ser debulhada e jogada no chão da vida, a vida a ser pisada no lagar e se tornar vinho bebido; o trigo de nossos sonhos venturosos ainda não foi triturado para se fazer pão repartido.

Fazei, Senhor, que participemos da vossa paixão, morte e ressurreição...

27 Junho
NOSSA SENHORA DO PERPÉTUO SOCORRO

A devoção a Nossa Senhora do Perpétuo Socorro foi e continua sendo difundida pelos padres da Congregação do Santíssimo Redentor ou Padres Redentoristas. No Brasil, tal devoção alcançou grande popularidade.

A devoção a Nossa Senhora do Perpétuo Socorro começou a ser propagada a partir de 1870 e espalhou-se por todo o mundo. Trata-se de uma pintura do século XIII, de estilo bizantino. Segundo a tradição, foi trazida de Creta, Grécia, por um negociante. E, desde 1499, foi honrada na igreja de São Mateus em Merulana. Em 1812, o velho santuário foi demolido. O quadro foi colocado, então, num oratório dos padres agostinianos. Em 1866, os redentoristas obtiveram de Pio IX o quadro da imagem milagrosa. Nossa Senhora do Perpétuo Socorro foi colocada na igreja de Santo Afonso, em Roma. De semblante grave e melancólico, Nossa Senhora traz no braço esquerdo o Menino Jesus, ao qual o Arcanjo Gabriel apresenta quatro cravos e uma cruz. Ela é a Senhora da morte e a Rainha da Vida, o Auxílio dos cristãos, o Socorro seguro e certo dos que a invocam com amor filial.

PRECE

A Maria, consoladora

Deus, nosso Pai, nós vos agradecemos porque nos destes Maria por nossa Mãe e refúgio nas nossas aflições.

Queremos a ela dirigir as nossas preces, oferecendo-lhe o tributo de nosso louvor: Socorrei-nos, ó Maria, noite e dia sem cessar; os doentes e os aflitos vinde, vinde consolar! Vosso olhar a nós volvei, vossos filhos protegei! Ó Maria, ó Maria! Vossos filhos socorrei! Dai saúde ao corpo enfermo, dai coragem na aflição; sede a nossa doce estrela a brilhar na escuridão. Que tenhamos cada dia pão e paz em nosso lar; e de Deus a santa graça, vos pedimos neste altar. Convertei os pecadores, para que voltem para Deus; dos transviados sede guia no caminho para os céus, nas angústias e receios, sede, ó Mãe, a nossa luz! Dai-nos sempre fé e confiança no amor do bom Jesus.

(Cântico litúrgico)

28 Junho
SANTO IRINEU

Santo Irineu foi bispo de Lião. Nasceu provavelmente em Esmirna, na Ásia Menor, por volta de 130-135. Viveu em uma época dilacerada por heresias que colocavam em risco a unidade da Igreja na fé.

Discípulo de São Policarpo — que havia conhecido pessoalmente o apóstolo São João e outras testemunhas oculares de Jesus —, Santo Irineu foi, sem dúvida, o escritor cristão mais importante do século II. Foi o primeiro a procurar fazer uma síntese do pensamento cristão, cuja influência se faz notar até nossos dias.

Santo Irineu, cujo nome significa "paz", lutou para a preservação da paz e da unidade da Igreja. Era um homem equilibrado e cheio de ponderação. Escreveu ao papa Vítor, aconselhando-o mui respeitosamente a evitar toda e qualquer precipitação no que dissesse respeito às comunidades cristãs da Ásia.

A Florino, seu amigo de infância que se tornou gnóstico, escreveu: *Não te ensinaram estas doutrinas, Florino, os presbíteros que nos precederam, os que tinham sido discípulos dos apóstolos. Eu te lembro, criança como eu, na Ásia inferior, junto a Policarpo...*

Recordo as coisas de então melhor que as recentes, talvez, porque o que aprendemos de crianças parece que vai acompanhando-nos e firmando-se em nós segundo passam os anos. Poderia assinalar o lugar onde se sentava Policarpo para ensinar... seu modo de vida, os traços de sua fisionomia e as palavras que dirigia à multidão. Poderia reproduzir o que nos contava de seu trato com João e os demais que tinham visto o Senhor; e como repetia suas mesmas palavras... Eu ouvia tudo isto com toda a alma e não o anotava por escrito porque me ficava gravado no coração e continuo pensando-o e repensando-o, pela graça de Deus, cada dia.
(Apud Pe. Luís Palacin, op. cit., p. 92).

PRECE

Da força da Palavra

"Deus, nosso Pai, vós concedestes ao bispo Santo Irineu firmar a verdadeira doutrina e a paz da Igreja; pela intercessão de vosso servo, renovai em nós a fé e a caridade, para que nos apliquemos constantemente em alimentar a união e a concórdia."

(*Liturgia das Horas*)

29 Junho

SÃO PEDRO, PRÍNCIPE DOS APÓSTOLOS
(séc. I – Apóstolo e Papa)

Simão Pedro, pescador galileu de Cafarnaum e apóstolo de Jesus (cf. Mt 4,18-22), foi o primeiro papa da Igreja. Desde que aceitou o convite de Jesus para ser seu discípulo, exerceu a liderança no grupo dos Doze (cf. Mt 14,28.33), sendo por isso chamado de Príncipe dos apóstolos. Com Paulo apóstolo, teve papel fundamental na implantação e consolidação do cristianismo na cidade de Roma, centro evangelizador do mundo, até os nossos dias. São Pedro foi o primeiro a confessar a fé em Jesus Cristo, reconhecendo nele o Filho de Deus vivo e verdadeiro, o Salvador do mundo (Lc 9,20). Foi testemunha da ressurreição (1Cor 15,5), porta-voz dos discípulos em Pentecostes (At 2), quando nasce a Igreja, e o primeiro a levar o Evangelho aos gentios (At 10). Segundo a tradição, Pedro tornou-se bispo de Roma e ali sofreu o martírio, sendo crucificado de cabeça para baixo, na Colina do Vaticano, provavelmente em 64 d.C., durante a perseguição de Nero. Foi sepultado onde hoje se localiza a Basílica de São Pedro. A ele são atribuídas duas cartas católicas (1Pd e 2Pd).

PRECE

Ó Deus, nosso Pai, nós vos agradecemos porque fizestes de Pedro uma testemunha viva de Jesus, vosso Filho, que veio ao mundo para trazer a paz entre as pessoas. Que possamos abrir nossos corações ao Espírito do ressuscitado, que a Pedro e aos apóstolos animou e que vive para sempre no meio de nós. Em vós depositamos nossa esperança contra toda forma de opressão física, moral e espiritual. Ó São Pedro, vós que fostes escolhido para ser o condutor da Igreja, santa e pecadora, dai-nos a graça de participar cada vez mais ativamente de nossas comunidades, tornando-nos pessoas ativas na propagação do Evangelho. Tudo isso vos pedimos por Jesus Cristo, nosso Senhor. Amém.

30 Junho

PRIMEIROS MÁRTIRES DA IGREJA DE ROMA

Hoje a Igreja celebra a memória dos cristãos que sofreram o martírio durante a perseguição de Nero, no ano 64. A culpa do incêndio de Roma recaiu sobre os cristãos, os quais foram cruelmente martirizados:

Prendem-se primeiro os que manifestam (seguir ao cristianismo), e depois, conforme as indicações que eles dão, prendem-se outros em massa, condenados menos pelo crime de incêndio, do que pelo ódio que lhes tem o gênero humano. Aos tormentos juntam-se as mofas, homens envolvidos em peles de animais morrem despedaçados pelos cães, ou são presos a cruzes, ou destinados a ser abrasados e acendidos, à maneira de luz noturna ao anoitecer... Nero oferece os seus jardins para este espetáculo; vestido de cocheiro, corre misturado com a multidão, ou em cima dum carro. E, se bem que tais homens sejam culpados e dignos dos piores suplícios, a gente tem pena deles, porque são sacrificados, não pelo bem público, mas para satisfazer à crueldade de um homem apenas... (Apud José Leite, S. J., op. cit., v. II, pp. 266-267.)

A perseguição movida por Nero prolongou-se até o ano 67. E entre os mártires mais ilustres estavam São Pedro e São Paulo. O primeiro foi crucificado no circo de Nero, atual Basílica de São Pedro. São Paulo foi decapitado nas Águas Salvianas.

PRECE

Do martírio pelo amor

Deus, nosso Pai, os santos são testemunhas da ressurreição de vosso Filho Jesus.

Pela fé mostraram que aqueles que crêem em vós viverão para sempre, porque sois um Deus vivo e para os vivos.

Essa também é a segurança e a certeza de nossa vida presente: os nossos esforços, o nosso trabalho, a nossa luta em prol da verdade, da paz e da justiça; tudo o que fazemos e somos, tudo o que sonhamos e projetamos, nossas dores e angústias, desencontros e adversidades, tudo em nós e fora de nós, a morte e a vida, tudo ganha sentido em Jesus, vossa Ternura e Misericórdia, presente e ressuscitado no meio de nós.

1º Julho

MARCO TÚLIO MARUZZO RAPPO E OBDULIO ARROYO NAVARRO

Marco Túlio nasceu em Lapio de Arcugmano, em 1930, Itália. Logo após a ordenação, veio para a Guatemala. Exerceu grande parte do seu ministério na diocese de Izabal e, finalmente, em Quirigua e Los Amates.

Coordenador geral das comunidades eclesiais de base, pe. Túlio visitava a pé ou a cavalo os núcleos de evangelização, animando os cristãos na fé e levando-os a um compromisso sério com o Evangelho. Foi assassinado no dia 1º de julho de 1981, juntamente com Obdulio, seu motorista e catequista.

Sua morte, como a de tantos outros, é uma conseqüência da luta evangélica contra um sistema de morte que privilegia uma pequena camada da sociedade e condena ao "inferno" a grande maioria dos sem-voz e sem-vez. Em 1981, ano em que pe. Túlio foi morto, 80% do povo da Guatemala vivia em condições desumanas. 81% das crianças estavam condenadas à desnutrição. De 100 crianças, 35 morriam antes de completarem 5 anos de idade.

Sob a alegação de "comunistas", "subversivos", "guerrilheiros", o governo justificava o terror, a tortura, o massacre dos que lutavam para mudar tal situação.

PRECE

Do compromisso com a justiça

Deus, nosso Pai, vosso povo é perseguido porque luta pela justiça e, seguindo o exemplo do Mestre Jesus, opõe-se a um sistema que reprime, viola os direitos fundamentais da pessoa, sacrificando populações inteiras aos deuses dos privilégios, dos lucros, do poder, sempre ávidos de sangue.

Ensinai-nos, Senhor, que não basta sermos cristãos no fundo de nosso coração, mas que é preciso agirmos publicamente como cristãos.

Ajudai-nos a compreender que a solução de nossos problemas passa pela comunidade que se organiza e busca na Palavra o discernimento para a sua luta em favor do Reino.

2 Julho
SANTO OTÃO

Santo Otão foi bispo de Bamberg e é chamado o Apóstolo da Pomerânia. Nasceu na Suábia, Alemanha, e viveu no século XII. Órfão de pai e mãe, enfrentou várias dificuldades para custear seus estudos. Mesmo assim conseguiu formar-se em filosofia e ciências humanas. Partiu então para a Polônia a fim de ganhar a vida naquele país. Aos poucos, foi-se estabelecendo, chegando a fundar ali uma escola que granjeou fama e lhe rendeu bons proventos.

Tornou-se conhecido e estimado na corte polonesa e amigo e conselheiro do imperador, que o nomeou bispo de Bamberg. Santo Otão, entretanto, somente ficou com a consciência tranqüila quando foi sagrado bispo pelas mãos do papa Pascoal, por volta do ano de 1106.

É considerado o evangelizador na Pomerânia, fundando ali numerosos mosteiros. Apoiado por Boleslau, duque da Polônia, que havia subjugado a região, e por Vratislau, duque cristão da Pomerânia, percorreu todas as cidades, instruindo os gentios e batizando os que aderiam à fé, intercedendo junto ao príncipe pela liberdade dos prisioneiros, chamando todos a abandonar os ídolos e a se converter ao Deus de Jesus Cristo. Espalhou missionários por toda a Pomerânia.

PRECE

Do reconhecimento das obras de Deus

Deus, nosso Pai, cantamos a vossa glória e louvamos o vosso Nome.

Vós sois a Rocha em que buscamos apoio e proteção.

Que suba até vós este canto: *Escutai, ó céus, e eu falarei; ouve, ó terra, as palavras de minha boca; minha doutrina desça como chuva, minha palavra se espalhe como orvalho; como chuvisco sobre a relva e aguaceiro sobre a grama. Vou proclamar o nome do Senhor: e vós, dai glória ao nosso Deus! Ele é a Rocha, e sua obra é perfeita, pois seus caminhos todos são justos; ele é um Deus fiel, sem injustiça, ele próprio é justiça e retidão* (cf. Deuteronômio 32,1-4).

3 de Julho
SÃO TOMÉ, APÓSTOLO

São Tomé foi um dos doze apóstolos de Jesus. Era israelita. Seu nome consta na listas dos quatro evangelistas. O Evangelho de São João dá-lhe grande destaque. Em João 11,16, ele incita os discípulos a seguir Jesus e a morrer com ele na Judéia: *Tomé, chamado Dídimo, disse então aos discípulos: "Vamos também nós, para morrermos com ele!"*. É ele que pergunta a Jesus, durante a Última Ceia, sobre o caminho que conduz ao Pai: *Tomé lhe diz: "Senhor, não sabemos para onde vais. Como podemos conhecer o caminho?"*. Diz-lhe Jesus: *"Eu sou o Caminho, a Verdade e a Vida. Ninguém vem ao Pai a não ser por mim"*. (João 14,5-6).

Tomé encontrou Jesus ressuscitado (João 21,2). Audacioso e generoso, percorreu as etapas da fé e professou que Jesus era realmente Deus e Senhor. Oito dias depois, achavam-se os discípulos dentro de casa, e Tomé com eles. Jesus veio, estando as portas fechadas, pôs-se no meio deles e disse: "A paz esteja convosco!". Disse depois a Tomé: "Põe teu dedo aqui e vê minhas mãos! Estende tua mão e põe-na no meu lado e não sejas incrédulo, mas crê!" Respondeu-lhe Tomé: "Meu Senhor e meu Deus!" (João 20,26-28).

PRECE

Da opção pelo Evangelho

"Ó São Tomé, vos trazemos um canto alegre de louvor.

Da simples arte de pescar, Jesus aos cimos vos levou.

Ao seu chamado obedecendo, com vosso irmão tudo deixastes, e do seu Nome e do seu Verbo ardente arauto vos tornastes.

Ó testemunha fulgurante da mão direita do Senhor, vedes no monte a glória eterna, no horto vedes a sua dor.

E quando a taça do martírio chamou por vós, pronto atendestes, como primeiro entre os apóstolos pelo Senhor dela bebestes.

Fiel discípulo de Cristo, da luz do céu semeador, iluminai os corações pela esperança, fé e amor.

Dai-nos seguir com prontidão a Jesus Cristo e seus preceitos, para podermos, junto a vós, cantar-lhe o hino dos eleitos."

(*Liturgia das Horas*)

4 Julho
SANTO ULRICO

*N*asceu na Alemanha no ano 890 e foi educado na abadia de São Gal. Tinha como conselheira Santa Viborade, a quem ele chamava de ama. Foi secretário de Santo Adalberom, bispo de Augsburgo. Em 909, foi em peregrinação a Roma, onde Sérgio III o nomeou sucessor de Adalberom que acabava de falecer. Somente em 924 tomou posse do bispado, que se encontrava em estado deplorável: a catedral havia sido destruída pelos húngaros e os fiéis andavam dispersos. Procurou favorecer a formação e a instrução do clero; a todos acolhia com alegria e bondade; ouvia as reivindicações de seus súditos, fazendo-lhes justiça; velava pela defesa da cidade... Animou a espiritualidade e deu novo alento ao culto litúrgico. Visitava freqüentemente a diocese, servindo-se de uma carroça puxada por bois, a fim de rezar e de salmodiar juntamente com o seu capelão.

Salvou a Alemanha de uma guerra civil iminente em 954. Na invasão húngara, quando Augsburgo foi sitiada, Santo Ulrico organizou a resistência. Convocou as mulheres e as organizou em dois grupos. Enquanto um grupo dava a volta em procissão pela cidade, outro grupo prostrou-se no pavimento da igreja, rogando a Deus pela cidade. Mandou que dispusesse em torno do altar, no presbitério, todas as crianças de peito, para que também os pequeninos com o choro rezassem à sua maneira. Em 955, o perigo húngaro foi debelado.

Pressentindo a morte, mandou espalhar cinza em forma de cruz, deitou-se sobre ela e ali expirou. Era o dia 4 de julho de 973. Tinha 80 anos de idade e 50 de episcopado.

PRECE

Do pastor, profeta e irmão

Deus, nosso Pai, dai-nos entender que voltarmos para vós é voltarmos também para o homem, premido pelas circunstâncias e exigências da época em que vive.

O nosso amor por vós jamais será sincero enquanto não abrirmos nosso coração ao diálogo, à cooperação e à solidariedade com nossos semelhantes, rompendo as fronteiras do egoísmo e dos preconceitos que nos afastam de vós e de nossos irmãos.

5 JULHO
SANTO ANTÔNIO MARIA ZACARIA

Nasceu em Cremona, por volta de 1502. Sua mãe tinha 18 anos quando ficou viúva. Embora rico, vestia-se com modéstia e escolheu a profissão de médico para ficar mais perto da gente humilde e servir o povo. Em 1528 abandonou a medicina e se fez sacerdote. Partiu para Milão e com a ajuda de dois amigos, Tiago Morigia e Bartolomeu Ferrari, fundou a Congregação dos Clérigos Regulares de São Paulo.

Os "barnabitas", assim chamados porque residiam junto à igreja de São Barnabé em Milão, obedeciam a uma Regra e professavam os votos religiosos. Mas não se consideravam monges nem frades. Seu carisma era evangelizar e administrar os sacramentos, promovendo a reforma do clero e dos leigos.

Com a ajuda da condessa de Guastalla, surgiu a congregação feminina das Angélicas, para a reforma dos mosteiros femininos.

Santo Antônio Maria Zacaria ajudou na preparação do Concílio de Trento, cuja influência ainda persiste na Igreja de nossos dias. Foi também promotor da devoção à Eucaristia e da adoração ao Santíssimo

Sacramento. Morreu em 1539, aos 37 anos, na mesma casa onde tinha nascido, tendo a seu lado sua mãe.

PRECE

Da gratuidade

Deus, nosso Pai, Santo Antônio Maria encontrou na Eucaristia o sustento para seu trabalho apostólico.

Jesus, vosso Filho, é o Pão da Vida e a Água Viva. Ele é vossa presença viva no meio de nós, mediante o sacramento da Eucaristia.

Senhor, somente vós, o Pão Vivo que desceu do céu, podeis saciar totalmente a sede que o homem tem de realização plena de si mesmo. Fazei que também nós nos tornemos "o pão da vida" para aqueles que conosco convivem. Em primeiro lugar, para nossos familiares, parentes e amigos.

Mediante o trabalho de nossas mãos e partilha dos dons gratuitamente recebidos, tornemo-nos "Eucaristia" — corpo doado e sangue derramado. E assim participemos pela fé desse sublime sacramento de amor, da vida divina, que outra coisa não é que nossa comunhão convosco e com nossos irmãos, em Jesus Cristo.

6 de Julho
SANTA MARIA GORETTI

Filha de humildes agricultores, nasceu em Corinaldo, Ancona, em 1890. Órfã de pai aos 10 anos, cuidava de quatro irmãos menores e dos afazeres da casa, enquanto Assunta, sua mãe, procurava ganhar o sustento da família no árduo trabalho do campo. Tinha 12 anos quando foi assassinada pelo jovem Alexandre Serenelli, que procurou seduzi-la. Diante da resistência da menina, assassinou-a a golpes de punhal. Arrependido do crime, Alexandre assim escreveu no fim de sua vida:

Estou velho, com quase 80 anos, e prestes a terminar minha vida na terra. Olhando para o meu passado, reconheço que na minha mocidade segui um caminho errado: o caminho do mal que me levou à desgraça... Aos 20 anos, cometi o meu crime passional, cuja lembrança hoje me aterroriza. Maria Goretti, agora santa, foi o anjo bondoso que a Providência pôs nos meus passos. Ainda trago impresso no coração sua palavras de repreensão e de perdão. Rezou por mim, intercedeu por mim, seu assassino. Passaram-se 30 anos na cadeia. Se não fosse menor de idade, teria sido condenado por toda a vida. Aceitei a sentença merecida; resignado, expiei a minha culpa. Maria Goretti foi verdadeiramente a minha luz, a minha protetora. Com o seu auxílio comportei-me bem e procurei viver honestamente, quando de novo a sociedade me recebeu entre os seus membros. Os filhos de São Francisco, os capuchinhos, acolheram-me com a caridade seráfica, como irmão. Estou com eles desde 1936. Agora espero serenamente o momento de ser admitido à visão de Deus, de rever e abraçar os meus entes queridos, e de estar perto do meu Anjo protetor e da sua querida mãe, a senhora Assunta... (Apud José Leite, S. J., op. cit., v. II, pp. 322-323.)

Foi canonizada por Pio XII, em 1950.

PRECE

Da graça do perdão

Deus, nosso Pai, Santa Maria Goretti perdoou àquele que lhe tirava a vida, e do céu intercedeu pela sua conversão, tornando-se para ele um anjo protetor. Dai-nos pureza de coração; que jamais brinquemos com os sentimentos das pessoas, mas respeitemos a dignidade de cada criatura, feita a vossa imagem e semelhança. E se algum dia nossa consciência nos acusar, valei-nos com a vossa misericórdia. Perdoai o nosso pecado e recriai em nós um espírito novo.

7 Julho
SÃO VILIBALDO

São Vilibaldo ou Guilhebaldo nasceu por volta do ano 701. Era filho de São Ricardo, rei dos saxões. Segundo a tradição, sua mãe, Winna, era irmã de São Bonifácio, apóstolo da Alemanha. São Vilibaldo foi educado na abadia de Waldreim. Acompanhou o pai e o irmão Vinebaldo numa peregrinação a Roma. Seu pai morreu em Lucca, Itália, antes de chegar a Roma. De Roma São Vilibaldo partiu para a Terra Santa e ali permaneceu sete anos. Por volta de 728, retornou à Itália. Recolheu-se, então, no mosteiro de Monte Cassino, onde exerceu o cargo de porteiro. Em 738 foi enviado a Roma, a serviço da Ordem, onde se encontrou com Bonifácio, o apóstolo da Alemanha. Este o levou consigo para a Alemanha, onde foi ordenado sacerdote, e 15 anos mais tarde sagrou-o bispo de Eichstadt. Fundou um mosteiro ao estilo do de Monte Cassino e presidiu a vários concílios alemães. Morreu provavelmente em 790.

PRECE

Do agradecimento à criação

Deus, nosso Pai, em Jesus vós nos dais a conhecer a vossa face amorosa. Pela fé sabemos e reconhecemos o quanto nos amais e o quanto quereis bem ao homem, obra de vossas mãos. Tudo o que existe no céu e na terra vós o dispuseste a serviço do homem, colocando-o no centro da criação.

Na verdade, Senhor, somos a vossa obra sábia e verdadeiramente amável, objeto da vossa predileção.

Dai-nos a graça de vos reconhecer em todas as coisas criadas em Cristo, por meio de Cristo e para Cristo Jesus, vosso Filho e Senhor de tudo o que existe.

Que nossos olhos estejam sempre atentos para ver e contemplar tudo aquilo que de belo, de bom, de verdadeiro, de dinâmico se encontra nas coisas, no universo e nas obras de nossas mãos.

Que as ciências, as artes, as instituições, a história humana, enfim, sejam um testemunho de que nos amais e velais por nosso destino.

8 Julho

SANTO ÁQUILA E SANTA PRISCILA

Santo Áquila e Santa Priscila eram casados. Originários do Ponto, foram para Corinto, quando da expulsão dos hebreus de Roma por Cláudio (41-54). Em Corinto, Paulo encontrou-se com Áquila e Priscila e ficou morando e trabalhando com eles na fabricação de tendas.

Em Atos dos Apóstolos 18, somos informados de que o casal acompanhou Paulo a Éfeso.

Arriscaram a própria vida para salvar São Paulo, conforme está escrito na Epístola aos Romanos 16,3s:

"Saudai Prisca e Áquila, meus colaboradores em Cristo Jesus, que para salvar minha vida expuseram suas cabeças. Não somente eu lhes devo gratidão, mas também todas as igrejas da gentilidade. Saudai também a Igreja que se reúne em sua casa".

PRECE

Na difusão do Evangelho

Deus, nosso Pai, Santo Áquila e Santa Priscila colaboraram intensamente na propagação do Evangelho e na animação das primeiras comunidades cristãs.

Senhor, fazei que também nós sejamos sinais do vosso Reino. Testemunhemos ao mundo que a vossa salvação alcança o coração dos homens e transforma as estruturas injustas.

Mediante o nosso compromisso histórico, levemos esta mensagem esperançosa aos aflitos e atribulados: os novos céus e a nova terra já são uma realidade.

Embora ainda não totalmente manifestas, atuam nas entranhas da história humana, resgatada pela morte de vosso divino Filho.

Que a nossa adesão a Jesus nos leve a uma solidariedade cada vez mais intensa e mais forte com nossos semelhantes.

Ensinai-nos a comungar e a partilhar, em comunidade, todo o bem e toda a graça que de vós recebemos.

9 Julho
SANTA PAULINA

Amábile Lúcia Visintaine – a Irmã Paulina do Coração Agonizante de Jesus ou simplesmente Madre Paulina – nasceu no dia 16 de dezembro de 1865, em Vígolo Vattaro (Trento, Itália). Foi a segunda de uma família de 14 filhos que ajudavam no sustento da casa, trabalhando na lavoura e que, em 1875, emigrou para o Brasil, estabelecendo-se no atual município de Nova Trento (SC).

Além do amor ao trabalho, desde pequena Amábile mostrava-se confiante em Deus. Era dotada de grande sensibilidade para com os pobres, doentes e necessitados e acarinhava o sonho de tornar-se freira. Em 1887, perde a mãe e precisa cuidar dos irmãos menores e dos afazeres domésticos. Tempos depois seu pai contrai segundas núpcias e permite-lhe realizar o sonho de tornar-se religiosa.

No dia 12 de julho de 1890, com sua amiga Virgínia Nicolodi, muda-se para um humilde casebre a fim de cuidar de uma doente em fase terminal de câncer, dando início à Congregação das Irmãzinhas da Imaculada Conceição, aprovada em 25 de agosto de 1895. Em dezembro desse ano, Amábile e as duas primeiras companheiras (Virgínia e Teresa Anna Maule) fazem os votos religiosos.

Em 1903, Madre Paulina foi eleita superiora geral da Congregação. Deixou Nova Trento e estabeleceu-se em São Paulo, no Ipiranga, onde se ocupou de crianças órfãs, filhos de ex-escravos e de escravos idosos e abandonados. Em 1909, Madre Paulina é afastada do cargo e enviada para Bragança Paulista, para dedicar-se aos cuidados de doentes e idosos. Ela obedece a decisão da autoridade eclesiástica e confia sua vida e a da Congregação aos desígnios de Deus.

Mulher forte e amadurecida na fé e no amor ao próximo, em 1918 retorna à Casa Geral. Não se cansava de exortar: *servir um doente é servir ao próprio Jesus*. Morreu no dia 9 de julho de 1942, aos 77 anos. No dia 19 de maio de 2002 foi incluída na lista das Santas e Santos da Igreja Católica.

PRECE

Ó Santa Paulina, que puseste toda a confiança no Pai e em Jesus e que, inspirada por Maria, decidiste ajudar o povo sofrido, nós te confiamos a Igreja que tanto amas, nossas vidas, nossas famílias, a Vida Consagrada e todo o povo de Deus. (*Pedir a graça desejada*).

Santa Paulina, intercede por nós, junto a Jesus, a fim de que tenhamos a coragem de lutar sempre, na conquista de um mundo mais humano, justo e fraterno. Amém.

Pai-nosso, ave-maria, glória.

10 Julho

BEM-AVENTURADO PACÍFICO

O bem-aventurado Pacífico foi um famoso trovador nascido em Marcas, Itália, no transcorrer do século XIII. Era chamado de "o rei dos versos" ou "príncipe dos poetas". Aos 50 anos, foi convertido por São Francisco de Assis. Em 1217 foi enviado a Paris, a fim de implantar ali a Ordem Franciscana. Em 1223, foi nomeado visitador das Clarissas. Em 1230 veio a falecer na Bélgica. Quando compôs sua obra-prima, o *Cântico das criaturas*, São Francisco de Assis estava momentaneamente cego. Quis, então, que frei Pacífico e outros frades fossem pelo mundo afora e onde chegassem cantassem o novo "cântico": "... Louvado sejas, meu Senhor, por aqueles que perdoam e perseveram na paz, porque graças a ti, ó Altíssimo, serão coroados...".

PRECE

Cântico das criaturas

Louvado sejas, meu Senhor,/ no conjunto de todas as criaturas,/ especialmente o senhor irmão sol,/ pois ele é dia/ e nos ilumina por si./ E ele é belo e radiante com grande esplendor./ E porta o teu sinal, ó Altíssimo./ Louvado sejas, meu Senhor,/ pela irmã lua e as estrelas;/ nos céus as formaste luminosas,/ preciosas e belas./ Louvado sejas, meu Senhor,/ pelo irmão vento e o ar e as nuvens,/ e o céu sereno e toda espécie de tempo,/ pelo qual dás sustento às tuas criaturas./ Louvado sejas, meu Senhor,/ pela irmã água,/ a qual é muito útil e humilde e preciosa e casta./ Louvado sejas, meu Senhor,/ pelo irmão fogo,/ pelo qual iluminas a noite;/ e ele é belo e alegre/ e vigoroso e forte./ Louvado sejas, meu Senhor,/ por nossa irmã e mãe terra,/ que nos alimenta e governa/ e produz variados frutos/ e coloridas flores e ervas./ Louvado sejas, meu Senhor, por aqueles que perdoam por teu amor,/ e suportam enfermidades e tribulações./ Bem-aventurados os que sofrem em paz,/ que por ti, Altíssimo, serão coroados./ Louvado sejas, meu Senhor,/ por nossa irmã, a morte corporal,/ da qual ninguém pode escapar./ Ai daqueles que morrem em pecado mortal!/ Felizes os que estão na tua santíssima vontade,/ que a morte segunda não lhes fará mal./ Louvai e bendizei a meu Senhor/ e rendei-lhe graças/ e servi-o com grande humildade.

11 Julho
SÃO BENTO

São Bento nasceu em Núrsia, na Úmbria, por volta do ano 480. Após concluir seus estudos em Roma, retirou-se para o monte Subíaco e se entregou à oração e à penitência. É o fundador do célebre mosteiro do Monte Cassino. Escreveu ali a sua famosa Regra. É considerado o pai do monaquismo no Ocidente. Morreu no dia 21 de março de 547. Duzentos anos após a sua morte, a Regra beneditina havia se espalhado pela Europa inteira, tornando-se a forma de vida monástica durante toda a Idade Média.

Os monges beneditinos exerceram papel importantíssimo na evangelização e nos evangelizadores da Europa medieval. Orar e trabalhar, contemplar e agir é a síntese da Regra beneditina. A vida religiosa não é mais privilégio de seres excepcionais e bem dotados espiritualmente. É possível a todos os que queiram buscar a Deus. Moderação é a tônica geral. Nela não mais se fala de mortificação e de penitências: um bom monge era aquele que não era soberbo nem violento, "não comilão, não dorminhoco, não preguiçoso, não murmurador...". Não é de estranhar que o emblema monástico passou a ser a cruz e o arado...

PRECE

Da construção da paz

"Legislador, doutor prudente e venerável,/ que sobre o mundo em altos méritos brilhais,/ vinde de novo, ó São Bento, completá-lo,/ com a fulgente luz de Cristo o clareai.

Por vós floriu algo de novo, admirável,/ unindo os povos em real fraternidade./ Artista e mestre em decifrar as leis sagradas,/ fazei cumpri-las com igual suavidade.

Livres e escravos, através da nova regra,/ fazeis discípulos de Jesus pela oração./ E o trabalho, sustentado pela prece,/ uniu a todos em um mesmo coração.

Guia fraterno, auxiliai todos os povos/ a trabalharem, se ajudando mutuamente/ na construção da paz feliz e dos seus frutos,/ usufruindo dos seus dons eternamente.

Glória a Deus Pai e a seu Filho Unigênito,/ e honra à Chama do divino Resplendor,/ e cuja graça e glória eterna vós fizestes/ razão primeira e objeto de louvor."

(Liturgia das Horas)

12 Julho

SÃO JOÃO GUALBERTO

São João Gualberto nasceu em Florença, na Itália, no começo do século XI. Ao encontrar-se com o assassino de seu irmão, foi tomado de ódio e de vingança. O assassino, entretanto, caiu de joelhos e abriu os braços em forma de cruz. Era uma Sexta-Feira Santa.

Abraçou o assassino dizendo-lhe: *Perdôo-te pelo sangue que Cristo hoje derramou na cruz.*

A partir desse momento, sua vida mudou completamente. Ingressou num mosteiro beneditino. Tempos depois, ameaçado pelo próprio abade e pelo bispo de Florença, os quais acusara de corrupção, São João Gualberto refugiou-se no Monte Vallombrosa. Construiu ali um mosteiro, segundo a Regra beneditina. No lugar de trabalho manual colocou muito estudo, leitura e meditação. Lutou ardorosamente contra a simonia. Morreu em 1073.

PRECE

Da libertação na reconciliação

Deus, nosso Pai, São João Gualberto, movido pela vossa graça, perdoou o assassino de seu irmão. E nesse gesto de amor ele pôde experimentar a vossa presença libertadora. Senhor, tende piedade de nós, quando achamos que perdoar as ofensas significa fraqueza; quando, esquecidos da vossa Palavra, queremos pagar o mal com o mal, multiplicando indefinidamente violência sobre violência; quando, esquecidos da nossa vocação à reconciliação, contribuímos para o agravamento do ódio, da violência, do individualismo, da discórdia, da vingança, das injustiças, das guerras, dos morticínios, das guerras religiosas e de toda sorte de fanatismo, colonialismo e imperialismos... Tende piedade de nós, quando nos eximimos de nossas responsabilidades de sermos luz, sal e fermento para o mundo; quando nos servimos da religião para os nossos próprios interesses. Tende piedade de nós, Senhor, porque não sabemos nem pedimos, com súplicas e orações, a graça de perdoar e de ser perdoados.

13 Julho

SANTO EUGÊNIO
(Bispo de Cartago)

Viveu por volta do século V e foi bispo de Cartago, cuja sede estava vacante há vinte e quatro anos. Era um homem humilde, caridoso, cheio de compaixão para com os pobres e necessitados. Perseguido pelos arianos na pessoa de Hunerico, rei dos vândalos, Santo Eugênio lutou ardorosamente contra a heresia ariana. E proclamou publicamente, durante uma reunião entre bispos católicos e arianos:

Há três que dão testemunho no céu: o Pai, o Verbo e o Espírito Santo, e esses três são uma mesma coisa. E concluiu: *Essa é a nossa fé, apoiada na autoridade e nas tradições dos evangelistas e dos apóstolos e fundada sobre a sociedade de todas as Igrejas Católicas do mundo, na qual pela graça de Deus onipotente, esperamos perseverar até o fim da vida* (20 de junho de 484). (Apud Padre Rohrbacher, op. cit., v. XII, p. 404.) Santo Eugênio foi exilado e com ele mais de quinhentas pessoas.

A perseguição movida pelos arianos contra os católicos foi cruel e sangrenta. Santo Eugênio morreu no ano 505, em Álibi, cidade sob o domínio ariano.

PRECE

Cântico à Trindade

Deus, nosso Pai, vós sois a "profundeza inatingível e última de nossa vida, a fonte de nosso ser, a meta de todos os nossos esforços".

Vós sois comunidade e comunhão de amor e de vida.

Santo Eugênio confessou a vossa Trindade Santíssima, que a nós se manifesta cheia de bondade e de misericórdia, rica em graça e fidelidade.

Que também nós, criados à vossa imagem e semelhança, cheguemos à perfeita comunhão convosco e com nossos irmãos. Vós sois um Deus de amor.

Possamos vos conhecer e amar cada vez mais e, mediante este amor e este conhecimento, transformar a nossa mente e o nosso coração.

Bendito sejais, Senhor Deus de nossos pais.
Bendito seja o vosso nome de glória e santidade.
Sejais bendito no templo de vossa glória.
Sejais bendito sobre o trono de vosso reino!

14 Julho

SÃO FRANCISCO SOLANO

São Francisco Solano nasceu em Montilla, Espanha, em 1549. Aos vinte anos ingressou na Ordem dos Irmãos Menores da Observância. Ordenado sacerdote, foi mestre de noviços e missionários nas províncias espanholas do sul. Em 1589 foi enviado ao Peru. Durante a viagem, o navio em que viajava encalhou num banco de areia. Após três dias, foram resgatados e levados a uma costa deserta. Por fim, um navio recolheu-os e os levou para Lima.

São Francisco Solano percorreu toda a América do Sul, desde o Peru até a Argentina. Aprendeu os dialetos indígenas e se colocou a favor das classes marginalizadas, denunciando a corrupção geral. Morreu em Lima em 1610 e foi declarado santo em 1726. É o patrono dos missionários da América Latina.

PRECE

Pela vida na América Latina

Deus, nosso Pai, por intercessão de São Francisco Solano, iluminai e protegei todos os missionários da América Latina.

E pelo sangue de todos os nossos mártires latino-americanos, abençoai e protegei também a vossa Igreja, fazendo dela o sacramento do vosso reino de paz e de justiça entre os homens.

Ouvi, pois, Senhor, esse nosso canto:

Pai, ó Pai nosso, quando é que este mundo será nosso? Pai nosso, quando o mundo será nosso, dos pobres, nossos irmãos. Pai nosso, como é duro ver minha gente crucificada pela opressão. Pai nosso, quem enxugará os prantos dos povos que não têm pão? Pai nosso, quem saciará os povos de graça e libertação? Pai nosso dessa América ferida. Ah, vida, quanta aflição. Pai nosso, quando vem a liberdade dos povos dessas nações? Pai nosso, o coração de nossa gente despedaçado quer solução. Pai nosso, a esperança do presente é igualdade, repartição. Pai nosso, quando a terra será nossa, dos pobres, das multidões? Pai nosso, quando o mundo será nosso, dos pobres, sem opressões?

15 Julho
RODOLFO LUNKENBEIN

Sacerdote salesiano, nasceu no dia 1º de abril de 1939, em Doringstadt, Alemanha Ocidental. Foi assassinado no dia 15 de julho de 1976, quando a aldeia dos índios bororós, em Mato Grosso, foi atacada por 60 fazendeiros armados. Queriam vingar-se dos indígenas por causa de problemas de terra. Juntamente com pe. Rodolfo foi assassinado também o índio Simão e feridos outros tantos.

Rodolfo havia vivido toda a sua vida em meio aos índios, procurando com eles resgatar a esperança de vida da tribo. De fato, antes de sua chegada à aldeia, as mulheres bororós já não queriam gerar filhos, decretando desse modo o desaparecimento da tribo. Já fazia seis anos que não nascia uma única criança. Contudo, na missa de funeral de Rodolfo e do índio Simão já se podia contar um bom número de crianças.

PRECE

Da esperança no compromisso

Deus, nosso Pai, celebramos, com a morte gloriosa do Cristo, a morte gloriosa de Rodolfo e de Simão, o sangue de Teresa, de Lourenço, de Zezinho e de Gabriel; a angústia e a solidariedade de Ochoa, dos bororós, dos missionários... perfeitos no amor, segundo a Palavra de Cristo: o índio deu a vida pelo missionário; o missionário deu a vida pelo índio.

Para todos nós, índios e missionários, este sangue de Meruri é um compromisso e uma esperança.

O índio terá terra!

O índio será livre!

A Igreja será índia!

(Pedro Casaldáliga, in *Martírio* – Memória perigosa na América Latina)

16 Julho

NOSSA SENHORA DO CARMO

A Ordem dos Carmelitas tem como modelo o profeta Elias. E caracteriza-se por uma profunda devoção a Maria. A Sagrada Escritura fala da beleza do Monte Carmelo, onde o profeta Elias defendeu a fé do povo de Israel no Deus vivo e verdadeiro. Carmelo em hebraico significa "vinha do Senhor". Ali Elias enfrentou os profetas de Baal.

Segundo o *Livro das instituições*, Elias teve uma visão em que a Virgem lhe apareceu sob a figura de uma pequena nuvem que saía da terra e se dirigia ao Carmelo. Em 93, os monges construíram sobre o Monte Carmelo uma capela em honra a Virgem Maria. As gerações de monges se sucederam através dos tempos. Em 1205, o patriarca de Jerusalém deu-lhes uma Regra baseada no trabalho, na meditação das Escrituras, na devoção a Nossa Senhora, na vida contemplativa e mística. No século XIII, entretanto, os muçulmanos invadiram a Terra Santa. Os eremitas do Monte Carmelo fugiram para a Europa. Nessa época, tinham como superior geral São Simão Stock. Enquanto rezava pedindo a Nossa Senhora que protegesse a Ordem dos Carmelitas dos perseguidores, recebeu das mãos de Nossa Senhora do Carmo o escapulário: *Eis o privilégio que dou a ti e a todos os filhos do Carmelo: todo o que for revestido deste hábito será salvo.*

PRECE

Do encontro com Deus

Deus, nosso Pai, celebramos hoje a memória da gloriosa Virgem Maria que concebeu vosso Filho bem amado, Jesus Cristo Nosso Senhor.

Por intercessão de Nossa Senhora do Carmo protegei-nos de todos os perigos e dai-nos a graça de termos uma boa morte.

Debaixo de sua proteção materna, cheguemos até vós e gozemos do vosso amor e da vossa misericórdia em todos os dias de nossa vida.

Não nos deixeis abandonados ao nosso egoísmo, indiferença, ódio e rancor.

Protegei nossas famílias e fazei crescer em nossos corações o amor aos nossos irmãos, especialmente àqueles que mais precisarem de nós.

17 Julho
BARTOLOMEU DE LAS CASAS

Bartolomeu de las Casas nasceu em Sevilha, Espanha, no ano de 1474. É o maior defensor dos direitos dos índios na América Latina. Aos 33 anos ordenou-se sacerdote. Em 1511, mudou radicalmente a sua vida. De explorador dos índios que era, passou a defendê-los com unhas e dentes. Libertou os índios e dividiu as terras que possuía. Dizia ele:

Sobre esses cordeiros tão dóceis, tão dotados pelo Criador, os espanhóis se arremessaram no mesmo instante em que os conheceram, e como lobos, leões e tigres cruéis, há muito tempo famintos, de quarenta anos para cá, e ainda hoje em dia, outra coisa não fazem senão despedaçar, matar, afligir, atormentar e destruir esse povo por estranhas crueldades, de tal sorte que de três milhões de almas que havia na Ilha Espanhola, e que nós vimos, não há hoje de seus naturais habitantes nem duzentas pessoas... (Apud *Calendário do Povo latino-americano*, Cehila-popular, São Paulo, Paulinas, 1986.)

Bartolomeu de las Casas foi nomeado bispo quando tinha 70 anos de idade, em 1544. Ficou apenas três anos em Chiapas, México, sempre perseguido pelos espanhóis. Em 1547 regressou à Espanha, continuando ali a defesa dos índios. Muito escreveu sobre a causa indígena. Morreu em Madri no dia 17 de julho de 1566. É muito querido do povo mexicano.

PRECE

Do serviço aos indefesos

Deus, nosso Pai, os séculos passaram e ainda permanece viva a queixa de Bartolomeu de las Casas em favor dos índios explorados e expulsos de sua própria terra.

Aos poucos vão sendo destruídos em sua própria identidade, esmagados pela "cultura do branco", que outra coisa não significa que ganância, avareza, cobiça, lucro, exploração desenfreada e selvagem da terra.

Exploração daqueles que, como sangue, percorrem as veias da terra, mãe pródiga e frágil, fecundada e amante de seus filhos, nascidos de seu seio.

Senhor, tende piedade de nós, pois em nome da religião pisamos e esmagamos a dignidade de nossos irmãos índios; em nome do progresso e do bem-estar tiramos a vida de povos indefesos.

18 Julho

CARLOS DE DIOS MURIAS E GABRIEL LONGUEVILLE

Carlos de Dios era sacerdote conventual franciscano e Gabriel Longueville, sacerdote diocesano. Quando foram assassinados, Carlos tinha 30 anos e Gabriel, 44. Supostos homens da Polícia Federal solicitaram a presença de ambos em La Rioja, para deporem em favor de alguns presos. Contudo, ao invés de se dirigirem a La Rioja, rumaram para Córdoba. Foram assassinados no dia 18 de julho de 1976, em Chamical, perto de Córdoba. Os corpos somente foram encontrados dois dias depois ao lado de uma estrada de ferro.

Dom Angelelli, bispo de La Rioja, assassinado logo no mês seguinte, (4/8) declarou na ocasião:

... Choramos porque a maldade se encarnou em pessoas concretas para ultimar cruelmente a dois inocentes. Mas perdoamos e confiamos na promessa da Ressurreição. Aqui está o fundamento de nossa entrega ao Senhor. (Apud José Marins, op. cit., p. 133.)

PRECE

Oração de Enrique Angelelli

Oremos pela pátria, porque está doente de esperança, de amor comprometido, de injustiças, de mentiras.

Oremos por nossa cidade, que está ruminando seu sofrimento e sua esperança.

Oremos por Carlos, Antonio, Enrri, para que sejam testemunhas daquilo que jamais morre.

Oremos pelos executores de tantas atitudes e medidas que engendram sofrimento no povo.

Oremos pelos que delatam e caluniam a tantos dos nossos irmãos inocentes.

Oremos por nossos juízes, para que não se esqueçam de seu ministério de servidores deste povo.

Oremos por aqueles que tomam decisões de governo, para que o façam guiados pela justiça e pela felicidade de seu povo.

Oremos para que os que levam o uniforme saibam que é para ajudar nosso povo a ser feliz e não desgraçado. Que temam o julgamento de Deus e não tenham que passar à história com um severo julgamento do povo a quem devem servir como o fizeram nossos próceres.

Oremos por nossa infância e juventude, para que sejam fortes interiormente e assumam todas as exigências para construir uma sociedade nova. Que o Senhor nos perdoe nossos pecados, em benefício da sociedade que legamos.

(*Martírio* – Memória perigosa na América Latina)

19 Julho
SÃO SÍMACO
(Papa)

São Símaco nasceu na Sardenha, segundo alguns manuscritos; em Roma, segundo outros. Foi o sucessor do papa Santo Anastácio, que morreu no dia 16 de novembro de 498. Seu pontificado durou cerca de 15 anos e foi conturbado pelas intrigas religiosas e pelas ameaças das heresias. Em Constantinopla reinava o imperador ariano Anastácio, e no Ocidente, Teodorico, também ariano, mas que tinha como conselheiro o sábio e virtuoso Cassiodoro.

São Símaco convocou vários concílios, a fim de restabelecer a paz e a unidade na Igreja. Foi, porém, perseguido cruelmente pelos arianos. Isto fica claro na carta que Santo Avito escreveu em nome dos bispos das Gálias: *Estávamos ansiosos, quando recebemos da Itália o decreto dado pelos bispos italianos reunidos em Roma, a respeito do papa Símaco. Embora um numeroso concílio torne esse decreto respeitável, compreendemos, entretanto, que o santo papa Símaco, se foi acusado primeiro diante do século, teria devido encontrar em seus colegas consoladores, antes que juízes...* (Padre Rohrbacher, op. cit., v. XIII, pp. 158-159.)

Seu desejo de paz e de unidade ficou expresso nesta carta que escreveu à Igreja do Oriente, perseguida pelo imperador ariano Anastácio: ... *Eu vos induzo como quem vos ama, não acuso como quem odeia. Por isso, meus irmãos, desejando a todos a unidade da Igreja e aspirando à beleza celeste da santa concórdia, dizemos como Davi: Como é bom, como é feliz viverem os irmãos unidos.* (Id., p. 174.)

O papa São Símaco morreu no ano 514.

PRECE

A vida na fraternidade

Vede: como é bom, como é agradável habitar todos juntos, como irmãos. É como óleo fino sobre a cabeça, descendo pela barba, a barba de Aarão, descendo sobre a gola de suas vestes. É como o orvalho do Hermon, descendo sobre os montes de Sião; porque aí manda o Senhor a bênção, a vida para sempre (Salmo 133).

20 Julho

SANTO ELIAS
(Profeta)

O profeta Elias era de Tesbi, Galaad. "Elias" significa "Meu Deus é o Senhor". Elias foi um dos maiores profetas do Antigo Testamento que viveu nos reinados de Acab e Ocozias (século IX a.C.). Dele nos fala o 1º e o 2º livro dos Reis. Elias é o profeta que insiste e não se cansa de afirmar que o Senhor Deus de Israel é único e que não existe outro Deus senão ele. Deus domina sobre a natureza. Ao professar o Deus único e verdadeiro, Elias opõe-se aos ídolos e divindades cósmicas cananéias. Foi o defensor da religião, da moral e da política contra a tirania do absolutismo, pois tudo deve estar submetido ao Deus único e verdadeiro. Para Elias, Deus se apresentou não em meio ao terremoto, ao furacão e ao fogo, mas sim em uma brisa suave, significando a ternura com que Deus trata seus profetas.

PRECE

Dos profetas da vida

Deus, nosso Pai, o profeta Elias lutou ardorosamente para preservar a aliança que estabelecestes com o vosso povo. No monte Horeb falastes a seu coração na intimidade, mostrando como procedeis com vossos filhos. É na paz e não na violência que nos confiais vossos segredos. E Jesus, vosso Filho, ensinou-nos a chamar-vos de Pai e a confiar na vossa proteção poderosa. Por isso, Senhor, hoje nós vos pedimos: falai ao nosso coração mediante o vosso Espírito Santo de Amor. Inspirai-nos sentimentos de misericórdia e de ternura para com nossos irmãos. Que tenhamos hoje a vós como Deus único e verdadeiro.

21 Julho
DANIEL
(Profeta)

Daniel, um jovem judeu, foi deportado para a corte de Nabucodonosor. Ali foi instruído na sabedoria dos caldeus. Permaneceu na Babilônia até o terceiro ano de Ciro (537 a.C.). O livro de Daniel tem como objetivo sustentar a esperança do povo fiel, perseguido por Antíoco Epífanes. Mostra que é preciso resistir contra os opressores: "Que o nome de Deus seja bendito de eternidade em eternidade, pois são dele a sabedoria e a força. É ele quem muda tempos e estações, quem depõe reis e entroniza reis, quem dá aos sábios a sabedoria e a ciência aos que sabem discernir. Ele revela as profundezas e os segredos, ele conhece o que está nas trevas e junto dele habita a luz" (Daniel 2,20ss).

PRECE

Do louvor pela criação

Vós, todas as obras do Senhor, bendizei o Senhor: louvai-o e exaltai-o para sempre! Anjos do Senhor, bendizei o Senhor: louvai-o e exaltai-o para sempre! Ó céus, bendizei o Senhor; louvai-o e exaltai-o para sempre! Sol e lua, bendizei o Senhor: louvai-o e exaltai-o para sempre! Luz e trevas, bendizei o Senhor: louvai-o e exaltai-o para sempre! Que a terra bendiga o Senhor: que ela o louve e o exalte para sempre! Tudo o que germina sobre a terra, bendizei o Senhor: louvai-o e exaltai-o para sempre! Todos os animais, selvagens e domésticos, bendizei o Senhor: louvai-o e exaltai-o para sempre! E vós, ó filhos dos homens, bendizei o Senhor: louvai-o e exaltai-o para sempre! Tu, Israel, bendize o Senhor: louvai-o e exaltai-o para sempre! Vós, santos e humildes de coração, bendizei o Senhor: louvai-o e exaltai-o para sempre! Dai graças ao Senhor, porque ele é bom, porque a sua misericórdia é para sempre.

(Daniel 3,57-59.62.72.74.76.81-83.87.89.90)

22 Julho
SANTA MARIA MADALENA

Santa Maria Madalena era natural de Magdala, na Galiléia. Era uma das mulheres que proviam às necessidades de Jesus. Acompanhou Jesus em sua paixão, crucifixão e estava presente em seu sepultamento. Foi testemunha do sepulcro vazio. Jesus ressuscitado apareceu-lhe: *Maria estava junto ao sepulcro, de fora, chorando. Enquanto chorava inclinou-se para o interior do sepulcro e viu dois anjos, vestidos de branco, sentados no lugar onde o corpo de Jesus fora colocado, um à cabeceira e outro aos pés. Disseram-lhe então: "Mulher, por que choras?". Ela lhes diz: "Levaram o meu Senhor e não sei onde o colocaram!". Dizendo isso, voltou-se e viu Jesus de pé. Mas não sabia que era Jesus. Jesus lhe diz: "Mulher, por que choras? A quem procuras?". Pensando ser ele o jardineiro, ela lhe diz: "Senhor, se foste tu que o levaste, dize-me onde o puseste e eu o irei buscar!". Diz-lhe Jesus: "Maria!". Voltando-se ela diz em hebraico: "Rabbuni!", que quer dizer "Mestre"* (João 20,11-18).

Maria Madalena, juntamente com Maria, a Mãe de Jesus, é um exemplo de fidelidade e coragem no seguimento de Jesus.

PRECE

A Maria, presença e testemunha da vida

"Luminosa, a aurora desperta e o triunfo de Cristo anuncia.

Tu, porém, amorosa, procuras ver e ungir o seu Corpo, ó Maria.

Quando o buscas, correndo ansiosa, vês o anjo envolvido em luz forte; ele diz que o Senhor está vivo e quebrou as cadeias da morte.

Mas o amor tão intenso prepara para ti recompensa maior: crês falar com algum jardineiro, quando escutas a voz do Senhor.

Estiveste de pé junto à cruz, com a Virgem das Dores unida; testemunha e primeira enviada és agora do Mestre da vida.

Bela flor de Magdala, ferida pelo amor da divina verdade, faze arder o fiel coração com o fogo de tal caridade.

Dai-nos, Cristo, imitarmos Maria em amor tão intenso, também, para um dia nos céus entoarmos vossa glória nos séculos. Amém."

(*Liturgia da Horas*)

23 Julho
SANTA BRÍGIDA

Nasceu em Finstad, perto de Upsala, na Suécia, em 1303, e morreu em Roma, em 1373. É chamada também de Santa Brigite. Foi contemporânea de Santa Catarina de Sena.

Aos 13 anos, em 1316, casou-se com o príncipe de Nreícia, Wulfom. Tiveram oito filhos, entre eles uma santa: Catarina. Fundaram um hospital e eles próprios, Santa Brígida e o marido, cuidavam dos doentes. Em 1344, ficou viúva e se recolheu em um mosteiro. Em 1346, fundou um mosteiro em Vadstena. Levava vida austera, chegando a mendigar às portas das igrejas. Uns dez anos antes de morrer, fundou a ordem de São Salvador (brigidinas), da qual mais tarde, sua filha, Santa Catarina da Suécia, viria a ser a priora. Em 1372, partiu em companhia da filha, Catarina, e de dois filhos, para a Terra Santa.

Foi uma grande mística, cujas experiências de Deus, suas Revelações, publicadas em livro, são a maior prova de seu profundo amor a Jesus e da solidez de sua espiritualidade. Juntamente com Santa Catarina de Sena, Brígida é uma das místicas mais conhecidas nos séculos XIV e XV.

PRECE

Ao Cristo Ressuscitado

"... Glória seja dada a vós, meu Senhor Jesus Cristo. Conforme a vossa vontade, vosso sagrado corpo foi descido da cruz por vossos amigos e colocado nos braços de vossa Mãe cheia de aflição. Envolvido em lençóis fostes sepultado...

Para sempre sede louvado, meu Senhor Jesus Cristo, que no terceiro dia levantastes da morte e vos manifestastes vivo àqueles que vós escolhestes.

Quarenta dias depois, na presença de numerosas testemunhas, subistes aos céus.

E estabelecestes na glória do céu os amigos que livrastes do poder da morte.

Meu eterno júbilo e eterno louvor a vós, Senhor Jesus Cristo, que enviastes o Espírito Santo aos corações de vossos discípulos, e fizestes crescer o imensurável amor de Deus em suas almas..."

(Extrato da Oração de Santa Brígida a Cristo Salvador)

24 Julho

BEM-AVENTURADO ANTONIO TURRIANI

Nasceu em Milão e viveu no século XV. Estudou medicina e cirurgia. Acreditando que as doenças eram causadas pelo pecado, exigia dos clientes que se confessassem antes de procurá-lo.

Ingressou na ordem dos eremitas de Santo Agostinho, na província de Milão. Ordenado sacerdote, foi eleito prior, cargo que recusou. Partiu em peregrinação ao santuário de São Tiago de Compostela, e pelo caminho ia curando os doentes que encontrava. De volta, foi para Áquila, que se encontrava dividida por contínuas discórdias. Ali continuou a pregar a paz. Em 1476, Áquila foi assolada pela peste. Antonio Turriani entregou-se, então, aos cuidados dos necessitados, zelando tanto pela saúde corporal como espiritual deles.

Veio a falecer no ano de 1484, aos 70 anos.

PRECE

Pela justiça e reconciliação

Deus, nosso Pai, possamos nos encontrar mais profundamente com Jesus Cristo, presente em nossa vida, vivo e ressuscitado na comunidade, na Igreja, na história humana, conduzindo os povos, segundo o vosso desígnio de amor.

Que no amor, na fé e na esperança, possamos fazer a experiência da caminhada convosco e lutar pela justiça e pela reconciliação entre os homens, promovendo a paz e nos colocando ao serviço dos mais necessitados.

Com a vossa graça, ajudemos o Reino de Deus a acontecer no meio de nós; vivamos realmente a nossa profissão de fé num Deus que é Pai e amor.

25 Julho
SÃO CRISTÓVÃO

São Cristóvão viveu provavelmente na Síria e sofreu o martírio no século III. É o padroeiro dos motoristas e, por extensão, dos viajantes também. "Cristóvão" significa "Aquele que carrega Cristo" ou "porta-Cristo". Seu culto remonta ao século V. De acordo com uma lenda, Cristóvão era um gigante com mania de grandezas. Ele supunha que o rei a quem ele servia era o maior do mundo. Veio a saber, então, que o maior rei do mundo era Satanás. Colocou-se pois, a serviço deste. Informando-se melhor, descobriu que o maior rei do mundo era Nosso Senhor. Um ermitão mostrou-lhe que a bondade era a coisa mais agradável ao Senhor. São Cristóvão resolveu trocar a sua mania de grandeza pelo serviço aos semelhantes. Valendo-se da força imensa de que era dotado, pôs-se a baldear pessoas, vadeando o rio. Uma noite, entretanto, um menino pediu-lhe que o transportasse à outra margem do rio. À medida que vadeava o rio, o menino pesava cada vez mais às suas costas, como se fosse o peso do mundo inteiro. Diante de seu espanto, o menino lhe disse: *Tiveste às costas mais que o mundo inteiro. Transpor-*

taste o Criador de todas as coisas. Sou Jesus, aquele a quem serves.

PRECE

Senhor, que dissestes: "Quem vos recebe, a mim recebe"; e mais: "Quem não toma a sua cruz e me segue, não é digno de mim", fazei com que o bem-aventurado mártir São Cristóvão aumente em nós o amor de vosso nome e tenhamos a felicidade de ver-vos em nossos irmãos no caminho da vida. Amém.

Oração do motorista

Dai-me, Senhor, firmeza e vigilância no volante, para que eu chegue ao meu destino sem acidentes. Protegei os que viajam comigo. Ajudai-me a respeitar a todos e a dirigir com prudência. E que eu descubra vossa presença na natureza e em tudo o que me rodeia. Amém.

(Tiago Alberione, *A Família Paulina em oração*)

26 Julho
SÃO JOAQUIM E SANT'ANA

Uma tradição do segundo século afirma que os pais de Nossa Senhora, e avós de Jesus, chamavam-se Joaquim e Ana.

Conforme uma lenda da Idade Média, Joaquim e Ana viviam humilhados porque não tinham filhos. Eram estéreis. Joaquim dirigiu-se então para o deserto e ali passou em jejum e oração 40 dias. Ao terminar os 40 dias, apareceu-lhe um anjo anunciando que teriam um filho. De fato, tiveram uma filha, à qual deram o nome de Maria.

A devoção a Santa Ana ou Sant'Ana remonta ao século VI, no Oriente. No Ocidente data de século X. A devoção a São Joaquim é mais recente.

PRECE

Da esperança dos humildes

"A estrela d'alva já brilha, já nova aurora reluz, o sol nascente vem vindo e banha o mundo de luz.

Cristo é o sol da justiça. Maria, aurora radiante.

Da lei a treva expulsando, ó Ana, vais adiante.

Ana, fecunda raiz, que de Jessé germinou, produz o ramo florido do qual o Cristo brotou.

Mãe da Mãe santa de Cristo, e tu, Joaquim, santo pai, pelas grandezas da filha, nosso pedido escutai.

Louvor a vós, Jesus Cristo, que de uma Virgem nascestes.

Louvor ao Pai e ao Espírito, lá nas alturas celestes".

(*Liturgia das Horas*)

27 Julho
SÃO CELESTINO I
(Papa)

São Celestino era originário de Campanha, sul da Itália. Seu pontificado durou 10 anos (422-432). Foi contemporâneo de Santo Agostinho, com quem mantinha amigável correspondência. Foi um homem de grandes realizações: cuidou da reconstrução de Roma, saqueada pelos bárbaros, em 410; defendeu o direito de o Papa receber apelos de qualquer cristão, leigo ou clérigo. Seus *Decretais* mais tarde dariam origem ao *Código do Direito Canônico*. Combateu ardorosamente as heresias, corrigiu os abusos, dissipou as dúvidas doutrinais. Foi um intrépido defensor de Santo Agostinho.

Morreu no dia 27 de julho de 432 e foi sepultado no cemitério de Priscila.

PRECE

Do homem em busca de Deus

Deus, nosso Pai, quisestes que São Celestino regesse o vosso povo e o conduzisse até vós. Nós vos damos graças, porque jamais desamparastes a vossa Igreja em sua difícil e esperançosa caminhada pela terra, rumo à pátria celeste. Nós vos damos graças, porque o Espírito de Jesus nos foi dado como dom e como garantia de que vosso Reino jamais desfalecerá sobre a terra.

Espírito Consolador, aperfeiçoai em nós a obra que Jesus começou. Tornai forte e contínua a oração que fazemos em nome do mundo inteiro. Apressai para cada um de nós os tempos de uma profunda vida interior; impulsionai o nosso apostolado, que deseja atingir todos os homens. Tudo seja grande em nós: a busca e o culto da verdade; a prontidão ao sacrifício até a cruz e a morte; e tudo enfim corresponda à oração sacerdotal de Jesus ao Pai celeste e àquela efusão que de vós, Espírito de amor, o Pai e o Filho irradiam sobre a Igreja e sobre as suas instituições, sobre cada pessoa e sobre os povos. Amém, amém. Aleluia, aleluia!

28 Julho

SANTO INOCÊNCIO I
(Papa)

Nasceu em Albano Laziale, Roma. Seu pontificado durou 16 anos. Governou a Igreja num período histórico muito difícil. Em 410, por exemplo, Roma foi saqueada por Alarico. As devastações se prolongaram por três dias. Apesar disso, a autoridade de Santo Inocêncio foi respeitada pelos bárbaros.

Santo Inocêncio manteve um relacionamento cordial com todas as Igrejas, comunicando-se com elas através de numerosas cartas que hoje fazem parte das coleções canônicas. Zelou pela liturgia sacramental: batismo, reconciliação, unção dos enfermos, indissolubilidade do matrimônio. Durante o seu pontificado surgiu a heresia de Pelágio, contra a qual Agostinho opôs-se com veemência.

Santo Inocêncio, não obstante a firmeza demostrada em corrigir os abusos doutrinais, era um homem de coração aberto e extremamente acolhedor e compreensivo tanto dos pequenos problemas particulares como também dos grandes dramas sociais.

Morreu em Roma, no ano 417.

PRECE

Do povo que caminha para Deus

Deus, nosso Pai, desejais que o vosso povo santo e pecador seja no mundo "o sacramento universal da salvação". Somos chamados e compelidos a ser sal da terra, luz do mundo, o fermento na massa da humanidade desesperançada e descrente da verdadeira paz e do verdadeiro amor. Na verdade, tudo deve ser restaurado em Jesus, vosso Filho e Senhor nosso, e o vosso Nome deve ser bendito e glorificado por todo o sempre na humanidade reconciliada e irmanada numa única família e num único povo. Por intercessão de Santo Inocêncio, escolhido para confirmar na fé e na unidade a vossa Igreja, infundi em nossos corações um amor profundo e sincero àqueles que têm a difícil missão de conduzir o rebanho do Senhor rumo à terra prometida. Apesar de nossas falhas e de nossos pecados, não afasteis de nós o vosso olhar de ternura e de misericórdia, pois Jesus Cristo, vosso Filho, foi crucificado, morto, sepultado por nossas culpas, mas vós o ressuscitastes para a nossa salvação.

29 Julho
SANTA MARTA

"Marta" em aramaico significa "senhora". Era a irmã de Maria e de Lázaro. Por várias vezes Jesus hospedou-se em sua casa. Ela dispensava ao Mestre um carinho todo especial, providenciando aquilo de que ele necessitava. Foi a seu pedido que Jesus ressuscitou a Lázaro, seu irmão (cf. João 11,21ss).

A devoção a Santa Marta remonta à época das Cruzadas. Originou-se na França, lugar em que, segundo uma lenda, Marta, Maria e Lázaro terminaram os seus dias. Santa Marta era mais popular na cidade de Tarascon, onde, segundo a tradição, estrangulara Tarasca, um monstro que devorava animais domésticos e crianças. É considerada a patrona das cozinheiras.

PRECE

Da esperança do encontro

Santa Marta de Betânia, hospedeira do Senhor, hoje o Povo da Aliança canta um hino em teu louvor.

Tua casa foi o abrigo onde o Mestre repousou.

No calor de um lar amigo, ele as forças renovou.

Pão e vinho lhe serviste, quando tua irmã, Maria, vida eterna em alimento dos seus lábios recebia.

Reclamaste a sua ausência junto a Lázaro doente, proclamando assim a fé no seu verbo onipotente.

Dele escutas a promessa: teu irmão ressurgirá.

E proclamas: Tu és Cristo, Deus conosco em ti está.

No milagre testemunhas seu poder e seu amor: teu irmão retorna à vida, à palavra do Senhor.

Que possamos caminhar com Jesus, na fé ardente, e contigo contemplar sua face eternamente.

(*Liturgia das Horas*)

30 Julho

SÃO PEDRO CRISÓLOGO
(Bispo e Doutor da Igreja)

Pouco se sabe da vida de Pedro Crisólogo, célebre orador sacro e doutor da Igreja. Viveu no fim do século IV e início do século V. Seu apelido "Crisólogo" significa "Palavra de ouro".

Dele se conservam cerca de 200 sermões. Sua pregação colocava insistentemente em evidência o amor paternal de Deus:

Deus prefere ser amado a ser temido.

Um antigo escrito afirma a respeito dele:

... Semeia nos povos as leis da justiça, enche de luz as páginas obscuras dos sagrados livros, e as gentes chegam de regiões distantes para o ver e ouvir. (Apud José Leite, S. J., op. cit., v. II, p. 412.)

São Pedro Crisólogo disse certa vez:

Os que passaram, viveram para nós; nós, para os vindouros; ninguém para si (id., p. 407).

Morreu em Ímola, em 451.

PRECE

Do acolhimento

Deus, nosso Pai, convertei nossos corações e libertai-nos de todo o farisaísmo, de toda a falsidade no pensar, agir, sentir e viver. Nossos corações sejam abertos a acolher nossos irmãos, a valorizá-los antes de tudo e sobretudo como pessoas humanas. Livrai-nos da tentação de rotular os outros e classificá-los segundo os nossos preconceitos, as nossas ideologias, as nossas religiões, e nossos credos mal-interpretados, segundo o que temos e não o que somos. Saibamos manter e defender a nossa dignidade de filhos de Deus, amados e queridos. Dai-nos coragem e destemor para não vergarmos diante dos que possuem o poder e a força; que jamais sejamos escravos de nada e de ninguém.

Somente diante de vós, Senhor nosso, rendamos graças e louvor filial.

31 Julho
SANTO INÁCIO DE LOYOLA

*N*asceu em Azpzitia, Espanha, em 1491. Optou pela carreira militar. Ferido em combate, repensou radicalmente sua vida. Pensou em se tornar eremita e levar vida penitente. De regresso da Terra Santa, resolveu estudar latim em Barcelona, filosofia e teologia em Alcalá, Salamanca e Paris, onde começou a reunir alguns companheiros em torno de si. Entre seus primeiros colaboradores estão Pedro Fabro, Francisco Xavier, Laínez, Salmeron, Simão Rodrigues e Bobadilha. No dia 15 de agosto de 1534 nasceu em Montmartre a Companhia de Jesus. Santo Inácio exerceu intensa atividade apostólica, seja governando a Ordem, seja escrevendo e orientando a formação de seus discípulos:

O conceito de Santo Inácio sobre o mundo é guerreiro. Em Deus está o Imperador; tudo deve convergir para a sua glória. O Generalíssimo, na terra, é o papa; por isso coloca aos pés do Sumo Pontífice a sua Companhia, e dispõe que ela pronuncie um quarto voto de "especial obediência ao Sumo Pontífice no que se refere a missões entre hereges e pagãos". (Apud José Leite, S. J., op. cit., vol. II, p. 412.)

Foi também um grande místico e dotado de uma profunda espiritualidade. Amava apaixonadamente Cristo e a Igreja. Morreu em Roma no ano de 1556.

PRECE

Do discernimento da vontade divina

"Nosso canto célebre a Inácio, de um exército de heróis comandante, general que os soldados anima com palavras e atos, constante.

O amor de Jesus, Cristo Rei, sobre ele obteve vitória.

Depois disso, a sua alegria foi buscar para Deus maior glória.

Ele, aos seus companheiros reunido num exército aguerrido e valente, os direitos de Cristo defende e dissipa as trevas da mente.

Pelo Espírito Santo inspirado esse grande e prudente doutor, discernindo os caminhos do reino, salvação para o mundo indicou.

Desejando que a Igreja estendesse os seus ramos a muitas nações, aos rincões mais distantes da terra os seus sócios envia às missões.

Seja glória e louvor à Trindade, que nos dê imitarmos também seu exemplo, buscando valentes maior glória de Deus sempre. Amém."

1º Agosto

SANTO AFONSO MARIA DE LIGÓRIO
(Bispo e Doutor da Igreja)

É o fundador da Congregação do Santíssimo Redentor ou Padres Redentoristas. Nasceu em Marianela, um povoado nas imediações de Nápoles, em 1696. Amante dos estudos; aos 19 anos já era advogado formado. Sua vida mudou radicalmente quando percebeu a fragilidade dos julgamentos humanos, defendendo culpados e condenando inocentes. Tinha 30 anos quando se fez sacerdote. Passava os seus dias junto aos mendigos da periferia de Nápoles e dos camponeses. Em 1732, fundou a Congregação do Santíssimo Redentor, para concretizar o anúncio do Evangelho: ... *fui enviado para evangelizar os pobres*. Entregou-se de corpo e alma a promover a verdadeira vida cristã em meio aos fiéis, especialmente os mais necessitados.

Escreveu várias obras ascéticas e teológicas. Entre as mais conhecidas temos *A Prática do amor a Jesus Cristo*, *Preparação para a morte* e *As glórias de Maria*. Sua obra mais importante versa sobre teologia moral, assunto no qual é considerado mestre insigne.

Foi eleito bispo de Santa Ágata dos Godos por Clemente XIII, mas devido à idade e ao seu estado de saúde pediu ao papa seu afastamento. Sofreu muitas contrariedades no fim da vida: criticado pelos seus escritos e até mesmo expulso de sua própria congregação, por causa da má interpretação daquilo que ele desejava para seus filhos. Morreu em Nocera dei Pagani, Campanha, em 1787.

PRECE

A Maria, nossa Mãe

Ó Consoladora dos aflitos, não me abandoneis no momento de minha morte... Obtende-me a graça de vos invocar então mais freqüentemente, a fim de que eu expire com o vosso doce nome e o de vosso divino Filho nos meus lábios. Muito mais, ó minha Rainha, perdoai minha ousadia, vinde vós mesma, antes que eu expire, consolar-me com vossa presença. Essa graça a concedestes a tantos outros de vossos servos; eu a desejo e a espero também. Sou um pecador, é verdade, não a mereço; mas sou vosso servo, eu amo, tenho grande confiança em vós, ó Maria!

(Oração de Santo Afonso Maria de Ligório)

2 Agosto
SÃO PEDRO JULIÃO EYMARD

São Pedro Julião Eymard é o fundador dos padres e das irmãs sacramentinas. Nasceu em Esère, França, no começo do século XIX. Filho de comerciante, foi primeiro padre secular e depois membro da Sociedade de Maria (1839-1856). Deixou a Sociedade de Maria para fundar a Congregação do Santíssimo Sacramento. Os últimos dias de sua vida foram cheios de contrariedades e de sofrimentos. Seus próprios religiosos já não demonstravam muita confiança nele. Ele se consolava, então, com estas palavras:

Eis-me aqui, Senhor, no Jardim das Oliveiras. Humilhai-me, despojai-me. Dai-me a cruz, contanto que me deis também o vosso amor e a vossa graça.

PRECE

Do serviço ao povo de Deus

Deus, nosso Pai, São Pedro Julião viveu um profundo amor pela Eucaristia, centro de toda a vida da Igreja. Dai-nos viver em profundidade as exigências desse grande sacramento de amor. Que não haja divisões, rixas e violência entre nós que sentamos à mesa do Senhor e participamos de sua ceia.

Jesus lavou os pés de seus discípulos, mostrando que a nossa vocação é servir, compartilhar angústias e alegrias, carregar os fardos uns dos outros, trabalhar pela reconciliação dos homens, implantar a fraternidade, construir a paz e fazer deste mundo uma habitação onde todos os homens, sem diferenças de cor, raças e credos, possam viver sem medo, sem ameaças, sem riscos de vida. Dai-nos compreender que a "Eucaristia" é "vida", vida doada e repartida, é dom de si mesmo ao outro, é um grito de denúncia contra tudo aquilo que divide e conduz ao desespero e à morte.

Vós sois a Vida, por isso nós vos louvamos.

3 Agosto
SANTA LÍDIA

Santa Lídia era judia e se converteu ao cristianismo. Foi batizada por São Paulo em Filipos. Comerciante de púrpura, era natural de Tiatira, na Ásia. Em Atos dos Apóstolos temos esta passagem:

Tendo embarcado em Trôade, seguimos em linha reta para Samotrácia. De lá, no dia seguinte, para Neápolis, de onde partimos para Filipos, cidade principal daquela região da Macedônia, e também colônia romana. Passamos nesta cidade alguns dias. Quando chegou o sábado, saímos fora da porta, a um lugar junto ao rio, onde parecia-nos haver oração. Sentados, começamos a falar às mulheres que se tinham reunido. Uma delas, chamada Lídia, negociante de púrpura da cidade de Tiatira, e adoradora de Deus, escutava-nos. O Senhor lhe abrira o coração, para que ela atendesse ao que Paulo dizia. Tendo sido batizada, ela e os de sua casa, fez-nos este pedido: "Se me considerais fiel ao Senhor, vinde hospedar-vos em minha casa". E forçou-nos a aceitar (Atos dos Apóstolos 16,11-15).

Este fato ocorreu por volta do ano 55. Santa Lídia foi uma das primeiras cristãs na Europa.

PRECE

Comunhão que gera vida

Deus, nosso Pai, Santa Lídia, mediante a Palavra anunciada por vossos apóstolos, acreditou em vosso Filho Jesus. Ela se tornou a primeira de uma multidão de crentes, e hoje professamos a mesma fé que ela professou e deu testemunho. Fortalecei nossa fé, Senhor, para que também o nosso testemunho seja verdadeiro e autêntico.

O que era desde o princípio, o que ouvimos, o que vimos com nossos olhos, o que contemplamos, e o que nossas mãos apalparam do Verbo da vida, vo-lo anunciamos para que estejais também em comunhão conosco. E a nossa comunhão é com o Pai e com o seu Filho Jesus Cristo. E isto vos escrevemos para que a nossa alegria seja completa (1João 1,1ss).

4 Agosto

SÃO JOÃO MARIA VIANNEY
(Cura d'Ars)

São João Maria Vianney ou Cura d'Ars nasceu em Dardilly, França, em 1786. Segundo seus biógrafos, não tinha muitos dotes pessoais. Desertou do exército napoleônico unicamente porque não conseguia acertar o passo com seu batalhão. No seminário não conseguia acompanhar os colegas no estudo e fazia uma confusão mental diante de uma simples página de filosofia ou de teologia. Ordenado sacerdote, foi enviado a uma insignificante aldeia, com cerca de 230 paroquianos. Era o coadjutor do padre Balley, daquele que, apesar de suas dificuldades em relação ao estudo, confiara nele e o havia preparado para o sacerdócio. Mais tarde João Maria Vianney tornou-se o Cura d'Ars. Rezava, fazia penitência, pregava e fazia caridade, cumprindo zelosamente seu ministério sacerdotal. Permanecia horas e horas a fio atendendo confissões dos peregrinos que a ele acorriam de toda parte da França, a fim de pedir orientações. Ars foi transformada por aquele que viria a ser o patrono dos vigários. Morreu no ano de 1858.

PRECE

Confiança no amor de Deus

Ao homem foi confiada uma nobre missão: rezar e amar. Nisto consiste a sua felicidade. Rezar nada mais é do que estar em união com Deus. Quando o nosso coração é puro e está unido a Deus, somos consolados e plenificados com a sua ternura. Somos iluminados pela sua luz divina. Nesta íntima união, Deus e a alma assemelham-se a dois pedaços de cera que se fundem. Não podem mais viver separados. Nada existe de mais maravilhoso do que a união de Deus com a sua criatura limitada e insignificante. Esta felicidade ultrapassa qualquer conhecimento. Falhamos porque somos incapazes de rezar. Deus, entretanto, permitiu na sua bondade falarmos a ele. Nossa oração é como um incenso agradável a Deus. Meus filhos, pequenos são os vossos corações, mas a oração dilata-os e os torna capazes de amar a Deus...

(São João Maria Vianney)

5 Agosto

SANTA AFRA E SUAS COMPANHEIRAS
(Mártires)

Santa Afra e suas companheiras sofreram o martírio em Augsburgo, na Baviera, no ano 304. Afra era uma prostituta que se converteu ao cristianismo. Dizem os autos do seu martírio que Afra, sem o saber, hospedou em sua casa o bispo São Narciso e Félix, seu diácono. Quando soube, atirou-se aos pés do homem de Deus, confessando seus pecados. São Narciso falou-lhe da misericórdia de Deus; do Deus que deseja a vida e não a morte do pecador. Afra pediu-lhe, então, que batizasse a ela e suas companheiras Digna, Eunômia e Eutrópria. Era tempo de perseguição. Afra escondeu São Narciso e Félix em sua casa, despistando os soldados do imperador. Tempos depois, recrudescia a perseguição e Santa Afra e suas companheiras foram presas. No tribunal, confessou firmemente a sua fé, lembrada da bondade do Senhor para com ela, perdoando-lhe os pecados pelo Batismo. Foi levada para a ilha de Lesh, despojaram-na de suas vestes, amarraram-na a um poste e a queimaram viva. Mais tarde fizeram o mesmo com suas companheiras. Antes de morrer, Santa Afra fez esta oração que hoje rezamos:

PRECE

O amor que perdoa

Senhor, Deus onipotente, Jesus Cristo, não viestes chamar os justos, mas os pecadores. Por vossa palavra inviolável, prometestes esquecer os pecados dos pecadores arrependidos. Recebei pois nesta hora a penitência de meus sofrimentos. Livrai-me da condenação eterna. Eu vos ofereço o sacrifício de minha vida, ó meu Deus, que reinais com o Pai e o Espírito Santo, pelos séculos. Amém.

(*Vida dos santos*, v. XIV)

6 Agosto

TRANSFIGURAÇÃO DO SENHOR

A festa da Transfiguração do Senhor remonta ao século V, no Oriente. Na Idade Média estendeu-se por toda a Igreja Universal, especialmente com Calisto III. O episódio foi relatado pelos evangelistas Mateus, Marcos e Lucas. Presentes estavam os apóstolos Pedro, João e Tiago. Jesus transfigurou-se diante deles, seu corpo ficou deveras luminoso e resplandecentes suas vestes. Com isso Jesus quis manifestar aos discípulos que ele era realmente o Filho de Deus, enviado pelo Pai. Jesus é o cumprimento de todas as promessas de Deus; é Deus-conosco, a manifestação da ternura e da misericórdia do Pai entre os homens. Sua paixão e morte não serão o fim, mas tudo recobrará sentido quando Deus Pai o ressuscitar e o fizer sentar à sua direita, na sua glória. Tudo isso é dito de uma maneira plástica — luz, brancura, glória, nuvem... que indicam a presença de Deus.

O caminho necessário para a ressurreição é, contudo, o caminho da cruz, da paixão e morte, da entrega total de sua vida pelo perdão dos pecados.

PRECE

Da força do testemunho

A beleza da glória celeste que a Igreja esperando procura, Cristo a mostra no alto do monte, onde mais que o sol claro fulgura.

Este fato é nos tempos notável: ante Pedro, Tiago e João, Cristo fala a Moisés e a Elias sobre a sua futura paixão.

Testemunhas da lei, dos profetas e da graça estando presentes, sobre o Filho, Deus Pai testemunha, vindo a voz duma nuvem luzente.

Com a face brilhante de glória, Cristo hoje mostrou no Tabor o que Deus tem no céu preparado aos que o seguem, vivendo no amor.

Da sagrada visão o mistério ergue aos céus o fiel coração.

E, por isso, exultante de gozo, sobe a Deus nossa ardente oração.

Pai e Filho, e Espírito da Vida, um só Deus, Vida e Paz, Sumo bem, concedei-nos, por vossa presença, esta glória no Reino. Amém.

(*Liturgia das Horas*)

7 Agosto

SÃO SISTO II E COMPANHEIROS
(Mártires)

Sisto II era provavelmente originário da Grécia. Foi o sucessor de Santo Estêvão I e pontificou apenas um ano (257-258). Com seus diáconos Agapito, Felicíssimo, Janeiro, Magno, Vicente e Estêvão, São Sisto foi morto durante a perseguição de Valeriano. O culto dos cristãos fora proibido, passando a ser celebrado na clandestinidade. São Sisto e seus companheiros foram surpreendidos durante uma cerimônia clandestina no cemitério da via Ápia. Presos, foram martirizados. São Dâmaso compôs-lhes esta elegia:

Vede, este túmulo conserva os membros celestes dos santos que arrebatou num instante a corte do céu. Os companheiros da sua (de Sisto II) cruz invencível, ao mesmo tempo que os seus diáconos, partilhando o mérito e a fé de quem tinham por chefe, entraram nas moradas do Alto e no reino dos eleitos. O povo de Roma sente-se feliz e orgulhoso de que eles tenham merecido triunfar com Cristo sob o comando de Sisto. A Felicíssimo e a Agapito, aos santos mártires, Dâmaso, bispo. (Apud José Leite, S. J., op. cit., v. II, p. 435.)

PRECE

Da união que une a Igreja

Deus, nosso Pai, Jesus, vosso Filho, nos amou até o fim, entregando a sua vida por nós. E vós o glorificastes, fazendo-o participar da vossa glória.

Em Cristo Jesus, por ele, nele e para ele participamos já aqui nesta terra da vossa vida divina. A exemplo dos santos, conservai-nos unidos a Jesus nosso Salvador, tronco fecundo onde a Igreja, vosso povo santo e pecador, busca sua força e seu alimento.

Louvado sejais vós, Deus e Senhor nosso, porque pelo Batismo, pela celebração do perdão, da Eucaristia e dos demais sacramentos, pela força da Palavra, pelo dinamismo do vosso Espírito Santo recebemos uma vida nova e produzimos frutos de novo sabor: frutos de justiça, de fraternidade, de comunhão e participação, de serviço aos nossos irmãos.

8 Agosto
SÃO DOMINGOS

Nasceu em Caleruega, na antiga Castela, Espanha, em 1170. Morreu em Bolonha em 1221. Aos 14 anos, foi enviado para Palência, onde estudou filosofia e teologia. Foi nomeado cônego da catedral de Osma. Em 1203, acompanhou seu bispo até Dinamarca. Pregou com êxito contra os hereges albigenses, que defendiam a existência de dois princípios, de duas divindades: o Bem e o Mal. Ensinavam o desprezo a tudo que fosse corpóreo, material. Repudiavam o casamento e tudo o que, segundo a concepção maniqueísta, pudesse manchar a alma. São Domingos pensou, então, em dedicar-se exclusivamente à pregação da doutrina cristã não somente com palavras, mas com o exemplo de vida austera e penitente.

Em 1215, em Tolosa, nasceu então a primeira Casa dos Irmãos Pregadores ou Dominicanos. São Domingos foi, sem dúvida, um dos grandes inovadores da vida religiosa no século XIII, procurando uma nova forma de estar presente no mundo em transformação e responder aos desafios de sua época. Soube conciliar o sacerdote (serviço ministerial), o religioso (vida comunitária, contemplação) o evangelizador, e o missionário (anúncio do Evangelho). São Domingos está intimamente ligado à devoção do Rosário.

PRECE

Da busca constante da Luz

"Arauto do Evangelho sublime pregador, Domingos traz no nome o Dia do Senhor.

Qual lírio de pureza, só teve uma paixão: levar aos que se perdem a luz da salvação.

Seus filhos nos envia, por eles nos conduz; as chamas da verdade espalham sua luz.

Maria ele coroa com rosas de oração; por toda a terra ecoa do anjo a saudação.

Com lágrimas e preces pediu por todos nós.

Que Deus, que é uno e trino, atenda à sua voz."

(Liturgia das Horas)

9 Agosto

SÃO JOÃO DE FERMO OU DE ALVERNE

Nasceu em Fermo, Itália, em 1529. É chamado de Alverne porque viveu por muitos anos na solidão onde São Francisco recebeu os estigmas. Primeiramente esteve junto aos cônegos regulares, depois optou pelos frades franciscanos menores. Levou vida penitente e de absoluta austeridade. Os Fioretti de São Francisco referem-se a ele dizendo:

Aprouve à divina bondade, depois de três anos, retirar do dito frei João este raio e esta flama do divino amor, e privou-o de toda consolação espiritual: pelo que frei João ficou sem lume e sem amor de Deus, e todo desconsolado e aflito e dolorido. Os Fioretti continuam dizendo que Jesus, vendo sua aflição, apareceu passando por ele. Como um menino que corre atrás da mãe, ele começou a suplicar-lhe cada vez mais intensamente. Então Jesus, compadecido, mostrou-lhe o rosto. (Apud Padre Rohrbacher, op. cit., v. XIV, p. 275ss.)

PRECE

Da confiança no amor de Jesus

Socorre-me, Senhor meu, que sem ti, Salvador meu dulcíssimo, fico em trevas e em lágrimas. Sem ti, Filho de Deus Altíssimo, estou confuso e envergonhado. Sem ti, estou despojado de todos os bens e cego, porque tu és Jesus Cristo, verdadeira luz da alma. Sem ti estou perdido e condenado; porque és a vida da alma e a vida da vida. Sem ti sou estéril e árido, porque és a fonte de todos os dons e de todas as graças.

Sem ti estou de todo desconsolado, porque és Jesus, nossa redenção, amor e desejo, pão reconfortante e vinho que alegra os coros dos anjos e os corações de todos os santos.

Alumia-me, Mestre graciosíssimo e Pastor piedosíssimo, porque sou tua ovelhinha, se bem que indigna seja.

Ó Jesus Cristo dulcíssimo, tem misericórdia de mim, atribulado. Atende-me, pela multidão de tua misericórdia e pela verdade da tua salvação, restitui-me a alegria da face tua e do teu piedoso olhar, porque de tua misericórdia é plena toda a terra.

(*Vida dos Santos*, v. XIV)

10 Agosto

SÃO LOURENÇO
(Mártir)

São Lourenço sofreu o martírio durante a perseguição de Valeriano, em 258. Era o primeiro dos sete diáconos da Igreja romana. Sua função era muito importante e o fazia, depois do papa, o primeiro responsável pelas coisas da Igreja. Como diácono, São Lourenço tinha o encargo de assistir o papa nas celebrações, administrava os bens da Igreja, dirigia a construção dos cemitérios, olhava pelos necessitados, pelos órfãos e viúvas. Foi executado quatro dias depois da morte de Sisto II e de seus companheiros. O seu culto remonta ao século IV. Preso, foi intimado a comparecer diante do prefeito Cornelius Saecularis, a fim de prestar contas dos bens e das riquezas que a Igreja possuía. Pediu, então, um prazo para fazê-lo, dizendo que tudo entregaria. Confessou que a Igreja era muito rica e sua riqueza ultrapassava a do imperador. Foram-lhe concedidos três dias. São Lourenço reuniu os cegos, os coxos, os aleijados, toda sorte de enfermos, crianças e velhos. Anotou-lhes os nomes... Indignado, o governador condenou-o a um suplício especialmente cruel. Amarrado sobre uma grelha, foi assado vivo e lentamente. Em meio aos tormentos mais atrozes, ele conservou o seu "bom humor cristão". Dizia ao carrasco: *Vira-me, que deste lado já está bem assado... Agora está bom, está bem assado. Podes comer!...*

PRECE

Do martírio que encaminha à vida

No mártir São Lourenço a fé, em luta armada, venceu feroz batalha no sangue seu banhada.

Primeiro dos levitas que servem no altar, serviu em grau mais alto, o mártir modelar.

Lutando com coragem, não cinge a sua espada, mas cinge, pela fé, couraça mais sagrada.

Louvamos teu martírio, Lourenço, santo irmão, pedindo que a Igreja escute a oração.

Eleito cidadão do céu, país da luz, já cinges a coroa da glória, com Jesus.

Louvor ao Pai e ao Filho, e ao seu eterno Amor.

Dos Três, por tuas preces, vejamos o fulgor.

(*Liturgia das Horas*)

11 Agosto

SANTA CLARA
(Virgem)

Nasceu em Assis, em 1193. Conterrânea de São Francisco de Assis, Clara foi sua discípula e fiel intérprete de seu ideal ascético. De família nobre, dotada de extraordinária beleza e possuidora de muitas riquezas, Clara, aos 18 anos, fugiu de casa para se consagrar a Deus, mediante uma vida de absoluta pobreza, a exemplo de Francisco de Assis. Juntamente com Inês, sua irmã mais jovem e outras companheiras, Clara instalou-se no Oratório de São Damião. Era o início das Clarissas. Procuravam em tudo viver o ideal franciscano da pobreza. Atualmente somam cerca de 19 mil religiosas, espalhadas por todo o mundo.

Contam os Fioretti que um dia Francisco mandou dizer a Clara que rezasse a Deus para que ele pudesse saber o que mais agradava a Deus: dedicar-se à pregação ou à oração. Depois de muita oração, o mensageiro levou a resposta a Francisco: *Tanto a frei Silvestre como a irmã Clara e sua irmã, Cristo respondeu e revelou que sua vontade é que vás pelo mundo a pregar, porque ele não te escolheu para ti somente, mas ainda para a salvação dos outros!*

Com frei Masseo, São Francisco se pôs a caminhar conforme o Espírito o movia... Pregou a muitos com muita unção... As aves do céu faziam silêncio para que o Santo pudesse falar...

PRECE

Da santidade e entrega da vida

Deus, nosso Pai, a exemplo de Santa Clara, dai-nos um coração despojado e pobre.

Foi do meio dos pobres que tirastes a mãe do Messias.

Fizestes dela a honra do nosso povo e o ideal de todos.

Dai-nos a pobreza verdadeira; mas dai-nos sobretudo a alegria do Reino prometido aos pobres de coração.

A isto nos ajude Santa Clara que, sendo rica, se fez pobre por amor ao Reino de Deus, procurando em tudo a simplicidade de vida.

(Cf. *Abra a porta*, São Paulo, Paulus, n. 129,
Oração da pobreza verdadeira.)

12 Agosto

SANTO INOCÊNCIO XI

*B*enedetto Odescalchi nasceu em Como (Itália), no dia 19 de maio de 1611 e morreu no dia 12 de agosto de 1686, em Roma. De família influente, estudou no colégio dos Jesuítas, em Como, e jurisprudência em Roma e em Nápoles, tornando-se doutor em Direito.

O Papa Urbano VIII fez dele o responsável por toda a documentação pública da Cúria Romana e presidente da Câmara Apostólica, formada pelo conselho dos cardeais. Foi enviado como legado apostólico a Ferrara e apresentado aos habitantes da cidade como o "o pai dos pobres". Em 1650 foi sagrado bispo de Navarra, onde realizou uma pastoral intensa a favor dos pobres e enfermos da diocese, dispensando-lhes recursos da Igreja e até mesmo seus bens pessoais.

Exerceu vários cargos importantes e tomou parte como conselheiro em várias congregações de que foi membro. Com a morte de Clemente IX, após uma vacância de dois meses, Odescalchi foi eleito papa, no dia 21 de setembro de 1676, tomando o nome de Inocêncio XI. Seu pontificado foi marcado pelo esforço em reduzir as despesas da Cúria Romana, exortando seus membros à sobriedade, e pela luta contra o nepotismo entre os cardeais.

Seu modo de vida era simples e parcimonioso. Opôs-se fortemente às ingerências de Luís XIV, rei da França, nos assuntos eclesiásticos. As medidas absolutistas causaram sérias dificuldades à Santa Sé e o relacionamento conflituoso obrigou Inocêncio XI a dispensar enormes esforços para resguardar os interesses da Igreja. Mesmo assim, ele não descuidou da pureza da fé, da moral do clero e da espiritualidade dos fiéis, zelando pela formação dos presbíteros e fortalecendo a vida sacramental dos crentes, convidando-os à Eucaristia diária. Foi canonizado por Pio XII, no dia 7 de setembro de 1956.

PRECE

Sustentados pelo sacramento da caridade, nos vos pedimos, ó Deus, que o vosso servo, o papa Inocêncio XI, tendo na terra distribuído fielmente os vossos mistérios, louve com os Santos do céu vossa misericórdia. Por Cristo, Nosso Senhor.

13 Agosto

SÃO BENILDO

São Benildo era de Alverne. Nasceu no dia 13 de agosto de 1862. Aos 16 anos, entrou na Congregação dos Irmãos das Escolas Cristãs. Por muitos anos foi professor e superior de sua comunidade. Respeitoso, magnânimo, sabia fazer-se respeitar por todos. Era sobretudo um homem de fé.

Procurava viver intensamente o Evangelho no cotidiano de sua vida. E referindo-se à frase da oração do pai-nosso "o pão nosso de cada dia nos dai hoje", explicava:

Peço para "hoje", o pão de cada dia e a graça de cada dia. O dia de amanhã já terá as suas preocupações (Mateus 6,34). O nosso Pai celeste, que é bom hoje, sê-lo-á também amanhã. Há porventura indícios de que ele se torne mau na noite próxima e pare em seguida de me ouvir? (Apud José Leite, S. J., op. cit., v. II, p. 458.)

Para ele, a vida eterna já começava aqui nesta terra, e foi neste espírito que ele entregou sua alma a Deus.

PRECE

Do pão, fruto do nosso trabalho

Deus, nosso Pai, abençoai o trabalho de nossas mãos; que sejamos vossos colaboradores na obra da criação.

Libertai-nos do egoísmo, dos desejos de posse e de domínio sobre nossos irmãos.

Livrai-nos do desespero e da falta de confiança em vós, pois quem não recolhe convosco dispersa: Não é por madrugar que a manhã vem mais cedo, porque amanhecer é obra de Deus.

Se o Senhor não constrói a casa, em vão labutam os seus construtores; se o Senhor não guarda a cidade, em vão vigiam os guardas.

É inútil que madrugueis e que atraseis o vosso deitar, para comer o pão com duros trabalhos: aos seus amigos ele o dá enquanto dormem!

(Salmo 127)

14 Agosto

SÃO MAXIMILIANO MARIA KOLBE

Nasceu na Polônia, em 1894. Era franciscano conventual. Ensinou teologia em Cracóvia. Devotíssimo de Nossa Senhora, fundou na Polônia a *Milícia da Imaculada*. E para maior divulgação da devoção à Imaculada, criou a *Revista azul*, destinada aos operários, camponeses, alcançando em 1938 cerca de 1 milhão de exemplares. A "Cidade da Imaculada" abrigava 672 religiosos e um vasto parque gráfico. Foi preso pelos nazistas no dia 7 de fevereiro de 1941, em Varsóvia. Dali foi levado para Auschwitz e condenado a trabalhos forçados. Exerceu um verdadeiro apostolado no meio dos companheiros de infortúnio, encorajando-os a resistir com firmeza de ânimo. Foi ali que se ofereceu para morrer no lugar de Francisco Gajowniczek. Único sobrevivente do grupo, no subterrâneo da morte, Maximiliano Kolbe resistiu por quinze dias à fome, à sede, ao desespero na escuridão do cárcere. Confortava os companheiros, os quais, um após outro, aos poucos sucumbiam. Morreu com uma injeção de fenol que lhe administraram. Era o dia 14 de agosto de 1941. Foi canonizado por João Paulo II, em 1982.

PRECE

Da gratuidade e oblação da vida

Deus, nosso Pai, Jesus, vosso Filho, disse: *Ninguém tem maior amor do que aquele que dá a vida por seus amigos* (João 15,13).

São Maximiliano Kolbe, realizou na sua vida essas palavras de Jesus.

Por sua intercessão, dai-nos a graça de nos despojarmos de nós mesmos e servir nossos irmãos na gratuidade de um amor sincero e verdadeiro.

São Maximiliano Kolbe conheceu na própria carne o ódio, a tortura da fome, da sede, da humilhação e do desrespeito à própria dignidade. Tornou-se, juntamente com seus companheiros, apenas um número.

E mesmo assim, com a vossa graça, manteve-se inabalável na fé; teve forças para consolar os desesperançados e fazer renascer nos corações dilacerados pelo sofrimento a esperança e total confiança naquele que é o Senhor da Vida.

Revigorai-nos, Senhor, e por Maria, a quem São Maximiliano tanto amou, sede a nossa proteção e o nosso amparo.

15 Agosto

SANTO ESTANISLAU KOSTKA

Santo Estanislau Kostka nasceu em 1550, na Polônia, de família nobre e influente. Em 1564, partiu para Viena a fim de estudar junto aos jesuítas. Com o fechamento do internato dos jesuítas, passou a residir juntamente com o irmão e seu preceptor. Estes muito o fizeram sofrer, pela vida dissipada que levavam. Decidiu, então, ingressar na Companhia de Jesus. Fugiu secretamente para Dillingen, vestido de mendigo, a fim de despistar o irmão. Foi recebido por São Pedro Canísio. Em 1567 entrou no noviciado em Roma. Após dez meses de noviciado, caiu doente e seu estado foi-se agravando cada vez mais. No dia da festa da Assunção, veio a falecer. Profundo devoto de Nossa Senhora, havia predito que morreria no dia de sua elevação ao céu. Era o ano de 1568 e ele tinha 18 anos. É o padroeiro dos jovens.

PRECE

Dos profetas da libertação

Deus, nosso Pai, vós nos chamais a colocar em prática as vossas palavras, a cumprir o vosso mandamento de amor.

Somente assim estamos construindo nossa casa sobre a rocha firme e inabalável.

Fazei, pois, que jamais omitamos nossos deveres e nosso compromisso com o vosso Evangelho, que é servir.

Santo Estanislau procurou tornar concreta sua opção de fé, vivendo intensa e profundamente sua curta existência, uma existência cheia de significado e de sentido.

Fazei que nós também não sejamos daqueles que apenas falam, mas não fazem. A religião verdadeira aos vossos olhos é aquela que Jesus, vosso Filho, cumpriu com o testemunho de sua vida: *Ele me enviou para levar a Boa-Nova aos pobres, curar os corações aflitos, anunciar a redenção aos cativos, e a libertação aos encarcerados, e para proclamar um ano de graça da parte do Senhor* (Isaías 61,1-2).

16 Agosto

SÃO ROQUE

São Roque nasceu em Montpellier, no começo do século XIV. Aos 20 anos, ficou órfão de pai e de mãe. Distribuiu parte da sua herança aos pobres e parte confiou a um tio. Partiu depois em peregrinação para Roma. Durante a viagem procurava ajudar os necessitados, especialmente os doentes, vítimas da peste. Após muitos anos na Cidade Eterna, Roque retornou à terra natal. Durante a viagem, foi atacado pela peste. Para não contaminar ninguém, refugiou-se na floresta. Contam que um cão roubava comida da mesa de um certo senhor e lhe levava cada manhã. Dessa maneira ele foi descoberto. Ao chegar em Montpellier, foi preso e levado diante do governador, que era seu tio, mas não o reconheceu. Esquecido por todos, morreu abandonado na prisão depois de cinco anos. Segundo a tradição popular, sua avó o reconheceu pela mancha em forma de cruz que trazia no peito.

PRECE

Da partilha da vida

Deus, nosso Pai, nessa procura continuada do pão de cada dia, nesse cansaço cheio de desconforto, nesse padecimento cheio de torturas, nesse começo de revolta calada que se estampa em nossos semelhantes, dai-nos força para carregar até o fim o peso que às vezes a vida nos impõe.

E pelo amor, que em Jesus nos revelastes, tornai todo peso leve e enchei de júbilo os nossos dias presentes e vindouros.

Favorecei essas nossas mãos com um pouco de alimento quente, com um copo de água fria, com um pouco de conforto, para que aqueles que sentarem a nossa mesa vejam o contentamento em nosso rosto, sintam o gosto de viver mesmo assim, atribulado, e cheio de cansaço pelo trabalho de cada dia.

17 Agosto

SÃO JACINTO

Nasceu entre Breslau e Cracóvia, na Polônia. Seu nome de batismo era Jaccke, isto é, João. Segundo consta, era parente do bispo de Cracóvia, Ivo Odrowaz. Ingressou na Ordem Dominicana por volta do ano 1218, em Roma. Logo em seguida, retornou a sua terra natal. Fundou numerosos conventos na Polônia: convento de Breslau, Sandomir e Dantziga. Em 1228 foi criada a Província Dominicana Polonesa. A influência dominicana alcançou a Rússia, os Bálcãs, a Prússia e a Lituânia.

São Jacinto é considerado o Apóstolo da Polônia. Percorreu cerca de quatro mil léguas, anunciando o Evangelho aos povos que ainda não o conheciam. Doente, morreu no dia 15 de agosto de 1257.

PRECE

A revelação que se torna vida

Deus, nosso Pai, cremos em Jesus Cristo, vosso Filho, concebido pelo poder do Espírito Santo. É por essa fé recebida da Igreja no Batismo que participamos da vossa família.

Por isso nós vos louvamos e agradecemos, porque não nascemos nem da carne nem do sangue, mas do vosso amor e da vossa misericórdia, manifestados em Jesus Cristo, nosso Senhor: *Veio para o que era seu e os seus não o receberam. Mas a todos os que o receberam deu o poder de se tornarem filhos de Deus: aos que crêem em seu nome, ele, que não foi gerado nem do sangue, nem de uma vontade da carne nem de uma vontade do homem, mas de Deus. E o Verbo se fez carne, e habitou entre nós; e nós vimos a sua glória, glória que ele tem junto ao Pai como Filho único, cheio de graça e de verdade* (João 1,11ss).

Somos o povo da Nova Aliança que supera os laços da carne e do sangue. Tornai-nos verdadeiros anunciadores dessa mensagem esperançosa e alegre: Deus está conosco para sempre e seu amor é eterno.

18 Agosto

SANTO AGAPITO
(Mártir)

Santo Agapito deu testemunho de sua fé em Cristo perto de Roma, em Palestrina, durante a perseguição de Aureliano, nos primórdios do cristianismo. Aos 15 anos, foi preso e torturado cruelmente. Primeiramente açoitaram-no com nervos de boi. Depois foi atirado aos leões, os quais, segundo a tradição, nenhum mal lhe causaram. Finalmente foi decapitado. Tem-se como unicamente certo sua existência, seu martírio e sua sepultura. Em Roma, foram-lhe dedicadas uma basílica e uma igreja, tal a popularidade de seu culto.

PRECE

Do testemunho da vida

Deus, nosso Pai, Santo Agapito, embora criança, soube dar testemunho da vossa paixão, morte e ressurreição, encarnando em si mesmo o vosso mistério pascal.

Fazei, Senhor, que tornemos nosso o sofrimento dos nossos irmãos.

Ajudai-nos a entender o que significa a paixão, morte e ressurreição do Senhor, que tomou sobre si nossos pecados, nossas dores e fraquezas.

Que diante do sofrimento permaneçamos de fronte erguida, com a certeza de que toda libertação é dolorosa, e o rompimento com o nosso comodismo, com a nossa indiferença, com o nosso egoísmo, é uma verdadeira parição, um nascer de novo.

Vinde, Senhor, libertar-nos por vossa paixão, morte e ressurreição.

Senhor, eu me abrigo em ti: que nunca fique envergonhado!

Salva-me, por tua justiça! Liberta-me! Inclina depressa teu ouvido para mim!

Sê tu minha rocha de refúgio, a fortaleza em que eu me salve, pois meu rochedo e fortaleza és tu!

(*Salmos e cânticos* — Oração do povo de Deus)

19 Agosto
SÃO LUÍS DE TOLOSA

São Luís nasceu perto de Marselha, França, em 1274. Era filho de Carlos II, rei da Sicília, e de Maria, filha do rei da Hungria e sobrinho de São Luís da França. Em 1288, São Luís foi dado como refém, no lugar de seu pai. Ficou 7 anos prisioneiro em Barcelona. Ele dizia:

A adversidade é mais proveitosa aos amigos de Deus do que a prosperidade. Ficamos submissos a Deus quando a adversidade nos aflige. A prosperidade eleva a alma e faz que não pensemos em Deus, nem o respeitemos. A fortuna, como médico ignorante, torna cegos os que domina e insensato aquele a quem muito favorece. É portanto infeliz quem não experimenta nenhuma aflição, desconhecido a si mesmo, como não tendo jamais sido exposto à provação, ou então rejeitado por Deus, como muito fraco para o combate. É preciso, portanto, alguma adversidade para provar o homem. (Apud Padre Rohrbacher, op. cit., v. XV, p. 46.)

São Luís abandonou tudo e, numa viagem a Roma, foi ordenado subdiácono e em Nápoles foi ordenado sacerdote. Em 1296, foi feito bispo de Tolosa por Bonifácio VIII. Antes de assumir o bispado, quis tornar-se franciscano. Levou uma vida de pobreza e de caridade para com os pobres e necessitados. Morreu aos 23 anos, em 1297.

PRECE

Do anúncio da vida

Nós vos adoramos, ó Jesus Cristo, e vos bendizemos, porque por vossa santa cruz remistes o mundo.

Senhor, não vos recordeis dos pecados de minha juventude e de minhas ignorâncias.

O Anjo do Senhor anunciou a Maria. E ela concebeu do Espírito Santo.

Eis aqui a serva do Senhor. Faça-se em mim segundo a vossa palavra.

E o Verbo divino se fez homem. E habitou entre nós.

Rogai por nós, Santa Mãe de Deus. Para que sejamos dignos das promessas de Cristo.

20 Agosto

SÃO BERNARDO
(Doutor da Igreja)

São Bernardo é confessor e doutor da Igreja e também considerado o segundo fundador da Ordem de Cister ou cistercienses. Nasceu perto de Dijon, na França, no ano de 1090. Morreu em Claraval, em 1153. Muito jovem ainda, ingressou no convento dos monges cistercienses, fundado por São Roberto, em 1098. Exerceu uma influência extraordinária enquanto mestre de espiritualidade. Atraiu para a vida religiosa não somente numerosos jovens, mas até os próprios irmãos. Estes, um após outro, o seguiram no mosteiro de Claraval. Por 38 anos foi o guia de uma multidão de monges; cerca de 900 religiosos fizeram votos em sua presença. Para abrigar todos os monges foram construídos mais de 343 mosteiros. Foi também um incansável batalhador pela paz e pela restauração da unidade da Igreja. Escreveu várias obras, privilegiando sempre o amor e ternura de Deus. Entre as suas obras mais conhecidas, temos o *Tratado do amor de Deus* e *Comentário ao Cântico dos Cânticos*. São Bernardo sempre afirmava: *Amemos e seremos amados. Naqueles que amamos*

encontraremos repouso, e o mesmo repouso oferecemos a todos os que amamos. Amar em Deus é ter caridade; procurar ser amado por Deus é servir à caridade.
(Apud Mario Sgarbossa, op. cit., p. 264.)

PRECE

Da confiança em Maria

Lembrai-vos, ó imaculada Virgem Maria, que nunca se ouviu dizer que alguém que recorreu à vossa proteção, implorou vossa assistência ou reclamou vosso socorro tenha sido por vós desamparado.

Animado com a mesma confiança, a vós, ó Virgem, entre todas singular, recorro como à mãe e de vós me valho e sob o peso dos meus pecados me prostro a vossos pés.

Não desprezeis as minhas súplicas, ó Mãe do Filho de Deus Humanado, mas dignai-vos de as ouvir propícia e de me alcançar o que vos rogo. Amém.

(São Bernardo)

21 Agosto
SÃO PIO X

𝒫io X nasceu em Riese, norte da Itália, no ano de 1835. Tinha 23 anos quando foi ordenado sacerdote. Por 9 anos foi capelão em Tombolo. Foi também vigário de Salzano, passando ali 9 anos. Por outros 9 anos foi cônego e diretor espiritual em Treviso. Outros 9 anos ele os viveu como bispo de Mântua e outros 9 como patriarca de Veneza. Foi eleito papa em 1903, ocupando o lugar de Leão XIII.

Mesmo sendo papa, Pio X quis permanecer pobre e manter a simplicidade de vida, a bondade, que herdara de seus pais — um funcionário da prefeitura e uma costureira —, que tiveram 10 filhos. Pio X tinha como lema de pontificado *"restaurar todas as coisas em Cristo"*.

Promoveu a reforma da música sacra, propôs aos fiéis a comunhão freqüente, favoreceu a organização da Cúria e a fundação de um Instituto Bíblico em Roma. Elaborou um novo texto de catecismo. Condenou, mediante a sua Encíclica *Pascendi dominici gregis,* o *Modernismo*.

A sua morte foi atribuída à dor pela notícia da Primeira Guerra Mundial, cujo impacto o deixou profundamente perturbado. Em seu sepulcro está escrito:

Pio X, pobre e rico, suave e humilde, de coração forte, lutador em prol dos direitos da Igreja, esforçado na tarefa de restaurar em Cristo todas as coisas.

PRECE

Do testemunho que provoca conversão

Deus, nosso Pai, que a nossa vida seja um exemplo de bondade autêntica, que é doação de nós mesmos aos nossos irmãos.

Que nos apresentemos diante dos homens, com simplicidade de vida e pureza de coração: Uma vez que Deus nos achou dignos de confiar-nos o Evangelho, falamos não para agradar os homens, mas, sim, a Deus, que "perscruta o nosso coração". Eu não me apresentei com adulações, nem com secreta ganância. Deus é testemunha. Tampouco procuramos o elogio dos homens, quer vosso quer de outrem. Pelo contrário, apresentamo-nos no meio de vós cheios de bondade, como uma mãe que acaricia os seus filhinhos. Tanto bem vos queríamos que desejávamos dar-vos não somente o Evangelho de Deus, mas até a própria vida, de tanto amor que vos tínhamos... (1 Tessalonicenses 2,4-9).

22 Agosto

NOSSA SENHORA RAINHA

A festa de hoje foi instituída por Pio XII, em 1955. Antecedida pela festa da Assunção de Nossa Senhora, celebramos hoje aquela que é a Mãe de Jesus, Cabeça da Igreja e nossa Mãe. Pio XII assim fala de Nossa Senhora Rainha:

Procurem, pois, acercar-se agora, com maior confiança do que antes, todos quantos recorrem ao trono de graça e de misericórdia da Rainha e Mãe Nossa, para implorar auxílio nas adversidades, luz nas trevas, conforto na dor e no pranto...

Há em muitos países da terra pessoas injustamente perseguidas por causa da sua profissão cristã e privadas dos direitos humanos e divinos da liberdade... Que a esses filhos inocentes e atormentados Nossa Mãe possa volver os olhos misericordiosos, cuja luz serena as tempestades e dissipa as nuvens. Que a poderosa Senhora dos tempos, que sabe aplacar as violências com o seu pé virginal, a todos conceda que em breve possam gozar da merecida liberdade... Todo aquele, pois, que honra a Senhora dos celestes e dos mortais, invoque-a como Rainha sempre presente, Medianeira de paz.

Respeite e defenda a paz, que não é injustiça impune nem desenfreada licenciosidade, mas sim concórdia bem ordenada sob o sinal e o comando da vontade divina; impelem a fomentar e acrescer essa concórdia as maternais exortações e ordens da Virgem Maria... (Pio XII — apud José Leite, S. J., op. cit., v. II, p. 485ss.)

PRECE

Da graça que liberta

No alto cume dos seres, Rainha e Virgem estás.

Com tal beleza adornada, imperas sobre as demais.

Na criação resplandeces como obra-prima criada, para gerares o Filho que te criou, destinada.

Rei purpurado no sangue, no lenho morre Jesus; com ele a cruz partilhando és Mãe dos vivos, na luz.

De tanta graça repleta, vela por nós, pecadores; escuta a voz dos teus filhos, que hoje cantam louvores.

Louvor ao Pai e ao Paráclito e glória ao Filho também, que te vestiram de graça no Reino eterno. Amém.

(Hino — *Liturgia das Horas*)

23 Agosto

SANTA ROSA DE LIMA
(Virgem)

Santa Rosa nasceu em Lima, Peru, em 1586. Chamava-se Isabel Flores y de Oliva. Todos, porém, a chamavam de Rosa, apelido que a índia Mariana lhe dera, maravilhada pela sua beleza. Filha de espanhóis arruinados, desde cedo Rosa conheceu as adversidades e a difícil luta pela vida, trabalhando no campo e costurando até altas horas da noite.

Aos 20 anos, ingressou na Ordem Terceira de São Francisco. Levava uma vida de austeridade, de mortificação, de abandono à vontade de Deus. Mandou construir para si uma pequena cela no fundo do quintal da casa de seus pais. Vivia em contínuo contato com Deus, alcançando um alto grau de vida contemplativa e de experiência mística. Afeita aos sofrimentos, soube compreender em profundidade o mistério da paixão e morte de Jesus, completando na sua própria carne o que faltava à redenção de Cristo. Distinguiu-se por uma grande caridade para com os índios e os negros. Morreu aos 31 anos, depois de grave enfermidade, no dia 24 de agosto de 1617.

PRECE

Da ressurreição que liberta

Deus, nosso Pai, Jesus, vosso Filho, padeceu por nossos pecados. Condenado à morte injustamente, carregou a sua cruz até o Calvário. Crucificado, morreu pendente na cruz. Sepultado, vós o ressuscitastes no terceiro dia, fazendo-o sentar à vossa direita no Reino da glória.

Somente em Jesus, Servo sofredor, o nosso sofrimento recobra o seu sentido na obra salvadora de Deus. Por isso, Senhor, hoje nós vos pedimos: façamos nosso o sofrimento e a angústia de nossos irmãos.

Que Santa Rosa de Lima, filha dessa nossa América Latina tão sofrida, explorada e pisada em seus mais sagrados direitos, interceda junto a vós pelos povos que lutam pelo direito de viver e de ser livres.

Pois foi à vida que nos chamastes e não à morte que nos condenastes.

Vós sois a Vida em plenitude. É esta Vida que buscamos em meio à aflição e aos sofrimentos.

24 Agosto

SÃO BARTOLOMEU
(Apóstolo)

São Bartolomeu — filho de Tholmai — é um dos doze apóstolos. Muitos o identificam com Natanael, mencionado em João 1,45ss: *Jesus viu Natanael vindo até ele e disse a seu respeito: "Eis um verdadeiro israelita, em quem não há fraude". Natanael exclamou: "Rabi, tu és o Filho de Deus, tu és o Rei de Israel". Jesus lhe respondeu: "Crês só porque te disse: 'Eu te vi sob a figueira'? Verás coisas maiores do que essas".*

Além de João, Mateus, Marcos e Lucas, os Atos referem-se a ele como um dos Doze.

Uma antiga tradição armênia afirma: *O apóstolo Bartolomeu, que era da Galiléia, foi para a Índia. Pregou àquele povo a verdade do Senhor Jesus segundo o Evangelho de São Mateus. Depois que naquela região converteu muitos a Cristo, sustentando não poucas fadigas e superando muitas dificuldades, passou para a Armênia Maior, onde levou a fé cristã ao rei Polímio, a sua esposa e a mais de doze cidades. Essas conversões, no entanto, provocaram uma enorme inveja dos sa-*

cerdotes locais, que por meio do irmão do rei Polímio conseguiram a ordem de tirar a pele de Bartolomeu e depois decapitá-lo. (Missal Romano — apud Mario Sgarbossa, op. cit., pp. 268s.)

PRECE

Do compromisso do anúncio da libertação

Brilhando entre os apóstolos, do céu nos esplendores, Bartolomeu, atende pedidos e louvores!

Ao ver-te, o Nazareno te amou com grande afeto, sentindo num relance teu coração tão reto.

Messias esboçado no Antigo Testamento a ti se manifesta na luz desse momento.

E tanto a ti se une em íntima aliança, que a ti manda o martírio, a cruz que o céu alcança.

Tu pregas o Evangelho, proclamas o homem novo: se o Mestre é tua vida, dás vida a todo o povo.

Ao Cristo celebramos, por toda a nossa vida, pois leva-nos à Patria, à Terra Prometida.

(Hino — *Liturgia das Horas*)

25 Agosto
SÃO JOSÉ CALASANZ

Nasceu em Peralta de la Sal, Aragão, Espanha, no ano de 1557. Depois de receber uma esmerada educação, foi ordenado sacerdote aos 28 anos. Trabalhou por algum tempo em sua terra natal, indo depois para Roma. Ali entregou-se de corpo e alma à educação das crianças pobres. Era por volta do ano 1597 quando fundou a primeira escola, dando origem à congregação dos Clérigos Pobres da Mãe de Deus, em 1621. Sua fundação logo se difundiu por todo o mundo, alcançando a Itália, a Alemanha, a Boêmia, a Polônia.

São José Calasanz muito sofreu por causa dos ciúmes dos próprios coirmãos: acusado de incapacidade, foi destituído do governo da própria congregação, e em seu lugar foi colocado um "visitador", uma espécie de interventor da Santa Sé. Foram momentos de grande provação, em que viu sua obra quase completamente destruída. São José Calasanz, entretanto, não desanimou. Manteve-se sereno e tranqüilo, confiante em Deus. E a sua obra novamente surgiu das cinzas. Entretanto, somente oito anos após a sua morte o papa

Alexandre VI, em 1656, aprovava definitivamente o Instituto. São José Calasanz morreu aos 91 anos de idade, em 1648.

PRECE

Da educação como direito e vida

Deus, nosso Pai, São José Calasanz dedicou a sua vida em favor das crianças carentes e marginalizadas de seu tempo.

Ainda hoje esta chaga continua sangrando não somente em nossas grandes metrópoles, mas também nos campos e nos lugares mais afastados.

Vítimas da fome, da miséria, da violência dos adultos e das contradições humanas, milhões e milhões de crianças, espezinhadas em seus mais fundamentais direitos, perdem-se nessa travessia de vida sem nunca chegar.

São tragadas por este mundo que de nós, adultos inconseqüentes, herdaram.

Elas clamam pelo pão que mata a fome, o pão da educação, do amor, da ternura e do afeto, da participação, de uma vida digna e humana, o pão da justiça e da verdade.

26 Agosto
SÃO CESÁRIO

Nasceu em Chalonssur-Saône, em 470. Aos 18 anos, fugiu de casa e foi à procura de São Silvestre, bispo de Chalons. Rogou-lhe para admiti-lo junto a si. Passados cerca de três anos, ingressou no mosteiro de Lérins, quando era abade São Porcário. Em conseqüência da vida austera e penitente que levava, caiu doente. Para recuperar-se, foi enviado a Arles, como hóspede de Firmino e de Gregória. Edificado com o seu exemplo, Santo Eônio de Arles, que era seu parente, ordenou-o diácono e, logo depois, sacerdote. Em 502, foi aclamado bispo no lugar de Santo Eônio, que acabara de falecer.

Procurou restaurar o espírito de piedade em meio a seu clero e leigos. Entregou o cuidado temporal da Igreja aos diáconos. Dedicou-se inteiramente à pregação e à instrução dos fiéis. Não deixou de cuidar das necessidades dos pobres e dos desvalidos. Para ampará-los, fundou um hospital, em que os doentes eram tratados com grande desvelo. Por intrigas políticas, foi perseguido e exilado pelo rei Alarico. Na guerra entre os habitantes de Arles, francos e borguinhões, tudo fez para aliviar a sorte dos prisioneiros. Para resgatá-los, chegou a vender parte do tesouro da Igreja. Morreu em 542.

PRECE

Na comunhão por uma vida digna

Deus, nosso Pai, São Cesário votou um autêntico amor aos pobres e infelizes.

Senhor, fortalecei e animai a vossa Igreja, que consciente de sua vocação de amor no mundo, assume a causa dos necessitados.

Que a nossa caridade, Senhor, não se resuma apenas a prestar auxílios nas horas de infortúnios, desfazendo-nos daquilo que nos sobra...

Ajudai-nos a nos colocar de corpo e alma dentro dos esforços e da caminhada de libertação dos povos.

Ajudai-nos a comungar com todas as suas lutas, dores e sofrimentos, fazendo a experiência daqueles que têm sede de justiça, de paz, de fraternidade.

Vós sois o Deus da Vida e não o Deus na morte.

Dai-nos forças para nos opormos radicalmente contra tudo aquilo que ameaça e coloca em risco esta vida plena e realizada que reservais para nós, vossos filhos.

27 Agosto

SANTA MÔNICA

Santa Mônica nasceu em Tagaste, África, por volta do ano 331. Foi a mãe do célebre doutor da Igreja Santo Agostinho. Jovem ainda, ela casou com Patrício e teve filhos, um dos quais foi Agostinho de Hipona, convertido ao cristianismo, graças às suas orações e lágrimas. Foi uma mulher de intensa oração e de virtudes comprovadas. Em seu livro, *Confissões*, Santo Agostinho fala de sua mãe com grande estima e veneração:

Suportou infidelidades conjugais, sem jamais hostilizar, demonstrar ressentimento contra o marido por isso. Esperava que tua misericórdia descesse sobre ele, para que tivesse fé em ti e se tornasse casto. Embora de coração afetuoso, ele se encolerizava facilmente. Minha mãe havia aprendido a não o contrariar com atos ou palavras, quando o via irado. Depois que ele se refazia e acalmava, ela procurava o momento oportuno para mostrar-lhe como se tinha irritado sem refletir... Sempre que havia discórdia entre pessoas, ela procurava, quando possível, mostrar-se conciliadora, a ponto de nada referir de uma a outra, senão o que podia levá-las a se reconciliarem... Educara os filhos, gerando-os de novo tantas vezes quantas os visse afastarem-se de ti. Enfim, ainda antes de adormecer para sempre no Senhor, quando já vivíamos em comunidades depois de ter recebido a graça do Batismo (...), ela cuidou de todos, como se nos tivesse gerado a todos, servindo a todos nós, como se fosse filha de cada um (Confissões, São Paulo, Paulus, p. 234).

PRECE

Do abandono a Deus

Deus, nosso Pai, a exemplo de Santo Agostinho, preservai em nós o carinho, o afeto, o amor sincero e respeitoso para com as nossas mães. Elas não somente nos deram à luz, mas tantas vezes de novo nos geraram para a vida, reconduzindo-nos ao caminho da verdade, da justiça e do amor.

Confesso-te agora tudo isso, Senhor. Leia-o quem quiser, interprete-o como lhe aprouver. Se alguém julgar que pequei, ao chorar minha mãe por alguns instantes, não se ria de mim; mas, se for dotado de suficiente caridade, chore também ele por meus pecados diante de ti, ó Pai de todos os irmãos de Jesus Cristo (op. cit., p. 243).

28 Agosto

SANTO AGOSTINHO
(Bispo e Doutor da Igreja)

Nasceu em Tagaste, no ano de 354. Africano da Tunísia, era filho de pai pagão e de mãe cristã. Espírito irrequieto e sedento de verdade, incursionou por várias correntes filosóficas e seitas, até chegar ao cristianismo. Incursionou também pelos meandros da vida amorosa, e por muito tempo viveu em companhia de uma mulher e com ela teve um filho. Esta mulher anônima, que Santo Agostinho amava e por ela era amado e da qual nem sequer nos legou o nome, retornou à África e certamente não foi menor em sua oblação.

Agostinho converteu-se por volta do ano 387 e recebeu o Batismo em Milão. Quem o batizou foi o célebre bispo Santo Ambrósio, que juntamente com Santa Mônica trabalhou pela sua conversão. Retornando a sua terra, levou vida ascética. Eleito bispo de Hipona, por trinta e quatro anos esteve à frente de seu povo, ensinando-o e combatendo as heresias. Além de *Confissões*, escreveu muitas outras obras. Constitui-se, assim num dos mais profundos pensadores do mundo antigo. É por muitos considerado o pai do existencialismo cristão. Morreu em Hippo Regius, no dia 28 de agosto de 430.

PRECE

Da grandeza de Deus

Grande és tu, Senhor, e sumamente louvável: grande a tua força, e a tua sabedoria não tem limite.

E quer louvar-te o homem, esta parcela de tua criação; o homem carregado com sua condição mortal, carregado com o testemunho de seu pecado e com o testemunho de que resistes aos soberbos; e, mesmo assim, quer louvar-te o homem, esta parcela de tua criação.

Tu o incitas para que sinta prazer em louvar-te; fizeste-nos para ti, e inquieto está o nosso coração, enquanto não repousa em ti.

(Santo Agostinho)

29 Agosto

MARTÍRIO DE SÃO JOÃO BATISTA

A festa do martírio de São João Batista remonta ao século V, na França, e ao século VI, em Roma. Está ligada à dedicação da igreja construída em Sebaste na Samaria, no suposto túmulo do Precursor de Jesus. O próprio Jesus apresenta-nos João Batista:

Ao partirem eles, começou Jesus a falar a respeito de João às multidões: "Que fostes ver no deserto? Um caniço agitado pelo vento? Mas que fostes ver? Um homem vestido de roupas finas? Mas os que vestem roupas finas vivem nos palácios dos reis. Então, que fostes ver? Um profeta? Eu vos afirmo que sim, e mais do que um profeta. É dele que está escrito: "Eis que envio o meu mensageiro a tua frente; ele preparará o teu caminho diante de ti. Em verdade vos digo que, entre os nascidos de mulher, não surgiu nenhum maior do que João, o Batista, e, no entanto, o menor no Reino dos céus é maior do que ele..." (Mateus 11,2-11).

O martírio de João Batista liga-se à denúncia profética das injustiças cometidas pelos poderosos, inclusive o luxo da corte, cujo desfecho fatal é a morte do inocente e a opressão dos marginalizados.

PRECE

Da libertação dos pobres e oprimidos

Predecessor fiel da graça, bondoso anjo da verdade, clarão de Cristo, ele anuncia a Luz da eterna claridade.

Das profecias o precônio que ele cantara, austero e forte, com vida e atos confirmou pelo sinal da santa morte.

Quem para o mundo ia nascer ele precede, ao vir primeiro, mostrando Aquele que viria dar o batismo verdadeiro.

E cuja morte inocente, que a vida ao mundo conquistou, fora predita pelo sangue que João Batista derramou.

Ó Pai clemente, concedei-nos seguir os passos de São João, para fruirmos para sempre o dom de Cristo, em profusão.

(*Liturgia das Horas*)

30 Agosto

SANTOS FÉLIX E ADAUTO
(Mártires)

São Félix e Santo Adauto provavelmente sofreram o martírio durante a perseguição de Diocleciano, no princípio do século IV, por volta do ano 304. Seus túmulos no cemitério de Comodila, na via das Sete Igrejas, próximo à Basílica de São Paulo "fora dos muros", foram descobertos em 1720. Entretanto, somente em 1903 a pequena basílica em que se encontravam seus restos mortais foi definitivamente restaurada. Encontra-se ali um dos mais antigos afrescos paleo-cristãos, onde aparecem São Pedro, Santo Estêvão, São Paulo, São Félix e Santo Adauto.

São Félix e Santo Adauto foram muito cultuados no século VII. Segundo uma biografia dessa época, São Félix foi um presbítero romano. Condenado à morte, um grupo de soldados o conduziu ao lugar do suplício. Durante esse percurso, alguém se aproximou do cortejo e se declarou publicamente cristão. Ninguém sabia seu nome. Por esse motivo foi chamado simplesmente *adauctus* ou seja, *adjunto*, de onde deriva o nome Adauto...

PRECE

Da ação que provoca conversão

Deus, nosso Pai, convertei-nos para que possamos confessar na liberdade e no abandono o vosso amor eterno: Tarde te amei, ó beleza tão antiga e tão nova! Tarde demais eu te amei!

Eis que habitavas dentro de mim e eu te procurava do lado de fora! Eu, disforme, lançava-me sobre as belas formas das tuas criaturas. Estavas comigo, mas eu não estava contigo.

Retinham-me longe de ti as tuas criaturas, que não existiriam se em ti não existissem.

Tu me chamaste, e teu grito rompeu a minha surdez.

Fulguraste e brilhaste, e tua luz afugentou a minha cegueira.

Espargiste tua fragância e, respirando-a, suspirei por ti. Eu te saboreei, e agora tenho fome e sede de ti. Tu me tocaste, e agora estou ardendo no desejo de tua paz

(*Confissões*, São Paulo, Paulus, p. 277).

31 Agosto

SÃO RAIMUNDO NONATO

São Raimundo Nonato nasceu em Portel, Espanha, por volta de 1200. Foi chamado "nonato" (não nascido) porque foi extraído das entranhas de sua mãe já morta. Filho de família pobre, quando menino foi pastor de rebanhos. Deixou a terra natal e foi para Barcelona, ingressando na Ordem das Mercês, ou mercedários, fundada por São Pedro Nolasco. Aos 20 anos, vestiu o hábito dos mercedários, passando a dedicar toda a sua vida à libertação dos escravos da Espanha, sob o domínio muçulmano. Em 1226 chegou à Argélia e entregou-se como escravo, a fim de consolar e animar pela fé os prisioneiros e trabalhar pela sua libertação.

São Raimundo sofreu numerosas perseguições, correndo risco da própria vida, por amor ao Reino de Deus. Para impedir que ele continuasse denunciando as injustiças e proclamando o Evangelho da libertação, seus perseguidores furaram a ferro quente os seus lábios e os trancaram com um cadeado. Finalmente foi resgatado, e com a saúde arruinada regressou à Espanha. O papa Gregório IX elevou-o a cardeal e a conselheiro particular. Em 1240, veio a falecer em Cardona, nas proximidades de Barcelona. Pela sua difícil vinda ao mundo, é invocado como o protetor das parturientes e das parteiras.

PRECE

Do anúncio da libertação

Deus, nosso Pai, com o testemunho vivo, sincero e autenticamente evangélico de sua vida, São Raimundo honrou e dignificou o nome daquele que é o Senhor da Vida e deseja que todos os homens sejam respeitados na sua liberdade e dignidade humana.

Fazei que também nós sigamos o exemplo de São Raimundo Nonato, colocando-nos de corpo e alma na defesa da vida, na luta por melhores condições de trabalho, pelos direitos inalienáveis da pessoa humana, criada à imagem e à semelhança de Deus.

Que saibamos nós também denunciar e anunciar o vosso Evangelho de Libertação e de Esperança, o vosso Reino onde não haja senhores nem escravos, mas todos sejam irmãos e filhos de um mesmo Pai, que sois vós.

1º Setembro

SANTO EGÍDIO
(Abade)

*N*ão se sabe ao certo quando viveu. Alguns historiadores acham que viveu no século VI e era contemporâneo de São Cesário de Arles. Outros, porém, situam-no no século VIII. A sua vida foi escrita no século X. Segundo a lenda, Egídio vivia num bosque, longe da convivência humana. Era alimentado por uma corça, que Deus lhe enviara. A corça lhe fornecia leite diariamente. Um dia, entretanto, perseguida pelo rei que caçava na região, a corça procurou refúgio junto ao santo eremita. No afã da perseguição o rei não havia percebido a presença de Santo Egídio, que acabou sendo ferido no lugar do pobre animal perseguido. Em reparação do infeliz acidente, o rei tornou-se amigo do piedoso anacoreta, doando-lhe aquele sítio. Surgiu ali uma grande abadia e prosperou uma ativa comunidade de monges, dos quais Santo Egídio tornou-se abade. Foi e continua sendo muito cultuado na França e na Holanda. É invocado contra a convulsão da febre, contra o medo e a loucura.

PRECE

Da mudança de vida

Deus, nosso Pai, Jesus, vosso Filho, é o Caminho, a Verdade e a Vida. Nele e por ele foi-nos dada a graça de vos conhecer, e em virtude de seu Espírito a nós enviado, somos atraídos para vós, ó Deus de ternura e de bondade.

Mostrai-nos, Senhor, a vossa face amiga e dai-nos força e confiança, para seguirmos o caminho de Jesus.

Tornai-nos verdadeiros e abri os nossos corações à novidade da vossa mensagem.

Dai-nos discernimento, para que não nos deixemos levar pelas mentiras com aparência de verdades.

Que a verdade seja a nossa contínua busca, e na transitoriedade das coisas busquemos o vosso rosto de Pai, cujo amor perdura para sempre.

Em Jesus ressuscitado, que vive para sempre, também nós um dia sejamos ressuscitados de todos os nossos medos e de todas as misérias e opressões que pesam sobre nossos ombros.

2 Setembro

SANTA DOROTÉIA

Santa Dorotéia nasceu em Cesaréia da Capadócia e sofreu o martírio nos primórdios do cristianismo, durante as perseguições romanas. Após a morte dos pais, também vítimas da perseguição, Dorotéia entregou-se à oração e ao jejum. Era uma jovem virtuosa, bem-educada, rica e sumamente bela. Denunciada, foi levada perante o tribunal e intimada a oferecer sacrifícios aos deuses. Movida por uma santa ousadia, ela confessou a sua fé destemidamente. Foi torturada, exposta a grandes humilhações e por fim decapitada. Antes de ser executada, pediu aos carrascos que lhe concedessem uns momentos para rezar. Conta a lenda que estava ali presente um menino de cerca de seis anos. Santa Dorotéia chamou-o e lhe entregou o lenço com o qual enxugara o rosto, dizendo:

Toma este lenço, vai à casa do governador, pede para falar com Teófilo, o advogado, e lhe entrega da minha parte este lenço, dizendo: "Dorotéia, a serva do Senhor, te envia frutos do jardim de Cristo, seu Esposo e Filho de Deus, conforme teu pedido". De fato, um certo advogado chamado Teófilo, ao vê-la sair do tribunal, lhe havia dito em tom de deboche: *"Dorotéia, esposa de Cristo, envia-me do jardim de teu esposo frutos ou rosas"*.

Contam, então, que ao receber o lenço Teófilo começou a render graças a Deus. Para espanto de todos, confessou Jesus Cristo, sendo decapitado também. Santa Dorotéia é geralmente apresentada com um feixe de margaridas numa das mãos, e na outra, uma cesta cheia de flores e de frutos. Está sentada aos pés da Virgem Maria com o Menino ao colo, e tem a cabeça coroada de rosas. É considerada a Santa das Flores.

PRECE

Para vencer o medo

Deus, nosso Pai, inspirai-nos coragem e destemor para confessarmos o vosso nome, com palavras e com gestos concretos de solidariedade, de justiça e de fraternidade.

Que a vida seja mantida e preservada. Que os povos oprimidos e humilhados insurjam contra todo medo e intimidação, e na luta pela justiça alcancem a sua ressurreição.

3 Setembro

SÃO GREGÓRIO MAGNO
(Papa e Doutor da Igreja)

São Gregório Magno nasceu em Roma por volta de 540. Pertencia a uma das principais famílias romanas. É considerado um dos mais célebres papas da história da Igreja. Afirmam os historiadores que toda a Idade Média viveu sob o signo do pensamento de São Gregório Magno. Seu pontificado durou 14 anos (de 3 de setembro de 590 a 12 de março de 604). Foi o primeiro a usar o nome de servo dos servos de Deus. Fundou sete mosteiros, seis na Sicília e um em Roma. Organizou a defesa de Roma, ameaçada pelas invasões dos bárbaros; organizou a administração dos bens públicos, cuidou dos aquedutos, lutou pelos interesses dos colonos e contra os poderosos que ainda teimavam em escravizá-los, promoveu a evangelização da Inglaterra. Acompanhava com zelo toda a caminhada da Igreja universal...

São Gregório Magno foi um fecundo escritor. Do seu epistolário, chegaram até nós cerca de 848 cartas e numerosas *Homilias sobre o Evangelho* e *Homilias sobre Ezequiel*. É de sua autoria também os *Moralia in*

Job e *Regra pastoral*. Além disso, deixou a sua marca no canto sacro, o canto gregoriano, no direito canônico, na vida ascética monacal, na pastoral e no apostolado leigo.

PRECE

Da fidelidade e compromisso

Dos anglos outrora apóstolo, dos anjos agora irmão, à grei que a Igreja congrega estende, Gregório, a mão.

Calcando riqueza e glória, do mundo o falso esplendor, tu, pobre, seguiste o Pobre de toda a terra Senhor.

Supremo Pastor, o Cristo, confia-te a sua grei: de Pedro recebe o cargo quem segue de Pedro a lei.

Da Bíblia com seus mistérios descobres a solução: a própria Verdade te ergue à luz da contemplação.

De todos os servos servo, da Igreja papa e doutor, não deixes os que te seguem nas garras do tentador.

Por ti os mais belos cânticos puderam vir até nós; em honra ao Deus uno e trino, ergamos juntos a voz.

(*Liturgia das Horas*)

4 Setembro
MOISÉS, O LIBERTADOR

Assim o livro do Eclesiástico resume a vida de Moisés:

Fez sair dele um homem de bem que encontrou favor aos olhos de todo o mundo, amado por Deus e pelos homens, cuja memória é uma bênção. Equiparou em glória aos santos e tornou-o poderoso para o terror dos inimigos. Pela palavra de Moisés fez cessar os prodígios e glorificou-o em presença dos reis; deu-lhe mandamentos para o seu povo e fez-lhe ver algo de sua glória. Na sua fidelidade e doçura ele o santificou, escolheu-o entre todos os viventes; fez-lhe ouvir a sua voz e o introduziu nas trevas; deu-lhe face a face os mandamentos, uma lei de vida e de inteligência, para ensinar a Jacó suas prescrições e seus decretos a Israel (Eclesiástico 45,1-5).

Moisés é o fundador do javismo, ou seja, o culto de Javé como Deus de Israel. Os antepassados de Israel não chamavam a Deus de Javé (Senhor). Javé é o Senhor da história, aquele que dirige os acontecimentos e tem em suas mãos o destino dos povos. Javé é o Senhor da natureza, penetra e ultrapassa a obra humana. Todo esse ensinamento está contido no Pentateuco, atribuído a Moisés. Moisés é o artífice da aliança entre o povo de Israel e Javé: Israel é um povo consagrado ao Senhor, pertence a Javé, é propriedade do Senhor.

PRECE

Do profeta da verdadeira libertação

Dá ouvidos, ó céu, que eu vou falar; ouve, ó terra, as palavras da minha boca!

Desça como chuva minha doutrina, minha palavra se espalhe como orvalho, como chuvisco sobre a relva que viceja e aguaceiro sobre a grama verdejante.

Eu vou proclamar o nome do Senhor; quanto a vós, engrandecei o nosso Deus!

Ele é a Rocha, e sua obra é perfeita, pois toda a sua conduta é o Direito.

É Deus verdadeiro e sem injustiça, ele é a Justiça e a Retidão.

(Cântico de Moisés, Deuteronômio 32,1ss)

5 Setembro

BEM-AVENTURADA MADRE TERESA DE CALCUTÁ

Madre Teresa nasceu no dia 26 de agosto de 1910, em Skopje, na região dos Balcãs. Recebeu no Batismo o nome de Agnes Gonxha Bojaxhiu. Aos 18 anos, ingressou no Instituto da Bem-Aventurada Virgem Maria, das Irmãs de Loreto, na Irlanda. Em 1929 foi para Calcutá, na Índia, e em 24 de maio de 1937 emitiu os votos perpétuos.

Em 1946, durante uma viagem a Darjeeling, recebeu a inspiração divina de fundar uma congregação religiosa que se dedicasse ao serviço dos mais pobres entre os pobres. No dia 17 de agosto de 1948, vestiu pela primeira vez o sári branco orlado de azul e deixou o convento de Loreto para viver com os mais pobres entre os pobres. Cada dia ela saía às ruas com o terço nas mãos e ia ao encontro *dos indesejados, dos desamados, daqueles de que ninguém se ocupava.*

No dia 7 de outubro de 1950, foi oficialmente instituída a nova Congregação das Missionárias da Caridade, que logo se espalhou por toda a Índia e dali para vários continentes, inclusive o Brasil. Madre

Teresa fundou também diversos outros institutos religiosos, entre eles os Colaboradores de Madre Teresa e os Colaboradores dos Enfermos e Sofredores, que reuniam pessoas de diferentes credos e nacionalidades irmanadas no ideal de servir os pobres e sofredores, de onde se originaria depois os Missionários Leigos da Caridade.

Em reconhecimento por sua grande obra missionária, Madre Teresa recebeu, em 1979, o Prêmio Nobel da Paz. Morreu no dia 5 de setembro de 1998, em Calcutá, e foi sepultada na Casa Mãe das Missionárias da Caridade, mas permanece para o mundo inteiro como ícone da compaixão e testemunho vivo da sede de amor de Deus: "aquele que quiser ser o primeiro, seja o servo de todos" (cf. Mc 10,44). Foi beatificada em 19 de outubro de 2003, pelo papa João Paulo II.

PRECE

Virgem Maria, Rainha de todos os Santos, ajuda-nos a ser mansos e humildes de coração como esta intrépida mensageira do Amor. Ajuda-nos a servir com a alegria e com o sorriso todas as pessoas que encontramos. Ajuda-nos a ser missionários de Cristo, nossa paz e nossa esperança. Amém!

(João Paulo II, Homilia da Beatificação de Madre Teresa, no Dia Missionário Mundial)

6 Setembro

SÃO ZACARIAS
(Profeta)

O nome Zacarias significa "o Senhor lembrou". Zacarias foi um profeta do pós-exílio. Legou-nos o livro que traz o seu nome, cujas citações são feqüentes no Novo Testamento. Depois de Isaías, é o profeta mais citado pelos evangelistas. Exerceu o seu ministério profético por volta do ano 520 antes de Cristo, por ocasião da construção do Templo de Jerusalém. Sua nota característica é o messianismo. Zacarias anuncia uma grande esperança, tempos novos. E a reconstrução do Templo é o sinal de que este tempo de esperanças renovadas está chegando. O próprio Senhor Deus virá morar no meio de seu povo renovado. Os exilados serão reunidos, todos os povos adorarão o Senhor. Será um tempo de paz e de alegria e as injustiças serão eliminadas da face da terra.

PRECE

Da esperança profética

Deus, nosso Pai, pela força do vosso Espírito, proclamemos pelo mundo, mediante o exemplo de nossas vidas, a vossa Palavra Profética.

Cada um de nós tenha respeitada a sua dignidade de filho de Deus e herdeiro das vossas promessas:

Exulta muito, filha de Sião!

Grita de alegria, filha de Jerusalém!

Eis que o teu rei vem a ti: ele é justo e vitorioso, humilde, montado sobre um jumento, sobre um jumentinho, filho da jumenta.

Ele eliminará os carros de Efraim e os cavalos de Jerusalém; o arco de guerra será eliminado.

Ele anunciará a paz às nações.

O seu domínio irá de mar a mar e do rio às extremidades da terra (Zacarias 9,9ss).

7 Setembro

SANTA REGINA

Santa Regina, cuja festa hoje comemoramos, é cultuada desde os tempos mais remotos. Segundo o *Martirológio jeronimiano*, ela sofreu o martírio "no território da cidade eduana, em Alísia". Seu culto, portanto, remonta ao século VI. Em 750, já existia em Alísia uma basílica a ela dedicada, na qual se conservam suas relíquias.

O *Martirológio romano* assim refere-se a ela: *Em Alísia, no território de Autum, Santa Regina, virgem e mártir, que, sob o procônsul Olíbrio, sofreu os suplícios do cárcere e outros. Por fim, foi degolada e voou para junto do esposo.*

PRECE

Da coragem do testemunho

Deus, nosso Pai, Jesus, vosso Filho, nos deixou uma mensagem que é um exemplo claro do vosso plano de amor.

Morreu por ter pregado um Reino de justiça, de concórdia, de partilha e de solidariedade em que a maior glória é servir e não ser servido.

Morreu por anunciar uma terra sem males, em que todos possam viver dignamente como pessoas humanas, usufruindo dos frutos da terra e do trabalho humano.

Jesus morreu porque ousou chamar a Deus de Pai e proclamar que todos somos irmãos.

Por isso, não devem existir senhores nem escravos, dominadores nem dominados, tampouco exploradores e explorados.

Todos, indistintamente, têm o direito de sentar-se à mesa da vida e comer do pão com dignidade. Todos são chamados a colher e a viver do fruto de seu trabalho.

8 Setembro

NATIVIDADE DE NOSSA SENHORA

A Natividade de Nossa Senhora é a festa de seu nascimento. É celebrada desde o início do cristianismo, no Oriente. E no Ocidente, desde o século VII. O profundo significado dessa festa é o próprio Filho de Deus, nascido de Maria para ser o nosso Salvador.

Em seu *Sermão do Nascimento da Mãe de Deus*, Pe. Antonio Vieira diz:

Perguntai aos enfermos para que nasce esta Celestial Menina, dir-vos-ão que nasce para Senhora da Saúde; *perguntai aos pobres, dirão que nasce para* Senhora dos Remédios; *perguntai aos desamparados, dirão que nasce para* Senhora do Amparo; *perguntai aos desconsolados, dirão que nasce para* Senhora da Consolação; *perguntai aos tristes, dirão que nasce para* Senhora dos Prazeres; *perguntai aos desesperados, dirão que nasce para* Senhora da Esperança; *os cegos dirão que nasce para* Senhora da Luz; *os discordes: para* Senhora da Paz; *os desencaminhados: para* Senhora da Guia; *os cativos: para* Senhora do Livramento; *os cercados: para*

Senhora da Vitória. *Dirão os pleiteantes que nasce para* Senhora do Bom Despacho; *os navegantes: para* Senhora da Boa Viagem; *os temerosos da sua fortuna: para* Senhora do Bom Sucesso; *os desconfiados da vida: para* Senhora da Boa Morte; *os pecadores todos: para* Senhora da Graça; *e todos os seus devotos: para* Senhora da Glória. *E se todas estas vozes se unirem em uma só voz (...), dirão que nasce (...) para ser* Maria e Mãe de Jesus. (Apud José Leite, S. J., op. cit., v. III, p. 33.)

PRECE

A Maria, Mãe de todos

"Dona e Senhora da Terra, do céu Rainha sem par, Virgem Mãe que um Deus encerra, suave Estrela do mar!

Tua beleza fulgura, cingida embora de véus, pois nos trouxestes, tão pura, o próprio Filho de Deus.

Hoje é o teu dia: nasceste; vieste sem mancha à luz; com teu natal tu nos deste o do teu Filho Jesus.

Em ti, celeste e terrena, o nosso olhar se compraz, Rainha santa e serena, que a todos trazes a paz.

Louvado o Deus trino seja, suba ao céu nosso louvor, pois quis tornar Mãe da Igreja a própria Mãe do Senhor".

(*Liturgia das Horas*, p. 163.)

9 Setembro

SÃO PEDRO CLAVER

São Pedro Claver nasceu em Verdu, na Catalunha, Espanha, no dia 26 de junho de 1580. É conhecido como o Apóstolo dos Negros e dos Escravos. Desde criança foi iniciado na vida religiosa. Estudou em Barcelona, no colégio dos jesuítas e aos 22 anos ingressou na Companhia de Jesus. Após uma temporada de estudos filosóficos no colégio de Palma de Maiorca, nas ilhas Baleares, em 1610 foi enviado como missionário às Índias Ocidentais. Ordenou-se sacerdote em Santa Fé de Bogotá, Colômbia, em 1616. Foi enviado, então, para Cartagena das Índias, onde viveu até a morte, trabalhando incansavelmente em favor dos escravos negros. Contam que a primeira coisa que fazia na chegada dos escravos provenientes da África era abraçá-los e colocar-se a serviço deles. Os escravos negros tiveram nele um pai e mestre, um defensor e refúgio nas adversidades. Os negros de Cartagena e arredores choraram sua morte e lamentaram sua perda. É o patrono das missões entre os negros. Morreu no dia 8 de setembro de 1654, com 74 anos de idade e 52 de vida religiosa.

PRECE

Da comunhão com os deserdados

Deus, nosso Pai, ouvi hoje a nossa prece. Aceitai nossos anseios de uma vida liberta de toda escravidão. Despertai em cada um de nós a busca da liberdade e da dignidade reservada aos filhos de Deus. Não nos deixemos iludir pela demagogia dos que prometem salvação e nem sequer enxergam e lêem as entranhas sofridas dos povos em trabalhosas parições: *Pressinto um silêncio profundo, sagrado — quase eterno —, querendo arrancar do céu justiça para ungir os gemidos dos que nascem e as lágrimas dos que morrem. Nestes lugares ainda persiste o cheiro do corpo escravo. É isso que respiro nestes ares. Esse muro grita e geme a noite toda sob chicotadas de um vento selvagem. Meus ouvidos ainda escutam os açoites ferindo o rosto, as carnes de um povo sem glória, sem voz, sem vez, sem rumo certo... Esta senzala ainda vai ruir com o grito da alforria! Porque quem fez o homem e o mundo não foi o Demo, mas Deus Nosso Senhor!*

(Roda, roda viva)

10 Setembro

SANTA PULQUÉRIA

Santa Pulquéria foi uma imperatriz que viveu no século V, em Constantinopla. Sua vida reveste-se de um significado todo especial, pelo êxito com que governou o império bizantino, contando apenas 15 anos de idade. Foi responsável pela educação esmerada de Teodósio II, seu irmão. Dela afirmou o historiador Gibbon:

A devoção não impedia Pulquéria de zelar com infatigável atenção pelos negócios do governo, e essa princesa é a única dentre os descendentes do Grande Teodósio que parece ter herdado uma parcela da sua coragem e das suas qualidades. Falava correntemente as língua grega e latina, de que se servia com elegância nos discursos e escritos relativos aos negócios públicos. A prudência presidia sempre às suas deliberações; tinha a decisão pronta e firme. Movimentando sem ruído, nem ostentação, as engrenagens do governo, discretamente atribuía ao gênio do imperador a prolongada tranqüilidade do seu reino... (Apud Padre Rohrbacher, op. cit., v. XVI, p. 127.) Morreu no ano 453.

PRECE

Do compromisso com a história

Deus, nosso Pai, Santa Pulquéria esteve presente em cada acontecimento do seu tempo, sobressaindo-se como mulher ativa e participante na história.

A seu exemplo, fazei que a mulher conquiste o seu espaço na sociedade hoje. Seu trabalho seja valorizado e os preconceitos que recaem sobre ela, vencidos. Seja iluminada pela Palavra, revigorada pela fé, confiante nas promessas de um novo céu e de uma nova terra. Movidas pelo Espírito Santo — cuja força liberta as mentes e os corações, sana o que está errado e realiza as promessas evangélicas —, as mulheres reconheçam a responsabilidade de sua missão em defender a vida e preservar a ternura e a misericórdia na face da terra.

11 Setembro

BEM-AVENTURADO JOÃO GABRIEL PERBOYRE

O Bem-aventurado João Gabriel nasceu em Mongesty, França, no dia 6 de janeiro de 1802. Filho de camponeses, tinha dois irmãos e duas irmãs. Como ele, todos ingressaram na vida religiosa. Em 1820, ingressou nos lazaristas de Montauban e, em 1825, foi ordenado sacerdote. Dez anos depois, foi enviado como missionário à China. Viveu em Honan e depois em Hu-Pé, onde testemunhou sua fé com a própria vida. Sua via-crúcis prolongou-se por um ano. Feito prisioneiro em 1839, foi conduzido a Ku-Tching, depois a Siang-Yang-Fu e, por fim, a U-Tchang-Fu, onde foi crucificado. Antes porém de o crucificarem, acorrentaram-no, trituraram seus pés em um torno, açoitaram-no com varas de bambus, chicotearam-no, fizeram-no beber sangue de um cão e o expuseram à humilhação pública. Morreu no dia 16 de setembro de 1840.

PRECE

Da sabedoria que produz vida

Deus, nosso Pai, possamos, com a força que nos dais, vencer as dificuldades e superar os obstáculos de cada dia. Enchei-nos de bom-senso, de sabedoria. Ensinai-nos, Senhor, a compreender o curso dos acontecimentos, a ler os sinais dos tempos. Plenos de paz interior, não nos percamos em agitações e ativismos que a nada levam.

Confiantes em vós, Senhor da História, aguardemos vigilantes a parição dos tempos; não abortemos vossas promessas nem naufraguemos nossos sonhos de dias melhores. Ensinai-nos a ter fé na travessia, a resgatar toda esperança e toda alegria. Todo afã e toda lide sejam abençoadas. Todo o nosso esforço seja convertido em bênçãos e em êxitos frutificados. Ensinai-nos a paciência conosco mesmos; tenhamos humildade em reconhecer nossas limitações e corrigir nossas falhas. Aprendamos de nossos próprios erros, e de nossos fracassos façamos patamares para de novo começar, já com a certeza de não mais errarmos.

12 Setembro

BEM-AVENTURADA MARIA VITÓRIA FORNARI

A Bem-aventurada Maria Vitória Fornari nasceu em Gênova, Itália, no ano de 1562. Embora inclinada à vida religiosa desde pequena, casou-se muito jovem com um genovês chamado Strata. Teve a sorte de ter a seu lado um homem sensato, respeitador, compreensivo e temente a Deus. Tiveram seis filhos: quatro meninos e duas meninas. Todos abraçaram a vida consagrada. Aos 25 anos ficou viúva, passando, então, a viver a vida de recolhimento no mais completo despojamento de si. Entregou-se à oração e à penitência. Em 1604, fundou a Ordem das Anunciadas Celestes, consagrada ao culto e à imitação de Maria. Foi nomeada, então, a primeira superiora da Ordem. Embora superiora, dedicava-se aos serviços mais humildes e tudo fazia para o bem-estar de sua comunidade. Morreu aos 55 anos de idade, em 1617.

PRECE

Da santidade de vida

Deus, nosso Pai, a Bem-aventurada Maria Vitória Fornari dedicou uma profunda devoção à Virgem Santíssima, Mãe de Jesus, o Filho de Deus. A seu exemplo, aprendamos de Maria de Nazaré a cumprir a vossa vontade e a trabalhar pelo Reino de amor, de paz e de justiça. Por Maria, vossa e nossa Mãe, cheguemos até vós, Senhor Deus todo-poderoso, criador do céu e da terra.

Ó Virgem Santíssima, que vós permitais que eu não viva nem morra em culpas mortais. Em culpas mortais eu não hei de morrer, que a Virgem Santíssima venha me valer.

Que venha me valer na maior aflição, por isso vos entrego o meu coração. O meu coração já está contrito; peço perdão ao Deus infinito. Ao Deus infinito eu vos peço também, por vosso Filho, amparai-me para sempre. Amém.

13 Setembro

SÃO JOÃO CRISÓSTOMO

São João Crisóstomo é certamente o mais conhecido dentre os Padres da Igreja grega. Nasceu em Antioquia por volta do ano 349. Após a morte de Antusa, sua mãe, retirou-se para o deserto, onde viveu seis anos, monasticamente. Os dois últimos anos ele os viveu numa caverna na mais completa solidão. Em 386 foi ordenado sacerdote. Logo alcançou fama de grande pregador, cuja eloqüência lhe valeu o título de "Crisóstomo", o que significa: "boca de ouro". Mais tarde tornou-se patriarca de Constantinopla.

Desenvolveu então uma pastoral sistematizada, com evangelização rural, criação de hospitais, procissões antiarianas, sermões "de fogo" com que incriminava e advertia os fiéis, chamando-os à conversão...

As intrigas políticas levaram-no várias vezes ao exílio, onde morreu. Era o dia 14 de setembro de 407. Somente em 438 os seus restos mortais foram transferidos de Comana no Ponto para Constantinopla. São João da Boca de Ouro deixou-nos vários escritos expondo a fé cristã e encorajando à vivência daquilo que Jesus ensinou.

PRECE

Da fidelidade à vida

Deus, nosso Pai, que as palavras de São João Crisóstomo sirvam-nos de orientação para o dia de hoje: *A água estagnada se corrompe, mas a que corre e se derrama por mil regatos conserva sua própria virtude.*

O ferro ocioso é corroído pela ferrugem e se torna fraco e inútil, mas, se usado no trabalho, é muito mais útil e bonito e perde em brilho apenas para a prata.

O terreno baldio não produz nada de bom, apenas ervas daninhas, cardos, espinhos e árvores não-frutíferas, mas o terreno cultivado se cobre de frutos saborosos.

Numa palavra: todo ser se corrompe pela ociosidade e se aperfeiçoa, se for usado adequadamente.

Agora que todos sabemos quão perniciosa é a ociosidade e quão proveitoso o trabalho, fujamos daquela e entreguemo-nos a este.

(*Por que a Igreja critica os ricos?*)

14 Setembro

EXALTAÇÃO DA SANTA CRUZ

A Igreja universal celebra hoje a festa da Exaltação da Santa Cruz. É uma festa que se liga à dedicação de duas importantes basílicas construídas em Jerusalém por ordem de Constantino, filho de Santa Helena. Uma foi construída sobre o Monte do Gólgota, por isso se chama *Basílica do Martyrium* ou *Ad Crucem*. A outra foi construída no lugar em que Cristo Jesus foi sepultado e foi ressuscitado pelo poder de Deus, por isto é chamada *Basílica Anástasis*, ou seja, *Basílica da Ressurreição*.

A dedicação destas duas basílicas remonta ao ano 335, quando a Santa Cruz foi exaltada ou apresentada aos fiéis. Encontrada por Santa Helena, foi roubada pelos persas e resgatada pelo imperador Heráclio. Segundo contam, o imperador levou a Santa Cruz às costas desde Tiberíades até Jerusalém, onde a entregou ao patriarca Zacarias, no dia 3 de maio de 630. A partir daí a Festa da Exaltação da Santa Cruz passou a ser celebrada no Ocidente. Tal festividade lembra aos cristãos o triunfo de Jesus, vencedor da morte e ressuscitado pelo poder de Deus.

PRECE

Da vida nova

"Do Rei avança o estandarte, fulge o mistério da Cruz, onde por nós foi suspenso o Autor da vida, Jesus.

Do lado morto de Cristo, ao golpe que lhe vibraram, para lavar meu pecado o sangue e a água jorraram.

Árvore esplêndida e bela de rubra púrpura ornada, de os santos membros tocar digna só tu foste achada.

Ó Cruz feliz, dos teus braços do mundo o preço pendeu; balança foste do corpo que ao duro inferno venceu.

Salve, ó altar, salve, vítima, eis que a vitória reluz: a vida em ti, fere a morte, morte que à vida conduz.

Salve, ó Cruz, doce esperança, concede aos réus remissão; dá-nos o fruto da graça, que floresceu na Paixão.

Louvor a vós, ó Trindade, fonte de todo perdão, aos que na Cruz foram salvos, dai a celeste mansão."

(*Liturgia das Horas*)

15 Setembro

NOSSA SENHORA DAS DORES

A festa de hoje liga-se a uma antiga tradição cristã. Contam que na Sexta-Feira da Paixão Maria Santíssima voltou a se encontrar com Jesus, seu filho. Foi um encontro triste e muito doloroso, pois Jesus havia sido açoitado, torturado e exposto à humilhação pública. Coroado de espinhos, Jesus arrastava até ao Calvário a pesada cruz, para lá ser crucificado. As entranhas de Maria se compungem de dor. Perde as forças e cai por terra, vergada pela dor e pelo sofrimento de ver Jesus prestes a morrer suspenso na cruz. Recobrando os sentidos, reúne todas as suas forças, acompanha o filho e permanece ao pé da cruz até o fim.

Inicialmente essa festa foi celebrada com o título de *Nossa Senhora da Piedade* e *A compaixão de Nossa Senhora*. Depois, Bento XIII (1724-1730) promulgou a festa com o título de *Nossa Senhora das Dores*.

Somos convidados hoje a meditar os episódios mais importantes que os evangelhos nos apresentam sobre a participação de Maria na paixão, morte e ressurreição de Jesus: a profecia do velho Simeão (Lucas 2,33ss); a fuga para o Egito (Mateus 2,13ss); a perda de Jesus aos doze anos, em Jerusalém (Lucas 2,41ss); o caminho de Jesus para o Calvário (João 19,12ss); a crucificação (João 19,17ss); a deposição da cruz e o sepultamento (Lucas 23,50ss).

PRECE

Da presença que conforta

"Virgem Mãe tão santa e pura, vendo eu tua amargura, possa contigo chorar.

Que do Cristo eu traga a morte, sua paixão me conforte, sua cruz possa abraçar!

Em sangue as chagas me lavem e no meu peito se gravem, para não mais se apagar.

No julgamento consegue que às chamas não seja entregue quem soube em ti se abrigar.

Que a santa cruz me proteja, que eu vença a dura peleja, possa do mal triunfar!

Vindo, ó Jesus, minha hora, por essas dores de agora, no céu mereça um lugar".

(*Liturgia das Horas*)

16 Setembro

SÃO CORNÉLIO

São Cornélio foi eleito papa no ano 251, logo depois da perseguição do imperador Décio. Lutou intensamente contra o cisma de Novaciano, declarado papa pela ala daqueles que excluíam da comunhão eclesiástica os que se haviam apostatado durante as perseguições.

Esses rigoristas acusavam São Cornélio de facilitar a readmissão dos apóstatas, dos decaídos, chegando ao extremo de impugnar a sua eleição. O imperador Galo, sucessor de Décio, exilou-o em Civitavecchia, onde veio a falecer. São Cipriano, bispo de Cartago, África, colocou-se a favor de São Cornélio, ajudando-o a restabelecer sua autoridade papal. Após sua morte, no ano 253, os restos mortais de São Cornélio foram conduzidos a Roma e sepultados no cemitério de São Calisto.

PRECE

Da conversão pelo Espírito

Deus, nosso Pai, São Cornélio lutou com todas as suas forças para preservar a unidade da vossa Igreja. Através do ministério pastoral demonstrou que vós sois um Deus de ternura e de bondade, pronto a nos perdoar tão logo corrigimos nossos erros e mudamos de vida.

Vinde em nosso auxílio quando grande for a nossa confusão interior e o nosso desconforto espiritual.

Como outrora, no mar da Galiléia imperastes sobre as ondas revoltas, acalmastes os ventos e fizestes Pedro caminhar sobre as águas agitadas, socorrei-nos em nossas fraquezas.

Mantende-nos unidos e leais uns aos outros e fiéis aos vossos preceitos de amor e de fraternidade.

A nossa fé seja bastante que nos faça atravessar o mar das nossas adversidades e contrariedades a pés enxutos; não sejamos tragados pelas mágoas e chagas interiores.

Pela força da vossa Palavra santa e bendita e pelo vosso amor de Pai não sejamos vencidos pelo mal, mas do mal nos prevaleçamos.

17 Setembro

SÃO ROBERTO BELARMINO

São Roberto Belarmino nasceu em Montepulciano, no ano de 1542.

Em 1560 ingressou na Companhia de Jesus. Estudou teologia em Pádua e Lovaina. Em 1576 tornou-se o primeiro titular da cadeira de apologética na Universidade Gregoriana (Colégio romano). Foi professor de São Luís Gonzaga. Em 1599, foi feito cardeal e arcebispo de Cápua. Teólogo oficial da Igreja, São Roberto Belarmino foi um homem muito discutido durante a Reforma Católica. O seu maior empenho foi difundir a doutrina proclamada pela Igreja durante o Concílio de Trento. Legou-nos várias obras: *Controvérsias*, na qual expõe de maneira monumental a doutrina católica; *Catecismo (Doutrina cristã breve)*, exposição da doutrina cristã em forma popular (foi traduzido em mais de cinqüenta línguas, um verdadeiro *best-seller* com mais de 400 edições); *A arte de bem morrer*. Por tudo isso e pelo zelo que teve pela doutrina da Igreja, foi declarado Doutor da Igreja. Morreu em Roma, em 1621.

PRECE

Para manter a fidelidade

Que ordenais, Senhor, que os vossos servos façam? "Tomai sobre os vossos ombros o meu jugo", dissestes vós.

O que é vosso jugo? — "Meu jugo é suave', vós dissestes, "e meu fardo é leve".

Quem de boa vontade não carregaria um jugo que não oprime, mas, ao contrário, fortalece, e um fardo que não pesa, mas, ao contrário, suaviza?

Para justificar, vós dizeis também, "e encontrareis repouso para as vossas almas".

Que é, pois, esse jugo que não nos aflige mas, ao contrário, nos faz repousar?

É aquele "primeiro e grande mandamento: amarás o Senhor, teu Deus com todo o teu coração". Por isso, Senhor, o que é mais fácil, mais excelente e mais agradável que amar a bondade, a beleza e o amor, coisas que encerrais em vosso ser, ó Senhor meu Deus?...

(Extraído de *A ascensão da mente de Deus*)

18 Setembro

SÃO PÂNFILO

São Pânfilo nasceu em Berito, Beirute, no ano 250. Distinguiu-se nas ciências e como homem público. Abandonou tudo, porém, para se entregar ao estudo da Sagrada Escritura. Em Alexandria teve como mestre o famoso filósofo e teólogo Piério. Ordenado sacerdote, criou em Cesaréia, na Palestina, uma biblioteca em que se reuniam as melhores obras sobre a Sagrada Escritura, alcançando cerca de trinta mil volumes. Além disso, fundou uma escola teológica. Em 307, durante a perseguição de Maximiliano Daia, foi lançado na prisão, onde esteve por dois anos. Escreveu então uma *Apologia de Orígenes*, em cinco volumes. Mais tarde, Eusébio, que era seu discípulo, acrescentou um sexto livro. Apenas o primeiro livro chegou até nós, na versão latina de Rufino. São Pânfilo empenhou-se também em difundir a Sagrada Escritura, doando exemplares do livro sagrado a todos que demostravam inclinação à leitura. Muito trabalhou para estabelecer a versão correta dos textos bíblicos. Como não quisesse abjurar a fé em Jesus Cristo, foi condenado à morte e decapitado no ano 309.

PRECE

Da graça da Palavra

Deus, nosso Pai, a exemplo de São Pânfilo fazei-nos amar a vossa Palavra.

Em nossas dificuldades, nos momentos desesperançosos de nossa vida, saibamos buscar alento, força, inspiração e luz para nossos passos nas Sagradas Escrituras.

E assim possamos continuamente louvar-vos, dizendo: Bendito seja o Deus e Pai de nosso Senhor Jesus Cristo, que nos abençoou com toda sorte de bênçãos espirituais, nos céus, em Cristo.

Nele ele nos escolheu antes da fundação do mundo, para sermos santos e irrepreensíveis diante dele no amor... (Efésios 1,3-4).

19 Setembro

SÃO JANUÁRIO

São Januário e seus companheiros sofreram o martírio durante a perseguição de Diocleciano, por volta do ano 305, em Nápoles, Itália. São Januário era bispo de Benevento e foi condenado às feras no anfiteatro de Pozzuoli. Mas, devido ao atraso do juiz, teria sido decapitado. Além dele, foram martirizados também os diáconos Sósio, Próculo, Festo, Desidério (leitor), Eutíquio e Acúrcio. O sangue de São Januário foi recolhido pelos cristãos e colocado em pequenas ânforas. Era costume recolher o sangue dos mártires e colocá-lo em anforazinhas diante dos seus túmulos. Os napolitanos consideram São Januário o seu protetor contra os flagelos da peste e das erupções do Vesúvio. É um culto antigo já difundido no mundo inteiro por causa da liquefação de seu sangue, durante a celebração de suas festas. O milagre vem sendo atestado desde 1389 por mais de 5 mil processos. O que mais intriga é o fato de até hoje os cientistas não conseguirem explicar por que o sangue de São Januário, contido numa ampola na catedral, se liquefaz e readquire a aparência de sangue novo, recém-derramado. E isto acontece durante a exposição pública no dia da festa do Santo, quando então a multidão prorrompe em gritos, chegando ao delírio.

Análises científicas demonstram que se trata realmente de sangue humano.

PRECE

Do serviço para o bem comum

Deus, nosso Pai, São Januário derramou o seu sangue pelo nome de Jesus.

Animados pelo seu testemunho, vivamos hoje atentos aos sinais de vossas maravilhas no mundo e em nossos corações.

Cheios de alegria, rendamos graças a vós, Deus Santo, vivo e verdadeiro.

É por vosso amor que existimos, nos movemos e somos.

Sois na verdade um Pai zeloso, e o vosso desejo é que sejamos felizes, vivamos em paz e concórdia, repudiemos o ódio, a vingança, a guerra.

20 Setembro

SANTA FAUSTA

O Martirológio romano assim narra a memória de Santa Fausta: *Em Cízico, na Propôntides (Ásia Menor), o natal dos santos mártires Fausta, virgem, e Evilásio, sob o imperador Maximiliano. Fausta foi suspensa e atormentada pelo próprio Evilásio, sacerdote dos ídolos, tendo sido despojada dos cabelos e raspada por humilhação. Em seguida, querendo serrá-la pelo meio e não conseguindo os algozes ofendê-la, Evilásio, surpreso com isso, converteu-se a Cristo; e enquanto ele, por ordem do imperador, era duramente atormentado, Fausta, ferida na cabeça, transpassada com pregos por todo o corpo e colocada num tacho ardente, finalmente, junto com Evilásio, chamada por uma voz celeste, passou ao Senhor.* (Apud Mário Sgarbossa & Luigi Giovannini, *Um santo para cada dia*, Paulinas, p. 300.)

PRECE

Do fortalecimento da fé

Deus, nosso Pai, os vossos santos suportaram em nome da fé os maiores sofrimentos e torturas. Fortalecei, Senhor, a nossa fé e renovai o nosso Espírito, para que estejamos prontos a superar todos as adversidades e a não nos deixar abater por temores vãos.

As palavras de Pedro, que vos confessou como o Deus vivo e verdadeiro, nos inspire e nos fortaleça hoje o espírito: ... aplicai toda a diligência em juntar à vossa fé a virtude, à virtude o conhecimento, ao conhecimento o autodomínio, ao autodomínio a perseverança, à perseverança a piedade, à piedade o amor fraternal e ao amor fraternal a caridade.

Com efeito, se possuirdes essas virtudes em abundância, elas não permitirão que sejais inúteis nem infrutíferos no conhecimento de nosso Senhor Jesus Cristo... (1Pedro 1,5ss).

21 Setembro

SANTA EFIGÊNIA

Segundo uma piedosa tradição, Santa Efigênia teria sido filha do rei da Etiópia, Eglipo, e da rainha Ifianassa. Essa ilustre família real etíope teria também sido convertida pelo apóstolo Mateus. Quando o rei Eglipo morreu, o príncipe reinante quis casar com Efigênia. Desejando entregar-se inteiramente a Deus, ela recusou tal pedido. Inconformado, o príncipe pediu que São Mateus intercedesse junto à princesa para que reconsiderasse o seu pedido. O apóstolo recusou-se terminantemente a fazê-lo. E não somente isso. Numa grande solenidade, consagrou Efigênia a Deus juntamente com suas companheiras. O príncipe mandou executar São Mateus. Efigênia, entristecida, vendeu todos os seus bens e mandou construir um suntuoso templo em honra do Apóstolo.

O *Martirológio* refere-se a ela dizendo: *Na Etiópia, Santa Efigênia, virgem, batizada e consagrada a Deus pelo bem-aventurado Mateus, apóstolo, acabou santamente os seus dias.*

PRECE

Do testemunho da vida

Deus, nosso Pai, vós concedeis aos vossos santos a coragem, a fortaleza, a força para confessarem o vosso Nome Santo.

Vosso desejo é que todo homem viva, pois vós sois o Deus da Vida.

A exemplo de Santa Efigênia, concedei-nos a graça de testemunhar o vosso amor por nós nas coisas mais simples de nosso dia-a-dia, nos trabalhos mais rotineiros ou quando a nossa fé for provada pelas adversidades, pela dor e sofrimento.

Cremos na vossa Palavra de que tudo é por vós conhecido, até mesmo a folha seca que cai e o fio de cabelo que se desprende de nossa cabeça.

Vós sois o Emanuel, o Deus conosco para sempre, o Ressuscitado que diz: *Estou convosco para sempre, todos os dias até a consumação dos séculos!* (Mateus 28,20).

22 Setembro

EUGÊNIO LYRA

Eugênio Lyra foi assassinado por um pistoleiro em Santa Maria da Vitória, Bahia, Brasil. Tinha 30 anos. Foi um advogado cristão, devotado à causa dos trabalhadores rurais e pequenos proprietários de terras.

Sua morte ocorreu dias antes da denúncia que faria na Assembléia Legislativa do Estado da Bahia, a respeito de terras roubadas de camponeses. A documentação que possuía incriminava os poderosos da sociedade e sua impunidade perante a lei.

Eugênio Lyra morreu porque não compactuou com as arbitrariedades e as violências geradas por um sistema de dominação, injustiça e impunidade.

Sua morte ocorreu no dia 22 de setembro de 1977.

PRECE

Da opção pela justiça e a vida

Deus, nosso Pai, em Jesus Cristo vosso Filho, trouxeste a vossa salvação a todos os povos.

Por intercessão dos que deram testemunho do vosso Reino, continuai em nós, por meio do Espírito Santo, a vossa obra de salvação.

E a vossa obra de salvação consiste em amar como Jesus amou, dando a nossa vida em favor do outro; a vossa salvação consiste em aceitarmos o vosso plano de amor: reconciliarmo-nos convosco e com nossos irmãos.

Senhor Deus nosso Pai, somente vós tendes a força e o poder de converter o nosso interior e romper as cadeias do egoísmo.

Unidos a Jesus, verdadeiro Deus, transformar-nos-emos, pela ação do Espírito Santo em nós, em criaturas novas.

23 Setembro
SÃO PIO DE PIETRELCINA

Francesco Forgione, o Padre Pio, nasceu no dia 25 de maio de 1887 em Pietrelcina, na região de Benevento (Itália). Aos 15 anos ingressou na Ordem dos Frades Menores Capuchinhos, em Morcone, e foi ordenado sacerdote em 1910. Foi enviado para o convento de San Giovanni Rotondo em 1916.

Pe. Pio fez da vivência sacramental, especialmente da penitência e da Eucaristia, o centro de sua vida e de sua ação pastoral. Por inspiração divina, construiu a Casa do Alívio do Sofrimento, um grande hospital que se transformou num centro irradiador de fé, paz e esperança aos corações sofredores.

Homem de fé e de oração assídua, Pe. Pio dizia: *A oração é a chave que abre o coração de Deus*. Quem dele se aproximava sentia-se atraído e tomado pelo amor a Deus e ao próximo. A todos ele acolhia com misericórdia e compaixão, como se acolhesse o próprio Cristo, pobre e sofredor.

Foi experimentado na dor e no sofrimento manifestos nos estigmas que recebeu em seu corpo. Caluniado e repreendido, aceitava as admoestações com humildade e obediência. Desapegado de si mesmo e das coisas, viveu radicalmente a pobreza evangélica. Queria apenas ser "um pobre frade que rezava". Ainda em vida, espalhava-se a fama de sua santidade, mas, após sua morte, em 1968, aos 81 anos de idade, o número de devotos e testemunhos de graças recebidas multiplicou-se. Foi canonizado por João Paulo II, no dia 16 de junho de 2002.

PRECE

Rezemos com Pe. Pio:

"Jesus, que nada me separe de ti, nem a vida, nem a morte. Seguindo-te em vida, ligado a ti com todo amor, seja-me concedido expirar contigo no Calvário, para subir contigo à glória eterna; seguirei contigo nas tribulações e nas perseguições, para ser um dia digno de amar-te na revelada glória do Céu; para cantar-te um hino de agradecimento por todo o teu sofrimento por mim. Jesus, que eu também enfrente como tu, com serena paz e tranqüilidade, todas as penas e trabalhos que possa encontrar nesta terra; uno tudo a teus méritos, às tuas penas, às tuas expiações, às tuas lágrimas a fim de que colabore contigo para a minha salvação e para fugir de todo o pecado — causa que te fez suar sangue e te reduziu à morte. Destrói em mim tudo o que não seja do teu agrado. Com o fogo de tua santa caridade, escreve em meu coração todas as tuas dores. Aperta-me fortemente a ti, de maneira tão estreita e tão suave, que eu jamais te abandone nas tuas dores. Amém!"

24 Setembro
SÃO GERALDO

São Geraldo, bispo de Chonal, nasceu em Veneza, Itália. Foi o educador de Santo Emerico, filho de Santo Estêvão, rei da Hungria. Ordenado bispo da Igreja de Chonal, dedicou-se intensamente à renovação litúrgica, procurando tornar os cultos agradáveis e festivos. Conta-se que para domar o próprio corpo, saía à noite e se dirigia à floresta para cortar lenha com um pesado machado. Tinha também o dom da profecia. Recusou-se firmemente a coroar o rei Avon que, para subir ao trono da Hungria, havia derramado muito sangue inocente. Dizem que quando o rei entrou na igreja de Chonal para ser coroado, São Geraldo levantou-se e começou a gritar: *A Quaresma foi instituída para conceder perdão aos pecadores e recompensa aos justos. Tu a profanaste com assassínios e, privando-me de meus filhos, privaste-me do nome de pai. É por isso que hoje não mereces perdão; como estou disposto a morrer por Jesus Cristo, dir-te-ei o que vai acontecer-te. No terceiro ano de teu reinado a espada vingadora se levantará contra ti e perderás, com a vida, o reino que obtiveste pela fraude e pela violência.* (Apud Padre Rohrbacher, op. cit.,

v. 16, p. 416.) A história confirmaria mais tarde a sua profecia. Em 1047 estourou a perseguição aos cristãos. Muitos bispos e cristãos foram mortos, entre eles São Geraldo.

PRECE

Da abertura da mente e do coração

Deus, nosso Pai, vós sois o Deus vivo e nos abençoastes naquele que enviastes para a nossa salvação, Jesus Cristo. Que o Espírito Santo abra os nossos corações para que continuamente nos convertamos ao Senhor, caminho, verdade e vida, luz para os nossos passos. Sejamos introduzidos, por vosso amor, à comunhão com Jesus, participando da sua paixão, morte e ressurreição. Animados pela fé e renovados na mente e no coração pela vossa Palavra viva e eficaz, possamos transformar as relações sociais que não dignificam o homem. Que a nossa presença na sociedade infunda nos corações de nossos semelhantes ânimo, coragem, esperança, otimismo, solidariedade, cooperação, autenticidade, constância e firmeza nas adversidades... Enfim, trabalhemos e colaboremos com todos os homens para estruturar com justiça a vida econômica e social.

(*Ad Gentes* 888a ss)

25 Setembro
SÃO FIRMINO I

São Firmino foi o primeiro bispo de Amiens e sofreu o martírio no século IV. Era natural de Pamplona, Espanha, e filho de Firmo. Foi convertido por São Saturnino, e teve como mestre o sacerdote Honesto.

Segundo a tradição, São Firmino tornou-se bispo aos 24 anos. Sua pregação alcançou a França, a Aquitânia, a Alvérnia, Agenais, Amiens. Como a sua pregação fosse coroada de numerosas conversões, os governantes tramaram secretamente sua morte. Os fatos principais de sua vida estão narrados na fachada da Catedral de Amiens.

PRECE

Da comunhão com os irmãos

Deus, nosso Pai, possamos vos amar em espírito e verdade, sem hipocrisias nem fingimentos. Que vos busquemos com ardor, como o rio busca o mar.

Senhor, nosso Deus, vos amemos como Jesus nos ensinou: servindo os nossos semelhantes. Com todos os homens de boa vontade busquemos a justiça e a fraternidade, sinais do vosso Reino no meio de nós. Ensinai-nos a acolher a vida nos seus limites dentro do mistério de amor e de comunhão a que a história humana anseia como numa eterna parição. Possamos descobrir a vossa ação libertadora nesse cotidiano que pede de vós uma nova criação: ressurreição! Ressurreição que é um espírito novo, vida em plenitude, comunhão perfeita com Deus e com nossos irmãos. Ressurreição que é o vosso Reino presente no meio de nós.

26 Setembro

SÃO COSME E SÃO DAMIÃO

São Cosme e São Damião são dois santos orientais, provavelmente martirizados durante a perseguição de Diocleciano (284-305). Historicamente pouco se sabe sobre a vida destes dois irmãos médicos e, pelo que tudo indica, gêmeos também. Seus restos mortais, segundo consta, encontram-se em Ciro na Síria, repousando numa basílica a eles consagrada. Da Síria o seu culto alcançou Roma e dali se espalhou por toda a Igreja do Ocidente. Em grego são chamados de "anargiros", isto é, sem dinheiro. Isto pelo fato de nada exigirem em troca de seus préstimos. Curavam não somente pessoas, mas também animais. Conta-se que um dia São Damião aceitou uma pequena oferta de uma mulher chamada Paládia, a quem havia curado de uma doença. São Cosme recriminou-lhe o gesto, dizendo que não queria ser enterrado junto a ele. Quando os cristãos recolheram seus restos mortais para sepultá-los, um camelo começou a bradar com voz humana, dizendo que enterrassem os dois irmãos juntos, uma vez que Damião recebera a oferta apenas para não humilhar a pobre mulher.

PRECE

Do serviço aos necessitados

Deus, nosso Pai, São Cosme e São Damião passaram pelo mundo fazendo o bem, curando as doenças e aliviando os sofrimentos de sua gente, dando confiança e esperança aos corações atribulados. Fizeram de seu ofício de médico um serviço ao próximo.

Fazei, Senhor, que também nós, inspirados no exemplo de vida de São Cosme e São Damião, sirvamos os nossos semelhantes de modo desinteressado, buscando sempre o seu bem e a sua felicidade. Fazei que lutemos corajosamente pela humanização de uma medicina que coloque o homem — mente e coração, corpo e espírito — no centro de suas preocupações. Que os médicos coloquem em primeiro lugar a vida, o bem de seus pacientes, e não o lucro, a exploração do comércio da morte, visando apenas ao dinheiro.

Que a exemplo de Cristo, que veio para servir e não para ser servido, colaborem para que se efetue o direito do povo de ter saúde e viver plenamente.

27 Setembro
SÃO VICENTE DE PAULO

Nasceu no dia 24 de abril do ano 1581, em Gascony, França. Seus pais eram proprietários de um pequeno sítio e tinham seis filhos. Quando menino, Vicente tinha como obrigação cuidar do rebanho... Em 1588, foi estudar com os franciscanos, cujos estudos foram pagos por um advogado chamado Comet. Em 1596, foi estudar teologia em Toulouse. Dessa vez, seu pai foi obrigado a vender uma junta de bois para pagar as despesas do filho. Aos 19 anos, foi ordenado sacerdote. Sua vida foi tecida por lances extraordinários. Assim, pouco depois de ter sido ordenado sacerdote, caiu prisioneiro dos turcos, foi vendido como escravo, passando dois anos em Tunes nessa condição. De regresso a Paris, tornou-se capelão e conselheiro de Margarida de Valois. A partir daí, monsieur Vicent começa a ter livre acesso aos nobres, recebendo vultosas quantias que emprega em sua obra missionária e assistencial: criação de seminários, hospitais para os pobres, centro de amparo para os jovens abandonados etc. Tinha como diretor espiritual o pe. Berulle, fundador dos Oratórios, que o orientou para descobrir qual era a vontade de Deus a seu respeito. Numa paróquia na periferia de Paris, chega à conclusão de que a vontade de Deus é que trabalhe em favor dos pobres. Em 1626, dá início à Congregação da Missão, cuja finalidade era dedicar-se ao serviço dos desamparados: camponeses, crianças abandonadas, idosos, doentes; como também à formação do clero e pastoreio dos fiéis afastados da religião. Juntamente com Santa Luísa de Marillac fundou a congregação das Irmãs da Caridade ou Irmãs Vicentinas, tão conhecidas pelo apostolado que exercem em hospitais, asilos, orfanatos, manicômios etc.

PRECE

Da pobreza do espírito

Deus, nosso Pai, a exemplo de São Vicente de Paulo ensinai-nos a não julgar as pessoas pelas aparências, pelo que vestem, pelo modo de falar ou pela sua capacidade mental... Nós vos pedimos, humildemente, sejamos mensageiros da Boa-Nova para os pobres, seguindo os passos de Jesus que passou fazendo o bem a todos, curando os enfermos, libertando os cativos e a todos anunciando o Reino da paz e da justiça, do perdão e da reconciliação.

28 Setembro
SÃO VENCESLAU

São Venceslau nasceu na Boêmia, por volta do ano 907. Educado na religião cristã por sua avó, Ludmila. Quando seu pai morreu, os habitantes da Boêmia o aclamaram rei. Assumiu o trono por volta de 925. Enfrentou muitas dificuldades para governar o seu reino e promover o cristianismo.

Apoiado pela graça de Deus, ele foi fiel à sua fé. Foi bondoso com os pobres, vestia os nus, dava de comer aos que tinham fome, acolhia os peregrinos com espírito cristão, não permitia que as viúvas fossem desprezadas. Amava indistintamente a todos, pobres ou ricos.

Contudo, seu irmão mais moço, Boleslau, queria o trono para si. Com a desculpa de que Venceslau estaria conspirando contra a mãe, arrumou alguns cúmplices, traiu e assassinou Venceslau no ano de 935. Logo Venceslau foi proclamado mártir e venerado em toda a Boêmia.

PRECE

Da sabedoria do pobre

Deus, nosso Pai, São Venceslau encontrou no Evangelho inspiração constante para a sua vida. Procurou viver as bem-aventuranças e cumprir fielmente o mandamento do amor.

Não nos imputeis, Senhor, as palavras que proferistes contra a hipocrisia e a vaidade dos escribas e dos fariseus:

Os escribas e fariseus estão sentados na cátedra de Moisés. Portanto, fazei e observai tudo quanto vos disserem. Mas não imiteis as suas ações, pois dizem, mas não fazem. Amarram fardos pesados e os põem sobre os ombros dos homens, mas eles mesmos nem com um dedo se dispõem a movê-los. Praticam todas as suas ações com o fim de serem vistos pelos homens (Mateus 23,1ss).

29 Setembro

SÃO MIGUEL, SÃO GABRIEL, SÃO RAFAEL

Hoje a Igreja universal celebra a festa dos arcanjos São Miguel, São Gabriel, São Rafael. "Miguel" — que significa: "Quem como Deus?" — é o defensor do Povo de Deus no tempo de angústia. É o padroeiro da Igreja universal e aquele que acompanha as almas dos mortos até o céu. "Gabriel" — que significa "Deus é forte" ou "aquele que está na presença de Deus" — aparece no assim chamado evangelho da infância como mensageiro da Boa-Nova, do Reino de Deus que já está presente na pessoa de Jesus de Nazaré, nascido de Maria. É ele que anuncia o nascimento de João Batista e de Jesus. Anuncia, portanto, o surgimento de uma nova era, um tempo de esperança e de salvação para todos os homens. "Rafael" — que quer dizer "medicina de Deus" ou "Deus cura" — foi o companheiro de viagem de Tobias. É aquele que cura, que expulsa os demônios. São Rafael é o companheiro de viagem do homem, seu guia e seu protetor nas adversidades.

PRECE

Do anúncio da vida nova

"Lá do alto enviai-nos, ó Cristo, vosso anjo da paz, São Miguel. Sua ajuda fará vosso povo crescer mais, prosperando, fiel.

Gabriel, o anjo forte na luta, nosso templo sagrado visite, lance fora o antigo inimigo e, propício, conosco habite.

Enviai-nos dos céus Rafael, o bom anjo que cura os doentes, para a todos os males sarar e curar a doença das mentes.

Cristo, glória dos coros celestes, vossos anjos nos venham guiar, para, unidos a eles um dia, glória eterna ao Deus Trino cantar. Amém".

(*Liturgia das Horas*)

30 Setembro

SÃO JERÔNIMO

Nasceu na cidade de Estrido, Dalmácia, nas atuais fronteiras da Iugoslávia, por volta do ano 340. Em Roma, estudou gramática, retórica, filosofia... Foi um dos grandes escritores do seu tempo.

Converteu-se ao cristianismo e decidiu tornar-se monge. Partiu para as terras do Oriente, berço do monaquismo. Fixou-se na Síria e entregou-se a uma vida de penitência e de oração. Convenceu-se, entretanto, de que a sua verdadeira vocação era servir a Igreja na qualidade de escritor. Procurou, então, conciliar a vida monástica com o ofício de escrever: dedicação total aos estudos, reflexão, autodisciplina.

Tornou-se sacerdote, mas raramente exercia o ministério sacerdotal. Regressando a Roma, foi feito secretário do papa São Dâmaso, época em que começou os trabalhos de tradução da Sagrada Escritura, a partir dos textos originais para o latim, conhecida hoje como *Vulgata*. Morrendo o papa Dâmaso, foi para o Oriente, estabelecendo-se em Belém. Deixou escritas várias obras (cartas, tratados de exegese, comentários bíblicos), mas nada o tornou tão célebre quanto a tradução da *Vulgata*. Por isso é chamado o "Doutor máximo das Escrituras".

PRECE

Da fidelidade à Palavra

"Tradutor e exegeta da Bíblia, foste um sol que a Escritura ilumina; nossas vozes, Jerônimo, escuta: nós louvamos-te a vida e a doutrina.

Relegando os autores profanos o mistério divino abraçaste, qual leão, derrubando os hereges, as mensagens da fé preservaste.

Estudaste a palavra divina nos lugares da própria Escritura, e, bebendo nas fontes o Cristo, deste a todos do mel a doçura. Aspirando ao silêncio e à pobreza no presépio encontraste um abrigo; deste o véu a viúvas e virgens,

Paula e Eustáquia levaste contigo.

Pelo grande doutor instruídos, proclamamos, fiéis, o Deus trino; e ressoem por todos os tempos as mensagens do livro divino".

(Hino — *Liturgia das Horas*)

1º Outubro

SANTA TERESINHA

Santa Teresa do Menino Jesus — ou simplesmente Santa Teresinha — é uma das santas mais populares, não somente no Brasil, mas em todo o mundo católico. Teresa Martin, seu nome de Batismo, nasceu em Alençon, França, em 1873. Morreu em 1897, com apenas 24 anos de idade. Menina ainda, em 1881, começou a freqüentar como semi-interna as Irmãs Beneditinas de Lisieux. Em 1888, vencendo grande resistência das autoridades eclesiásticas, ingressou no Carmelo de Lisieux, onde passou nove anos, até sua morte, causada por uma tuberculose pulmonar. O seu itinerário espiritual — o caminho da "infância espiritual" — está descrito no seu famoso livro *História de uma alma*, cujo segredo é o reconhecimento de nossa pequenez diante de Deus: diante do Senhor Deus nosso Pai, devemos assumir uma atitude de criança. Ou seja, amar a simplicidade, confiar sem limites, cultivar a humildade que é a verdade, servir de modo desinteressado, viver a pobreza evangélica... Como os grande místicos, Santa Teresinha passou por difíceis provas espirituais: aridez espiritual e angústias, especialmente durante os últimos dezoito meses de sua doença.

PRECE

Do abandono à vida

Deus, nosso Pai, Santa Teresinha do Menino Jesus mostrou-nos que a verdadeira grandeza é sermos contados entre vossos filhos.

Dai-nos humildade para reconhecermos a verdade em nossa vida.

Dai-nos um coração simples, de criança, para corrigirmos nossos erros e perdoarmos àqueles que nos ofenderam.

Fortalecei a nossa fé e a nossa confiança, quando formos provados pelo vosso amor e, qual criança, sentirmo-nos abandonados e longe da vossa presença consoladora.

Quando o sofrimento se abater sobre nós, quando o desespero quiser apagar a luz que ilumina os nossos passos, dai-nos, Senhor, a fortaleza de Santa Teresinha do Menino Jesus. Mesmo na aridez espiritual e na noite escura de nossa fé, saibamos esperar contra toda esperança. Quais crianças aflitas e atribuladas, supliquemos incessantemente a vossa proteção, vós que consolais os pequeninos, pois pequenino vos fizestes em Jesus Cristo, que de tudo se despojou para que tivéssemos vida e vida em abundância.

2 Outubro

SÃO LUÍS, SANTA LÚCIA, SANTO ANDRÉ E SÃO FRANCISCO YAKICHI

*T*rata-se de uma família japonesa martirizada durante a perseguição de 1622. São Luís ganhava a vida com um barco e foi preso quando ajudava um sacerdote a escapar da perseguição. Segundo os relatos, foram presos ele, a mulher, os filhos e seus ajudantes. São Luís sofreu 17 tipos de tortura e ficou prisioneiro durante dez semanas. No dia 2 de outubro de 1622, sua esposa e filhos foram condenados à morte. Foram decapitados na presença de São Luís. São Francisco tinha quatro anos; Santo André, oito. Após a morte de seus ajudantes, São Luís foi lançado ao fogo e morreu queimado.

PRECE

Da presença de Deus

Deus, nosso Pai, em vós todas as coisas se renovam, recobram o seu antigo vigor e sua simplicidade primeira.

Fazei que vejamos as coisas com olhar de fé, renovado pelo vosso amor, cheio de esperança e de confiança em vós, em nós e nas pessoas que nos rodeiam.

Animados pelos exemplos de fé de vossos santos, dai-nos uma maneira nova de encarar os acontecimentos adversos de nossa vida.

Mesmo nos momentos mais difíceis, saibamos suplicar a vós forças para de novo empreender a caminhada.

Ficai conosco, dirigi-nos cada passo, inspirai-nos sentimentos de coragem e de fortaleza.

Fazei-nos erguer a nossa fronte abatida, mostrai-nos a vossa face amiga e encorajadora.

Confortados pela vossa presença paterna, possamos continuar firmes, superando pela fé todas as dificuldades e perigos.

3 Outubro

SANTA MARIA JOSEFA ROSSELLO

Nasceu em Albissola Mariana (Savona), no dia 27 de maio de 1811. Seu nome de Batismo era Benedita (Benedetta). Filha de um humilde artesão-oleiro, aos 19 anos trabalhou numa casa de família, assistindo o senhor Monleone que se encontrava enfermo. Quando ele morreu, Benedita foi convidada a permanecer ali, não mais como empregada, mas como filha adotiva, já que o casal não tinha filhos. Sua intenção, porém, era ingressar numa congregação religiosa e consagrar-se inteiramente a Deus. Por isso recusou a excelente proposta. No dia 10 de agosto, sob a orientação do bispo Agostinho de Mari, deu início à Congregação das Filhas de Nossa Senhora da Misericórdia. Várias casas foram fundadas a fim de acolher meninas pobres, chegando também a erigir um seminário menor para os candidatos ao sacerdócio sem condições de custear seus próprios estudos. Morreu aos 69 anos, no dia 7 de dezembro de 1880, e em 1949 foi canonizada por Pio XII.

PRECE

Do acolhimento e serviço

Deus, nosso Pai, Santa Maria Josefa fez sua a sorte dos pequeninos e deserdados das benesses de uma sociedade exclusivista. Dai-nos, Senhor, a graça de fazer tudo o que estiver ao alcance de nossas mãos, para implantar já aqui nesta terra o vosso Reino de amor e de compaixão.

Sejamos misericordiosos e cheios de ternura, vendo em cada criatura uma manifestação do mistério humano e divino que se assoma aos nossos olhos. Inspirai-nos fé, esperança e destemor para rompermos, em primeiro lugar, as cadeias de nosso egoísmo, de nossa indiferença, de nossos interesses, e assim olhar o mundo como uma tarefa a ser realizada por todos os homens, cada um participando e dando a sua contribuição para o bem-estar de todos.

4 Outubro

SÃO FRANCISCO DE ASSIS

Francisco de Assis nasceu na cidade de Assis, Úmbria, Itália, em 1182. Pertencia à burguesia, e dessa condição tirava todos os proveitos. Como seu pai, tentou o comércio, mas logo abandonou a idéia por não ter muito jeito. Sonhou, então, com as glórias militares, procurando dessa maneira alcançar o status que sua condição exigia. Contudo, em 1206, para espanto de todos, Francisco de Assis abandonou tudo, andando errante e maltrapilho, numa verdadeira afronta e protesto contra sua sociedade burguesa. Entregou-se totalmente a um estilo de vida fundado na pobreza, na simplicidade de vida, no amor total a todas as criaturas. Com alguns amigos deu início ao que seria a Ordem dos Frades Menores ou Franciscanos. Com Santa Clara, sua dileta amiga, fundou a Ordem das Damas Pobres ou Clarissas. Em 1221, sob a inspiração de seu estilo de vida nasceu a Ordem Terceira para os leigos consagrados. O Pobrezinho de Assis, como era chamado, foi uma criatura de paz e de bem, terno e amoroso. Amava os animais, as plantas e toda a natureza. Poeta, cantava ao Sol, à Lua e às Estrelas. Sua alegria, sua simplicidade, sua ternura lhe granjearam estima e simpatia tais que fizeram dele um dos santos mais populares e queridos dos nossos dias.

PRECE

Ser instrumento de Deus

Senhor, fazei-me um instrumento da vossa paz. Onde houver ódio que eu leve o amor, onde houver ofensa, que eu leve o perdão, onde houver discórdia, que eu leve a união, onde houver dúvidas, que eu leve a fé. Onde houver erro, que eu leve a verdade, onde houver desespero, que eu leve a esperança, onde houver tristeza, que eu leve a alegria, onde houver trevas, que eu leve a luz.

Ó Mestre, fazei que eu procure mais consolar que ser consolado, compreender que ser compreendido, amar que ser amado.

Pois é dando que se recebe, é perdoando que se é perdoado, e é morrendo que se vive para a vida eterna.

5 Outubro

SÃO JOÃO DE PENNA

*J*oão de Penna viveu no século XIII. Ainda muito jovem ingressou na Ordem Franciscana, no mosteiro de Recanati. Era uma criatura alegre, calma, desapegada de tudo e amante das coisas de Deus. Segundo os Fioretti, após viver toda a vida no anonimato, um anjo lhe apareceu e lhe disse:

Frei João, eis que está concluída a tua longa viagem pela qual tanto esperaste. Por isso, agora, anuncio-te da parte de Deus, pede a graça que quiseres. Mas, olha, digo-te ainda: Que preferes? Um dia de purgatório ou sete de sofrimento neste mundo? (Apud Padre Rohrbacher, op. cit., v. 17, p. 335.) Frei João respondeu ao anjo que preferia os sete dias de sofrimento neste mundo. E tal aconteceu: o santo homem foi atribulado no corpo e na alma por sete dias. Após a provação, foi consolado por Deus e veio a falecer santamente no convento de Penna, no dia 5 de outubro de 1275.

PRECE

Da presença de Deus

Deus, que sois Pai, tende piedade de nós.
Deus, que sois Filho, sede um irmão para nós.
Deus, que sois Espírito, sede amor para nós.
Deus, que sois Uno, uni os que somos muitos.
Deus, que sois Trino, vigiai sobre cada um de nós.
Deus, que sois Verdade, estirpai nossas mentiras.
Deus, que sois Vida, vivei em nós todos (...)
Deus, Ar que tudo pervade, estai em cada um de nós.
Deus, Água que tudo purifica, lavai-nos de nossa culpa.
Deus, Terra que tudo sustém, inspirai-nos para que saibamos repartir...

(Apud Eric Doyle, OFM, op. cit., p. 213.)

6 Outubro
SÃO BRUNO

São Bruno nasceu na cidade de Colônia, por volta do ano 1035. Estudou em Reims (Alemanha) e em Paris (França). Retornando à terra natal, foi ordenado sacerdote, dedicando-se ao ensino de teologia na arquidiocese de Reims por mais de 25 anos. Aos 50 anos, dá início à fundação da Ordem Religiosa mais severa e radical da Igreja: a Cartuxa. Reuniu em torno de si alguns companheiros dispostos a aceitar o desafio e fundou na região desértica de Chartreuse o primeiro mosteiro da Ordem.

Os cartuxos procuram conciliar vida comunitária e silenciosa com vida contemplativa. Na Cartuxa reside o silêncio total e absoluto como meio para chegar a Deus. Teve como discípulo o papa Urbano II (1088-1099), que o chamou junto a si como conselheiro. São Bruno morreu em Squillace, na Calábria, no ano 1101.

PRECE

Da renovação pelo Espírito

Deus, nosso Pai. São Bruno vos procurou no silêncio profundo e criador, que guarda o mistério de tudo aquilo que vive e subsiste no tempo e no espaço.

A seu exemplo, vos busquemos sempre.

Saibamos fazer silêncio para ouvir a vossa voz no fundo de nossas consciências e no clamor do homem que busca a justiça e a verdade, cumprindo o vosso mandamento de amor.

Saibamos também fazer silêncio para ouvir no profundo de nosso ser a voz do vosso Espírito que clama: "*Abba,* Pai!". Vem, Senhor Jesus.

Vinde Senhor, Deus nosso, recriai em nós um espírito novo, vós que no silêncio primeiro criastes os céus, a terra e o homem, vossa imagem e semelhança.

Olhando para vosso Filho Jesus e nosso Irmão possamos, como São Bruno, descobrir o que somos e o que desejais de nossas vidas.

7 Outubro

NOSSA SENHORA DO ROSÁRIO

A festa de Nossa Senhora do Rosário foi instituída pelo papa Pio V, em 1571, quando se celebrava o aniversário da batalha naval de Lepanto. Segundo consta, os cristãos saíram vitoriosos porque invocaram o auxílio da Santa Mãe de Deus, rezando o rosário.

A origem do terço é muito antiga. Remonta aos anacoretas orientais que usavam pedrinhas para contar suas orações vocais. O venerável Beda sugerira aos irmãos leigos, pouco familiarizados com o Saltério latino, que se utilizassem de grãos enfiados em um barbante na recitação dos pais-nossos e ave-marias. Em 1204, Nossa Senhora apareceu a São Domingos, na gruta de Troulle, na cidade de Tolosa, na França, recomendando-lhe a reza do rosário para a salvação do mundo. Rosário significa coroa de rosas oferecidas a Nossa Senhora. Os promotores e divulgadores da devoção do rosário no mundo inteiro foram os dominicanos. Somos hoje, portanto, convidados a meditar sobre os mistérios de Cristo Jesus, associando-nos como Maria Santíssima à encarnação, paixão e gloriosa ressurreição do Filho de Deus.

PRECE

A Maria, mãe da vida

"Na terra recordamos teu gozo e tua dor, ó Mãe, que contemplamos em glória e resplendor.

Ave, quando concebes, visitas, dás à luz, e levas e recebes no templo o teu Jesus.

Ave, pela agonia, flagelo, espinho e cruz: a dor da profecia à glória te conduz.

Ave, sobre o teu Filho, o Espírito nos vem; deixando o nosso exílio, ao céu sobes também.

Cento e cinqüenta rosas, nações, vinde colher; coroas luminosas à Virgem Mãe tecer.

Louvor ao Pai e ao Filho e ao Espírito também; dos três, divino auxílio ao nosso encontro vem."

(*Liturgia das Horas*)

8 Outubro

SANTA TAÍS

Santa Taís foi uma prostituta egípcia. Viveu provavelmente no século IV. Foi convertida por um monge chamado Pafúncio. Conta-se que o monge pediu-lhe que o recebesse num lugar reservado. Ela lhe respondeu que não devia temer os homens, mas somente Deus presente em toda parte. Desse encontro, Santa Taís saiu transformada e se converteu, mudando radicalmente de vida. Despojou-se de suas riquezas e levou vida penitente. Passou o resto de seus dias repetindo a seguinte oração: "Vós que me criastes, tende compaixão de mim".

PRECE

Da entrega a Deus

Deus, nosso Pai, renovai nossa esperança e nossa alegria de viver.

Fazei-nos compreender que vale a pena viver, pois o que nos faz caminhar não são os espinhos, mas o encanto da vida que a cada dia renasce; é a magia das plantas, das flores e dos frutos; é a fecundidade da terra, pródiga em alimentos e que a todos abre suas entranhas gratuitamente.

O que nos faz caminhar não é a morte, mas a vida, vosso dom e maravilha das vossas mãos benditas...

Não é o desespero dos que não têm fé, nem a ira dos que, aos gritos, atiram ao fogo as esperanças, nem a maldade dos que mancham as mãos em berços de crianças.

O que nos faz caminhar não é a fúria satânica dos que abrem trincheiras em jardins floridos e pisam searas pojadas e pródigas, para ganhar uma guerra (a sua guerra) e perder o homem, fazendo sofrer os inocentes...

O que nos faz caminhar é o eflúvio amoroso da vossa presença que tudo invade.

Sois vós, Deus Eterno, Companheiro e Amigo fiel, que habitais o nosso coração e encheis a nossa vida de canções venturosas...

9 Outubro

SÃO JOÃO LEONARDO

*N*asceu em Lucca, na Toscana, Itália, no ano de 1541. Primeiramente foi farmacêutico, mas abandonou tudo para tornar-se sacerdote. Devotou toda a sua vida ao ministério sacerdotal, pregando e ensinando o catecismo. Viveu em um tempo de revitalização do catolicismo sob os auspícios do Concílio de Trento. Em 1574, fundou a Ordem dos Clérigos Regulares da Mãe de Deus. Reuniu em torno de si um grupo de sacerdotes dedicados à propagação da fé nos meios não-crentes. Por este motivo é tido como o inspirador da *Propaganda Fidei*, ou Obra da Propaganda da Fé, atuante até nossos dias no âmbito da Santa Sé. Ao lado de São Filipe Néri, São José de Calasanz, São Camilo de Léllis, São João Leonardo é uma das figuras marcantes da Igreja do século XVI.

PRECE

Da partilha do que somos

Deus, nosso Pai, dai-nos o entendimento e a compreensão da nossa fé, do sentido de nossa vida e da nossa missão neste mundo.

Senhor, vosso amor, vossa força e energia percorrem e perpassam os mundos visíveis e invisíveis; a vossa Palavra é como o fermento na massa, como o sal que dá sabor aos alimentos e garantia às promessas de dias melhores.

Vós sois o sentido de todas as direções e caminhos, a reunião de todos os trilhos e sendas, a chave de todos os paradoxos, a possibilidade dentro da impossibilidade da gente...

Sois vós que tendes o poder de exorcizar nossos males...

Multiplicai, pois, o pouco de bem que fazemos e não leveis em conta as nossas fraquezas.

Convertei-nos e mostrai-nos a vossa face iluminada...

Revelai-nos toda a verdade sobre nós e nossos semelhantes...

10 Outubro

SÃO FRANCISCO BORJA

Nasceu em Gândia (Valença), na Espanha, em 1510. Foi vice-rei da Catalunha. Era casado e tinha 8 filhos. Aos 29 anos, ficou viúvo. Em 1548 resolveu abandonar tudo e ingressar na Companhia de Jesus. Em 1551 ordenou-se, emitindo logo depois os votos simples dos professos, renunciando desse modo a toda e qualquer dignidade civil ou religiosa. Em 1565 foi eleito Geral, empenhando-se em desenvolver as missões estrangeiras, inclusive no continente latino-americano. Fundou numerosos colégios jesuítas na Europa. Grande devoto de Nossa Senhora, foi canonizado em 1624.

PRECE

À virgem de Aparecida

Ó Mãe, fazei que esta Igreja, a exemplo de Cristo, servindo constantemente o homem, seja a defensora de todos, em particular dos pobres e necessitados, dos socialmente marginalizados e espoliados.

Fazei que a Igreja do Brasil esteja sempre a serviço da justiça entre os homens e contribua ao mesmo tempo para o bem comum de todos e para a paz social.

Ó Maria, abri os corações dos homens, e dai a todos a compreensão de que somente no espírito do Evangelho, e seguindo o mandamento do amor e as bem-aventuranças do Sermão da Montanha, será possível construir um mundo mais humano, no qual será valorizada verdadeiramente a dignidade de todos os homens...

Não cesseis, ó Virgem Aparecida, pela vossa mesma presença, de manifestar nesta terra que o amor é mais forte que a morte, mais poderoso que o pecado.

Não cesseis de mostrar-nos Deus, que amou tanto o mundo, a ponto de entregar o seu Filho Unigênito, para que nenhum de nós pereça, mas tenha a vida eterna. Amém.

(Oração de João Paulo II)

11 Outubro

SANTA SOLEDADE TORRES

*S*anta Soledade ou Manuela Torres nasceu em Madri, no dia 2 de dezembro de 1826. Morreu nessa mesma cidade, no dia 11 de outubro de 1887. Em 1851 deu início à congregação religiosa Servas de Maria, cuja finalidade era prestar ajuda aos doentes nos hospitais como enfermeiras. Santa Soledade padeceu muitas dificuldades até a implantação definitiva da nova família religiosa. Esteve presente nos momentos mais difíceis e penosos da história espanhola, como, por exemplo, na guerra civil e na epidemia de cólera de 1885. Durante a vida da santa foram fundadas 46 casas e, atualmente, as Servas de Maria se encontram espalhadas por todos os continentes. Foi canonizada por Paulo VI em 1970.

PRECE

Para conservar a fé e a confiança

Deus, nosso Pai, Santa Soledade dedicou sua vida ao serviço dos necessitados, dos doentes e dos enfermos nos hospitais. Por sua intercessão, dai-nos coragem e fortaleza de espírito para enfrentarmos a dor e o sofrimento. À luz da fé, saibamos conservar a nossa confiança em vós e fazer da dor e do sofrimento um momento de graça e de exame de consciência de nossa vida. Nesses momentos difíceis de provação, renovemos a nossa fé e nosso amor à vida. Reconsideremos os valores em que acreditamos. Tomemos consciência da nossa transitoriedade. Com a vossa ajuda, procuremos descobrir o sentido do sofrimento num mundo anestesiado e adverso a qualquer dor, por isso sem remissão. Iluminai a nossa mente para que possamos descobrir na provação a vossa visita amorosa e benfazeja e discernir a mensagem que nos trazeis.

12 Outubro

NOSSA SENHORA APARECIDA

A imagem de Nossa Senhora Aparecida foi encontrada no rio Paraíba pelos pescadores da região, em 1717. Inicialmente, a pequena imagem da Senhora da Conceição foi levada para a casa de um dos pescadores, Filipe Cardoso. Somente em 1737 foi colocada num oratório e cultuada pelos moradores da redondeza. Em 1745 foi construída uma igreja em sua homenagem. Em 1888, a chamada basílica velha foi erigida. E no dia 4 de julho de 1980, o papa João Paulo II inaugurou a basílica atual. Desde os primeiros cultos dedicados a Nossa Senhora pelos pescadores (reza do terço e outras devoções) até nossos dias, os peregrinos jamais cessaram de depositar aos pés da Virgem Aparecida suas súplicas, dores, sofrimentos e alegrias. Atualmente, são milhões os romeiros que se dirigem à cidade de Aparecida, a fim de agradecer e pedir graças. Em 1929, Nossa Senhora Aparecida foi proclamada Rainha e Padroeira do Brasil. Constitui um dos cultos marianos mais intensos do mundo.

PRECE

Oração a Nossa Senhora Aparecida

Ó incomparável Senhora da Conceição Aparecida, Mãe de Deus, Rainha dos anjos, Advogada dos pecadores, Refúgio e Consolação dos aflitos e atribulados, ó Virgem Santíssima, cheia de poder e bondade, lançai sobre nós um olhar favorável para que sejamos socorridos em todas as necessidades em que nos achamos.

Lembrai-vos, ó Clementíssima Mãe Aparecida, que nunca se ouviu dizer que algum daqueles que têm recorrido, invocado vosso santíssimo nome e implorado vossa singular proteção, fosse por vós abandonado. Animados com esta confiança a vós recorremos, tomando-vos de hoje para sempre por nossa mãe, nossa protetora, nossa consolação e guia, nossa esperança e luz na hora da morte.

Senhora, livrai-nos de tudo o que possa ofender-vos e a vosso santíssimo Filho, nosso Redentor e nosso Senhor Jesus Cristo. Virgem bendita, preservai-nos de todos os perigos da alma e do corpo; dirigi-nos em todos os negócios espirituais e temporais.

Soberana Senhora, livrai-nos da tentação do demônio, de todos os males que nos ameaçam, para que, trilhando o caminho da virtude, possamos, um dia, ver-vos e amar-vos na eterna glória por todos os séculos dos séculos. Amém.

13 Outubro

SANTO EDUARDO

Santo Eduardo nasceu em 1003. Foi rei da Inglaterra de 1043 a 1066. Seu empenho maior foi a restauração do espírito cristão no seu reino. Procurou administrar os negócios públicos com sabedoria, aliviando a nação de pesadas taxas, lutando contra o perigo de invasões estrangeiras. Tinha um caráter magnânimo, justo e compreensivo. Morreu aos 63 anos, amado por todos, especialmente pelos pobres. Foi canonizado pelo papa Alexandre III, em 1161.

PRECE

Da palavra como testemunho

Deus, nosso Pai, dirigi os nossos passos para o caminho da libertação, obra do vosso Espírito em nossos corações. Parti as correntes, quebrai as cadeias e livrai-nos do medo que nos apavora, que nos oprime, que amarra a nossa língua, que fecha a nossa boca, que abala nossos ossos. Livrai-nos, Senhor, do medo que nos sufoca, que nos torna ofegantes e trêmulos e nos faz calar, violentando a nossa sede de liberdade. Libertai-nos do medo que nos enche desse sentimento servil de resignação e abafa o nosso vigor e sede de justiça, no silêncio culpado de nada ter feito, de nos ter acovardado ao dizer "sim, senhor", quando deveríamos erguer a fronte e destemidamente dizer "não!".

Senhor, libertai-nos do medo que nos faz cúmplices quando deveríamos protestar a favor da vida, da dignidade humana... Libertai-nos do Faraó e de seus cavaleiros, pois estamos no cativeiro do Egito de nossos receios e temores vãos. Libertai-nos do medo de corpo e alma. Dai-nos forças para preservar a vida até o fim...

14 Outubro

SÃO CALISTO

Segundo a tradição, o papa São Calisto havia sido um escravo que conseguiu sua liberdade. O papa Zeferino conferiu-lhe o diaconato, encarregando-o da administração do cemitério da Via Ápia (Catacumba de São Calisto). Eleito sucessor de Zeferino, Calisto governou a Igreja de Deus de 217 a 222. Lutou intensamente contra as heresias e as idéias rigoristas de que certos pecados não podiam ser perdoados. São Calisto, entretanto, defendeu o princípio de que todo pecado pode ser perdoado pela Igreja, cumpridas as devidas condições. Lutou também contra o cisma criado por Hipólito, que não o quis reconhecer como papa, devido a sua condição de escravo e especialmente pela sua condescendência para com os pecadores. Segundo consta, São Calisto foi assassinado durante um motim em que se defrontaram pagãos e cristãos.

PRECE

Da presença consoladora de Deus

Senhor Deus, nosso Pai, mediante a fé e em virtude do vosso Espírito que dentro de nós clama "Pai!", dai-nos a graça de vos sentir presente no mais íntimo de nosso coração.

Senhor, vinde encher os nossos vazios e aplacar a nossa aflição; jamais nos falte o alimento da vossa Palavra libertadora. Façamos silêncio nas profundezas de nosso ser, para experimentar, à luz da fé, o vosso amor Salvador, pois vós operais maravilhas nos corações daqueles que vos procuram sem mentiras e hipocrisias.

Senhor, quando o ruído das coisas emudece, quando a natureza toda se une num só abraço, quando todas as sementes germinam e brotam em cada regaço, quando cada útero gera um fruto sem cansaço, quando em nossos olhos a paz e a justiça fazem a sua morada, quando a vida flui sem muros, sem embaraços, voltemos o nosso olhar para vós que sois infinita bondade e ternura, e no vosso amor recriais e sustentais a existência de tudo o que existe.

15 Outubro

SANTA TERESA D'ÁVILA
(Doutora da Igreja)

Nasceu em Ávila, em 1515. Aos vinte anos, ingressou no Carmelo de Ávila. Espanhola, de família nobre, bela e inteligente, foi uma criatura que lutou contra as suas contradições internas, contra as mentiras e hipocrisias de uma vida espiritual vazia.

Santa Teresa ocupa um lugar especial dentro da mística cristã; é considerada uma dentre os grandes mestres espirituais que a história da Igreja já conheceu. Entretanto, ela não pode ser esquecida como reformadora do Carmelo, como aquela que conseguiu devolver à Ordem Carmelita o seu primitivo vigor espiritual. Tinha como conselheiro espiritual São João da Cruz. É chamada Teresa, a Grande, por sua grandeza de mulher. Teresa sem a graça de Deus é uma pobre mulher, com a graça de Deus, uma graça; com a graça de Deus e muito dinheiro, uma potência, como ela mesmo disse uma vez. É chamada também de doutora da Igreja pela profunda mística e espiritualidade. Muitas obras suas continuam sendo lidas e produzindo abundantes frutos espirituais: *O caminho da perfeição, Pensamentos sobre o amor de Deus, O castelo interior*. Morreu em 1582.

PRECE

Do despojamento

"Deixando teus pais, Teresa, quiseste aos mouros pregar, trazê-los todos a Cristo, ou teu sangue derramar.

Pena porém mais suave o Esposo a ti reservou: tombares de amor ferida, ao dardo que te enviou.

Acende, pois, nossas almas, na chama do eterno amor: jamais vejamos do inferno o fogo devorador.

Louvamos contigo ao Filho, que ao trino Deus nos conduz, ele é o Jesus de Teresa, Tu, Teresa de Jesus!"

(*Liturgia das Horas*)

16 Outubro

SANTA EDWIGES

Santa Edwiges nasceu na Bavária, por volta do ano 1174. Aos 12 anos casou-se com o duque da Silésia, Henrique I. Foi mãe de seis filhos. Uma mulher marcada pelo sofrimento diante da morte, pois viu seus filhos morrerem um a um, ficando viva apenas uma filha, Gertrudes. Dedicou-se inteiramente ao serviço dos necessitados: protegia os órfãos e as viúvas, visitava hospitais, amparava a juventude carente, educando-a e instruindo-a na fé cristã, cuidando dos leprosos... Quando seu marido morreu, ela se retirou para o convento, onde sua filha Gertrudes era abadessa. Passou o restos de seus dias na austeridade. Morreu no mosteiro de Trebnitz, no ano 1243.

PRECE

Do abandono a Deus

Deus, nosso Pai, Santa Edwiges foi uma pedra viva na construção do vosso Reino sobre a terra. A seu exemplo, sejamos fortes nas tribulações e não nos deixemos abater pelo desânimo, porque vós estais conosco, Deus de amor e de bondade. Sejamos vigilantes conosco mesmos, fortalecendo-nos com o alimento da vossa Palavra, crescendo em idade, sabedoria e graça diante de vós e de nossos semelhantes. Como as sementes que germinam na terra, brotam, crescem e dão frutos, também nós cresçamos no vosso chão e demos abundantes frutos de amor e de ternura. Contagiemos a todos com a nossa alegria, com a nossa confiança em vós, com uma postura positiva diante da vida, procurando viver em profundidade cada momento que nos é dado, tornando cada instante um tempo de graça e de salvação. Que Santa Edwiges interceda junto a vós e alcance para nós todas as graças de que precisamos...

17 Outubro

SANTO INÁCIO DE ANTIOQUIA

Santo Inácio de Antioquia viveu no segundo século e sofreu o martírio na cidade de Roma, durante a perseguição de Trajano, no ano 107. Foi o segundo bispo de Antioquia depois de São Pedro. Tudo indica que ele conheceu pessoalmente os apóstolos Pedro e Paulo. Por volta do ano 110 foi preso e conduzido a Roma para ser julgado. Durante a viagem, escreveu sete cartas, dirigidas a várias Igrejas. Tais cartas constituem preciosos documentos sobre a Igreja primitiva, seus fundamentos teológicos, sua constituição hierárquica... Foi levado acorrentado e terminou seus dias devorado pelas feras selvagens: *Deixem-me ser a comida das feras, pelas quais me será dado saborear Deus. Eu sou o trigo de Deus. Tenho de ser triturado pelos dentes das feras, para tornar-me um pão puro de Cristo.* (Apud Mario Sgarbossa, op. cit., p. 332.)

PRECE

Da esperança cristã

Deus, nosso Pai, que as palavras de Santo Inácio de Antioquia sirvam hoje para nossa meditação. Animados pelo seu exemplo de fé e de confiança em vós, sejamos fortalecidos pela vossa graça. Assim testemunhemos com nossa vida o Evangelho do Deus vivo e verdadeiro:

Oxalá goze eu das feras que estão para mim destinadas e que faço votos se mostrem velozes para comigo! Eu mesmo as atiçarei para que me devorem rapidamente, e não seja eu como alguns, a quem, cheias de medo, elas não se atrevem a tocar. E se elas não quiserem aquilo que de boa vontade se lhes oferece, eu mesmo as obrigarei. Perdoai-me, eu sei o que me convém. Agora começo a ser discípulo. Nenhuma coisa, visível nem invisível, seja posta diante de mim por má vontade, impedindo-me alcançar Jesus Cristo.

(*Santos de cada dia*, v. III)

18 Outubro

SÃO LUCAS, EVANGELISTA

São Lucas nasceu provavelmente em Antioquia. Foi amigo e companheiro de São Paulo, apóstolo, na tarefa da propagação do Evangelho de Jesus Cristo. Pertencente a uma família pagã, Lucas se converteu ao cristianismo. Segundo São Paulo, era médico: *Saúdam-vos, Lucas, o médico amado e Demas* (Colossenses 4,14). Lucas, entretanto, é mais conhecido como aquele que escreveu o terceiro Evangelho. Segundo a tradição, escreveu seu Evangelho por volta do ano 70. É o mais teólogo dos evangelistas sinóticos (Mateus e Marcos). Ele nos apresenta uma visão completa do mistério da vida, da morte e da ressurreição de Cristo. Embora escrevesse mais para os gregos do que para os judeus, seu Evangelho dirige-se a todos os homens. Mostra com isto que a salvação que Jesus de Nazaré veio trazer dirige-se a todos os homens. É uma mensagem universal: *O Filho do homem veio para procurar e salvar o que estava perdido* (Lucas 19,10). De acordo com ele, Jesus é o amigo dos pecadores; é o consolador dos que sofrem. A vinda de Jesus é causa de grande alegria. O Evangelho de Lucas propõe-se como regra de vida não somente para a pessoa em si, mas para toda comunidade. Daí o seu cunho social.

PRECE

Da vida evangélica

"Cantamos, hoje, Lucas, teu martírio, teu sangue derramado por Jesus, os dois livros que trazes nos teus braços e o teu halo de luz.

Levado pelo Espírito, escreveste tudo o que disse e fez o Bom Pastor, pois aos sermões de Cristo acrescentaste os seus gestos de amor.

De Pedro e Paulo registraste os atos, e do povo fiel a comunhão, quando unidos em preces pelas casas, iam partindo o pão.

De Paulo foste o amigo e companheiro, ouviste de seu peito as pulsações; faze vibrar no mesmo amor de Cristo os nossos corações.

Médico santo, cura os nossos males, leva ao aprisco o pobre pecador; dá que no céu sejamos acolhidos pelo próprio Senhor."

(Liturgia das Horas)

19 Outubro

SÃO PAULO DA CRUZ

São Paulo Francisco Danei nasceu em Ovala, Piemonte (Itália), em 1694. É o fundador da Congregação dos Clérigos Descalços da Santa Cruz e da Paixão de Nosso Senhor Jesus Cristo, ou seja, Padres Passionistas, como são popularmente conhecidos. Aos 19 anos, movido interiormente por Deus, alistou-se como voluntário numa cruzada contra os turcos. Frustrou-se, entretanto, ao descobrir que aquilo nada tinha a ver com o verdadeiro Evangelho de Jesus Cristo. O seu projeto continuou a amadurecer em seu coração. Aos 26 anos tornou-se penitente, envergando um hábito preto com as insígnias do grupo religioso: um coração com uma cruz em cima, três pregos e o monograma de Cristo. Reunindo em torno de si alguns companheiros, deram início a um estilo de vida austero, que se resumia em meditar a Paixão, identificar-se com o Cristo Servo Sofredor e pregar ao povo o mistério da paixão e morte de Jesus. O papa Bento XIII aprovou a sua regra, sendo erigidos os primeiros conventos da congregação. São Paulo da Cruz morreu em Roma no dia 18 de outubro de 1775.

PRECE

Do sofrimento que gera vida

Deus, nosso Pai, com São Paulo da Cruz possamos dizer: *Nem o sofrimento nem a morte, mas a total e radical conversão de nossa vontade a Deus.*

São Paulo da Cruz identificou-se totalmente com o Servo Sofredor, completando na sua carne os sofrimentos de Jesus. Unamo-nos também interiormente ao Cristo, Filho de Deus, praticando o que cremos e crendo no que praticamos. Com a vossa graça, possamos celebrar em nossa vida o mistério da paixão, morte e ressurreição de Jesus. Esse mistério tão vivo e presente no mundo de hoje, abatido e acabrunhado com o peso das contradições humanas, esmagado pela perversidade do egoísmo humano, causa e razão de toda a dor e sofrimento.

Possamos repetir com São Paulo da Cruz: nem a dor, nem o sofrimento nem a morte, mas sejamos repletos do Espírito de Jesus que aclara a nossa mente e liberta o nosso coração de todo egoísmo e malícia humana.

20 Outubro
RAYMOND HERMAN

Raymond nasceu em 18 de janeiro de 1930, em Iowa, nos Estados Unidos. Veio como missionário para a Bolívia, onde trabalhou em favor da união e conscientização dos pobres e camponeses. Procurou organizá-los para que pudessem enfrentar as injustiças e opressões dos grandes proprietários de terras.

Tido como elemento perigoso, sua morte foi decretada no dia 20 de outubro de 1975. Pistoleiros contratados invadiram a casa paroquial à noite. Simulando um roubo, torturaram e mataram o sacerdote. Tinha 45 anos.

PRECE

Da disponibilidade à defesa dos pobres

Deus, nosso Pai, a exemplo de todos os mártires que derramaram e continuam a derramar o seu sangue por causa do vosso Reino na América Latina, fazei que o nosso compromisso convosco seja cada vez mais profundo. Fortalecei a nossa fé para que sejamos testemunhas do vosso amor, da justiça, do perdão e da paz. Não obstante as perseguições, lutemos contra tudo aquilo que ultraja a dignidade humana de vossos filhos. A nossa alegria seja aquela que vem do céu: dar testemunho de que o vosso Reino já está na terra e, como a semente da mostarda, cresce imperceptivelmente nos corações amantes da justiça. Dai-nos, pois, uma fé autêntica, para que, a exemplo de Raymond, possamos compreender o significado das palavras e das ações de Jesus, que salvam e libertam o homem.

21 Outubro

SANTO HILARIÃO

Santo Hilarião nasceu em Tebata, perto de Gaza, na Palestina, no século IV. Seus pais o enviaram para Alexandria a fim de estudar filosofia e arte. Ali, sob a influência de Áquila, converteu-se ao cristianismo. Voltando à terra natal, vendeu tudo o que os pais lhe haviam deixado, distribuiu aos pobres e foi para o deserto de Majuma. Levou vida austera, de penitência e de contemplação, de trabalho constante, procurando a harmonia interior. Depois de viver por 20 anos em Majuma, Santo Hilarião dirigiu-se ao Egito, rumo aos desertos em que habitava Santo Antão, que acabara de morrer. Dali foi para o Ocidente, chegando à Sicília. Da Sicília partiu para a Dalmácia e dali para a Ilha de Chipre, onde se achava Santo Epifânio. Morreu por volta do ano 372. São Jerônimo narrou a sua vida. Ele nos conta que, pressentindo a morte, Santo Hilarião dizia para si mesmo: "Sai, minha alma. De que tens medo? Há 70 anos serves a Cristo e, agora, tens medo de morrer?".

PRECE

Da vida renovada

Deus, nosso Pai, dai-nos a graça de viver em profundidade a nossa vida, a fim de que cheguemos até vós com o sentimento de termos cumprido a nossa missão neste mundo, resgatado pelo sangue de vosso divino Filho. Dai-nos dignidade na vida para que tenhamos dignidade também na morte. Tenho medo de mim, e do que venha ser o meu fim, pois a hora é grave e grandes são as penas que o viver cobra de quem dia a dia da morte quer prevalecer...

22 Outubro

SÃO MARTINHO DE DUME

São Martinho de Dume nasceu na Panônia, Hungria, e viveu no século VI. Estudou grego e ciências eclesiásticas no Oriente. De volta do Oriente, foi para Roma e para a França, onde visitou o túmulo de São Martinho de Tours. É tido como o grande apóstolo dos suevos. Na Galícia, no nordeste da Espanha, São Martinho estabeleceu-se num mosteiro, do qual começou irradiar a sua pregação. Foi bispo de Dúmio e depois metropolita de Braga, que era a capital do reino suevo. Foi um batalhador pela ortodoxia, especialmente contra os arianos. Foi também um fecundo escritor. Entre as principais obras, citamos: *Escritos de teologia moral e ascética, Escritos canônicos e litúrgicos*.

Destacou-se também como tradutor (*Pensamentos dos padres egípcios*). Morreu no dia 20 de março de 579 e foi sepultado na catedral de Dúmio. Para si compôs o seguinte epitáfio: *Nascido na Panônia, atravessando vastos mares, impelido por sinais divinos para o seio da Galícia, sagrado bispo nesta tua Igreja, ó Martinho confessor, nela instituí o culto e a celebração da missa. Tendo-te seguido, ó patrono, eu, o teu servo*

Martinho, igual em nome que não em mérito, repouso agora aqui na paz de Cristo. (Apud José Leite, S. J., op. cit., v. III, p. 205.)

PRECE

Da presença do Espírito Santo

Deus, nosso Pai, passemos hoje o nosso dia animados pela força do vosso Espírito Santo. Inspirados pelo vosso amor, possamos vos agradar e melhor servir nossos irmãos: *Vinde, Espírito Santo, enviai-nos do alto do céu um raio da vossa luz! Vinde, Pai dos pobres, vinde, fonte de todos os dons, vinde, luz dos corações! Consolador magnífico! Doce hóspede da alma! Doce reconforto! Sois repouso para o nosso trabalho, força contra nossas paixões, conforto para as nossas lágrimas. Sem o vosso auxílio, nada pode o homem, nada produz de bom! Lavai as nossas manchas! Banhai nossa aridez! Curai nossas feridas! Dobrai a nossa dureza! Aquecei a nossa frieza! Corrigi os nossos erros! Dai aos vossos fiéis, que em vós confiam, os sete dons sagrados! Dai-nos o mérito da virtude! Dai-nos o troféu da salvação, dai-nos a alegria eterna.*

23 Outubro

SÃO JOÃO DE CAPISTRANO

São João de Capistrano nasceu nos Abruzzos, no ano 1386. Além de gramática e letras, estudou também Direito Canônico e Direito Civil, na cidade de Perusa. Por algum tempo foi oficial de juiz. Ingressou, então, na Ordem dos Franciscanos. Ordenado sacerdote, São Capistrano peregrinou por toda a Europa a pé ou a cavalo, desde a Espanha até a Sérvia, da França até a Polônia. Em suas viagens apostólicas, procurou fortalecer a moral cristã e refutar os erros dos heréticos. Deixou uma obra escrita em dezessete volumes e foi um homem que participou ativamente da angústia de seu tempo. Tempo este em que a religião católica encontrava-se em crise e a paz ameaçada pelas guerras (Guerra dos Cem Anos) e pela iminente invasão dos turcos. Além disso, a peste negra assolava toda a Europa, dizimando a muitos. Morreu em Villach, na Áustria, no ano 1456.

PRECE

Da fraternidade sem limites

Deus, nosso Pai, a exemplo de São João Capistrano, o nosso exemplo de fé, de amor à verdade, à fraternidade, brilhe num mundo descrente, amante da mentira e do egoísmo. Sejamos o sal da terra, mediante uma vida honrada e íntegra, trabalhando com ardor para construção da paz e da comunhão. Sejamos luz para este mundo carente de valores espirituais que jaz nas trevas do isolamento e do individualismo. Aprendamos de Jesus, manso e humilde de coração, a ser compassivos e misericordiosos, fazendo o bem sem olhar a quem. E os homens, vendo o nosso empenho, nossa dedicação em servir, nosso esforço em compartilhar, nossa alegria de viver, nossa esperança nas adversidades, possam crer em vós, Deus de amor, que nos sustentais na vossa bondade. Que por nossa causa, ninguém se afaste de vós, Deus vivo e verdadeiro. Mas, através de nosso exemplo, possam chegar a vos conhecer e a vos amar de toda alma e de todo coração.

24 Outubro

SANTO ANTÔNIO MARIA CLARET

Santo Antônio Maria Claret nasceu em Sallent, na Catalunha, em 1807. Filho de modesto tecelão, aos 22 anos ingressou no seminário de Vic. Aos 28, foi ordenado sacerdote, dedicando-se de corpo e alma ao serviço ministerial na cidade natal. Seu ideal, entretanto, ultrapassava os limites de sua paróquia. Desejava um apostolado mais amplo. Pensou, então, em se colocar à disposição da *Propaganda Fidei*. Não era o que sonhava para si. Procurou, pois, ingressar na Companhia de Jesus, o que também não deu certo. Retornou à terra natal como vigário. Logo depois abandonou tudo para se tornar missionário apostólico. Percorreu todas as povoações da Catalunha e das Ilhas Canárias.

Procurou concretizar seu grande sonho apostólico: fundar uma congregação que se dedicasse ao apostolado das missões, à evangelização dos povos. Com alguns companheiros sacerdotes, fundou a Congregação dos Missionários Filhos do Coração Imaculado de Maria, popularmente conhecidos como Padres Claretianos. Mais tarde fundou também o Instituto das Irmãs de Ensino de Maria Imaculada. Em 1850 foi nomeado bispo de Santiago de Cuba, onde desenvolveu um apostolado frutuoso. Em 1857 retornou à Espanha, onde exerceu várias responsabilidades eclesiásticas, zelando pela instrução, pelas artes, pelas ciências, fundando bibliotecas. Foi também fecundo escritor, deixando cerca de oitenta obras. Pio XI considerava-o o "precursor da Ação Católica" dos tempos modernos. Morreu em Fontfroide, França, em 1870.

PRECE

Da fidelidade às exigências do tempo

Deus, nosso Pai, Santo Antônio Maria Claret foi inflamado pelo fogo do vosso Espírito Santo. A todos procurou levar a mensagem do Reino segundo as exigências de seu tempo. Ele mostrou, com sua vida, que o Evangelho é uma força e traz em si gérmens de transformação das estruturas ainda não conformes ao plano de Deus. Senhor, saibamos nós também responder aos desafios de nosso tempo, extraindo do Evangelho a inspiração para o nosso agir e pensar. E com Santo Antônio Maria Claret possamos dizer: "A caridade constrange-me, o amor impele-me, faz-me andar, faz-me correr...".

25 Outubro

SANTO ANTÔNIO DE SANT'ANNA GALVÃO

Frei Antônio de Sant'Anna Galvão, o primeiro santo canonizado nascido no Brasil, nasceu em Guaratinguetá (SP), em 1739, no seio de uma família social e politicamente influente, católica praticante e sensível aos necessitados.

Antônio estudou por quatro anos no Colégio de Belém, dirigido pelos jesuítas. Em 1760, sentindo o apelo à vida religiosa, foi aconselhado pelo pai a ingressar na Ordem dos Frades Menores e entrou para o convento de Taubaté. Em 1762, foi ordenado sacerdote no Convento de São Francisco, em São Paulo, onde completou seus estudos teológicos e permaneceu até sua morte, no dia 23 de dezembro de 1822.

Frei Galvão exerceu seu ministério sacerdotal com extrema dedicação. Defendia a caridade evangélica, aconselhava os desesperados e socorria os aflitos que o procuravam em busca de paz, além de percorrer a pé grandes distâncias para levar a reconciliação mediante o sacramento da penitência. Declarava-se "filho e escravo perpétuo" da Imaculada Conceição.

Foi nomeado confessor de um recolhimento de piedosas mulheres em São Paulo, onde conheceu a mística

Irmã Helena Maria do Espírito Santo, cujo desejo era fundar um novo recolhimento. Em 1774, surgia oficialmente a casa das "Recolhidas de Santa Teresa", que mais tarde daria origem ao Recolhimento de Nossa Senhora da Conceição, popularmente chamado Mosteiro da Luz. Além de fundador e projetista, Frei Galvão foi também o mestre-de-obra e pedreiro deste monumento hoje declarado patrimônio cultural da humanidade pela ONU.

Frei Galvão foi canonizado no dia 11 de maio de 2007, pelo Papa Bento XVI, durante sua visita ao Brasil.

PRECE

Santíssima Trindade, Pai, Filho e Espírito Santo, eu vos adoro, louvo e vos dou graças pelos benefícios que me fizestes. Peço-vos, por tudo o que fez e sofreu vosso servo, Santo Antônio de Sant'Anna Galvão, que aumenteis em mim a fé, a esperança e a caridade, e vos digneis conceder-me a graça que ardentemente desejo (*indicar o pedido*).

Meu querido Frei Galvão, valendo-se da Palavra de Deus, ajudastes milhares de pessoas a recuperar sua saúde. Intercedei por mim junto a Deus para que eu também possa me livrar de toda enfermidade física ou espiritual que possa vir a afligir-me. Despertai em meu coração a vontade de encontrar forças para suportar e vencer minhas atuais dores, pela leitura, meditação e vivência da Sagrada Escritura. Amém.

26 de Outubro
SANTO EVARISTO

Santo Evaristo viveu no século II e se tornou papa por volta do ano 100. Governou a Igreja de Deus até o ano 107. De acordo com Santo Eusébio e Santo Irineu, Santo Evaristo foi o sucessor de São Clemente. Segundo o *Liber pontificalis*, era originário da Antioquia, sendo seu pai um judeu de Belém.

Sofreu o martírio em Roma, sob o imperador Adriano. Entretanto, grande parte das informações pertencem ao fabulário, como por exemplo a distribuição dos sacerdotes de Roma nos vinte e cinco títulos ou igrejas paroquiais da cidade e a presença dos diáconos ao lado dos bispos durante a pregação, a fim de testemunhar sobre a ortodoxia, caso fosse necessário. Ele próprio era assistido por sete diáconos durante as funções religiosas. Segundo se crê, ele foi sepultado no Vaticano, junto ao túmulo de São Pedro.

PRECE

Para obter a luz

Não é preciso dizer que a vida não mente nem finge e só faz cair os nossos disfarces.

Não é preciso dizer que para cada um dos males há seus curandeiros. A vida não mente e não esconde o talho da carne e as amarras da alma: tudo não passa de teima e de cisma de manter-se desperto para que nossos sonhos sejam reais e as nossas quedas não sejam fatais.

Por isso, Deus de Amor e de Ternura, vós que os aflitos não olvidais, sede a nossa luz, e não nos deixeis cair na tentação dos que já não crêem.

27 Outubro

SÃO VICENTE, SANTA SABINA E SANTA CRISTETA

*V*icente, Sabina e Cristeta eram irmãos. Foram torturados cruelmente. Tiveram os membros desconjuntados e as cabeças esmagadas. Isto ocorreu por volta do ano 303, na Espanha, quando Diocleciano era imperador romano (284-305). Segundo consta nos anais de seu martírio, São Vicente foi feito prisioneiro antes de suas irmãs Sabina e Cristeta. Levado perante Daciano, o magistrado romano o interrogou, dizendo:

... *Perdôo à tua juventude essas liberdades, pois sei que não chegaste ainda à idade de uma prudência completa, pelo que te devo aconselhar que me ouças como pai, e como tal te ordeno que sacrifiques aos deuses imperiais.*

Vicente, então, respondeu:

Careceria de sólido juízo, se, desprezando o verdadeiro Deus que criou o céu e a terra, penetrou os abismos e circundou os mares, eu pudesse cultuar aos falsos deuses de pau e de pedra, representados em estátuas vãs.

Diante da resistência do jovem cristão, foram-lhe concedidos três dias para pensar. Tentou fugir com suas irmãs, mas foram capturados pelos soldados romanos, padecendo todos o martírio.

PRECE

Do discernimento da missão

Deus, nosso Pai, os vossos santos nos ensinam a fidelidade aos vossos mandamentos e a confiança inabalável nas vossas promessas de salvação. Dai-nos forças, Senhor, para aceitar com serenidade tudo o que não possa ser mudado. Dai-nos coragem para mudar o que pode e deve ser mudado. E dai-nos sabedoria para distinguir uma coisa da outra.

28 Outubro
SÃO SIMÃO E SÃO JUDAS

Simão e Judas aparecem juntos nas diversas listas dos "doze". Ocupam o último lugar, com exceção de Judas Iscariotes, o último de todos a ser nomeado pelos evangelistas:

Estes são os nomes dos doze apóstolos: primeiro, Simão, também chamado Pedro, e André, seu irmão; Tiago, filho de Zebedeu, e João, seu irmão: Filipe e Bartolomeu; Tomé e Mateus, o publicano; Tiago, o filho de Alfeu, e Tadeu; Simão, o Zelota, e Judas Iscariotes, aquele que o traiu... (Mateus 10,1ss). A respeito de Simão, apenas sabemos que era originário de Caná e era chamado Zelota. Certamente Simão teria pertencido ao partido radical e nacionalista dos zelotas, opositores intransigentes do domínio romano na Palestina. Quanto a Judas, chamado Tadeu, sabemos pelo Evangelho que na Última Ceia perguntou a Jesus: *"Senhor, por que te manifestarás a nós e não ao mundo?"*. Respondeu-lhe Jesus: *"Se alguém me ama, guardará minha palavra e o meu Pai o amará, e a ele viremos e nele estabeleceremos morada. Quem não me ama não guarda minhas palavras; e a palavra que ouvis não é minha, mas do Pai que me enviou"* (João 14,22ss).

PRECE

Da glorificação do nome de Deus

"Um hino a vós, apóstolos, / de júbilo e vitória. / Unidos pela graça, também sois na glória.

Simão, ardente impulso / levou-te a palmilhar / os passos de Jesus, / e o nome seu pregar.

De Cristo em carne e espírito / irmão e servo, ó Judas, / pregando e escrevendo / aos teus irmãos ajudas.

Sois vítima e testemunha / da fé que proclamastes. / Provando-lhe a verdade, / o sangue derramastes.

Ó astros luminosos, / ao céu todos guiai; / por ásperos caminhos, / inteira a fé guardai.

Ao Pai, ao Filho, ao Espírito / a honra e o louvor. / Possamos para sempre / gozar do seu amor."

(Liturgia das Horas)

29 Outubro
SÃO PETRÔNIO

São Petrônio foi o oitavo bispo de Bolonha e governou a Igreja bolonhesa entre os anos 431 e 450. É um santo da envergadura de Santo Ambrósio, São Basílio, Santo Hilário e São Paulino de Nola. Isto era o que afirmava seu contemporâneo, Euquério, bispo de Lião.

Antes de abraçar a vida religiosa, São Petrônio exerceu vários cargos públicos. Logo após ser ordenado sacerdote, foi sagrado bispo em 431. Foi ele quem reconstruiu a cidade de Bolonha, devastada por Teodósio I e pelas incursões dos bárbaros. Para homenageá-lo, os habitantes de Bolonha lhe dedicaram uma grandiosa basílica, iniciada em 1390.

PRECE

Do discernimento pela fé

Deus, nosso Pai, vós sois o Deus vivo e verdadeiro, para quem nada é oculto. Vós enxergais o fundo da nossa alma e sabeis do bem e do mal que praticamos.

Porque vós não desamparais os que em vós confiam, nós vos louvamos e vos bendizemos. Louvado sejais vós, nosso Deus, que habitais em nossos corações, plenificando-nos de alegria e de esperança, consolando-nos no tempo da adversidade, enxugando nossas lágrimas, recolhendo nossos risos. Bendito sejais vós, Deus de nossos pais na fé, Deus nosso de cada dia, Deus transcendente, que iluminais a mente e o coração dos homens que buscam a verdade. Vós permaneceis quando as ciências caducam, fazeis calar o que não subsiste. Vós sois a possibilidade dentro das nossas impossibilidades, a razão de nossa esperança.

30 de Outubro

BEM-AVENTURADA MARIA RESTITUTA KAFKA

Irmã Maria Restituta Kafka nasceu no dia 10 de maio de 1894, na cidade de Brno, na atual República Tcheca. Era a sexta filha de um sapateiro e, quando foi batizada, recebeu o nome de Helena. Quando tinha dois anos, sua família mudou-se para Viena, na Áustria, onde ela viveu sua infância e juventude e mais tarde trabalhou como enfermeira.

Foi como enfermeira que ela conheceu as Irmãs Franciscanas da Caridade Cristã, em cuja comunidade ingressou em 1914. Escolheu o nome Restituta em memória de uma mártir da Igreja dos primeiros séculos. Mulher cordial, amável e decidida, profissional da mais alta competência, era carinhosamente chamada de Irmã Resoluta.

Em 1938, opôs-se com veemência ao regime nazista instaurado na Áustria, referindo-se a Hitler como um "homem perverso". Quando os nazistas ordenaram que fossem retirados os crucifixos das salas de cirurgia, ela desafiou o comando recolocando ela própria as cruzes nas paredes.

Indomável e destemida, em 1942 foi feita prisioneira. Na prisão dedicava-se a cuidar dos prisioneiros. Ofereceram-lhe, então, a liberdade em troca do abandono de sua comunidade religiosa, mas ela recusou terminantemente. Foi sentenciada com a pena de morte por "ajudar e incitar o inimigo à conspiração contra a pátria e por alta traição". Sua execução tinha como objetivo intimidar aqueles que queriam resistir ao nazismo. Antes de ser decapitada, no dia 30 de março de 1943, pediu que o capelão fizesse o sinal-da-cruz em sua fronte, e disse: "Por Cristo vivi, por ele quero morrer".

O papa João Paulo II, em 1998, elevou a irmã Maria Restituta Kafka aos altares para ser reverenciada pela Igreja como bem-aventurada. A sua festa litúrgica foi marcada para o dia 30 de outubro, data em que foi decretada a sua sentença de morte.

PRECE

Deus todo-poderoso, que deste à Bem-Aventurada Maria Restituta Kafka a graça de sofrer pelo Cristo, ajudai também nossa fraqueza, para que possamos viver firmes em nossa fé, como ela não hesitou em morrer por vosso amor. Por Nosso Senhor Jesus Cristo, vosso Filho, na unidade do Espírito Santo.

31 Outubro

SANTO AFONSO RODRIGUES

Santo Afonso Rodrigues nasceu em Segóvia, Espanha, no dia 25 de julho de 1533. Seu pai era um comerciante de tecidos. Foi educado pelos jesuítas de Alcalá. Aos 27 anos casou-se, mas sua esposa morreu e com ela também os filhos. Perdeu o gosto por tudo, inclusive pelo comércio, que o levou à falência. Tentou novamente os estudos, mas sem resultado algum. Em 1571 foi admitido ao noviciado dos jesuítas, como irmão leigo. Viveu a sua vida de religioso no colégio jesuíta de Monte Sion, em Palmas de Malhorca, no Mediterrâneo. Passou a vida inteira como porteiro do colégio. Foi nesse ofício que Santo Afonso fez a experiência do Deus que é amor na simplicidade, na dedicação, no serviço aos irmãos. Atraía a si grande número de pessoas que a ele vinham se aconselhar. Entre outros, São Pedro Claver. Santo Afonso foi canonizado juntamente com São João Berchmans. Seu amor a Nossa Senhora e sua profunda espiritualidade mariana fizeram dele um exemplo para todo cristão. Morreu em 1617.

PRECE

Saudação a Nossa Senhora

Deus vos salve, Filha de Deus Pai. Deus vos salve, Mãe de Deus Filho. Deus vos salve, Esposa do Espírito Santo. Deus vos salve, templo e sacrário da Santíssima Trindade. Amém.

Pai nosso, que estais nos céus, santificado seja o vosso nome...

Ave, Maria, cheia de graça...

Glória ao Pai, ao Filho e ao Espírito Santo...

Bendito e louvado seja o Santíssimo Sacramento, e a puríssima Conceição da Virgem Maria, Senhora nossa, concebida em graça, sem pecado original.

1º Novembro

TODOS OS SANTOS

Hoje a Igreja universal celebra a festa daqueles que se comprometeram com Deus Pai, com o seu Reino de bondade, de justiça e de amor e, em nome de Jesus Cristo, se comprometeram de maneira radical também com os seus semelhantes. Por isso, nessa festa, todo o povo cristão é convidado a entrar em comunhão com Deus e com todo homem de boa vontade.

Como Jesus de Nazaré, somos convidados a fazer de nossa vida uma eucaristia, uma oferenda viva. Na Igreja antiga, os santos eram entregues às chamas, às feras, às torturas cruéis. Hoje, também, milhares de santos são entregues à morte, são torturados pela fome, pelo desemprego, pela doença e silenciados pela repressão, pela intimidação, pelas ameaças de morte dos que se julgam senhores deste mundo. Mas é nas entranhas dos que sofrem, dos aflitos, dos esquecidos, que germinam, nascem e dão frutos as sementes do Evangelho de Jesus Cristo. Dessa maneira, a festa de hoje é também a festa dos santos de nossos dias, essa numerosa multidão cujo testemunho vivo é fonte perene de renovação para a Igreja.

PRECE

Do compromisso com o Reino

"Jesus, que o mundo salvastes, / dos que remistes cuidais. / E vós, Mãe santa de Deus, / por nós a Deus suplicai.

Os coros todos dos Anjos, / patriarcal legião, / profetas de tantos méritos, / pedi por nós o perdão.

Ó Precursor do Messias, / ó Ostiário dos céus, / com os Apóstolos todos, quebrai os laços dos réus.

Santa Assembléia dos Mártires; / vós, Confessores, Pastores, / Virgens prudentes e castas, / rogai por nós pecadores.

Que os monges peçam por nós / e todos que o céu habitam: / a vida eterna consigam / os que na terra militam.

Honra e louvor tributemos / ao Pai e ao Filho também, / com seu Amor um só Deus, / por todo o sempre. Amém."

(*Liturgia das Horas*)

2 Novembro

FINADOS – COMEMORAÇÃO DE TODOS OS FIÉIS FALECIDOS

A comemoração dos falecidos remonta ao ano 998. A divulgação desta comemoração se deve a Santo Odilon, abade de Cluny, que introduziu esta prática em todos os mosteiros beneditinos ligados ao de Cluny. Em 1311, a Santa Sé oficializou a memória dos falecidos, estendendo-a a toda a Igreja Universal. Esta comemoração leva-nos a professar, mediante a nossa fé, a ressurreição da carne: a nossa vida não termina dentro de um túmulo. Como Jesus de Nazaré, seremos ressuscitados pelo poder de Deus. Nossos dias não são senão a longa gestação para este nascimento definitivo: *Vem a hora em que todos os que repousam nos sepulcros ouvirão a voz e sairão; os que tiverem feito o bem, para a ressurreição da vida; os que praticaram o mal, vão ressuscitar para a condenação* (João 5,28ss).

PRECE

Ressurreição: certeza de vida

Deus, nosso Pai, vos pedimos pelos que faleceram, especialmente os que nos são caros: nossos familiares, parentes, amigos, companheiros de luta e de trabalho.

Nós vos pedimos, sobretudo, por todos que morreram estupidamente, vítimas da brutalidade, da ignorância de seus próprios semelhantes.

Pelos que não tiveram o direito de viver dignamente sua vida, os que tiveram abafadas suas vidas antes do nascimento.

Senhor, nosso Deus, vós que quereis que cada um de nós viva plenamente, dai-nos forças para lutarmos contra tudo e contra todos os que desrespeitam a vida.

Fazei, Senhor, cair as estruturas injustas e opressoras.

Devolvei aos povos oprimidos sua esperança de vida digna e melhor.

Tornai este mundo, com nossa cooperação, uma "casa habitável", onde não haja fome nem sofrimento provocados pelo egoísmo humano.

3 Novembro

SANTO HUMBERTO

Santo Humberto foi bispo de Tongres, de Maestricht e de Liège, Bélgica. Viveu no século VIII. Foi um homem caridoso, amável e sábio, que granjeou a estima de todos os seus concidadãos. No fim de sua vida, disse: *Fazei penitência, está chegando, aproxima-se o dia do julgamento. A morte está próxima, não tarda a vir, como diz a Escritura. Sim, deste sono todos seremos presa. Se alguém se sente culpado, em falta, caído no pecado, ainda há tempo de recorrer a salutares medicinas. Ide, enquanto uma porta jaz aberta, para que a alma não morra com o corpo. Quem fez malfeitos, que se arrependa de todo o coração. E vós, irmãos, pesai e repesai o que tendes feito. Doravante, ponde toda a vossa atenção naquilo que ides fazer. Quanto a mim, pobre pecador, a vós vos falo, mas é por mim que temo.* (Apud Padre Rohrbacher, op. cit., v. XIX, p. 167.) Santo Humberto morreu no dia 30 de maio de 727. É um dos santos mais populares da Bélgica.

PRECE

Da solidariedade à vida ameaçada

Deus, nosso Pai, a exemplo de Santo Humberto, sejamos conscientes da nossa transitoriedade neste mundo.

Tudo façamos com amor, lembrados de que nos pedireis conta de nossos atos, não somente enquanto indivíduos, mas também enquanto comunidades, instituições, grupos, povos etc.

Vós sois o Deus da Vida, o Deus da História, o Deus da libertação dos povos.

Inspirados pela vossa mensagem de esperança, lutemos a favor da vida ameaçada.

Senhor, a nossa sede de poder e de domínio, as nossas omissões e indiferenças contribuem para o desrespeito à vida; o estigma da morte recai sobre multidões de crianças que morrem de inanição.

Pesa sobre a humanidade o pesadelo das guerras provocadas e o presságio de um cataclismo nuclear.

A nossa vida, Senhor, está ameaçada não apenas individualmente, mas coletivamente...

Senhor, tende piedade de nós.

4 Novembro

SÃO CARLOS BORROMEU

São Carlos Borromeu nasceu em Arona, Lombardia, no dia 2 de outubro de 1538. Em 1559 formou-se em Direito Civil e Direito Canônico. Pio IV (1559-1565) era seu tio, o que favoreceu sua elevação a cardeal e arcebispo de Milão, quando tinha apenas 22 anos e nem sacerdote era. Além disso, era também secretário particular do papa, tudo isso devido mais ao nepotismo que a suas qualidades e competência. Foi, entretanto, justamente por meio desse jovem que as reformas tridentinas foram impostas à Igreja. Seminários foram criados, a pastoral foi renovada, organizações apostólicas tiveram grande incremento. O povo começou a ser doutrinado e instruído nas verdades da fé. O apostolado da imprensa e dos leigos começou a se desenvolver.

São Carlos Borromeu foi um pastor exemplar. Sempre esteve ao lado do povo, especialmente nos momentos mais difíceis. Durante os anos 1576-1577, quando a peste avassalava a cidade, saía em procissão pelas ruas com uma corda no pescoço e uma cruz às costas, implorando a misericórdia de Deus. Morreu em 4 de novembro de 1584, com apenas 46 anos de idade. No seu túmulo está inscrito: *Carlos, cardeal com o título de São Praxedes, arcebispo de Milão, que implora o socorro das orações do clero, do povo e dos devotos em geral, escolheu esta tumba, quando em vida.* (Apud Padre Rohrbacher, v. XIX, p. 179.)

PRECE

Da busca de Deus e dos irmãos

Deus, nosso Pai, a exemplo de São Carlos Borromeu, abramos a nossa mente e o nosso coração ao vosso Espírito de Amor.

Deixemo-nos converter pela vossa Palavra libertadora.

Não negligenciemos a nossa vida espiritual.

A cada dia vos busquemos com o coração sincero.

Experimentemos a vossa ternura e a vossa bondade, mediante uma vida autêntica, dedicada aos irmãos, sem mentiras e hipocrisias, fundamentada no vosso Evangelho.

São Carlos Borromeu não se omitiu diante das exigências de seu tempo, procurando viver o amor de forma concreta, amparando e consolando os infelizes.

Também nós sejamos solidários com nossos irmãos, especialmente os mais necessitados.

5 Novembro
SÃO ZACARIAS E SANTA ISABEL

Zacarias e Isabel foram os pais de João Batista, o Precursor de Jesus. O nome hebraico "Zacarias" significa "Deus lembrou". É um nome bastante popular na Bíblia. Zacarias era sacerdote. Servia no templo quando o anjo do Senhor lhe anunciou o nascimento de seu filho, João (Lucas 1,10ss). Como duvidasse, ficou mudo até o nascimento da criança. Quando João Batista nasceu, Deus desatou-lhe a língua, e Zacarias prorrompeu num cântico de alegria (Benedictus, Lucas 1,59-69).

Santa Isabel era parente de Nossa Senhora. Concebeu na sua velhice e, maravilhada pela obra de Deus em seu coração, Isabel não cansava de dizer: *Eis o que o Senhor fez por mim, nos dias em que ele se dignou tirar-me da humilhação pública* (Lucas 1,24ss). Zacarias e Isabel representam todos os pobres e oprimidos, que depõem sua confiança em Deus. O Deus que faz as estéreis conceberem e tornam seus filhos profetas da libertação. A humilhação a que eram submetidos por causa da esterilidade e da velhice torna-se motivo de grande alegria e de louvor ao Deus de Israel.

PRECE

Ao Deus que visita os pobres

Bendito seja o Senhor, Deus de Israel, porque visitou e redimiu o seu povo. Fez aparecer uma força de salvação na casa de Davi, seu servo; conforme tinha anunciado desde outrora pela boca de seus santos profetas. É a salvação que nos livra de nossos inimigos e da mão de todos os que nos odeiam. Ele realizou a misericórdia que teve com nossos pais, recordando sua santa aliança, e o juramento que fez ao nosso pai Abraão. Para conceder-nos que, livres do medo e arrancados das mãos dos inimigos, nós o sirvamos com santidade e justiça, em sua presença, todos os nossos dias. E a você, menino, chamarão profeta do Altíssimo, porque irá à frente do Senhor, para preparar-lhe os caminhos, anunciando ao seu povo a salvação, o perdão dos pecados. Graças ao misericordioso coração do nosso Deus, o sol que nasce do alto nos visitará, para iluminar os que vivem nas trevas e na sombra da morte; para guiar nossos passos no caminho da paz. (Lucas 1,68ss)

(*Benedictus*, cântico colocado na boca de Zacarias, pai de João Batista)

6 Novembro
SÃO LEONARDO DE NOBLAC

Nasceu na Gália (França), ao tempo do imperador Anastácio, por volta do ano 491 ou 518. Era de família nobre e achegada ao rei Clóvis, o grande chefe dos francos. Não quis seguir a carreira das armas. Foi viver junto a São Remígio, bispo de Reims. Clóvis era também seu padrinho e desejava torná-lo bispo, mas São Leonardo recusou-se terminantemente. Recebeu, entretanto, a permissão de visitar os presos do reino e libertar quantos ele quisesse. Esteve junto de São Maximino em Micy, dali passou para a floresta de Pavum, sempre em busca de maior recolhimento e experiência de Deus. Em Limosino, mediante suas orações, conseguiu que a rainha da Aquitânia desse à luz, após um trabalho de parto que já durava cerca de cinco dias. Em recompensa, foi-lhe construído um mosteiro que ele chamou de Noblat. Surgiu ali uma intensa e fervorosa comunidade religiosa. São Leonardo, entretanto, sentia-se chamado por Deus para anunciar a libertação aos cativos e libertar os prisioneiros. Deixou sua comunidade e partiu novamente como peregrino e homem de Deus em busca de terras aonde a mensagem de Deus não havia alcançado. Morreu no dia 6 de novembro de 559. É invocado em favor dos prisioneiros e das parturientes.

PRECE

Da opção pela liberdade

Deus Pai, nosso Consolador, Deus forte e perscrutador dos corações. Autor e Condutor da História, em vosso Filho Jesus nos trouxestes a salvação, a libertação de toda forma de opressão e a reconciliação dos corações. Fazei com que possamos compreender que o Evangelho é a verdadeira lei da libertação e, dirigidos pelo mandamento do amor, saibamos dar resposta libertadora e construtiva em qualquer situação que se nos é exigida. Assim tornaremos possível o acontecimento do projeto de Deus na nossa história.

7 Novembro

AUGUSTO RAMIREZ MONASTERIO

Sacerdote franciscano, era vigário da paróquia de São Francisco, em Antigua, na Guatemala. Depois de receber várias ameaças de morte, foi detido, permanecendo amarrado oito horas. Poucos meses depois, seu corpo foi encontrado crivado de balas e com indícios de ter sido arrastado por um veículo em marcha.

Pe. Augusto Ramirez foi assassinado no dia 7 de novembro de 1983. A causa de sua morte não foi senão aquela de muitos outros que derramaram o sangue pela libertação de um povo sofrido e sedento de justiça. Num depoimento de 1982, um sacerdote fala da repressão na Guatemala nas últimas duas décadas: *O Governo e o Exército começam a temer vendo que os cristãos representam um perigo para seus interesses. É por isso que desencadearam uma cruel perseguição contra a Igreja. Reuniões, missas e cursos são vigiados. Conventos, metralhados. Treze sacerdotes e mais de quatrocentos catequistas foram assassinados nos últimos anos (até 1982). Muitos cristãos são tirados de suas casas, torturados e assassinados. Suas mulheres e filhas são violentadas e obrigadas a matar as galinhas que têm para que os soldados as comam. Suas colheitas, queimadas. Mas sua fé é cada vez mais firme e clara.* (Apud Pe. Ferrari, M. P. e Equipe, op. cit., p. 89.)

PRECE

Da morte que produz vida

Deus, nosso Pai, "chegamos ao fim do caminho, abrimos uma vereda e agora estamos nas pedras... os que ainda ficamos continuamos andando. Até quando?

Pode ser que encontremos árvores para proteger-nos das balas... Se o grão de trigo não morrer, nunca dará fruto. Uma montanha queimada é terrível. Mas é preciso esperar que a cinza molhada, negra, pegajosa, torne a germinar a vida...".

(Da oração de um sacerdote "martirizado na América Latina", in *O martírio na América Latina*)

8 Novembro

QUATRO SANTOS COROADOS
(Mártires)

Os "Quatro Santo Coroados" sofreram o martírio durante a perseguição de Diocleciano. Chamavam-se Severo, Severiano, Carpóforo e Vitorino. Intimados a sacrificar aos ídolos, recusaram-no com firmeza. Foram chicoteados com cordas com extremidades de chumbo até morrerem. Os seus corpos foram lançados aos cães, que não os quiseram tocar. Recolhidos por cristãos, seus corpos foram sepultados na Via Lavicana, nos arredores de Roma, juntamente com os mártires Cláudio, Nicóstrato, Sinforiano, Castor e Simplício, também vítimas da perseguição de Diocleciano. São festejados sob o nome de "Quatro Coroados", pelo fato de seus nomes terem sido revelados somente mais tarde.

PRECE

Do grito pela justiça

Senhor, meu Deus, já vaguei por aí, anos e anos, pisando os mesmos trilhos, avenidas e becos de ruas, estradas envelhecidas, rios que já vão fundo em seus leitos antigos. Aborrece-me todo o caminho já trilhado, a estrada por outros andada, os rios por outros barcos cruzados. Senhor, meu Deus, não permitais que eu envelheça assim, que eu chegue ao fim já cansado de tudo e cansado de mim: mandai-me sonhos, profecias, notícias venturosas, a palavra bendita que me faça rir, chorar, bendizer ou amaldiçoar. Lançai fogo, Senhor, nesta minha palha seca; fazei meu coração arder em chamas e meu sangue se agitar, investir como um mar bravio o meu anseio pela justiça e pela paz. Não permitais, Senhor, que os meus dias rolem como pedras à beira do caminho, mas que sejam esperançosos como searas vastas.

9 Novembro

CONSAGRAÇÃO DA BASÍLICA DE LATRÃO

Hoje a Igreja universal celebra a festa da Igreja-Mãe de todas as igrejas de Roma e do mundo: a dedicação da basílica do Santíssimo Salvador ou de São João de Latrão. Essa basílica foi construída por Constantino na colina de Latrão ou Lateranense, quando o papa era Melquíades (311-314). Ao contrário do que muitos pensam, é essa basílica, e não a basílica de São Pedro no Vaticano, o templo mais antigo. A festa de hoje tem um caráter importante, que é celebrar a unidade e o respeito para com a Sé Romana.

PRECE

Da confiança no Deus da vida

Deus, nosso Pai, ao celebrarmos a festa da dedicação da basílica de Latrão, mãe e cabeça de todas as igrejas do mundo cristão, queremos renovar o nosso compromisso de comunhão e de participação.

Senhor, somos o vosso templo santo, a habitação do vosso Espírito de Amor:

"Louvai o Senhor Deus, porque ele é bom, cantai ao nosso Deus, porque é suave: ele é digno de louvor, ele o merece.

O Senhor reconstruiu Jerusalém, e os dispersos de Israel juntou de novo; ele conforta os corações despedaçados, ele enfaixa suas feridas e as cura; fixa o número de todas as estrelas e chama a cada uma por seu nome.

É grande e onipotente o nosso Deus, seu saber não tem medida nem limites. O Senhor Deus é o amparo dos humildes, mas dobra até o chão os que são ímpios. Entoai, cantai a Deus ação de graças, tocai para o Senhor em vossas harpas...

Não é a força do cavalo que lhe agrada, nem se deleita com os músculos do homem, mas agradam ao Senhor os que o respeitam, os que confiam, esperando em seu amor."

(*Liturgia das Horas*)

10 Novembro
SÃO LEÃO MAGNO

Nasceu na Toscana, no final do século IV, no ano 440. É considerado um dos papas mais eminentes da Igreja dos primeiros séculos. Assumiu o governo da Igreja numa época de grandes dificuldades, políticas e religiosas. A fé católica estava ameaçada pelas heresias que grassavam no Oriente.

São Leão procurou a todo custo preservar a integridade da fé, defendendo a unidade da Igreja. Em 451, durante o concílio de Calcedônia, a sua carta sobre as duas naturezas de Cristo foi aplaudida pelos bispos reunidos que disseram: *Pedro falou pela boca de Leão*. Enquanto homem de Estado, contemporanizou a queda iminente do Império Romano, evitando com sua diplomacia que a ruína e os prejuízos materiais e culturais fossem ainda maiores. Para salvar a Cidade Eterna das pilhagens dos bárbaros, não se intimidou em enfrentar Genserico e Átila, debelando assim o perigo que parecia irreversível. Deixou escrito 96 Sermões e 173 Cartas e numerosas homilias que chegaram até nós. São Leão Magno pontificou durante 21 anos.

PRECE

Da integridade e unidade cristã

Deus, nosso Pai, embora a Igreja seja formada de vários membros, em Cristo Jesus, vosso Filho, somos um.

Pelo batismo fazemos parte da grande família dos filhos de Deus. Por isso, Senhor, inspirai-nos sentimentos de fraternidade, de cooperação, de serviço.

São Leão Magno tudo fez para preservar a integridade da fé e a unidade da Igreja. Esforcemo-nos também para construir a unidade em nossas famílias, em nossa comunidade e em nossa nação.

Em Cristo Jesus, somos sacerdotes, profetas e reis.

Recebei, pois, Senhor Deus, nosso Pai, a oferta de nossa própria vida consagrada ao bem, à justiça e à verdade.

Dai-nos o dom das profecias, para que anunciemos a vossa mensagem libertadora, e que o vosso nome seja bendito para sempre.

Reinemos com vosso Filho, colocando-nos a serviço de nossos semelhantes, não nos omitindo diante das tarefas urgentes de nosso tempo (1Pedro 2,4ss).

11 Novembro
SÃO MARTINHO DE TOURS

São Martinho nasceu no ano de 316, na Sabária da Panônia (Hungria). Seu pai era oficial do Exército Romano. Aos 12 anos, contrariando a vontade dos pais, tornou-se cristão. Entretanto, o pai contrapôs-se terminantemente a essa decisão do filho, alistando-o no Exército Romano. Aconteceu, nessa época, o famoso episódio da manta de guarda imperial: ao ver um mendigo tiritando de frio, corta ao meio a sua manta e oferece-lhe uma parte. À noite sonhou e viu Jesus envolto naquele pedaço de manta, dizendo:

Martinho, ainda não batizado, deu-me este vestuário.

Abandonou, então, o Exército e se fez batizar por Santo Hilário de Poitiers. Entregou-se à vida eremítica, fundando um mosteiro em Ligugé, França, onde vivia sob a orientação de Santo Hilário. Ordenado sacerdote, foi mais tarde aclamado bispo de Tours (371). Tornou-se um grande evangelizador da França, verdadeiramente pastor, fundando mosteiros, instruindo o clero, defendendo a causa dos oprimidos e deserdados deste mundo. Morreu no ano 397.

PRECE

Do encontro com Deus

"Teus monges todos choravam: ias, Martinho, morrer: 'Se ao povo sou necessário, já não recuso viver!' Aos nossos bispos concede toda a união, toda a paz; aumenta a glória da Igreja, calcando aos pés Satanás. Ressuscitaste três mortos, do caos venceste o terror; partindo ao meio o teu manto, vestiste o próprio Senhor. Enfrentarias a luta, armado apenas da cruz, mas de ti foge o demônio: todo o teu ser era luz... Tu proclamaste o Deus trino, e a Jesus, Filho de Deus. A mesma fé professando, cantar possamos nos céus.

(*Liturgia das Horas*)

12 Novembro

SÃO JOSAFÁ

São Josafá nasceu na Ucrânia, em Wladimir, por volta de 1580. Seus pais eram ortodoxos e viviam na Rutênia, pertencente à Polônia. Em 1596, os rutenos se uniram à Igreja de Roma, fato que repercutiu nos eslavos ortodoxos como uma traição. Começou, pois, a violência contra os rutenos católicos, à mercê dos turbulentos e fanáticos guerreiros cossacos, fiéis à Igreja ortodoxa. São Josafá era um monge basiliano que, em 1618, foi aclamado bispo de Polotsk, uma das numerosas dioceses que retornara à comunhão romana. Sua atividade apostólica foi intensa e sempre voltada à unidade dos cristãos. Por causa dessa sua postura foi barbaramente assassinado, durante uma visita pastoral a Vitebsk. Amarraram seu corpo a um cão morto e jogaram-nos no fundo das águas de um rio. Foi canonizado em 1867.

PRECE

Da comunhão com o povo de Deus

Deus, nosso Pai, ouvindo o apelo de Jesus Cristo, São Josafá quis reconstruir a unidade da família dos filhos de Deus: "Eu não te peço só por estes, mas também por aqueles que vão acreditar em mim por causa da palavra deles, para que todos sejam um, como tu, Pai, estás em mim e eu em ti".

E como Jesus, São Josafá foi eliminado. E os que o mataram julgavam agradar a Deus. Ainda hoje, Senhor, o vosso nome continua sendo usado em vão. Em vosso nome santo, cometemos as maiores atrocidades.

Renegamos no íntimo de nós e mediante os nossos gestos a nossa verdadeira vocação cristã, que é criar a unidade e estabelecer a união e a comunhão entre os homens.

Por isso, nós vos pedimos: dai-nos a graça de permanecermos unidos e presentes no meio da sociedade, para que aqueles que virem o nosso testemunho de unidade acreditem em vós, Deus de ternura e de bondade, Deus da comunhão, Pai, Filho e Espírito Santo.

13 Novembro
SÃO DIOGO

São Diogo de Alcalá nasceu em São Nicolau del Puerto, Andaluzia, Espanha, por volta de 1400. Ingressou na Ordem Franciscana de Arizafa, onde primeiramente foi porteiro do convento.

Em 1441 foi enviado como missionário às ilhas Canárias, onde dirigiu por quatro anos o convento franciscano de Forteventura, apesar de ser apenas irmão leigo.

Incompreendido e caluniado por sua postura favorável aos indígenas, foi obrigado a voltar à Espanha.

Numa peregrinação a Roma, a fim de participar da canonização de São Bernardino de Sena, assumiu temporariamente a direção do Convento de Aracoeli, que havia se transformado em uma grande enfermaria. Isto porque haviam acorrido a Roma cerca de quatro mil frades para a canonização do co-irmão. Uma grave epidemia grassou entre eles, ceifando a vida de muitos. São Diogo dedicou-se incansavelmente aos cuidados dos enfermos.

Passado o perigo, retornou à Espanha e foi incumbido da portaria e da cozinha dos conventos de Sevilha e Sacerda e, por fim, no de Alcalá de Henares, onde morreu, em 1463.

PRECE

Do compromisso cristão

Deus, nosso Pai, Jesus vosso Filho nos ensinou: nada vos é tão agradável como o serviço desinteressado aos nossos irmãos.

Foi o próprio Jesus, nosso Mestre, quem disse: "Se alguém quiser ser o primeiro, seja o último e aquele que serve a todos" (Marcos 9,33-36).

Senhor, rompei o nosso egoísmo, a nossa soberba, para que busquemos no serviço, na disponibilidade a todos os nossos semelhantes, nossa razão de viver. Abri nossos corações à solidariedade, à comunhão e à participação, colocando nossas qualidades e capacidades para bem servir, a exemplo de Jesus que veio para servir e não para ser servido.

14 Novembro

SÃO LOURENÇO

São Lourenço viveu no século XII, em Dublin, Irlanda. Seu pai era um príncipe da província de Leinster. Aos 12 anos, foi entregue ao bispo de Glendenoc. Tinha cerca de 25 anos quando foi aclamado bispo, sucedendo no episcopado a seu preceptor, que acabara de falecer. Cargo a que se recusou por não ter ainda idade canônica. Aos 30 anos, tornou-se arcebispo de Dublin, sendo sagrado pelo arcebispo de Armagh, Gelásio. Seu maior empenho foi zelar pela própria espiritualidade e a de seus fiéis. Cuidou também das necessidades materiais de sua gente. Costumava, de quando em quando, retirar-se ao mosteiro de Glendenoc, para se refazer espiritualmente. Foi responsável pela reforma da Igreja irlandesa. Em 1179, tomou parte no Concílio de Latrão. Muito trabalhou pela paz, dirimindo as rixas entre Henrique II, rei da Inglaterra, e Derong, rei da Irlanda. Morreu em 1180, na cidade de Eu, na Normandia. Foi canonizado pelo papa Honório III, em 1226.

PRECE

Do agradecimento pelo dom da fé

Deus, nosso Pai, queremos vos agradecer pelo dom da fé. Passam as gerações, mudam os costumes, vêm as guerras e as revoluções, surgem descobertas fantásticas, invenções maravilhosas, mas a nossa fé continua a mesma: uma fonte inesgotável que vai matando a sede que temos de vós, Água viva, Pão vivo que desceu do céu.

Senhor, nós cremos firmemente que vencestes a morte, que estais vivo e pelo vosso Espírito vivificais todas as coisas; e suprimis a auto-suficiência dos que amam o poder e pisam os próprios irmãos.

Dai-nos, ó Deus, nosso Pai, a graça de testemunhar Jesus presente na história humana, a ela conferindo a garantia do cumprimento das promessas do Pai: um só rebanho e um só Pastor.

Libertai-nos do medo, pois em Jesus, vosso Filho, já somos vitoriosos e todos participamos da realeza de Cristo vencedor da morte...

15 Novembro

SANTO ALBERTO MAGNO
(Doutor da Igreja)

Santo Alberto Magno nasceu em Lauingen, Baviera (Alemanha) por volta do ano 1206. Estudou em Pádua e em Paris. Em 1229, professou na Ordem Dominicana, partindo logo depois para Colônia, onde existia uma das mais importantes escolas da Ordem. Eram milhares os estudantes que passavam pelas universidades (de Nápoles, Bolonha, Paris, Oxford, Colônia), onde os grandes mestres desfilavam, procurando conciliar ciências e santidade, fé e razão. Entre os mais ilustres, destacou-se Santo Tomás de Aquino. Pedro da Prússia disse a seu respeito:

Iluminaste a todos. Foste preclaro pelos teus escritos. Iluminaste o mundo porque soubeste tudo quanto se podia saber.

Foi sagrado bispo de Regensburg e muito trabalhou pela restauração da paz entre grupos e nações. Deixou muitas obras escritas, versando sobre a doutrina cristã e sobre as ciências naturais. Morreu em Colônia no ano 1280. É doutor da Igreja.

PRECE

Das ciências que ajudam o homem

Deus, nosso Pai, Santo Alberto Magno engrandeceu a vossa Igreja e, mediante ela, toda a humanidade, com a sua ciência humana e divina. Homem de fé e, ao mesmo tempo, químico, físico, pesquisador e observador constante da natureza, foi o precursor dos cientistas. Saibamos nós também, a seu exemplo, cultivar os valores da natureza. Envidemos todos os esforços para, através de um progresso que respeite a dignidade do homem, tornarmos a vida social mais humana.

Iluminados pela fé, coloquemos a serviço da paz, da fraternidade, do bem-estar de todos, as ciências naturais, humanas, sociais, a técnica moderna.

Tudo nos leve a compreender mais e melhor a vocação do homem chamado a "dominar a terra", ou seja, a fazer deste mundo "um lugar habitável", onde todos se sintam co-responsáveis pelos destinos da humanidade.

(*Gaudium et Spes*, 383)

16 Novembro

SANTA GERTRUDES

Santa Gertrudes nasceu em Islebe, na Saxônia. Era irmã de Santa Matilde e parente próxima do imperador Frederico II. Em 1294, Santa Gertrudes tornou-se abadessa do mosteiro. Versada em Sagradas Escrituras, devotava a maior parte de seu tempo à oração e à contemplação da paixão de Jesus e da Eucaristia. Foi, sem dúvida, uma das grandes místicas de seu tempo. Escreveu obra mística insuperável, chamada *Revelações*. Nessa obra, ela não cansa de dizer: *Não quero ter outras funções senão aquelas do amor ou que o amor dirige*. (Apud Padre Rohrbacher, op. cit., v. XX, p. 23.) Tinha especial devoção pela Virgem Maria, a quem sempre se recomendava. Foi abadessa por 40 anos, vindo a falecer em 1334.

PRECE

Do discernimento dos sinais

Deus, nosso Pai, movidos pela fé e conduzidos pelo Espírito de Jesus, esforcemo-nos por discernir nos acontecimentos, nas exigências e nas aspirações de nossos tempos, quais sejam os sinais verdadeiros da vossa presença e dos vossos disígnios.

Tornai-nos criaturas iluminadas e esclarecidas pela fé.

Compreendamos qual seja a vocação integral de cada um de nós (cf. *Gaudium et Spes*, 232).

Que o nosso testemunho de fé acalente os corações atormentados pelas contradições humanas.

A nossa alegria e esperança cristãs fortaleçam os espíritos pusilânimes e esmagados pela tristeza e fracassos.

A nossa solicitude em servir, em comungar com as esperanças e as angústias do homem, faça renascer novo sentido de viver nos corações vencidos e destruídos pela maldade dos seus semelhantes.

A nossa humildade em reconhecer nossos erros, falhas e imperfeições mostre ao mundo a necessidade de conversão, de mudança interior, para que o mundo seja melhor...

17 Novembro

SANTA ISABEL DA HUNGRIA

Santa Isabel da Hungria nasceu no ano de 1207. Era filha do rei húngaro, André II. Havia sido prometida em casamento ao príncipe Luís, filho de Herman, duque hereditário da Turíngia. Conta-se que aos 4 anos foi levada num berço de prata para o castelo de Marburgo, onde a esperava o noivo de 11 anos. Casaram-se nove anos depois e tiveram três filhos, tendo a primeira criança aos quinze anos. Aos 20 anos, ficou viúva. Foi cruelmente perseguida pela sogra, ciumenta do amor que seu esposo lhe devotava, e pela corte, que não tolerava seu desapego e sua simplicidade evangélica. Às acusações, ela respondia: *Como poderia usar uma coroa tão preciosa diante de um rei coroado de espinhos?*

As perseguições aumentaram após a morte de seu esposo na Cruzada. Criticavam-na por ter se privado de tudo para construir um hospital em Marburgo, em honra de São Francisco. Não a toleravam por sua generosidade para com os pobres e para com os necessitados. Arrebataram-lhe os filhos e a expulsaram do castelo de Wartemburg. Ingressou então na Ordem Terceira de São Francisco, dedicando-se de corpo e alma aos cuidados dos enfermos no hospital que ela própria havia construído. Morreu em Marburgo, no ano de 1271.

PRECE

Da pobreza evangélica

Deus, nosso Pai, Santa Isabel foi um conforto para os pobres e defensora dos desesperados.

A ninguém negava sua caridade e o apoio nas horas difíceis. Colocou a serviço dos necessitados todas as suas riquezas.

Visitava diariamente os doentes, cuidando pessoalmente de suas enfermidades. Ela os alimentava, zelava por suas roupas, conduzia-os de um lado para outro, providenciando tudo que eles necessitavam.

Além disso, amou apaixonadamente esposo e filhos.

Temperava a sua caridade intensa com uma oração profunda e uma fé inabalável.

Por isso, Senhor, queremos abrir o nosso coração ao trabalho da vossa graça. Transformai também o nosso interior, para que sejamos luz para o mundo de hoje, como Santa Isabel o foi para o seu tempo.

18 Novembro

DEDICAÇÃO DAS BASÍLICAS DE SÃO PEDRO E DE SÃO PAULO

Os católicos são convidados hoje a comemorar o aniversário da dedicação da Basílica de São Pedro e da Basílica de São Paulo.

Tal festa remonta ao século IV, quando os papas São Silvestre (314-335) e São Siríaco (384-399) as construíram respectivamente. Foi uma homenagem aos apóstolos Pedro e Paulo que confessaram a sua fé, entregando-se a si mesmos em imolação pela dilatação do Evangelho. São os nossos pais na fé, as colunas do cristianismo.

PRECE

Do testemunho da fé

"Ó Pedro, pastor piedoso, desfaze o grilhão dos réus: com tua palavra podes abrir e fechar os céus.

Ó Paulo, mestre dos povos, ensina-nos teu amor: correr em busca do prêmio, chegar ao Cristo Senhor.

A vós, ó Trindade, glória, poder e louvor também: que sois eterna unidade nos séculos, sempre. Amém.

(*Liturgia das Horas*)

19 Novembro

SÃO ROQUE GONZÁLEZ E COMPANHEIROS
(Mártires)

Roque González de Santa Cruz nasceu em Assunção, Paraguai, no ano de 1576. Filho de pais espanhóis, dedicou-se desde cedo aos índios. Aos 22 anos, foi ordenado sacerdote diocesano, ingressando na Companhia de Jesus em 1609. Foi responsável por um novo estilo de evangelização dos índios guaranis, fundando as célebres "reducciones del Paraguay", uma tentativa de conciliar cultura indígena e cultura cristã, mediante um processo lento de aculturação. Tudo isso na tentativa de evitar as conseqüências funestas da conquista e da ocupação da América pelos colonizadores, ávidos de riquezas e de lucros fáceis. Porém, tudo terminou tragicamente pela força brutal dos poderosos que se sentiam ameaçados em suas posições privilegiadas. Com Roque González foram martirizados Afonso Rodriguez (1598-1628), espanhol de Samora, e João del Castillo (1596-1628), também espanhol de Belmonte, Cuenca. Foram canonizados em 16 de maio de 1988, pelo papa João Paulo II.

PRECE

Dos direitos do fraco

Deus, nosso Pai, São Roque González e seus companheiros opuseram-se corajosamente à escravidão e à exploração dos índios pelos conquistadores.

Olhai com bondade para todos os homens que andam como ovelhas sem um pastor que os ame, os procure e os salve.

Será que foram inúteis para nós o vosso sangue e as vossas dores no Calvário?

Intercedei por nós para que os injustiçados sejam libertos, os pecadores se convertam, os fracos se fortaleçam, os aflitos sejam confortados.

Vós bem sabeis como é o mundo em que vivemos, como são numerosos os inimigos que nos atacam e sabeis também o quanto somos fracos.

Olhai com bondade para nós e caminhai conosco. Amém.

20 de Novembro

SANTO OTÁVIO, SÃO SOLUTOR E SANTO ADVENTOR
(Mártires)

Santo Otávio e seus companheiros eram soldados da legião tebana. Sofreram o martírio durante a perseguição do imperador Maximino. No fim do século IV, Máximo, bispo de Turim, exortava os seus fiéis a honrar especialmente os mártires que haviam derramado o sangue na cidade e cujas relíquias nela repousavam. Segundo a Paixão ou os Autos de seu martírio, os três soldados haviam escapado do massacre, mas foram capturados em Turim. Santo Otávio e Santo Adventor foram logo executados. São Solutor conseguira mais uma vez escapar, apesar de gravemente ferido. Foi, entretanto, denunciado, sendo decapitado. Uma mulher chamada Juliana convidou os assassinos a cearem em sua casa. Embriagou-os, conseguindo com esse estratagema descobrir onde jaziam os corpos dos mártires. Então a piedosa mulher sepultou-os dignamente, como convinha aos cristãos.

PRECE

Das atitudes que transformam

Deus, nosso Pai, Santo Otávio, São Solutor e Santo Adventor depuseram as suas armas e recusaram-se a prestar obediência aos senhores deste mundo. Por isso foram assassinados.

Nós vos pedimos, Senhor: enchei-nos o coração desta santa ousadia, para que sejamos testemunhas autênticas daquele que é o único Deus e Senhor da história (Lucas 8,22ss).

Confortados pelas palavras do vosso Filho, não capitulemos diante das adversidades e percalços da nossa história, quer individual, quer coletiva.

Nesses momentos de crise e de dificuldades confiemos mais uma vez, confessando a presença de vosso Filho Jesus Ressuscitado no meio de nós.

21 Novembro

APRESENTAÇÃO DE NOSSA SENHORA NO TEMPLO

Neste dia da dedicação (543) da igreja de Nossa Senhora, construída junto ao templo de Jerusalém, celebramos juntamente com os cristãos do Oriente aquela dedicação que Maria fez a Deus de si mesma desde a infância, movida pelo Espírito Santo, de cuja graça tinha sido repleta na sua Imaculada Conceição (*Liturgia das Horas*). No Ocidente, a festa remonta ao século XIV, exatamente ao ano 1372, com Gregório XI.

PRECE

A Maria, Mãe do Salvador

"Do Rei Esposa e Filha, real Virgem Maria, eleita desde sempre por Deus, que tudo cria.

Donzela imaculada, morada do Senhor.

O Espírito, enviado do céu, vos consagrou.

Sinal da caridade, que espelha todo o bem, aurora da luz nova, como arca, Deus contém.

Delícias vos envolvem na Casa do Senhor, ó ramo de Jessé, da graça dando a flor.

Ó pedra preciosa, estrela reluzente, do Espírito os templos vivos, fazei-nos transparentes.

Ó Virgem singular, louvor ao Deus Trindade, que a vós deu os tesouros de sua santidade."

(*Liturgia das Horas*)

22 Novembro
SANTA CECÍLIA

Segundo a *Passio Sanctae Caeciliae*, Santa Cecília pertencia à mais antiga nobreza romana. A seu respeito diz a Liturgia das Horas: O culto de Santa Cecília, em honra da qual no século quinto foi construída em Roma uma basílica, difundiu-se por causa de sua Paixão (descrição de seu martírio). Nela Santa Cecília é exaltada como o modelo mais perfeito de mulher cristã, que por amor de Cristo professou a virgindade e sofreu o martírio. Segundo esta Paixão, ela havia se consagrado a Deus. No dia das núpcias, participou essa decisão ao marido, dizendo-lhe que um anjo velava noite e dia por ela. Valeriano, seu marido, disse que somente acreditaria se visse o anjo. Santa Cecília aconselhou-o a visitar o papa Urbano, que havia se refugiado nas catacumbas. Desse encontro resultou a conversão do marido e de Tibúrcio, seu irmão, os quais sofreram o martírio logo depois, por sepultarem os corpos dos mártires. Santa Cecília recolheu os corpos do esposo e do cunhado e sepultou-os na sua propriedade, na via Ápia. Isto lhe valeu o martírio. Morreu decapitada, por ter sobrevivido à morte por asfixia no caldário. Santa

Cecília foi uma das santas mais veneradas durante a Idade Média. O seu nome vem citado no cânon da missa. Dentre as santas é a que maior número de basílicas teve em Roma. A nenhuma outra santa a cristandade consagrou tantas igrejas quanto a ela. É também a padroeira dos músicos.

PRECE

Do louvor pelas maravilhas

Deus, nosso Pai, a exemplo de Santa Cecília, entoemos um cântico de louvor pelas maravilhas que nos concedeis.

Vós nos destes Jesus, vosso Filho, para ser o nosso Libertador.

Vós o ressuscitastes e nos destes como dom o seu Espírito, nosso Consolador.

Com os anjos e os santos todos queremos cantar: Santo, Santo, Santo, Senhor, Deus do universo! O céu e a terra proclamam a vossa glória. Hosana nas alturas! Bendito o que vem em nome do Senhor! Hosana nas alturas.

23 Novembro

SÃO CLEMENTE

São Clemente foi o terceiro sucessor de Pedro e governou a Igreja durante os últimos 10 anos do primeiro século. Segundo alguns, era judeu; segundo outros, escravo liberto.

O tempo em que esteve à frente da Igreja (92-102) foi marcado por uma relativa paz e tolerância por parte dos imperadores Vespasiano e Tito. O cristianismo começava a se difundir entre a nobreza romana. Entretanto, surgiam também as primeiras dissensões internas. São Clemente escreveu, então, uma Carta à distante Igreja de Corinto, exortando os fiéis daquelas comunidades a se manterem unidos na fé e na caridade fraterna, o que atesta o prestígio de seu primado.

De acordo com Santo Irineu (202), São Clemente foi contemporâneo dos apóstolos, sendo testemunha viva e ocular da pregação e do ensinamento deles.

PRECE

A Deus, auxílio de todo homem

Deus de toda carne, que dais a morte e a vida, que abateis a insolência dos orgulhosos e frustrais as maquinações dos povos, vinde em nosso auxílio, ó Mestre. Matai a fome dos indigentes e libertai aqueles que entre nós sucumbiram. Deus bom e misericordioso, esquecei nossos pecados, erros e quedas; não leveis em conta as faltas dos vossos servos e servas.

Dai-nos a concórdia e a paz, não só para nós, mas também para todos os habitantes da terra. É de vós que os nossos príncipes e os que no mundo nos governam recebem o poder: dai-lhes saúde, paz, concórdia e estabilidade; dirigi os seus propósitos pela senda do bem. Só vós podeis fazer tudo isso e conceder-nos ainda maiores benefícios. Nós o proclamamos em nome do sumo sacerdote das nossas almas, Jesus Cristo, por quem vos seja dada honra e glória, agora e por todos séculos dos séculos. Amém.

(Oração de São Clemente,
in *Santos de cada dia*, v. III)

24 Novembro

SANTA FLORA E SANTA MARIA

Santa Flora nasceu em Córdoba, Espanha, e sofreu o martírio durante a perseguição maometana, por volta do ano 851. Santo Eulógio referiu-se a elas no seu Memorial dos Santos. Segundo ele, Santa Flora foi denunciada pelo próprio irmão. Presa e torturada, conseguiu escapar. Foi procurar asilo junto a uma irmã em Ossária, mas esta recusou-se a ajudá-la, temendo represálias. Voltou a Córdoba. Acossada por todos os lados, entrou na igreja de Santo Acisclo para chorar. Ali se encontrava Santa Maria, cujo irmão havia sido morto recentemente. Imbuídas de uma santa ousadia e destemor, decidiram professar abertamente a fé. Foram mortas no dia 24 de novembro de 851.

PRECE

Da busca da liberdade

Senhor Deus, nosso Pai, dai-nos a força das sementes que acordam, rompem o chão, emergem à vida, bebem a luz do sol e se banham ao luar e ao brilho das estrelas. Sua canção é um louvor à existência e à esperançosa possibilidade de ser. Dai-nos o ímpeto das vagas que explodem na praia, revolvem as entranhas dos abismos e fazem o mar se contorcer. Dai-nos a liberdade dos ventos que vão e vêm como se procurassem Alguém, chamando-o pelo nome, na alegria de amar e de ser amado:

Eu te agradeço, Senhor, de todo o coração; na presença dos anjos canto a ti. Eu me prostro ante o teu santuário, e agradeço ao teu nome, por teu amor e fidelidade, pois tua promessa supera tua fama. Quando eu gritei, tu me ouviste e aumentaste a força de minha alma (Salmo 138,1-3).

25 Novembro

SANTA CATARINA

Santa Catarina nasceu em Alexandria e foi uma das célebres mártires dos primeiros séculos. Segundo a lenda, seu pai era rei de Alexandria. Além de singular beleza, era dotada de grande inteligência e vasta cultura. Fascinado por sua beleza, Maximino Daia procurou divorciar-se de sua esposa a fim de casar-se com ela. Diante da recusa de Catarina, o imperador convocou cinqüenta filósofos com a incumbência de provar-lhe que Jesus, morto numa cruz, não podia ser Deus. Entretanto, a Santa não somente refutou suas posições como a todos converteu ao cristianismo. Maximino mandou, pois, torturá-la sob rodas com pontas de ferro que nada fizeram contra ela. Por causa disso, Santa Catarina é invocada pelos que trabalham com rodas. Foi levada daí para fora da cidade. Quando a decapitaram, do seu pescoço começou a brotar leite ao invés de sangue. Daí ser ela invocada pelas mães que têm pouco leite para amamentar seus filhos. Os relatos de seu martírio continuam dizendo que os anjos desceram dos céus e levaram seu corpo para o monte Sinai, onde mais tarde teria surgido um mosteiro consagrado a sua memória.

PRECE

Pela transformação do coração

Deus, nosso Pai, as gerações passam; os impérios florescem e declinam; os poderosos deste mundo se sucedem na ciranda do poder. Há dominadores e dominados... O coração do homem ainda continua perverso, mau, violento.

É Caim que continua a assassinar Abel.

O mal, o ódio, a vingança, a violência em todas as suas formas se aninham no íntimo do homem, minando as estruturas, criando o medo, o pavor, a autodestruição da espécie.

A exemplo de Santa Catarina, saibamos opor à violência a paz trazida por Jesus, nosso Senhor. Ao ódio, o perdão; ao desespero, a esperança; ao poder, o serviço.

26 Novembro

BEM-AVENTURADO TIAGO ALBERIONE

Padre Tiago Alberione nasceu no dia 4 de abril de 1884, em São Lourenço de Fossano, norte da Itália, e morreu no dia 26 de novembro de 1971, aos 87 anos. Filho de agricultores, desejou fazer algo de bom para o homem do século XX. No dia 20 de agosto de 1914, deu início à Pia Sociedade de São Paulo (padres paulinos), dedicada ao apostolado dos meios de comunicação social. Além desta, fundou mais quatro congregações religiosas femininas (Irmãs Paulinas, Irmãs Pastorinhas, Irmãs Pias Discípulas do Divino Mestre, Irmãs do Instituto Rainha dos Apóstolos); quatro institutos (Instituto de Jesus Sacerdote, Instituto São Gabriel Arcanjo, Instituto Nossa Senhora da Anunciação, Instituto Sagrada Família) e a União dos Cooperadores. A Família Paulina tem como protetor São Paulo, o apóstolo das gentes. O padre Tiago Alberione foi beatificado em Roma, no dia 27 de abril de 2003, pelo papa João Paulo II.

PRECE

A Jesus divino operário

Jesus, divino operário e amigo dos operários, olhai com bondade para o mundo do trabalho.

Nós vos apresentamos as necessidades de todos os que trabalham nos diversos setores da atividade humana.

Sabeis como a nossa vida é dura: cheia de cansaços, sofrimentos e perigos.

Dirigi a nós também vossas palavras de piedade: "Tenho compaixão deste povo". Confortai-nos, pelos méritos e intercessão de São José, modelo dos trabalhadores.

Inspirai-nos pensamentos de fé, de paz, de moderação e de economia, e fazei que busquemos não só o pão cotidiano, mas também as riquezas do espírito e a felicidade eterna.

Que as leis sociais se inspirem no vosso Evangelho.

Libertai os homens do ódio, da violência e da injustiça.

Ensinai-lhes o mandamento do amor. Que todos sigam o magistério da Igreja, capaz de dar ao mundo uma doutrina social justa e humana, que assegure aos trabalhadores sua promoção pessoal e social e a posse do reino dos céus, herança dos pobres.

(Tiago Alberione, *A Família Paulina em oração*)

27 Novembro

NOSSA SENHORA DAS GRAÇAS OU DA MEDALHA MILAGROSA

A aparição de Nossa Senhora das Graças ocorreu no dia 27 de novembro de 1830 a Santa Catarina Labouré, irmã de caridade. A santa encontrava-se em oração na capela do convento, quando a Virgem Santíssima lhe apareceu. Tratava-se de uma *Senhora de mediana estatura, o seu rosto tão belo e formoso... Estava de pé, com um vestido de seda, cor de branco-aurora. Cobria-lhe a cabeça um véu azul, que descia até os pés... As mãos estenderam-se para a terra, enchendo-se de anéis cobertos de pedras preciosas...*

A Santíssima Virgem disse: "Eis o símbolo das graças que derramo sobre todas as pessoas que mas pedem...".

Formou-se então em volta de Nossa Senhora um quadro oval, em que se liam em letras de ouro estas palavras: "Ó Maria concebida sem pecado, rogai por nós que recorremos a vós". *Nisto voltou-se o quadro e eu vi no reverso a letra M encimada por uma cruz, com um traço na base. Por baixo, os Sagrados Corações de Jesus e de Maria — o de Jesus cercado por uma coroa*

de espinhos e a arder em chamas, e o de Maria também em chamas e atravessado por uma espada, cercado de doze estrelas. Ao mesmo tempo ouvi distintamente a voz da Senhora a dizer-me: "Manda, manda cunhar uma medalha por este modelo. As pessoas que a trouxerem por devoção hão de receber grandes graças".
(Apud José Leite, S. J., op. cit., v. III, p. 346.)

PRECE

A Maria, Senhora das Graças

Nossa Senhora das Graças, medianeira entre os homens e vosso Divino Filho Nosso Senhor Jesus Cristo, ouvi propícia a prece que vos faço.

Auxiliai-me, Senhora, socorrei-me em minha aflição.

Pelo sangue derramado na cruz de Nosso Senhor Jesus Cristo, vosso amantíssimo Filho, peço-vos, Senhora, a graça de... Fostes escolhida pelo vosso Divino Filho para nossa advogada e protetora. Desde que subistes ao céu, jamais cessastes de operar milagres e de atender às orações dos que recorrem a vós, Nossa Senhora das Graças. Maria Santíssima, possuís um inesgotável tesouro de graças. Tenho fé, Senhora, que não faltareis com o vosso auxílio e que, apesar dos meus pecados, me concedereis a graça que, cheio de confiança em vós, eu vos rogo. Assim seja.

28 Novembro
SÃO SÓSTENES

São Sóstenes viveu no primeiro século e foi discípulo do Apóstolo Paulo. O Martirológio afirma a seu respeito: *Perto de Corinto, a morte de São Sóstenes, um dos discípulos do bem-aventurado apóstolo Paulo, que o menciona ao escrever aos Coríntios. Sóstenes era chefe da sinagoga daquela cidade, mas, convertido a Jesus Cristo, foi batido com violência em presença do procônsul Galião, consagrando por um glorioso princípio as primícias da sua fé (primeiro século)*. De fato, na primeira Carta aos Coríntios, Paulo diz: *Paulo, apóstolo de Jesus Cristo por vontade e chamado de Deus, e o irmão Sóstenes, à Igreja de Deus que está em Corinto...* (1Coríntios 1,1). Nesta carta à comunidade de Corinto, Paulo exorta os cristãos à união. Corinto era uma cidade rica e de florescente comércio. Ali raças e religiões se mesclavam. O ambiente corrompido e ganancioso apresentava-se como um desafio às comunidades cristãs, muitas vezes divididas internamente. As advertências e as orientações que Paulo faz aos cristãos de Corinto ainda continuam sendo de grande valor para nós hoje, chamados a dar testemunho numa sociedade consumista, dividida, profanadora dos mais altos valores da pessoa humana. Mais do que nunca devemos lembrar o ensinamento de Paulo: Jesus Cristo ressuscitado, presente e vivo na comunidade, é o Senhor de todos. Nele nos tornamos um único corpo, uma só alma e um só coração.

PRECE

Da solidariedade para com os necessitados

Deus, nosso Pai, São Sóstenes vos encontrou mediante a pregação do apóstolo Paulo. Dele recebeu o Evangelho da vida, a fortaleza, a coragem e a fé para testemunhar o Reino do Ressuscitado.

Aprendamos nós também dos ensinamentos de Paulo.

E numa sociedade que não aprendeu ainda a dividir e compartilhar, as palavras de Paulo aos cristãos de Corinto iluminem hoje nossos passos (cf. 2Coríntios 9,6ss).

29 Novembro

SÃO SATURNINO

São Saturnino era de Cartago e sofreu o martírio durante a perseguição de Diocleciano. Primeiramente foi condenado a trabalhos forçados na construção das termas que o Imperador quis levantar na colina Viminal. Juntamente com São Sizínio, foi decapitado na Via Nomentana.

São Saturnino é um dos santos mais populares na França e na Espanha. Segundo a Paixão de Saturnino (430-450), ele era bispo de Toulouse em 250, sob o consulado de Décio e Grato. É o protetor das corridas. Isto porque, segundo a Paixão, recusando-se a sacrificar um touro sobre o altar de Júpiter, foi amarrado ao pescoço do animal que, arrastando o santo pelas escadarias do templo, despedaçou os seus membros.

PRECE

Dos frutos da terra

Deus, nosso Pai, por amor do vosso amor, haveremos de malhar a palha, debulhar o grão, quebrar o trigo.

Por amor do vosso amor haveremos de sovar a massa, acender o fogo e preparar o pão.

Por amor do vosso amor, haveremos de cavar a terra, semear a semente, plantar a vinha, podar os ramos, colher a uva, pisar o fruto do trabalho de nossas mãos e fabricar o vinho da celebração.

Por amor do vosso amor, em meio a dúvidas, lágrimas, dores e descrenças, fazemos hoje um ato de fé na vida e a desejamos ardentemente.

O nosso íntimo exulta e canta o mistério que é viver mesmo assim, doídos de nós e errantes de tantos sóis, pois somente vós garantis e ungis nossos dias, conferindo-lhes sentido e direção.

30 Novembro

BEM-AVENTURADO JOSÉ MARCHAND

O bem-aventurado José Marchand nasceu em 1803 em Passavant, Besançon, França. Era filho de camponeses e tinha nove irmãos. Em 1826 entrou para o seminário, sendo ordenado sacerdote em 1829. Nesse mesmo ano partiu para a China como missionário. Em 1833 foi expulso da Indochina pelo príncipe Min Mang, refugiando-se na Baixa Cochinchina. Foi preso por se recusar a sublevar os cristãos contra Min Mang. E quando este conquistou Saigon, em 1835, foi acusado de subversão. Foi barbaramente torturado com tenazes incandescentes até morrer. Seu corpo totalmente macerado foi cortado em quatro partes e lançado ao mar. Expuseram a sua cabeça, esmagando-a depois num almofariz, e foi jogada também ao mar.

PRECE

Da libertação da idolatria

Senhor Deus, nosso Pai, livrai-nos da idolatria que desumaniza e avilta o homem, que o cega e o faz algoz dos próprios irmãos.

Idolatria, ruídos de coisas vazias, gemidos roucos de deuses, encostados, amontoados aos poucos, apertando, tomando conta, feito grileiros, da nossa alma sofrida, cansada e iludida.

Idolatria, simplesmente pedra sobre pedra, em cada pedra uma efígie fria de um deus em quem o homem busca resposta para sua agonia e vida vazia.

Senhor, libertai-nos dos ídolos que nos degradam e roubam a nossa dignidade.

1º Dezembro

BEM-AVENTURADA MARIA CLEMENTINA ANUARITE

A bem-aventurada Maria Clementina Anuarite nasceu em Wamba, no dia 29 de dezembro de 1939. O papa João Paulo II procedeu a sua beatificação em 1985, por ocasião de sua visita ao Zaire. Pertencia à Congregação Religiosa da Sagrada Família. Profundamente devota de Nossa Senhora, a imagem da Virgem que sempre carregava consigo serviu para identificá-la, quando a desenterraram 8 meses após a sua morte. Foi uma das numerosas vítimas da revolta dos simbas, em 1964. A bem-aventurada Maria Clementina foi barbaramente torturada e morta por se recusar a satisfazer os caprichos do coronel Olombe. Tinha 25 anos.

PRECE

Dos pobres a Nossa Senhora

"De casa vou saindo, no caminho vou andando, virgem e anjo me acompanhando, tomo Deus por meu Pai, a Virgem Maria por minha Mãe, os anjos por meus parentes, e os santos por meus advogados.

Bons e maus eu vou encontrar, os maus se olhos tenham que não me vejam, pernas tenham, mas não me alcancem, braços tenham, mas não me agarrem, bocas tenham, mas não me falem.

Eles não vão me ofender nem com palavras, pensamentos e atos.

Serei purificado com o sangue de meu Senhor, Jesus Cristo, e coberto com o manto de Maria Santíssima.

Meus inimigos vão ficar debaixo do meu pé esquerdo e as almas benditas vão segurá-los, para que não me façam mal nem nesta manhã, nem nesta tarde, nem nesta noite, nem dia algum para sempre. Amém.

Jesus, Maria, José, minha alma é vossa.

(Prece popular a Nossa Senhora — Anônima)

2 Dezembro

ITA FORD, MAURA CLARKE, DOROTHY KAZEL E JEAN DONAVAN

Nascidas nos Estados Unidos, foram assassinadas em El Salvador, no dia 2 de dezembro de 1980. Ita e Maura eram missionárias de Maryknoll; Dorothy, missionária ursulina, e Jean, missionária leiga. Ita nasceu no dia 23 de abril de 1940. Em 1973, foi para o Chile, onde trabalhou junto ao povo perseguido. Dali, para El Salvador, atendendo a um chamado de dom Romero. O seu nome, como o de Maura, constava na lista dos marcados para morrer pelos grupos paramilitares. Maura nasceu no dia 13 de janeiro de 1931 em Belle Harbour, Nova York. Trabalhava na Nicarágua havia 20 anos. Como Ita, ela também tinha participado da Semana de Espiritualidade na Nicarágua. Dorothy havia trabalhado com os índios americanos em Tucson, Arizona. A partir de 1974 dedicou-se inteiramente aos pobres em El Salvador. Jean Marie trabalhava na Organização de Arthur Anderson como graduada em economia e administração. Em 1978 deixou tudo e partiu como missionária para El Salvador. Trabalhou como catequista e, mais tarde, junto aos refugiados.

A consumação da morte das quatro missionárias ocorreu quando Maura e Ita regressavam de um encontro de espiritualidade na Nicarágua. Dorothy e Jean foram ao encontro das duas no aeroporto. Somente dois dias depois a arquidiocese recebeu a notícia do paradeiro dos corpos das missionárias americanas, encontrados perto do aeroporto.

PRECE

Do cristão pela libertação

Deus, nosso Pai, "que eu possa descobrir minha responsabilidade real e concreta na hora precisa; que eu nunca aceite com resignação a exploração dos pobres, qualquer que seja a forma como se realize; ajuda-me a ser subversivo contra toda ordem injusta; ajuda-me a ser mais livre e a trabalhar pela liberdade dos oprimidos; que eu não me acostume com o sofrimento dos mártires e as notícias de perseguições aos irmãos; que suas vidas e testemunhos me impulsionem sempre à conversão e a uma maior fidelidade ao Senhor..."

(Um cristão reza, in *Martírio* – Memória perigosa na América Latina)

3 Dezembro

SÃO FRANCISCO XAVIER

Nasceu no castelo de Xavier, Espanha, em 1506. Em 1525 foi para Paris, a fim de estudar Letras, laureando-se na universidade parisiense. Ali encontrou-se com Inácio de Loyola, tornando-se um dos primeiros jesuítas. A época em que São Francisco Xavier viveu coincidiu com o tempo dos grandes descobrimentos do século XV e XVI, em que a Igreja desperta para as missões. O fundador destas missões no Oriente foi Francisco Xavier, chamado o Paulo do Oriente. Em 1542, após um ano e três meses de viagem, ele chegou com seus companheiros em Goa, capital da Índia portuguesa. Em 10 anos de apostolado, percorreu a Índia, Málaca, Molucas, Japão. Por onde passava fundava novas comunidades cristãs, plantando em toda parte a semente da Palavra de Deus. Morreu aos 46 anos, quando planejava entrar na China, até então proibida aos estrangeiros. Estava na ilha de San Chao quando caiu gravemente enfermo, vindo a falecer à beira-mar, no dia 3 de dezembro de 1552.

PRECE

Propagar o Evangelho

Deus, nosso Pai, São Francisco Xavier acolheu o vosso chamado de evangelização.

Ele anunciou o vosso Reino de amor e de paz aos povos distantes, tornando-se na fé luz para os corações e exemplo daquele que serve.

Tornou conhecidos aos povos do Oriente os mistérios de Cristo.

Encarnou na própria pessoa o Mestre manso e humilde de coração, vivo e ressuscitado.

Mostrou a todos que o jugo do Senhor é suave, e o peso, leve.

Deu testemunho de vosso Filho, Jesus, com uma vida cheia de paciência, de bondade, de amor, de fortaleza e do santo temor de Deus.

O Espírito do Senhor ungiu e confirmou as suas palavras e as suas obras.

Por sua intercessão, Senhor, nós vos pedimos: sejamos os missionários, os anunciadores da paz, da concórdia, do perdão, da reconciliação, da justiça, da alegria em nossos próprios lares e comunidades... Colaboremos para o incremento do Reino de Deus no coração dos homens...

4 Dezembro

SANTA BÁRBARA

Santa Bárbara sofreu o martírio provavelmente no Egito ou na Antioquia, por volta dos anos 235 ou 313. Sua vida foi escrita em diversos idiomas: grego, siríaco, armênio e latim. Conforme a lenda, santa Bárbara era uma jovem belíssima. Dióscoro, seu pai, era um pagão ciumento. A todo custo desejava resguardar a filha dos pretendentes que a queriam em casamento. Por isso encerrou-a numa torre. Na torre havia duas janelas, mas Santa Bárbara mandou construir uma terceira, em honra à Santíssima Trindade. Um dia, entretanto, Dióscoro viajou. Santa Bárbara se fez então batizar, atraindo a ira do pai. Fugindo de seu perseguidor, os rochedos abriam-se para que ela passasse. Descoberta e denunciada por um pastor, foi capturada pelo pai e levada perante o tribunal. Santa Bárbara foi condenada a ser exibida nua por todo o país. Deus, porém, se compadeceu de sua sorte, vestindo-a miraculosamente com um suntuoso manto. Padeceu toda sorte de suplícios: foi queimada com grandes tochas e teve os seios cortados. Foi executada pelo próprio pai, que lhe cortou a cabeça com uma espada. Logo após sua morte, um raio fulminou seu assassino. É por isso que Santa Bárbara é invocada nas tempestades, contra o raio. O seu culto espalhou-se rapidamente pelo Oriente e pelo Ocidente, inclusive no Brasil.

PRECE

Da perseverança na fé

Deus, nosso Pai, "fazei que, por intercessão de Santa Bárbara, obtenhamos receber, antes da morte, o sacramento do corpo e do sangue de Nosso Senhor Jesus Cristo".

Livrai-nos, pois, da morte repentina, violenta, imprudente.

Livrai-nos de todos os perigos espirituais e temporais.

Nada abale a nossa fé em Jesus Cristo, vosso Filho.

E nesta fé, tenhamos forças para superar todos os contratempos de nossa vida.

E como os rochedos se abriam à passagem de Santa Bárbara, assim também os rochedos de nossos problemas se abram, para que passemos com as soluções, inspiradas e iluminadas pelo amor que temos em vós, Senhor nosso.

5 Dezembro
SÃO GERALDO

São Geraldo nasceu em Cahors, França, no final do século X. Estudou na abadia de Moissac. Em 1095 foi sagrado bispo de Braga. Trabalhou incansavelmente pela cultura, pela religião e pela preservação da moral no meio clerical e leigo. Visitava constantemente os fiéis, inclusive os que viviam longe da cidade de Braga. Em toda parte pregava a Palavra e administrava os sacramentos. Tanto assim que veio a falecer longe de sua sede episcopal. Transladado para Braga, seus restos mortais foram sepultados na igreja de São Nicolau, que ele mandara construir. E ao lado de São Martinho, São Frutuoso e São Vítor, tornou-se o padroeiro da cidade de Braga. Seu culto remonta ao fim da Idade Média, especialmente na Espanha e em Portugal.

PRECE

Da conversão do Espírito

Deus, nosso Pai, São Geraldo de Braga procurou em tudo preservar a paz e a concórdia nos corações das pessoas.

Por isso, Senhor, nós vos pedimos: convertei-nos à verdadeira paz pela renovação do espírito. A paz não é a mera ausência de guerra, nem se reduz ao simples equilíbrio de forças entre os adversários, nem é o resultado de opressão violenta: antes é, adequada e propriamente definida, "obra da justiça" (Isaías 32,7).

É fruto da ordem que o seu Fundador divino inseriu na sociedade humana.

Deve ser realizada, em perfeição progressiva, pelos homens que têm sede da justiça.

Pois, embora o bem comum do gênero humano seja moderado em seus princípios fundamentais pela lei eterna, em suas exigências concretas fica sujeito a contínuas mudanças, no decorrer dos tempos: a paz nunca é conquistada de uma vez para sempre; deve ser continuamente construída. Além disso, por ser a vontade humana fraca e ferida pelo pecado, a realização da paz exige de cada um constante domínio das paixões e vigilância atenta da autoridade legítima.

(*Gaudium et Spes*, 466)

6 Dezembro

SANTA DIONÍSIA, SÃO MAJÓRICO E COMPANHEIROS

Santa Dionísia, São Majórico, seu filho, e companheiros foram martirizados em Vite, Byszacéne, Tunísia, em 484, na perseguição de Hunerico, rei dos Vândalos (477-484). Hunerico havia publicado um édito, intimando, sob pena de morte, os seus súditos a se tornarem arianos. Grande parte dos católicos apostatou, outra refugiou-se no deserto. Segundo Vítor, bispo de Vite, cerca de 5 mil fiéis deram o testemunho de fé. E destaca entre eles Santa Dionísia e São Majórico, seu filho. São Majórico era menino, mas ungido de tanta coragem como a própria mãe. São Vítor elenca também um velho médico, chamado Emílio, Leôncia, Bonifácio de Sibida e numerosos outros, todos animados por santa Dionísia.

PRECE

Pela não-violência

Deus, nosso Pai, Deus da paz, da concórdia e da comunhão.

Para construir a paz é antes de tudo imprescindível extirpar as causas de desentendimentos entre os homens. Essas alimentam a guerra, sobretudo as injustiças.

Não poucas provêm das excessivas desigualdades econômicas, bem como do atraso de lhes trazer os remédios necessários.

Outras surgem do espírito dominador, do desprezo das pessoas e, investigando as causas profundas, da inveja, da desconfiança, da soberba e de outras paixões egoístas.

Como o homem não suporta tantas desordens, resulta que, mesmo fora dos tempos de guerra, o mundo constantemente é perturbado por rivalidades entre os homens e por atos de violência.

Por isso é de absoluta necessidade, para vencer ou prevenir e coibir as violências desenfreadas, que as instituições internacionais desenvolvam melhor e reforcem sua cooperação e coordenação; e se estimule incansavelmente a criação de organismos promotores da paz."

(*Gaudium et Spes*, 489)

7 Dezembro
SÃO MARTINHO

São Martinho, abade de Saintes, segundo o que se diz, discípulo do nosso Martinho, repousa em paz num subúrbio daquela terra, num mosteiro que ele mesmo erigiu, consoante os ensinamentos do mestre. Um dos habitantes foi à sua tumba, de mãos paralisadas, e ficou são. Um outro, cujos músculos foram consumidos pela febre, de joelhos entrevados, que o impediam de caminhar, foi deitado sobre a sepultura: uma força nova o animou e o desânimo o abandonou; ficou curado, e ali se deixou ficar, a servir no lugar por longos anos. (Apud Pe. Rohrbacher, v. XXI, p. 108.) Viveu no século VI, provavelmente.

PRECE

Da vida em plenitude

Deus, nosso Pai, o nosso coração anseia por vós e vos busca sem cessar no mais profundo de nosso espírito, de nossa consciência, templo em que habitais.

A sede, a fome que sentimos, a dança dos desejos, na corda-bamba de nossos nervos, o nosso coração que se prepara para uma festa que nos chega como promessa sempre adiada, e nossos corpos como barcos à deriva procurando portos, um lugar seguro onde ancorar, e do balanço do mar se aquietar, nós, grávidos de tudo e grávidos de nada...

Somos a mais viva das criaturas, a pupila que guarda o universo, e porque somos criaturas humanas, porque desejamos e somos desejados, somos a ferida aberta, a chaga exposta, a dor jamais curada...

Sentimos os nossos corpos na sua vibração máxima, na fadiga de quem se debate e na água já é náufrago, continuamos a desejar ardentemente a vida em plenitude, e repudiamos tudo o que é parte da morte...

8 Dezembro

IMACULADA CONCEIÇÃO DE NOSSA SENHORA

Esta solenidade remonta ao século VIII, no Oriente. No Ocidente, temos notícia desta festa desde o século IX, na Inglaterra e na Normandia. O dogma da Imaculada Conceição foi proclamado por Pio IX em 1854. Ou seja, pelos méritos de Jesus Cristo, Filho de Deus, Maria Santíssima foi preservada do pecado. Por ela e nela Jesus se encarnou, irrompendo na história humana. A Imaculada Conceição de Maria é garantia de que o mal jamais prevalecerá sobre os que depositam em Deus a sua confiança. Maria é a primeira "redimida", dando início à história da graça de Deus nos corações. Nossa Senhora da Conceição é cultuada no mundo inteiro, especialmente no Brasil: *Fazendo-se homem, Cristo não conheceu o pecado. Ele, santo e imaculado, quis que também Maria, sua mãe, para salvar-nos do pecado, fosse imune da culpa, a fim de ser o modelo de todos os que se salvam. Com ela, o mal foi definitivamente vencido. Foi a primeira a entrar no Reino, e dele nos indica o caminho. Agradeçamos e louvemos ao Pai por nos ter dado Maria; e nos alimentemos com o corpo de Cristo para sermos, com ele e com Maria, vencedores do mal* (*Missal dominical*, Paulinas).

PRECE

A Maria, nossa esperança

"Ó Virgem Mãe de Deus, / das virgens guardiã, / ó porta azul dos céus, / estrela da manhã.

És lírio entre os espinhos, / és pura sem igual, / brilhando nos caminhos / da culpa original.

Estrela na procela, / tu és nossa esperança: / o porto se revela / e a nau segura avança.

És torre inabalada, / farol que nos conduz, / trazendo, imaculada, / o bálsamo: Jesus.

A culpa onipotente / não mancha a tua aurora: / venceste a vil serpente. / Protege-nos agora!

És mãe, esposa e filha / do Deus que é uno e trino: / tão grande maravilha cantamos neste hino".

(*Liturgia das Horas*)

9 Dezembro
SANTA LEOCÁDIA

Santa Leocádia é a padroeira da cidade de Toledo, Espanha. Deu testemunho da fé durante a perseguição de Diocleciano. Era uma mulher bonita, nobre e possuidora de grande fortuna. Denunciada por ser cristã, foi presa e levada ao tribunal. *"Foi interrogada", confessou; atormentaram-na, e Deus concedeu-lhe a coroa.* Depois de torturada, foi lançada numa prisão. Com as unhas, fez uma cruz na parede, vindo a falecer no dia 9 de dezembro de 304. Os cristãos de Toledo construíram-lhe três igrejas: uma no lugar onde nasceu; outra, no lugar onde foi presa; e a terceira, no lugar onde teve a sua sepultura.

PRECE

Da renovação da fé

Deus, nosso Pai, que as contradições do tempo, geradas pelo egoísmo do coração humano, não arrefeçam o nosso amor e a busca da justiça que de vós procedem.

Dai-nos, Senhor, uma fé robusta e vigorosa para assumirmos nossa caminhada de seguidores de Jesus...

Dai-nos humildade sincera para reconhecermos nossas faltas e repararmos nossos erros.

Dai-nos a coragem e o destemor do vosso Espírito para seguirmos rumo à Terra da Promessa.

Dai-nos constância, para não esmorecermos nas horas árduas e adversas.

Dai-nos fortaleza, para não sucumbirmos aos ventos das falsas promessas e falsas seguranças.

Dai-nos um espírito pleno de verdade, aberto, amante do perdão, tolerante para com as faltas alheias; saibamos carregar os nossos fardos e o fardo uns dos outros o quanto pudermos.

Dai-nos alegria, a vossa alegria e paz, que procedem da certeza de que vós estais vivo e presente no meio de nós.

10 Dezembro

SÃO MELQUÍADES

$\mathcal{O}$ papa São Melquíades era originário da África e foi o sucessor de Santo Eusébio, em 311, quando Máximo era imperador romano. Em 312, Constantino subiu ao trono, oficializando a prática da religião cristã. Foi um tempo de expansão do cristianismo. São Melquíades trabalhou intensamente para recuperar os bens da Igreja, que haviam sido confiscados durante a perseguição. Zelou também pela integridade da fé cristã, ameaçada pelas heresias de Donato e de Ceciliano. Para pôr fim às dissensões internas da Igreja, convocou um concílio em 313, onde procurou a reconciliação e a união dos corações divididos. Santo Agostinho o chamou de "filho da paz e pai dos cristãos". Morreu no dia 10 de janeiro de 314 e foi enterrado no cemitério de São Calisto.

PRECE

Pela humanização plena

Deus, nosso Pai, ajudai-nos a cumprir os nossos deveres, para que possamos exigir o cumprimento dos nossos direitos. Cresce a consciência da dignidade exímia da pessoa humana, superior a todas as coisas. Seus direitos e deveres são universais e invioláveis. É preciso portanto que se tornem acessíveis ao homem todas aquelas coisas que lhe são necessárias para levar uma vida verdadeiramente humana. Tais são: alimento, roupa, habitação, direito de escolher livremente o estado de vida e de constituir família, direito à educação, ao trabalho, à boa fama, ao respeito, à conveniente informação, direito de agir segundo a norma reta de sua consciência, direito à proteção da vida particular e à justa liberdade, também em matéria religiosa. Portanto, a ordem social e o seu progresso devem ordenar-se incessantemente ao bem das pessoas, pois a organização das coisas deve subordinar-se à ordem das pessoas, e não o contrário.

(*Gaudium et Spes*, 279ss).

11 Dezembro
SÃO DÂMASO

São Dâmaso era de origem espanhola e nasceu por volta do ano 305. Era irmão de Santa Irene. Foi o sucessor do papa Libério, ocupando a cátedra de Pedro de 366 a 384. A sua eleição foi marcada por lutas violentas entre as diversas facções, deixando num só dia o saldo de 137 mortos. Abalada pelo arianismo, a Igreja vivia momentos difíceis de dissensões internas que colocavam em perigo a sua unidade. Uma das primeiras medidas de São Dâmaso foi depor todos os bispos vinculados ao arianismo, estabelecendo como sinal de reconhecimento de um bispo legítimo a sua comunhão com o bispo de Roma. Ou seja, a Igreja universal está submetida a Pedro e, por conseqüência, a Igreja de Roma exerce jurisdição sobre todas as demais. Para isso, São Dâmaso evoca a palavra de Jesus: *"Tu és Pedro e sobre esta pedra edificarei a minha igreja"*. Seu pontificado foi deveras profícuo: a vida espiritual floresceu, recobrando seu primitivo vigor. Graças a ele, o texto da Sagrada Escritura começou a ser revisto, e São Jerônimo procedeu à versão da *Vulgata*, ou seja, a nova versão da Bíblia em latim. Devotou aos mártires grande admiração. Morreu aos oitenta anos e foi sepultado num túmulo que ele mandara construir, afastado da chamada Cripta dos Papas, nas Catacumbas de São Calisto, onde ele afirmava no fim de uma longa inscrição: *Aqui eu, Dâmaso, desejaria mandar sepultar os meus restos mortais, mas tenho medo de perturbar as piedosas cinzas dos santos.*

PRECE

Pelo compromisso com o Reino

Deus, nosso Pai, celebramos hoje a memória do papa São Dâmaso. Grande foi o seu amor pela vossa Igreja, tudo fazendo para que ela se mantivesse unida em torno de uma mesma fé, de um mesmo sentimento de esperança e de serviço, recebidos como herança de nossos primeiros pais, os apóstolos. Fazei que nos descubramos como um povo comprometido convosco, com o vosso Reino e comprometidos com os nossos irmãos e com todo homem. Que o vosso Espírito de Amor nos faça entender que somos chamados a viver em comunhão, ou seja, em união convosco em Jesus, vosso Filho Ressuscitado.

12 Dezembro

NOSSA SENHORA DE GUADALUPE

Por volta do ano 1523, a Virgem apareceu a Juan Diego, um piedoso índio asteca, tomando-o como embaixador de sua vontade junto ao bispo, frei Juan Zumárraga. A aparição de Nossa Senhora a Juan Diego tem um significado todo especial: a Virgem Maria está do lado dos humildes e dos marginalizados. Diante da resistência do bispo em atender e escutar um "pobre índio", que lhe solicitava uma capela em Guadalupe, a Virgem o consola dizendo: *Escute, meu filho, não há nada que temer. Não fique preocupado nem assustado. Não estou eu aqui a seu lado? Eu sou a Mãe dadivosa. Não o escolhi para mim e o tomei aos meus cuidados? Que deseja mais do que isto? Não permita que nada o aflija e o perturbe... Filho querido, essas rosas são o sinal que você vai levar ao bispo. Diga-lhe em meu nome que, nessas rosas, ele verá minha vontade e a cumprirá... Quando chegar diante do bispo, desdobre a sua "tilma" (manto) e mostre-lhe o que carrega, porém só na presença do bispo...* (Apud Mário Sgarbossa, op. cit., p. 398.). E assim aconteceu o milagre das flores: quando o índio abriu o manto para mostrar ao bispo as rosas, a imagem da Virgem apareceu estampada na sua "tilma". O pedido da Virgem foi atendido, e toda a América Latina ganhou uma padroeira e protetora: a Virgem de Guadalupe.

PRECE

À Maria, Mãe da América Latina

"Mãe do céu morena, Senhora da América Latina, de olhar e caridade tão divina, de cor igual à cor de tantas raças.

Virgem tão serena, Senhora destes povos tão sofridos, patrona dos pequenos e oprimidos, derrama sobre nós as tuas graças.

Derrama sobre os jovens tua luz. Aos pobres vem mostrar o teu Jesus. Ao mundo inteiro traz o teu amor de Mãe. Ensina a quem tem tudo a partilhar. Ensina a quem tem pouco a não cansar, e faz o nosso povo caminhar em paz.

Derrama a esperança sobre nós. Ensina o povo a não calar a voz. Desperta o coração de quem não acordou. Ensina que a justiça é condição de construir um mundo mais irmão. E faz o nosso povo conhecer Jesus".

(Cântico Litúrgico)

13 Dezembro

SANTA ODILA

Santa Odila nasceu na França e viveu no século VII. Cega de nascença, foi rejeitada pelo pai. A mãe confiou-a a uma antiga ama. Aos 12 anos foi levada ao mosteiro de Baumeles-Dames para ser batizada. No Batismo, Santa Odila adquiriu a visão. Alguns anos depois, retornou à casa paterna. Temendo que o pai a obrigasse a casar, fugiu disfarçada de mendiga. Entretanto, sob juramento, o pai prometeu-lhe deixá-la livre para seguir sua vocação. Retornou pela segunda vez à casa paterna. Recebeu do pai um castelo nas montanhas de Hohenburg, o qual foi transformado num grande mosteiro. Mandou construir ao pé da montanha um hospital para pobres e leprosos. Todos os dias ela descia da montanha para visitar os enfermos e prestar-lhes assistência. No ano 700 fundou ao lado do hospital um outro mosteiro — Mosteiro de Baixo. Ao morrer, no ano 720, ela havia se tornado popularíssima em toda a França. É a padroeira da Alsácia. Como Santa Luzia, é invocada contra os males da vista.

PRECE

Para obter a luz de Deus

Senhor, nosso Deus, não escondais de nós o vosso olhar misericordioso. Por intercessão de Santa Odila, curai os nossos olhos feridos pelo egoísmo humano. Curai os nossos olhos paralisados pelo medo, pelo desânimo e pela falta de fé na vida. Curai, Senhor, os olhos irados e ofendidos de todos os que se sentem traídos e caluniados pelos amigos e familiares. Reanimai, Senhor, os olhos dos que estão aflitos e desesperados num leito de dor e de sofrimento. Iluminai o olhar dos que já se preparam para o encontro definitivo convosco. Por intercessão de Santa Odila, não lhes negueis a vossa luz. Abençoai, Senhor, os olhos iluminados e aquecidos pelo primeiro amor, os olhos fortalecidos e plenos de coragem e de alegria daqueles que se adiantaram num amor autêntico e verdadeiro, claridade que ilumina toda a nossa existência. Abençoai, enfim, os olhos daqueles que sabem ler as entranhas sofridas do povo e nos olhos do povo encontram alento para seguir buscando a justiça e a verdade.

14 Dezembro

SÃO JOÃO DA CRUZ
(Doutor da Igreja)

São João da Cruz nasceu perto de Ávila, em Fontiveros, Espanha, no ano de 1542. Filho de tecelões, ingressou na Ordem dos Carmelitas aos 20 anos. Em Salamanca estudou artes e teologia, onde foi prefeito dos estudantes. Ordenado sacerdote em 1567 — época em que se encontrou com Santa Teresa de Ávila —, São João da Cruz sentiu-se entusiasmado com as propostas dos "conventos reformados" dentro da Ordem. Tornou-se, então, o pioneiro da reforma carmelitana masculina. Fundou em Durvelo o primeiro convento dos carmelitas descalços. Incompreendido e perseguido por muitos que se opunham à reforma, São João da Cruz sofreu até maus-tratos e agressões físicas, passando 8 meses prisioneiro num convento adverso à reforma. Ao lado de Teresa de Ávila, João da Cruz se projetou como um dos mais importantes místicos católicos, cujo itinerário espiritual continua sendo seguido por numerosos discípulos. As suas principais obras de espiritualidade são: *A subida do Monte Carmelo*, *Noite escura da alma* e *Chama de amor vivo*.

Morreu em 1591, aos quarenta e nove anos. É doutor da Igreja.

PRECE

Ao Espírito, que é Santo

Deus, nosso Pai, São João da Cruz viveu os mistérios da vossa morte e ressurreição. Ele fez a experiência do vosso amor e por vós foi provado na fé e no sofrimento. Mediante o trabalho interior, conseguiu descobrir os tesouros da vossa graça. A seu exemplo, fazei que cada um de nós progrida na vida espiritual e caminhe para vós. Encontremos na vossa Palavra estímulo e consolação e, na comunhão com nossos irmãos, vos encontremos na partilha de todos os dons recebidos.

Senhor, enviai-nos o vosso Espírito, o Espírito Santo que é "doador da vida", que é a água viva que jorra da fonte, Espírito de amor e de liberdade, Espírito que nos concede a liberdade de filhos de Deus e irmãos em Jesus Cristo. Espírito que nos convoca e nos reúne numa mesma família, povo de Deus a caminho do vosso Reino. São João da Cruz nos inspire o gosto pelas coisas do alto, e nos ensine a vos amar com todas as nossas forças e de todo o nosso coração.

15 Dezembro

SANTA MARIA CRUCIFICADA DE ROSA

Santa Maria Crucificada de Rosa — cujo nome de batismo era Paula Francisca Maria — nasceu na cidade de Bréscia, Itália, no dia 6 de novembro de 1813 e faleceu no dia 15 de dezembro de 1855. Foi a fundadora da Congregação das Servas da Caridade. Estudou no colégio das irmãs da Visitação e tinha como diretor espiritual Faustino Pinzoni. Preocupada com a problemática social — seu pai era industrial —, em 1836 deu início à Congregação das Servas da Caridade. Entregou-se de corpo e alma ao cuidado dos doentes, vítimas da peste que assolou Bréscia. Foi-lhe confiado o hospital de São Lucas, quando Bréscia sofria os efeitos de uma guerra contra a Áustria. Santa Maria Crucificada de Rosa e suas companheiras trabalharam incansavelmente dia e noite, cuidando dos feridos. Em 1852, a fundadora e as vinte e cinco companheiras fizeram a sua profissão religiosa. A consolidação da Congregação foi difícil, mas aos poucos, o trabalho das Irmãs foi reconhecido e hoje encontram-se espalhadas por todos os continentes. Foi canonizada por Pio XII, em 1954.

PRECE

Da doação e despojamento

Deus, nosso Pai, Santa Maria Crucificada de Rosa dedicou a vida inteira ao serviço dos mais necessitados: enfermos, cegos, abandonados. Frágil, enfermiça, não se deteve. Trabalhou incansavelmente até os últimos instantes de sua vida, pois sentia-se animada pelo amor e pela fé. A seu exemplo, Senhor, nós vos louvamos e vos bendizemos. Porque vós nos amais, vivemos. Porque nos haveis de amar sempre, viveremos eternamente. Porque pronunciastes o nosso nome, nossos corações vibram de alegria e de agradecimento e nos sentimos reconfortados nas dificuldades e consolados nas tribulações. Nossos ouvidos se enchem de cantigas esperançosas e nossos lábios, de risos. Louvado sejais, vós, Senhor da nossa vida, ungi nossos gestos e fazei que produzamos abundantes frutos, para a glória do vosso nome.

16 Dezembro

SANTO ANANIAS, SANTO AZARIAS E SÃO MISAEL

*T*rata-se de três jovens hebreus, condenados à fogueira, no tempo em que Nabucodonosor era rei de Babilônia. O episódio foi narrado pelo profeta Daniel, com a finalidade de mostrar como Daniel e seus companheiros — Ananias, Azarias e Misael — resistiram aos poderosos do império, mantendo-se fiéis a Deus que os salvou da fornalha ardente: Disse-lhes Nabucodonosor: *É verdade, ó Sidrac, Misac e Abdênago, que não servis a meus deuses e não rendeis adoração à estátua de ouro que erigi? (...) Se não a adorardes, sereis imediatamente precipitados na fornalha acesa. E qual é o Deus que poderia livrar-vos das minhas mãos? (...)* Em resposta, disseram Sidrac, Misac e Abdênago ao rei Nabucodonosor: *Não há necessidade alguma de replicar-te neste assunto. Se assim for, o nosso Deus, a quem servimos, tem o poder de nos livrar da fornalha acesa e nos livrará também, ó rei, da tua mão. Mas se ele não o fizer, fica sabendo, ó rei, que não serviremos o teu deus, nem adoraremos a estátua de ouro que levantaste.* Nabucodonosor deu ordem para que se aquecesse a for-

nalha sete vezes mais que de costume. Depois ordenou aos homens mais fortes de seu exército que amarrassem Sidrac, Misac e Abdênago e os precipitassem na fornalha acesa (Daniel 3,8ss). Deus, porém, veio em socorro dos três jovens, libertando-os das chamas.

PRECE

Ao Senhor libertador

Deus, nosso Pai, como libertastes os três jovens das mãos dos poderosos, libertai-nos também daqueles que tentam destruir a nossa identidade e a nossa dignidade de filhos de Deus. E como Azarias, cantemos as maravilhas do vosso amor: "Bendito és tu, Senhor, Deus dos nossos pais, tu és digno de louvor e o teu nome é glorificado eternamente. Porque és justo em tudo o que nos fizeste e todas as tuas obras são verdadeiras, retos os teus caminhos e verdade todos os teus julgamentos... E agora, é de todo o coração que vamos seguir-te, vamos temer-te e procurar a tua face. Não nos cubras de confusão, mas age conosco segundo a tua benignidade e segundo a abundância da tua misericórdia. Livra-nos segundo as tuas maravilhas e dá glória ao teu nome, ó Senhor!" (Daniel 3,24ss).

17 Dezembro
SÃO LÁZARO

São Lázaro vivia em Betânia e era irmão de Marta e de Maria. Morto e sepultado, Jesus o fez sair do túmulo, restituindo-lhe a vida, quando todas as esperanças já se achavam perdidas. O episódio é narrado apenas pelo evangelista João, mostrando que Jesus é a ressurreição e a vida: *Quando Jesus chegou, já fazia quatro dias que Lázaro estava no túmulo. Betânia ficava perto de Jerusalém, uns três quilômetros apenas. Muitos judeus tinham ido à casa de Marta e Maria para as consolar por causa do irmão. Quando Marta ouviu que Jesus estava chegando, foi ao encontro dele. Maria porém, ficou sentada em casa. Então Marta disse a Jesus: "Senhor, se estivesses aqui, meu irmão não teria morrido. Mas ainda agora eu sei: tudo o que pedires a Deus, ele te dará". Jesus disse: "Teu irmão vai ressuscitar". Marta disse: "Eu sei que ele vai ressuscitar na ressurreição, no último dia". Jesus disse: "Eu sou a ressurreição e a vida. Quem acredita em mim, mesmo que morra, viverá"* (João 11,17ss).

Uma antiga tradição oriental afirma que São Lázaro foi bispo de Chipre. No século X, no ano 900, o imperador Leão VI teria feito transportar suas relíquias de Chipre para Constantinopla. Também os franceses afirmam ter sido ele bispo de Marselha e martirizado durante a perseguição de Nero.

PRECE

A comunicação da vida e liberdade

Deus, nosso Pai, Jesus é a ressurreição e a vida. Para os que têm fé, a morte é apenas uma despedida, uma preparação para um novo encontro, para a vida em plenitude. Quando todas as esperanças achavam-se perdidas, Jesus devolveu a Lázaro, seu amigo, a vida, libertando-o de todas as amarras da morte.

Senhor, fazei-nos compreender o grande mistério da vossa paixão, morte e ressurreição. Em vós, temos a certeza da ressurreição. Por isso libertai-nos de todo medo e temores vãos, que diminuem a vida em nós e não nos deixam viver em plenitude... Que hoje possamos ouvir, no íntimo de cada um de nós, a palavra de ordem de vosso Filho Jesus: "Lázaro, sai para fora! Desamarrai-o e deixai que ele ande" (João 11,43.44).

18 Dezembro
SÃO RUFO E SÃO ZÓZIMO

São Rufo e São Zózimo pertenciam ao número dos discípulos do Senhor. Segundo a tradição, foram os fundadores da Igreja de Cristo entre os judeus e os gregos. A notícia que temos sobre estes dois santos nos veio através de São Policarpo, o qual refere-se a eles na sua carta aos Filipenses: *Estou muito satisfeito convosco em Nosso Senhor Jesus Cristo, por terdes recebido os modelos da verdadeira caridade. Eu vos exorto a obedecerdes e a excederdes a vossa paciência, aquela que tendes visto com vossos próprios olhos, não só nos bem-aventurados Inácio, Rufo e Zózimo, mas também em outros vossos concidadãos, no próprio Paulo e nos outros apóstolos. Estejam certos de que todos estes não têm corrido em vão, mas na fé e na justiça, que eles estão juntos do Senhor, no lugar que lhes é devido pelos sofrimentos que suportaram. Porque eles não amaram o século presente, mas Aquele que por nós morreu e que para nós foi ressuscitado por Deus.* (Apud Mário Sgarbossa, op. cit., p. 406). Sofreram o martírio provavelmente entre os anos 107 e 118, em Filipos, na Macedônia. A comunidade de Filipos foi fundada por São

Paulo; surgiu como a primeira comunidade cristã em solo europeu.

PRECE

Do anúncio do Reino

Deus, nosso Pai, São Rufo e São Zózimo foram atraídos pelo Mestre e se tornaram colaboradores dos apóstolos na implantação do Reino de Jesus no meio dos homens. Animados pela fé, deram testemunho de Jesus com a própria vida. Toda a Igreja hoje se prepara para as festas do Natal do Senhor, esperança dos corações aflitos e atribulados, penhor de justiça e de paz, para um mundo desnorteado por conflitos, despojados de valores espirituais e de sentido de vida. A exemplo de São Rufo e de São Zózimo, trabalhemos para a implantação do Reino de Deus em nossos corações e no coração da história humana.

19 Dezembro
SÃO NEMÉSIO

São Nemésio viveu em Alexandria, Egito. Sofreu o martírio durante a perseguição do imperador Décio. Foi torturado e queimado vivo. Juntamente com ele muitos outros mártires padeceram atrozes sofrimentos e se mantiveram firmes na fé. São Dionísio referiu-se à perseguição na cidade de Alexandria: *O terror foi geral. Muitas pessoas, das mais consideráveis, cederam logo. Uns, abatidos pelo temor, apresentavam-se espontaneamente aos magistrados. Outros, que tinham cargos públicos, eram levados aos juízes pelas funções mesmas do cargo que ocupavam. Outros ainda, eram delatados pelos inimigos. Chamados para sacrificar aos deuses, não tinham forças suficientes para não o fazer. Outros, todavia, firmes como colunas, a tudo suportavam e renderam glorioso testemunho de Jesus Cristo... O temor de tal perseguição fez com que muitos cristãos fugissem para os desertos vizinhos do Egito, ou para as montanhas, onde muitos morreram de sede e de fome, foram mortos por ladrões ou devorados pelas feras.* (Apud Padre Rohrbacher, op. cit., v. XXI, p. 338ss.)

PRECE

Da firmeza e confiança

"Transborda de alegria no Senhor, minha alma exulta em meu Deus: pois me vestiu com traje de salvação e me cobriu com manto de justiça.

Como a terra lança seus brotos, e o jardim faz brotar suas sementes, assim o Senhor fará brotar a justiça e o louvor, diante de todos os povos.

Por causa de Sião não me calarei, por causa de Jerusalém não descansarei, até que sua justiça raie como aurora e sua salvação arda como tocha.

As nações verão tua justiça e todos os reis, a tua glória; porão em ti um nome novo, fixado pela boca do Senhor.

Não te chamarão mais 'a abandonada' nem à tua terra 'a desolada', mas chamarão a ti 'meu prazer' e à tua terra 'a desposada'; porque o Senhor terá prazer em ti, e tua terra será desposada.

Como a alegria do marido com a esposa, assim teu Deus se alegrará contigo."

(A oração do povo de Deus — *Salmos e Cânticos*)

20 Dezembro

SÃO DOMINGOS DE SILOS

São Domingos nasceu no ano 1000, em Canhas, cidadezinha da Rioja, Espanha. Viveu dezoito anos na mais completa solidão, quando foi procurar Santo Emiliano, que o fez noviço. Foi ele quem restaurou o Mosteiro de Silos, arruinado pelas guerras árabes. Restaurou também o priorado de Santa Maria de Cañas. Foi o prior do convento de São Millán. Foi perseguido por García de Nájera, que o exilou do mosteiro de São Millán para Burgos, onde foi recebido por Fernando Magno, rei de Castela e de Aragão. Conta-se que São Domingos libertou muitos escravos cristãos caídos nas mãos dos mouros. Era um homem culto e exerceu grande influência política e religiosa. Tinha em torno de si homens versados em ciências e letras. Fundou uma biblioteca, onde se reuniam numerosos manuscritos em caracteres visigóticos. Morreu em Silos, no dia 20 de dezembro de 1073.

PRECE

Da esperança renovada

Deus, nosso Pai, aproxima-se o dia em que celebramos o nascimento de Jesus, vosso Filho e Senhor nosso. Enchei os nossos corações da vossa santa alegria e de uma esperança renovada. Que recobremos alento novo, renascendo pela força daquele que vem habitar em nosso coração, armando a tenda no meio dos homens. Cada ser humano possa sentir a vossa presença misericordiosa e acredite mais uma vez na vida, no amor sincero e autêntico, na fraternidade e na reconciliação que vosso Filho Jesus veio trazer à terra: *Como são belos, sobre os montes, os pés do mensageiro que anuncia a paz, do que proclama Boas-Novas e anuncia a salvação, do que diz a Sião: "O teu Deus reina". Eis a voz das tuas sentinelas; ei-las que levantam a voz, juntas lançam gritos de alegria, porque com os seus próprios olhos vêem o Senhor que volta a Sião. Regozijai-vos, juntas lançai gritos de alegria, ó ruínas de Jerusalém! Porque o Senhor consolou o seu povo, ele redimiu Jerusalém* (Isaías 52,7ss).

21 Dezembro

SANTO ANDRÉ DUNG-LAC E COMPANHEIROS

André Dung — chamado também de Lac — nasceu em Bac-Ninh, de família não-cristã. Seus pais emigraram para Hanói em busca de melhores condições de vida. Lá, recebeu instrução cristã e foi batizado. Tornou-se também catequista e, em 1823, foi ordenado sacerdote. Foi preso em Ke-Song, junto com outros religiosos, no ano de 1839. A comunidade cristã procurou comprar a liberdade dos sacerdotes, mas não conseguiram arrecadar as 10 barras de prata exigidas como resgate, tal era a miséria em que os membros da comunidade viviam. Foram então levados a Hanói. Como se recusassem a pisar num crucifixo, foram lançados na prisão, sendo posteriormente mortos. Foram canonizados em 19 de junho de 1988, pelo papa João Paulo II.

PRECE

Do testemunho do Reino

Deus, nosso Pai, celebramos a vinda de Jesus, vosso Filho, no tempo e na nossa história. Nele e por ele nos salvastes, estabelecendo conosco uma nova aliança. Por isso, Senhor, aguardamos ansiosamente aquele que é o Caminho, a Verdade e a Vida, que torna os dias cheios de graça e de júbilo. Ajudai-nos a nos manter vigilantes na fé, na oração, de coração aberto e disposto para reconhecer em nossa vida e na história humana os sinais da vinda do Senhor Jesus, vivo e presente, Emanuel, Deus-conosco para sempre. Enviai o vosso Espírito para que converta, com seu fogo abrasador, o nosso coração ainda distante de vós e de nossos irmãos. Dai-nos, sobretudo, a vossa alegria e o gosto de viver e bem contar os nossos dias. Inspirai-nos sentimentos de solidariedade, de cooperação, de fraternidade, de abertura de mente e de coração, de paciência e de ânimo forte diante das adversidades... Possamos acolher e reconhecer o Senhor em nossos corações.

22 Dezembro

SANTA FRANCISCA XAVIER CABRINI

Santa Francisca Cabrini nasceu em 1850, em Sant'Angelo de Lódi, na Lombardia, Itália. De saúde precária, decidiu abandonar a carreira do magistério e entrar na congregação religiosa das Filhas do Sagrado Coração de Jesus, em Arluno. Não quiseram aceitá-la, achando-a doentia e frágil. A Casa da Providência de Codogno acolheu-a, professando ali em 1877. Em 1880, aconselhada pelo bispo de Lódi, Santa Francisca deixou a Casa da Providência para fundar a Congregação das Missionárias do Sagrado Coração, dedicada à instrução religiosa e humana da juventude. Em 1889 partiu com suas filhas para Nova York, junto com os imigrantes italianos. Ali construiu casas, escolas, hospitais. Sua obra estendeu-se até Califórnia, Chicago. Alcançou toda a América Latina, inclusive o Brasil. Assim referiu-se Pio XII à Madre Cabrini, por ocasião de sua canonização, em 1946: *Francisca nem sequer terá medo dos instáveis elementos da natureza. A graça e a vocação divina vencem nela todo temor e toda separação. Vede-a atravessar impertérrita dezenove vezes o oceano, costear duas vezes as praias do Pacífico, três as do Atlântico. Vede-a percorrer e sulcar em todos os sentidos os dois hemisférios do globo e atravessar a Cordilheira dos Andes.* (Apud José Leite, S. J. op. cit., v. III, p. 445.)

PRECE

Do discernimento da história

Deus, nosso Pai, em Jesus Cristo vós vos aproximais de nós e vos comprometeis com a nossa história. História eivada de dores, angústias e sofrimentos, mas também história abençoada e bendita porque nela irrompeu Aquele que nos vem trazer a paz, o consolo e o alívio para nossos males. Dai-nos, Senhor, entendimento para descobrirmos a vossa presença salvadora através dos acontecimentos mais banais de nosso dia-a-dia. É aí que vós vos manifestais, levando tudo à plenitude dos tempos. Inundai o nosso interior com a alegria, para que vigilantes aguardemos o cumprimento das vossas promessas.

23 Dezembro
SÃO JOÃO CÂNCIO

São João Câncio nasceu em 1390, em Kety, perto de Cracóvia, Polônia. Concluídos os estudos em Cracóvia, ordenou-se sacerdote. Além de professor na Universidade de Cracóvia, foi o preceptor dos príncipes da Casa real polonesa. O seu programa de vida expressava-se no lema "Mais para o alto!". Os católicos o saúdam, dizendo: *Insigne João, glória da nação polonesa, esplendor do clero, honra da universidade, pai da pátria.* Foi um homem humilde e totalmente disponível ao serviço dos irmãos. Pouco antes de morrer, em Cracóvia, com a idade de 83 anos, ele exortava: *"Vigiai atentamente sobre a doutrina, conservai o depósito sem alteração e combatei, sem jamais cansar-vos, toda opinião contrária à verdade; mas revesti-vos neste combate das armas da paciência, da doçura e da caridade, recordando que a violência, além do dano que faz às nossas almas, prejudica as melhores causas. Se eu tivesse estado no erro, num ponto verdareiramente capital, jamais um homem violento teria conseguido tirar-me dele; muitos homens, sem dúvida, são como eu. Tende cuidado dos pobres, dos enfermos e dos órfãos".* (Apud Pe. Luís Palacin, op. cit., p. 197.)

PRECE

Da conversão pessoal

Deus, nosso Pai, não deixeis que percamos de vista a grande esperança do Reino, a esperança que procede de vós e é a razão de toda a nossa existência, razão da nossa luta para transformar as estruturas egoístas e desumanizantes, cuja raiz aninha-se no nosso próprio coração.

O nascimento do vosso Divino Filho devolva a paz aos corações aflitos; a coragem aos que estão desanimados; a reconciliação aos que estão imersos no ódio e na vingança; a justiça aos que estão espoliados de seus direitos e dignidade; a fartura de bens aos famintos; a comunhão aos que estão sozinhos e desamparados; a luz aos que não conseguem se encontrar; a fraternidade ao mundo que não sabe dividir. Que o deserto e a terra seca se encham de alegria, que os descampos exultem e floresçam, como o narciso, que eles se cubram de flores, com alegria e gritos de júbilo (Isaías 35,1ss).

24 Dezembro
SÃO CHARBEL MAKHLOUF

São Charbel Makhlouf nasceu no dia 8 de maio de 1828, em Béka-Kafra, numa aldeia nas montanhas do norte do Líbano. Monge eremita libanês da Igreja do Rito Oriental, foi canonizado pelo papa Paulo VI, em 1977, rompendo uma tradição de quatro séculos, quando a Igreja de Roma excluía de seu calendário os santos maronitas. Pio XII disse a seu respeito: *O padre Charbel já gozava, em vida, sem querer, da honra de o chamarem santo, pois a sua existência era verdadeiramente santificada por sacrifícios, jejuns e abstinências. Foi vida digna de ser chamada cristã e, portanto, santa. Agora, após a sua morte, ocorre este extraordinário sinal deixado por Deus: seu corpo transpira sangue há já 77 anos, sempre que se lhe toca, e todos os que, doentes, tocarem com um pedaço de pano suas vestes constantemente úmidas de sangue, alcançam alívio em suas doenças e não poucos até se vêem curados.* (Apud José Leite, S. J., op. cit., v. III, p. 453s). O túmulo de São Charbel é visitado constantemente e é chamado a Lourdes do Líbano. O fenômeno continua a ocorrer até nossos dias, ou seja, o seu corpo transpira sangue, como se estivesse ainda vivo, como de fato o está no coração de todos os seus devotos.

PRECE

Da manifestação da vida

Deus, nosso Pai, hoje celebramos a Vigília do Natal do vosso Filho. Todo homem é chamado a reconhecer na humildade e na simplicidade de espírito o Emanuel, Deus-conosco, Filho da Virgem Maria, esperança de vida e de alegria para os que em vós depositam a sua confiança. A história humana recobra em Jesus todo o seu significado de lugar da manifestação graciosa daquele que vem para consolar os aflitos e enxugar as lágrimas dos que clamam por socorro. Nós vos louvamos, ó Deus, que, na vossa ternura e misericórdia, viestes encontrar com o homem na pessoa de Jesus de Nazaré, o Filho de Maria e de José, Sacramento do encontro entre Deus e o homem: *Escutai, pois, ó Casa de Davi! Não vos basta irritar os homens e quereis irritar também o meu Deus? Por isso o próprio Senhor vos dará um sinal: Eis que a virgem conceberá e dará à luz um filho, e o chamarão de "Emanuel", que quer dizer "Deus-conosco"* (Isaías 7,10s).

25 Dezembro
NATAL DO SENHOR

O Natal teve sua origem numa festa pagã da antiga Roma, em que se celebrava "o dia natalício do Sol invicto", após a noite mais longa do ano (25 de dezembro). Nessa ocasião, os escravos recebiam presentes dos seus senhores e eram convidados a sentarem à mesa como cidadãos livres. O cristianismo deu um significado novo a essa festa, ao celebrar o nascimento daquele que é o verdadeiro Sol, a Luz do mundo, Dia que rompe nas trevas. Hoje é o dia de todos nós que acreditamos na vida, na força do amor, na comunhão e na fraternidade universal.

PRECE

Pela comunhão dos povos

Tu, ó Menino Deus, filho de Maria e de José, és a luz que rompe a escuridão, nos cega e nos seduz; que transfigura nossos olhares e nos enche de santas visões, de profecias venturosas, de promessas de Novos Céus e Nova Terra, rompe nossas cadeias, cura nossas chagas, afugenta nossos medos, desesperos, pavores e alucinações.

Convoca-nos para ser um povo livre, fraterno, alegre e esperançoso.

Tu, Menino, Deus forte, Senhor dos Exércitos, Ternura e Misericórdia, Deus-conosco para sempre, na claridade de tua luz dissipa nosso sono.

Que venham teus anjos, querubins e serafins (mensageiros do Senhor).

Que se abra em nosso peito um lagar, e se erga um moinho; que a uva seja pisada, e o trigo moído; nesse Natal o bom vinho seja por todos bebido, que o pão seja por todos repartido, que a vida seja preservada e mantida, e a paz e a justiça floresçam em nosso chão.

26 Dezembro

SANTO ESTÊVÃO
(Mártir)

Santo Estêvão foi o primeiro mártir da história do cristianismo. Era judeu da diáspora e morava em Jerusalém. Fazia parte dos sete diáconos que haviam sido encarregados pelos Apóstolos de assistirem os necessitados da comunidade (Atos 6,1-6). O seu martírio assinala a ruptura entre cristianismo e judaísmo. Santo Estêvão foi acusado pelos judeus da diáspora de subverter as leis e os costumes, de criticar as instituições e as estruturas consideradas sagradas — o Templo. Num longo discurso, Santo Estêvão resumiu a história de Israel, mostrando aos adversários em que consistiu o projeto de Deus: *Deus quer um povo em contínua marcha histórica em direção à vida plena, e não um estado preso por um aparelho que explora, oprime e paralisa o povo. Por outro lado, Deus não está localizado e fechado num templo, nem é manipulado como ídolo para legitimar uma ordem social injusta. Deus está presente na vida e na história, caminhando com o povo.*

PRECE

Da fidelidade ao Espírito

Deus, nosso Pai, Santo Estêvão escolheu "o caminho da liberdade corajosa e da fidelidade do Espírito". Dai-nos, pois, o discernimento do Espírito, para que cumpramos o vosso projeto de amor, sem falsificar nem deturpar o vosso Evangelho. Não recaiam sobre nós as suas graves palavras: "Homens teimosos, insensíveis e fechados à vontade de Deus! Vocês sempre resistiram ao Espírito Santo. Vocês são como foram seus pais! A qual dos profetas os pais de vocês não perseguiram? Eles mataram aqueles que anunciavam a vinda do Justo, do qual agora vocês se tornaram traidores e assassinos. Vocês receberam a Lei, promulgada através dos anjos, e não a observaram" (Atos 7,51).

27 Dezembro
SÃO JOÃO EVANGELISTA

São João era filho de Zebedeu e irmão de Tiago. Pertenceu ao grupo dos Doze. Com Tiago era chamado Boanerges, ou seja, "filhos do trovão". Faz parte dos discípulos mais achegados a Jesus (Pedro, Tiago) e foi testemunha da transfiguração, da cura da sogra de Pedro, da agonia no Getsêmani (Mateus 26,37). Ele e Pedro prepararam a Páscoa. Juntamente com Tiago, pediu a Jesus que fizesse descer o fogo do céu sobre os samaritanos... São Paulo o chama de uma das colunas da Igreja de Jerusalém. A tradição primitiva atribui a ele o Quarto Evangelho e as Epístolas de João, especialmente Santo Irineu, São Clemente de Alexandria, Tertuliano e Orígenes. O Evangelho de João mostra que Deus ama os homens e em Jesus dá-lhes a vida. Em Jesus vemos e compreendemos o que devemos ser, como devemos agir: sermos irmãos, colocando-nos aos serviço uns dos outros. Em sua carta, ele mostra o dinamismo do amor: não é possível amar a Deus sem amar o próximo, formando comunidade.

PRECE

O Verbo se fez homem

"Os serafins louvam aquele a quem Cristo mais amou. À sua voz, a nossa unimos no mesmo canto de louvor. João testemunha o que aprendeu: Quem é o Verbo e de onde veio, no seio Virgem se escondendo, mas sem deixar do Pai o seio. Feliz João, a quem o Mestre por livre escolha chamaria a ver no monte a sua glória e no horto ver sua agonia.

De Deus contemplas os segredos, sendo à altura arrebatado. Vês os mistérios do Cordeiro, e da Igreja, o povo amado.

Tu como virgem sucedeste junto a Maria ao Filho amado. Faze-nos filhos de tal Mãe, do Mestre esconde-nos no lado.

Glória infinita seja ao Verbo que se fez carne, como cremos. A ele, ao Pai e ao Espírito glória sem fim nos céus supremos."

(*Liturgia das Horas*)

28 Dezembro

FELIPE E MARY BARREDA

O casal Felipe e Mary Barreda era membro do Conselho Pastoral da diocese de Esteli, Nicarágua. Casados há mais de 30 anos, tinham seis filhos e vários netos. Felipe era relojoeiro e sua mulher possuía um salão de beleza. Aos poucos a vida deles foi-se transformando, e eles se tornavam cada vez mais participativos da comunidade. Por fim, puseram-se ao lado dos pobres e perseguidos. Despojados, davam testemunho de simplicidade de vida e de pobreza evangélica. Em dezembro de 1982, partiram com o filho menor para trabalhar na colheita de café. Na montanha foram seqüestrados por um bando dos "contras", levados para Honduras, onde foram torturados e mortos. A sua morte repercutiu em toda a Igreja nicaragüense, e milhares de cristãos se reuniram na catedral de Esteli para assistirem à missa concelebrada por 30 sacerdotes.

PRECE

Da força do testemunho

Deus, nosso Pai, Felipe e Mary Barreda viveram sempre unidos, e unidos trabalharam pelo vosso Reino, testemunhando com as suas vidas o grande amor que devotaram aos pobres e perseguidos por causa do vosso Evangelho.

A exemplo deles, que a fé nos ilumine a vida, e a nossa vida traduza a fé que professamos em Cristo, vosso Filho. Como os abençoastes, Senhor, abençoai também os esposos, amparando-os nos momentos difíceis de tristeza e de dor. Vós que sois um Deus fiel, cheio de ternura e de misericórdia, fazei com que os casais aprendam de vós a fidelidade, a ternura e a misericórdia.

Abri seus corações à conversão, ao serviço aos irmãos. Saibam carregar o fardo, um do outro, perdoando mutuamente as próprias faltas e culpas. Recordados das maravilhas do amor que opera em nossas vidas, encontremos na vossa Palavra luzes e forças para servir na gratuidade o vosso Reino.

29 Dezembro

SÃO TOMÁS BECKET

São Tomás Becket era da Normandia e nasceu no ano 1117. Foi considerado um dos homens mais influentes tanto no campo da política como no da religião. Era um clérigo não-ordenado a serviço do arcebispo de Canterbury. Em 1154 foi nomeado chanceler do reino por Henrique II, cargo que desempenhou com competência e fidelidade. Em 1162 foi ordenado sacerdote e sagrado bispo logo depois, acatando com relutância a indicação do rei para ocupar a sede primaz de Canterbury. Sua vida se modificou completamente. Passou a viver na simplicidade e na pobreza, colocando-se inteiramente a serviço dos necessitados. O rei sentiu-se traído por não contar mais com os préstimos de Tomás e especialmente por ele se colocar ao lado do papa e contra as suas posições de monarca. São Tomás teve, então, de fugir para a França, buscando proteção junto a Luís VII. Os seus bens foram confiscados, os parentes, perseguidos. Em obediência ao papa, retornou à sua sede episcopal. A situação se agrava ainda mais. O rei acusa seus nobres, dizendo: *"Covardes! Esse homem a quem eu vesti e alimentei e cumulei de honras se levanta contra mim, e ninguém dentre os meus é capaz de vingar minha honra e livrar-me desse padre insolente?"* (Apud Pe. Luís Palacin, op. cit., p. 201). Embora avisado de que a sua vida corria perigo, não se defendeu. Foi assassinado a golpes de espada quando entrava na Catedral para a oração da noite.

PRECE

Do serviço pela libertação

Deus, nosso Pai, São Tomás descobriu que a verdadeira realeza é servir, ser fiel ao Senhor dos senhores, aquele que tem a chave e o domínio da história.

A seu exemplo, dai-nos a santa ousadia de não nos deixarmos intimidar e explorar pelos poderosos. Fazei-nos compreender que o vosso desejo é que sejamos livres, libertos de todo medo, porque Jesus, vosso Filho, deu o exemplo, mediante uma vida íntegra, livre, autêntica, fiel à vossa vontade e ao vosso desígnio de salvação. Por isso vós o ressuscitastes. Que a certeza da ressurreição nos liberte de todo medo e nos fortaleça o espírito para enfrentarmos as adversidades, as injustiças, as mentiras e ameaças, com dignidade, destemor e paciência.

30 Dezembro

SANTOS SABINO, EXUPERÂNCIO, MARCELO E VENUSTIANO

"*E*m Espoleto, a festa dos Santos Sabino, bispo de Assis; Exuperâncio e Marcelo, diáconos; Venustiano, prefeito, com esposa e filhos, mártires sob o imperador Maximiano. Marcelo e Exuperâncio foram atormentados no cavalete, maltratados a bastonadas, rasgados com as unhas de ferro e queimados nas costas. Pouco tempo depois, Venustiano, com a esposa e os filhos, foram mortos pela espada. Quanto a São Sabino, depois de ter as mãos cortadas, foi espancado até morrer. Embora o martírio destes santos ocorresse em datas diferentes, a festa celebra-se no mesmo dia" (*Martirológio Romano*).

PRECE

Da simplicidade em servir

Deus, nosso Pai, vós nos chamais pelo nome, e em Jesus nos ensinastes a ter um coração humano, terno e compassivo. Vós reconheceis a nossa voz, ensinai-nos a reconhecer a voz de nossos irmãos, chamando-os pelo nome, sofrendo e nos alegrando com eles, tomando-os na conta de filhos amados e queridos por vós.

Ensinai, Senhor, a ternura, a mansidão, a paz, a concórdia, a brandura de coração e a fortaleza de espírito. Como vós tudo nos destes, também nós tenhamos algo de bom, de útil, de alegre a oferecer ao outro, uma boa semente a lançar na terra dos corações.

Ensinai-nos a nos abaixar para reconhecer a nossa fragilidade humana, os nossos defeitos e erros e, na simplicidade das crianças, recorramos a vós, nosso Libertador e Consolador. Busquemos hoje e sempre o caminho da paz, da fé, da alegria, da vida.

31 Dezembro
SÃO SILVESTRE

São Silvestre era natural de Roma e governou a Igreja de Deus do ano 314 a 335. O Édito de Milão e a conversão de Constantino modificarão os destinos da Igreja. São Silvestre estabeleceu as bases doutrinais e disciplinares, que requeriam a Igreja em um novo contexto social e político em que o cristianismo se tornaria a religião oficial do Império Romano. Os cristãos já não eram mais perseguidos e repudiados, podendo professar a sua crença abertamente. E, mais ainda, o próprio Imperador tomava a iniciativa de construir as primeiras basílicas, onde o povo podia se reunir por ocasião das grandes solenidades. Se, por um lado, a tolerância religiosa contribuiu para a consolidação do catolicismo, por outro encobriu a figura de São Silvestre, abrindo um precedente de um difícil entrosamento entre a Igreja e o Estado. Esta aliança se explicava por força das circunstâncias do tempo, quando a Igreja saía de um período de perseguição que já se arrastava há 250 anos. Foi sob São Silvestre que se realizou o primeiro concílio ecumênico da história da Igreja — o Concílio de Nicéia, em 325 —, onde se definiu a divindade de

Cristo. E o curioso é que esse concílio foi convocado pelo imperador Constantino, tal era a influência nos assuntos eclesiásticos. São Silvestre foi um dos primeiros santos não-mártires cultuado pela Igreja.

PRECE

Da esperança pela vida nova

Deus, nosso Pai, hoje é o último dia do ano. Nós vos agradecemos todas as graças que nos concedestes através dos vossos santos. E hoje pedimos a São Silvestre que interceda a vós por nós! Perdoai as nossas faltas, os nossos pecados e dai-nos a graça da contínua conversão. Renovai as nossas esperanças, fortalecei a nossa fé, abri a nossa mente e os nossos corações, não nos deixeis acomodar em nossas posições conquistadas, mas, como povo peregrino, caminhemos sem cessar rumo aos Novos Céus e à Nova Terra a nós prometidos. Senhor Deus, nosso Pai, que o vosso Espírito Santo, o Dom de Jesus Ressuscitado, nos mova e nos faça clamar hoje e sempre "*Abba!* Pai!".

Venha a nós o vosso Reino de paz e de justiça. Renovai a face da Terra, criai no homem um coração novo!

BIBLIOGRAFIA

ALVES, J. *Roda, roda viva*. São Paulo, Paulinas, 1985.

ARNS, Cardeal. *Santos e heróis do povo*. São Paulo, Paulus, 1985.

ATTWATER, Donald. *Dictionary of Saints*. 2. ed. Inglaterra, Penguin Books, 1986.

LEITE, José, S. J. *Santos de cada dia* (3 volumes). Braga, Portugal, Editorial Apostolado da Oração, 1987.

LEURIDAN, Juan; MUGICA, Guillermo. *Por que a Igreja critica os ricos?* São Paulo, Paulinas, 1983.

MAGALNIK, Adik. *Reflexões em pó*. São Paulo, Paulinas, 1986.

MARINS, José; TREVISAN, Teolide M.; CHANONA, Carolee. *Martírio* — Memória perigosa na América Latina. São Paulo, Paulus, 1984.

M. P., Ferrari e Equipe. *O martírio na América Latina*. São Paulo, Loyola, 1984.

PALACIN, Luís. *Santos do atual Calendário Litúrgico*. São Paulo, Loyola, 1982.

PINTONELLO, Aquiles. *Os papas* — Síntese histórica, curiosidades e pequenos fatos. São Paulo, Paulus, 1986.

ROHRBACHER, Padre. *Vida dos santos* (22 volumes). São Paulo, Editora das Américas, 1959.

SCHLESINGER, Hugo; PORTO, Humberto. *Líderes religiosos da humanidade* (2 tomos). São Paulo, Paulus, 1986.
SCHOKEL, Luís Alonso. *Salmos e cânticos* — A oração do povo de Deus. São Paulo, Paulus, 1984.
SGARBOSSA, Mario; GIOVANNINI, Luigi. *Um santo para cada dia*. São Paulo, Paulus, 1984.

A Bíblia de Jerusalém. São Paulo, Paulus, 2002.
Bíblia Sagrada — Novo Testamento — Edição Pastoral. São Paulo, Paulinas, 1987.
Compêndio do Vaticano II — Constituições, decretos, declarações. Petrópolis, Vozes, 1968.
Evangelização no presente e no futuro da América Latina — Conclusões da Conferência de Puebla. São Paulo, Paulus, 1979.
Liturgia das Horas. São Paulo, Paulinas/Vozes, 1984.
The Divine Office — The Liturgy of lhe Hours according to the Roman Rite. Londres, Collins, 1974.

ÍNDICE

ÁBACO, Santo	19 de janeiro	42
ADAUTO, Santo	30 de agosto	490
ADRIANO, Santo	09 de janeiro	22
ADVENTOR, Santo	20 de novembro	654
AFONSO Maria de Ligório, Santo	1º de agosto	432
AFONSO Navarro Oviedo	11 de maio	268
AFONSO Rodrigues, Santo	31 de outubro	614
AFRA e suas companheiras, Santa	05 de agosto	440
ÁGAPE, Santa	03 de abril	192
AGAPITO, Santo	18 de agosto	466
AGOSTINHO, Santo	28 de agosto	486
AGOSTINHO da Cantuária, Santo	27 de maio	300
ÁGUEDA, Santa	05 de fevereiro	76
ALBERTO Magno, Santo	15 de novembro	644
ALBINO, Santo	1º de março	126
ALBINO Amarilla	16 de fevereiro	98
ALICE, Santa	12 de junho	332
AMADEU de Sabóia, Santo	21 de março	166
AMBRÓSIO de Sena, Santo	20 de março	164
ANA, Santa	26 de julho	420
ANA de São Bartolomeu, Bem-aventurada	07 de junho	322
ANANIAS, Santo	16 de dezembro	706
ANASTÁCIO, Santo	22 de janeiro	48
ANDRÉ, Mártir, Santo	15 de maio	276
ANDRÉ, Santo	02 de outubro	556
ANDRÉ Dung-Lac e companheiros, Santo	21 de dezembro	716
ANDRÉ Kim e companheiros, Santo	06 de maio	258
ÂNGELA de Foligno, Santa	04 de janeiro	12
ÂNGELA de Mérici, Santa	27 de janeiro	58
ÂNGELO, Santo	05 de maio	256

ANICETO, Santo	17 de abril	220
ANSELMO, Santo	21 de abril	228
ANTÔNIO Maria Claret, Santo	24 de outubro	600
ANTÔNIO Maria Zacaria, Santo	05 de julho	378
ANTÔNIO de Pádua, Santo	13 de junho	334
ANTÔNIO de Sant'Anna Galvão, Santo	25 de outubro	602
ANTONIO Turriani, Bem-aventurado	24 de julho	416
APRESENTAÇÃO DO SENHOR	02 de fevereiro	70
ÁQUILA, Santo	08 de julho	384
ATANÁSIO, Santo	02 de maio	250
AUDIFAX, Santo	19 de janeiro	42
AUGUSTO R. Monasterio	07 de novembro	628
AZARIAS, Santo	16 de dezembro	706
BÁRBARA, Santa	04 de dezembro	682
BARNABÉ, São	11 de junho	330
BARTOLOMEU, São	24 de agosto	478
BARTOLOMEU de Las Casas	17 de julho	402
BASÍLIO Magno, São	02 de janeiro	8
BEATRIZ de Vicência, Santa	18 de janeiro	40
BENEDITO, São	31 de março	186
BENILDO, São	13 de agosto	456
BENTO, São	11 de julho	390
BENTO Biscop, São	12 de janeiro	28
BENTO José Labre, São	15 de abril	216
BENTO Menni, São	23 de junho	354
BERARDO e companheiros, São	16 de janeiro	36
BERNADETE, Santa	18 de fevereiro	102
BERNARDINO de Sena, São	20 de maio	286
BERNARDO, São	20 de agosto	470
BERTILA, Santa	30 de janeiro	64
BESSÁRIO, São	17 de junho	342
BONIFÁCIO, São	19 de fevereiro	104
BONIFÁCIO, Bispo e Mártir, São	05 de junho	318
BRÁS, São	03 de fevereiro	72
BRÁULIO, São	26 de março	176
BRÍGIDA, Santa	1º de fevereiro	68

BRÍGIDA, Santa	23 de julho	414
BRUNO, São	06 de outubro	564
CACILDA, Santa	09 de abril	204
CAIO, São	22 de abril	230
CALISTO, São	14 de outubro	580
CARLOS Borromeu, São	04 de novembro	622
CARLOS de Dios Murias	18 de julho	404
CARLOS Lwanga e companheiros, São	03 de junho	314
CATARINA, Santa	25 de novembro	664
CATARINA de Bolonha, Santa	09 de maio	264
CATARINA de Gênova, Santa	22 de março	168
CATARINA de Sena, Santa	29 de abril	244
CECÍLIA, Santa	22 de novembro	658
CELESTINO I, São	27 de julho	422
CESÁRIO, São	26 de agosto	482
CHARBEL Makhlouf, São	24 de dezembro	722
CIRILO de Jerusalém, São	18 de março	160
CLARA, Santa	11 de agosto	452
CLEMENTE, São	23 de novembro	660
COLETA, Santa	07 de fevereiro	80
CONSAGRAÇÃO DA BASÍLICA DE LATRÃO	09 de novembro	632
CORNÉLIO, São	16 de setembro	524
COSME, São	26 de setembro	544
CRISTETA, Santa	27 de outubro	606
CRISTÓVÃO, São	25 de julho	418
DAMIÃO, São	26 de setembro	544
DÂMASO, São	11 de dezembro	696
DANIEL, Profeta	21 de julho	410
DANIEL Brottier, São	28 de fevereiro	122
DEDICAÇÃO DAS BASÍLICAS DE SÃO PEDRO E DE SÃO PAULO	18 de novembro	650
DIOGO, São	13 de novembro	640
DIONÍSIA, Santa	15 de maio	276
DIONÍSIA e companheiros, Santa	06 de dezembro	686
DOMINGOS, São	08 de agosto	446

DOMINGOS Sávio, São	09 de março	142
DOMINGOS de Silos, São	20 de dezembro	714
DOROTÉIA, Santa	02 de setembro	496
DOROTHY Kazel	02 de dezembro	678
EDUARDO, Santo	13 de outubro	578
EDWIGES, Santa	16 de outubro	584
EFIGÊNIA, Santa	21 de setembro	534
EGÍDIO, Santo	1º de setembro	494
ELIAS, Profeta, Santo	20 de julho	408
ELISEU, Santo	14 de junho	336
ENGRÁCIA, Santa	16 de abril	218
ESCOLÁSTICA, Santa	10 de fevereiro	86
ESTANISLAU, Santo	11 de abril	208
ESTANISLAU Kostka, Santo	15 de agosto	460
ESTÊVÃO, Santo	26 de dezembro	726
EUGÊNIO, Santo	13 de julho	394
EUGÊNIO Lyra	22 de setembro	536
EULÁLIA de Barcelona, Santa	12 de fevereiro	90
EULÓGIO, Santo	11 de março	146
EUSTÁQUIO, Príncipe, Santo	29 de março	182
EVARISTO, Santo	26 de outubro	604
EXALTAÇÃO DA SANTA CRUZ	14 de setembro	520
EXUPERÂNCIO, Santo	30 de dezembro	734
FAUSTA, Santa	20 de setembro	532
FELICIDADE, Santa	07 de março	138
FELIPE Barreda	28 de dezembro	730
FÉLIX, São	30 de agosto	490
FÉLIX de Catalice, São	18 de maio	282
FIDÉLIS de Sigmaringen, São	24 de abril	234
FINADOS (C. dos fiéis falecidos)	02 de novembro	618
FIRMINO I, São	25 de setembro	542
FLÁVIA Domitila, Santa	07 de maio	260
FLORA, Santa	24 de novembro	662
FRANCISCA Xavier Cabrini, Santa	22 de dezembro	718
FRANCISCO de Assis, São	04 de outubro	560
FRANCISCO Borja, São	10 de outubro	572

FRANCISCO F. de Capillas, São	15 de janeiro	34
FRANCISCO de Paula, São	02 de abril	190
FRANCISCO Régis, São	16 de junho	340
FRANCISCO de Sales, São	24 de janeiro	52
FRANCISCO Solano, São	14 de julho	396
FRANCISCO Xavier, São	03 de dezembro	680
FRANCISCO Yakichi, São	02 de outubro	556
GABRIEL, São	29 de setembro	550
GABRIEL das Dores, São	27 de fevereiro	120
GABRIEL Longueville	18 de julho	404
GENOVEVA, Santa	03 de janeiro	10
GERALDO, São	24 de setembro	540
GERALDO, São	05 de dezembro	684
GERLACH, São	05 de janeiro	14
GERMANO de Paris, São	28 de maio	302
GERTRUDES, Santa	16 de novembro	646
GISELA, Santa	28 de março	180
GREGÓRIO Barbarigo, São	18 de junho	344
GREGÓRIO, o Iluminador, São	04 de maio	254
GREGÓRIO Magno, São	03 de setembro	498
GREGÓRIO VII, São	25 de maio	296
GREGÓRIO, Papa, São	10 de janeiro	24
HIGINO, Santo	11 de janeiro	26
HILARIÃO, Santo	21 de outubro	594
HILÁRIO, Santo	13 de janeiro	30
HUMBERTO, Santo	03 de novembro	620
IDA, Santa	12 de abril	210
IMACULADA CONCEIÇÃO DE NOSSA SENHORA	08 de dezembro	690
INÁCIO de Antioquia, Santo	17 de outubro	586
INÁCIO de Loyola, Santo	31 de julho	430
INDÍGENAS de Panzós	29 de maio	304
INÊS, Santa	21 de janeiro	46
INÊS de Praga, Santa	02 de março	128
INOCÊNCIO I, Santo	28 de julho	424
INOCÊNCIO XI, Santo	12 de agosto	454

IRENE, Santa	03 de abril	192
IRINEU, Santo	28 de junho	364
ISABEL, Santa	05 de novembro	624
ISABEL da Hungria, Santa	17 de novembro	648
ISIDORO, Santo	04 de abril	194
ISIDORO, Santo	10 de maio	266
ITA Ford	02 de dezembro	678
IVO, Santo	19 de maio	284
JACINTO, São	17 de agosto	464
JANUÁRIO, São	19 de setembro	530
JEAN Donavan	02 de dezembro	678
JERÔNIMO, São	30 de setembro	552
JOANA, Santa	12 de maio	270
JOANA D'Arc, Santa	30 de maio	306
JOANA Maria, Santa	22 de fevereiro	110
JOANA Tum de Menchu	19 de abril	224
JOÃO, São	26 de junho	360
JOÃO Batista, Nascimento de São	24 de junho	356
JOÃO Batista, Martírio de São	29 de agosto	488
JOÃO Batista de La Salle, São	07 de abril	200
JOÃO Batista de Rossi, São	23 de maio	292
JOÃO Bosco, São	31 de janeiro	66
JOÃO de Brébeuf e companheiros, São	16 de março	156
JOÃO de Brito, São	04 de fevereiro	74
JOÃO Câncio, São	23 de dezembro	720
JOÃO de Capistrano, São	23 de outubro	598
JOÃO Crisóstomo, São	13 de setembro	518
JOÃO da Cruz, São	14 de dezembro	702
JOÃO de Deus, São	08 de março	140
JOÃO do Egito, São	27 de março	178
JOÃO Esmoler, São	23 de janeiro	50
JOÃO Evangelista, São	27 de dezembro	728
JOÃO de Fermo, São	09 de agosto	448
JOÃO Gabriel Perboyre, Bem-aventurado	11 de setembro	514
JOÃO Gualberto, São	12 de julho	392

JOÃO Leonardo, São	09 de outubro	570
JOÃO Maria Vianney, São	04 de agosto	438
JOÃO Nepomuceno, São	16 de maio	278
JOÃO de Penna, São	05 de outubro	562
JOAQUIM, São	26 de julho	420
JORGE, São	23 de abril	232
JOSAFÁ, São	12 de novembro	638
JOSÉ, São	19 de março	162
JOSÉ de Anchieta, Bem-aventurado	09 de junho	326
JOSÉ Bento Cottolengo, São	30 de abril	246
JOSÉ Calasanz, São	25 de agosto	480
JOSÉ da Cruz, São	05 de março	134
JOSÉ Marchand, Bem-aventurado	30 de novembro	674
JOSÉ Operário, São	1º de maio	248
JOSEFINA Bakhita, Santa	08 de fevereiro	82
JUDAS, São	28 de outubro	608
JUSTINO, São	1º de junho	310
LÁZARO, São	17 de dezembro	708
LEÃO Magno, São	10 de novembro	634
LEOCÁDIA, Santa	09 de dezembro	692
LEONARDO de Noblac, São	06 de novembro	626
LÍDIA, Santa	03 de agosto	436
LIDUÍNA, Santa	14 de abril	214
LOURENÇO, Mártir, São	10 de agosto	450
LOURENÇO, São	14 de novembro	642
LUCAS Evangelista, São	18 de outubro	588
LÚCIA, Santa	02 de outubro	556
LÚCIA Filippini, Santa	25 de março	174
LUCIANO, São	07 de janeiro	18
LÚCIO, São	04 de março	132
LUÍS, São	02 de outubro	556
LUÍS Gonzaga, São	21 de junho	350
LUÍS Orione, São	12 de março	148
LUÍS de Tolosa, São	19 de agosto	468

LUÍSA de Marillac, Santa	15 de março	154
MACÁRIO, São	10 de abril	206
MAJÓRICO e companheiros, São	06 de dezembro	686
MARCELINO, São	02 de junho	312
MARCELINO Champagnat, São	06 de junho	320
MARCELO, São	30 de dezembro	734
MARCO Túlio Maruzzo Rappo	1º de julho	370
MARCOS Evangelista, São	25 de abril	236
MARGARIDA de Cortona, Santa	20 de fevereiro	106
MARIA, Mãe de Deus	1º de janeiro	06
MARIA, Santa	24 de novembro	662
MARIA Clementina Anuarite, Bem-aventurada	1º de dezembro	676
MARIA Crucificada de Rosa, Santa	15 de dezembro	704
MARIA do Divino Coração, Bem-aventurada	08 de junho	324
MARIA da Encarnação, Santa	18 de abril	222
MARIA Goretti, Santa	06 de julho	380
MARIA Josefa Rossello, Santa	03 de outubro	558
MARIA Madalena, Santa	22 de julho	412
MARIA Restituta Kafka, Bem-aventurada	30 de outubro	612
MARIA Vitória Fornari, Bem-aventurada	12 de setembro	516
MARIANA de Paredes, Santa	26 de maio	298
MARIANELA García Villas	13 de março	150
MARINO, São	03 de março	130
MÁRIO, São	19 de janeiro	42
MARTA, Mártir, Santa	19 de janeiro	42
MARTA, Santa	29 de julho	426
MARTINHO, São	07 de dezembro	688
MARTINHO de Dume, São	22 de outubro	596
MARTINHO de Tours, São	11 de novembro	636
MÁRTIRES de Sebaste, Santos	10 de março	144
MARY Barreda	28 de dezembro	730
MATIAS, São	14 de maio	274

MATILDE, Santa	14 de março	152
MAURA Clarke	02 de dezembro	678
MAXIMILIANO Maria Kolbe, São	14 de agosto	458
MELQUÍADES, São	10 de dezembro	694
MIGUEL, São	29 de setembro	550
MIGUEL Febres Cordero, São	09 de fevereiro	84
MISAEL, São	16 de dezembro	706
MOISÉS, o Libertador	04 de setembro	500
MÔNICA, Santa	27 de agosto	484
NATAL Pinot, Bem-aventurado	21 de fevereiro	108
NATAL DO SENHOR	25 de dezembro	724
NEMÉSIO, São	19 de dezembro	712
NOSSA SENHORA		
APARECIDA	12 de outubro	576
DAS DORES	15 de setembro	522
DAS GRAÇAS	27 de novembro	668
DE FÁTIMA	13 de maio	272
DE GUADALUPE	12 de dezembro	698
DE LOURDES	11 de fevereiro	88
DO CARMO	16 de julho	400
DO PERPÉTUO SOCORRO	27 de junho	362
DO ROSÁRIO	07 de outubro	566
RAINHA	22 de agosto	474
APRESENTAÇÃO NO TEMPLO	21 de novembro	656
NATIVIDADE	08 de setembro	508
VISITAÇÃO	31 de maio	308
NOTKER, São	06 de abril	198
OBDULIO Arroyo Navarro	1º de julho	370
ODILA, Santa	13 de dezembro	700
OLÍVIA, Santa	10 de junho	328
OPTATO de Mileva, Santo	04 de junho	316
OSCAR Romero, Mártir	24 de março	172
OSVALDO, Santo	29 de fevereiro	124
OTÃO, Santo	02 de julho	372
OTÁVIO, Santo	20 de novembro	654
PACÍFICO, Bem-aventurado	10 de julho	388

PÂNFILO, São	18 de setembro	528
PASCÁSIO Radberto, São	26 de abril	238
PASCOAL Baylon, São	17 de maio	280
PATRÍCIO, São	17 de março	158
PAULINA, Santa	09 de julho	386
PAULO, Mártir, São	15 de maio	276
PAULO, São	26 de junho	360
PAULO, Apóstolo, São		
CONVERSÃO	25 de janeiro	54
SOLENIDADE	29 de junho	366
PAULO da Cruz, São	19 de outubro	590
PAULO Miki e companheiros, São	06 de fevereiro	78
PEDRO, Mártir, São	15 de maio	276
PEDRO, Mártir, São	02 de junho	312
PEDRO Aguilar Santos	21 de maio	288
PEDRO Claver, São	09 de setembro	510
PEDRO Crisólogo, São	30 de julho	428
PEDRO Julião Eymard, São	02 de agosto	434
PEDRO Maria Chanel, São	28 de abril	242
PEDRO, Príncipe dos Apóstolos, São	29 de junho	366
PERPÉTUO, São	08 de abril	202
PETRÔNIO, São	29 de outubro	610
PIO de Pietrelcina, São	23 de setembro	538
PIO X, São	21 de agosto	472
POLICARPO, São	23 de fevereiro	112
POLICRÔNIO, São	17 de fevereiro	100
PORFÍRIO, São	26 de fevereiro	118
PRIMEIROS MÁRTIRES		
DA IGREJA DE ROMA	30 de junho	368
PRISCILA, Santa	08 de julho	384
PRÓSPERO da Aquitânia, São	25 de junho	358
PULQUÉRIA, Santa	10 de setembro	512
QUATRO SANTOS COROADOS	08 de novembro	630
QUILÔNIA, Santa	03 de abril	192
RAFAEL, São	29 de setembro	550
RAFAEL Palácios	20 de junho	348

RAIMUNDO Nonato, São	31 de agosto	492
RAYMOND, Herman	20 de outubro	592
REGINA, Santa	07 de setembro	506
REIS MAGOS	06 de janeiro	16
RITA de Cássia, Santa	22 de maio	290
ROBERTO Belarmino, São	17 de setembro	526
RODOLFO Lunkenbein	15 de julho	398
ROMUALDO, São	19 de junho	346
ROQUE, São	16 de agosto	462
ROQUE González e companheiros, Mártires, São	19 de novembro	652
ROSA de Lima, Santa	23 de agosto	476
ROSA de Viterbo, Santa	06 de março	136
RUFO, São	18 de dezembro	710
SABINA, Santa	27 de outubro	606
SABINO, Santo	30 de dezembro	734
SANTIAGO Miller	13 de fevereiro	92
SATURNINO, São	29 de novembro	672
SEBASTIÃO, São	20 de janeiro	44
SEBASTIÃO de Aparício, São	25 de fevereiro	116
SÉRGIO, São	24 de fevereiro	114
SEVERINO, São	08 de janeiro	20
SILVESTRE, São	31 de dezembro	736
SÍMACO, São	19 de julho	406
SIMÃO, São	28 de outubro	608
SISTO II e companheiros, São	07 de agosto	444
SOLEDADE Torres, Santa	11 de outubro	574
SOLUTOR, São	20 de novembro	654
SÓSTENES, São	28 de novembro	670
SOTERO, São	22 de abril	230
SULPÍCIO, São	17 de janeiro	38
SULPÍCIO Severo, São	29 de janeiro	62
TAÍS, Santa	08 de outubro	568
TEODORO, São	20 de abril	226
TEOTÔNIO, São	15 de fevereiro	96
TERESA D'Ávila, Santa	15 de outubro	582

TERESA de Calcutá, Madre, Bem-aventurada	05 de setembro	502
TERESINHA, Santa	1º de outubro	554
TIAGO, Irmão do Senhor, São	03 de maio	252
TIAGO Alberione, Bem-aventurado	26 de novembro	666
TIMÓTEO, São	26 de janeiro	56
TODOS OS SANTOS	1º de novembro	616
TOMÁS de Aquino, Santo	28 de janeiro	60
TOMÁS Becket, São	29 de dezembro	732
THOMAS More, São	22 de junho	352
TOMÉ, Apóstolo, São	03 de julho	374
TRANSFIGURAÇÃO DO SENHOR	06 de agosto	442
TURÍBIO, São	23 de março	170
ULRICO, Santo	04 de julho	376
VALENTIM, São	14 de fevereiro	94
VALÉRIO, São	1º de abril	188
VENCESLAU, São	28 de setembro	548
VENUSTIANO, São	30 de dezembro	734
VERÔNICA de Milão, Santa	14 de janeiro	32
VICENTE, São	27 de outubro	606
VICENTE Ferrer, São	05 de abril	196
VICENTE de Lerins, São	24 de maio	294
VICENTE de Paulo, São	27 de setembro	546
VILIBALDO, São	07 de julho	382
VISITAÇÃO de Nossa Senhora	31 de maio	308
VITO, São	15 de junho	338
VITOR, São	08 de maio	262
VITOR de Braga, São	13 de abril	212
ZACARIAS, São	05 de novembro	624
ZACARIAS, Profeta, São	06 de setembro	504
ZITA, Santa	27 de abril	240
ZÓZIMO, Bispo e Confessor, São	30 de março	184
ZÓZIMO, São	18 de dezembro	710